« DAGORE »

Les carnets secrets de la Cagoule

DU MÊME AUTEUR

DANS PRESSES-POCKET

LES SORCIERS DU CIEL.
L'EXÉCUTION DE BUDAPEST.
LE TRAIN DE LA MORT.
LES MÉDECINS DE L'IMPOSSIBLE.
LES 186 MARCHES.
LE 9ᵉ CERCLE.
LES MÉDECINS MAUDITS.
DES JOURS SANS FIN.

CHRISTIAN BERNADAC

« DAGORE »

Les carnets secrets de la Cagoule

EDITIONS FRANCE-EMPIRE

Ce texte est une version abrégée de l'ouvrage, paru, sous le même titre, en 1977, aux Éditions France-Empire.

ISBN : 2 - 266 - 00810 - 2

Dis ce qui est dessous, parle.

André BRETON

AVANT-PROPOS

Edmond Michelet s'inquiétait au téléphone :

– Il ne vous a toujours pas répondu?

– Toujours pas! J'ai cependant reçu trois lettres où il m'affirme que « la semaine prochaine »...

– ... il répondra à vos questions. C'est bien de lui! Je vais faire une dernière tentative. Je vous tiendrai au courant.

Je n'arrivais pas, en ce début de 1969, à comprendre l'attitude, le silence du père Joseph Fily. L'enquête que j'avais ouverte sur la vie religieuse clandestine dans l'ensemble des camps de concentration du IIIe Reich était terminée, mais cet épais dossier ne pouvait être livré à l'imprimerie sans le témoignage du père Joseph Fily qui avait été choisi à Dachau – le camp où avaient été regroupés, en 1944, la plupart des ecclésiastiques – par Edmond Michelet comme « représentant des intérêts français ». Homme de confiance de l'ensemble des déportés français, siégeant au Comité National Clandestin de Résistance, Joseph Fily, membre de la congrégation missionnaire du Sacré-Cœur, ancien militant « activiste » de divers mouvements d'extrême-droite (dont La Cagoule), officier de renseignements du 2e Bureau pendant la drôle de guerre alors qu'il était déjà – probablement depuis plus de dix ans – « honorable correspondant » pour le Sud-Ouest et l'Espagne des ministères de la Guerre et de l'Intérieur, avait été arrêté en 1944 par la Gestapo. Agent du réseau de résistance « Vengeance », il était plus particulièrement chargé de l'organisation des passages en Espagne (réfractaires au Service du Travail Obligatoire, résistants, aviateurs abattus)... et de l'espionnage. A

Dachau, gaullistes et communistes, croyants et athées respectèrent totalement son autorité.

En 1969, Joseph Fily avait soixante-dix-huit ans.

– Pourquoi ne voulait-il pas répondre à mes questions?

Six mois auparavant, il m'avait fixé rendez-vous à Hendaye, sa résidence. Et lorsque je débarquai rue du Commerce, à Irintzi, il s'était envolé pour une destination inconnue. Téléphone, correspondance, appels d'Edmond Michelet, rien n'y fit.

Il ne restait qu'une solution :

« Témoin privilégié et unique, responsable d'une organisation de résistance dans un camp de concentration, vous avez prêté serment au jour de la libération de Dachau, en mémoire de vos camarades assassinés, de porter témoignage... Vous avez soixante-dix-huit ans aujourd'hui, vous n'avez pas le droit de disparaître sans avoir respecté votre serment... »

Cette lettre inélégante au possible remplit parfaitement son office. Quatre jours plus tard, je recevais une trentaine de feuillets où Joseph Fily « racontait » Dachau[1] et il ajoutait :

« Vous avez eu raison de me secouer. Les Allemands ont liquidé un grand nombre de « porteurs de secrets ». Ils ne se doutaient pas que beaucoup de survivants, par négligence, parce que aussi le passé est le passé et qu'il n'est pas toujours agréable de perdre le

1. Je n'ai pu, malheureusement, publier l'ensemble de ce témoignage. Les délais de fabrication, les obligations de mise en place des *Sorciers du Ciel* m'avaient imposé une date limite de livraison du manuscrit. J'ai pu « rattraper » quelques passages de ce texte au cours de la correction des épreuves. J'espère, un jour, publier l'ensemble de ce document important qui commençait ainsi :

– « Cette période de ma vie au camp de Dachau a été, pour moi, la plus exaltante. Je remercie la Providence de m'avoir conduit dans ce camp où l'occasion m'a été donnée d'aider à vivre et à mourir de nombreux camarades et de leur donner l'espoir d'une vie meilleure. L'occasion aussi de constater que la plupart n'ont pas craint la mort, ont dépassé leur vie, car ils voulaient faire vivre ce qui mérite de vivre plus longtemps qu'eux : la liberté. Nous, prêtres, nous avons tout fait pour remplacer une mère, une épouse, des enfants auprès des camarades terrassés par les souffrances physiques et morales. Ensemble, nous avons essayé de servir l'indéracinable aspiration à la justice et à la liberté qui ne fait qu'une avec la dignité de la personne humaine. Nous ne regrettons rien et souhaitons seulement que cela ne se reproduise plus. « Pardonne mais n'oublie pas... »

sommeil en réveillant les diables et les tortures, renonceraient à leur serment. Merci de m'avoir permis de le respecter... »

La longue dernière partie de la lettre était consacrée à un « brave garçon » qui avait été fusillé en 1942 par les Allemands dans la cour de la prison du Cherche-Midi, « et que la police française recherchait depuis 1937 et encore aujourd'hui, parce qu'il était le chef du 2e Bureau de La Cagoule ».

« Ce brave garçon, concluait le père Joseph Fily, a tenu tout au long de son existence une sorte de journal où, pour qui sait lire parfois entre les lignes, ou pour qui a suivi les événements qui ont précédé la Seconde Guerre mondiale, sont révélés tous les petits mystères de La Cagoule. J'étais moi-même, vous le savez, Cagoulard et l'on a raconté tant et tant de sottises sur ce mouvement qu'il faudra bien, un jour, que la vérité, toutes les vérités, soient connues. Ce brave garçon, avant de mourir, m'a confié ce qu'il appelait « ses carnets ». Ce sont des volumes, une dizaine, parfaitement lisibles et qui ne manquent pas de « suspense » comme l'on dit aujourd'hui, ni de rêveries érotiques. Si ces carnets vous intéressent, ils sont à votre disposition. Leur auteur, Aristide Corre, était très préoccupé avant que de mourir courageusement, de leur éventuelle publication. Il m'avait demandé d'attendre le temps qu'il faudrait, vingt-cinq ans lui semblant une transition suffisante, avant de les confier à quelqu'un qui pourrait leur trouver des lecteurs. Bien vôtre. Joseph Fily. »

Je savais qu'en acceptant la proposition du père Joseph Fily, je prenais en charge non seulement un épais manuscrit mais surtout une nouvelle enquête, probablement longue et difficile car une première plongée dans différentes bibliographies m'avait appris que, pratiquement, rien de sérieux ou de solide n'avait été publié sur La Cagoule[1].

Un de mes amis, Robert Sésé, se trouvait justement en vacances dans sa famille à Hendaye. Je lui demandai de prendre rendez-vous avec le père Joseph Fily. Huit jours plus tard, les dix volumes rédigés par Aris-

1. Le livre de Philippe Bourdrel, *La Cagoule : trente ans de complot* (Albin Michel éditeur), premier essai sérieux d'approche de La Cagoule, n'est sorti en librairie qu'au printemps 1970.

tide Corre étaient sur mon bureau. Dix volumes représentant pratiquement trois mille pages.

Je me suis passionné pour le seul document, pour la richesse de ses révélations. En journaliste. Et seulement en journaliste. La Cagoule et son esprit, quoi qu'en disent certains, est morte et bien morte, même si plusieurs de ses acteurs, phénix à demi consumés, ont traîné leur haine de la République, leur anti-communisme et leur goût du complot jusque dans les coulisses du 13 mai 1958. L'histoire, malgré les apparences, ne suit jamais exactement deux fois le même chemin, et les occasions perdues ne se retrouvent jamais. Quant à moi, le plus éloigné possible des conjurations et de leurs secrets, si j'ai jugé nécessaire d'entreprendre l'étude et la publication des « carnets » d'Aristide Corre, c'est avec le seul souci de sauver un témoignage inédit de première main, irréfutable, indispensable à tous ceux qui voudront comprendre notre siècle.

***

La Cagoule!

Mystérieuse Cagoule. Si mystérieuse qu'aujourd'hui encore — quarante ans après — devant l'absence d'archives, de documents officiels (la plupart des dossiers de police et d'instruction ont été pillés ou plus simplement épurés pendant la Seconde Guerre mondiale par d'anciens Cagoulards collaborateurs) et surtout devant le truquage des pièces fournies aux divers interrogatoires d'avant-procès, devant les faux témoignages, les repentirs, les aveux extorqués et repris, les alibis fabriqués, les dénonciations, les soutiens politiques et militaires, devant enfin la fuite éternelle des survivants et leur refus de témoignage, journalistes, écrivains, historiens en sont à s'interroger sur la réalité de tel ou tel crime, l'organisation interne du mouvement, son financement, son armement, ses relations avec les fascismes italien, espagnol, allemand, etc.

Je ne voudrais donner qu'un seul exemple de ces « incertitudes ». Le plus insignifiant mais combien révélateur. La Cagoule est un sobriquet inventé par le fondateur de l'Action Française, Maurice Pujo. Au lendemain de la publication, par Charles Maurras, d'un article en forme d'avertissement :

« A nos amis nous disons : attention! Attention aux recruteurs. Attention aux serments ridicules d'un prétendu ordre maçonnique blanc ou gris, qui pourrait bien ne pas être sans rapports avec la maçonnerie des rouges. Attention surtout aux grossiers menteurs qui prétendent que j'appartiens à ce qui m'est véritablement étranger, et qui est étranger à tous les dirigeants de l'Action Française. Ne faites courir aucun risque à la cause ni à la patrie... »

Maurice Pujo développait ce thème et concluait :

« ...(méfiez-vous) de ces « cagoulards » conspirateurs d'opéra-comique qui se prétendent soutenus par l'Action Française alors qu'il n'en est rien. »

« Cagoulards »! le mot, repris par les chansonniers et les dessinateurs humoristes allait connaître la fortune que l'on sait. Et c'est sous cette acception de Cagoule que la société secrète allait passer à la postérité. Mais ses dirigeants lui avaient donné un nom. C'est Aristide Corre, qui, en juin 1936, avait choisi « la raison sociale » du mouvement : Organisation Secrète d'Action Révolutionnaire Nationale, O.S.A.R.N. Il suffisait d'intervertir les lettres du signe pour obtenir SARON, le mot de passe, la signature de reconnaissance réservée aux seuls cinq membres de l'« équipe » fondatrice, les « intimes » : Eugène Deloncle (nom de guerre : Marie), Aristide Corre (Dagore), Jean Filliol (Philippe), Jacques Corrèze (La Buche), Henri Deloncle (Grosset). Cette « équipe » composée d'« intimes » — et eux cinq employaient ce terme générique pour désigner l'état-major — dirigeait le « bloc » dont chaque membre, chaque adhérent à l'O.S.A.R.N. était un « abonné ». Pour « s'abonner », il suffisait d'être présenté par un « chef » de l'« équipe » (l'appellation « patron » étant réservée à Eugène Deloncle) et de prêter serment. Les autres responsables de « bureau » de bataillon, de régiment, de brigade, de division, de groupe de liaison, de région pouvaient également « abonner » à condition que l'un au moins des deux « parrains » nécessaires soit un responsable (baptisé suivant son grade « relais » ou « liaison »). La prestation de serment, dont beaucoup par la suite ont voulu faire une cérémonie ésotérique et initiatique, se déroulait obligatoirement en présence d'un membre de l'« équipe » ou d'un « relais » ou d'une « liaison ». Dans les premiers temps, le futur abonné devait jurer sur le drapeau :

— Je jure fidélité et obéissance à l'O.S.A.R.N. et à ses chefs. Tout manquement à votre règle, j'en ai été averti et j'en mesure les conséquences, entraîne ma condamnation à mort.

Au premier (et seul) congrès général de l'O.S.A.R.N. à Nandy, le 1er juillet 1937, un an jour pour jour après la fondation de La Cagoule, Eugène Deloncle décida d'abandonner le « N » du signe :

— Notre vocation sera désormais internationale. Mais il est inutile de le préciser.

Et l'on sabla le champagne en baptisant l'O.S.A.R. Jacques Corrèze fut chargé de dessiner drapeau et écusson[1].

Dès que les premières « fuites » alimentèrent rapports de police et indiscrétions journalistiques, on parla non pas d'O.S.A.R. mais de C.S.A.R., tout simplement parce que, sans doute, le O de l'O.S.A.R. avait été mal reproduit par l'indicateur et l'on traduisit C.S.A.R. par Comité Secret d'Action Révolutionnaire. Il est inutile de préciser que le C.S.A.R., dont sont remplis livres et articles sur la Cagoule, n'a jamais existé. Les « abonnés » connaissaient l'O.S.A.R. et seulement l'O.S.A.R. Leur goût du secret et du mystère fit qu'ils ne révélèrent jamais cette erreur de « recopie ». Et il est étonnant de constater, qu'en quarante ans ce petit secret qui n'a, je le répète, aucune importance, n'a jamais été trahi. Peut-être après la publication de ces carnets de Dagore n'appellera-t-on plus La Cagoule C.S.A.R. mais O.S.A.R.

Plus important : le rôle de chacun à l'intérieur de La Cagoule et bien entendu sa genèse. Chaque auteur

1. « Je veux un glaive. Peut-être deux, exigea Eugène Deloncle. Surtout n'oublie pas le glaive.
— Et Saron, la signature de l'équipe? demanda Corre.
— Nous n'en avons plus besoin.
— Je préfère, dit Corre, j'ai découvert que Saron était la plaine par laquelle Moïse, après l'avoir traversée, a découvert la Terre Promise. »
Tous les participants éclatèrent de rire.

ayant « sa » version objective et définitive ajoute à la confusion. Les Carnets d'Aristide Corre, au jour le jour, rétabliront la vérité.

Aristide Corre, véritable instigateur de La Cagoule, et instrument, par sa naïveté et son imprudence, du démantèlement de l'organisation, en est resté l'oublié permanent. N'est-il pas, ici et là, simple secrétaire du docteur Henri Martin, ou l'archiviste d'Henri Deloncle, le comptable de Gabriel Jeantet, alors qu'en réalité il est le directeur tout-puissant du 2e Bureau qui prépare, pour les exécutants, la totalité des « coups » et en qui Eugène Deloncle reconnaît « son théoricien ». Il est vrai qu'après la découverte à son domicile de la rue Raynouard de quelques-unes des listes d'« abonnés », son étoile pâlira et qu'il sera supplanté par le docteur Martin. Mais, à ce jour, La Cagoule est pratiquement morte et les actions extrémistes menées par l'O.S.A.R. et préparées sous la seule responsabilité d'Aristide Corre, terminées.

***

Les carnets d'Aristide Corre (Dagore pour l'O.S.A.R.) contiennent la plupart des secrets de La Cagoule. Comment imaginer que celui, sans qui sans doute Eugène Deloncle n'aurait rien entrepris, ait pu commettre l'imprudence de confier, chaque jour, pratiquement, à des feuillets de divers papiers précieux, réservés en général à des éditions originales ou à des tirages limités, notations, réflexions, commentaires, informations. Assurément nul homme n'aurait été plus mal choisi pour occuper le poste de chef du 2e Bureau, chargé du renseignement et de la mise en place des actions de l'organisation. Ce besoin d'écrire — noir sur blanc — qui est refusé à tout agent secret, Aristide Corre allait se montrer incapable de le réprimer et, lorsque le policier Jobard perquisitionnera chez lui, les carnets reliés — racontant tout ou presque tout — seront là, bien rangés, à quelques centimètres du bout de son nez, sur les rayons de la bibliothèque. Il est vrai que la police a des excuses de ne pas avoir poussé plus loin ses investigations, elle venait de trouver chez Dagore une grande partie des listes d'abonnés de l'O.S.A.R., ce qui permit, indicateurs infiltrés aidant, de mettre pratiquement fin à l'organisation.

***

Je ne dispose que de dix volumes, couvrant la période du 18 avril 1937 (la Cagoule a donc un peu plus de huit mois d'existence) au 20 février 1940 (Aristide Corre sera exécuté au Cherche-Midi vingt-cinq mois plus tard). Le volume qui s'ouvre le 18 avril 1937 est le tome XXVII. Chaque tome regroupant trois cents pages, en liasses de huit feuillets de différents papiers reliés[1], les volumes antérieurs à ce 18 avril 1937 représentent au moins sept mille huit cents pages. Concernant la Cagoule, seul le tome XXVI abordait le sujet. Mais il est certain que cet ensemble impressionnant disparu, que j'ai recherché en vain pendant plus de trois ans, aurait eu une importance capitale pour suivre l'évolution d'Aristide Corre, son attitude, ses comportements. Peut-être cette publication incitera-t-elle le ou les dépositaires (je pense en particulier aux héritiers de Jeanne B...) des divers manuscrits d'Aristide Corre, à prendre contact avec moi.

Je pense que les volumes qui ont dû suivre le 20 février 1940 et couvrir les deux années précédant l'arrestation d'Aristide Corre, représentent au moins deux mille feuillets. Ils ont probablement été confiés par leur auteur à « quelqu'un » qui, comme le père Joseph Fily, a été chargé de les conserver « pendant un certain temps ». Ces pages perdues ne sont qu'une partie de l'œuvre d'Aristide Corre : au moins deux romans, des essais, l'œuvre poétique qu'il confie à sa mère, les « 100000 » vers érotiques, la correspondance, etc. J'ose souhaiter que cette « passion dévorante » d'un écrivain certainement doué ne sera pas perdue à jamais.

1. Quelques volumes reliés pleine toile portent le timbre du relieur : B. Garfunkel, 4, rue de la Bourse (type reflux indélébile, nº 37.992).

Hélène

I – LA CAGOULE

Au cours du récit présenté par ces carnets, nous avons inséré un certain nombre d'encadrés et de notes. Le lecteur pourra ainsi trouver des éléments lui permettant de mieux apprécier les notes d'Aristide Corre

Dimanche 18 avril.

J'ai eu la visite d'Hélène. Elle doit m'amener prochainement de nouvelles recrues et elle a, de surcroît, la mission de rechercher et de découvrir des maisons amies et secrètes où pourront éventuellement se réfugier ceux des principaux d'entre nous qui seraient un peu trop surveillés par la police. C'est surtout à Eugène que nous pensons. Il faut que l'affaire soit menée et préparée à son insu sans quoi il s'en irriterait et nos efforts risqueraient de demeurer vains.

Mardi 20 avril.

Si nous devons croire certaines informations reçues cet après-midi, l'Exposition est menacée des pires maux. Notre source est excellente et sûre. Les communistes ont l'intention d'attaquer cette semaine et de détruire les pavillons de l'Italie et de l'Allemagne. Le gouvernement est au courant de ces petits projets mais il ne manifeste aucun désir d'intervention. Il est vrai que beaucoup disent :

« Qu'est-ce que ça peut nous faire, l'Exposition! On n'ira pas la voir, c'est bon pour les riches! »

Ce sont des gens qui gagnent jusqu'à QUARANTE francs de l'heure qui s'expriment de la sorte. Il faut avouer que le riche n'est pas celui que l'on dénonce. Toutefois le prix d'entrée à l'Exposition est élevé puisqu'il a été fixé à 6 francs. A l'Exposition coloniale de 1931 il n'était que de trois. Ainsi peut-on juger du progrès! Ce qui va progresser encore ce sont les tarifs du métro et des autobus qui vont être sensiblement relevés. Il faut bien, de quelque manière, payer la fainéantise de tout ce monde. Et on la paye. La Bourse l'a payée aujourd'hui et, ma foi, assez bien. Les rentes et le reste ont subi de très appréciables pertes.

Enfin aujourd'hui 250 fusils mitrailleurs ont franchi pour nous la frontière d'Espagne. C'est une excellente nouvelle qui ne va pas manquer de nous réjouir.

Mercredi 21 avril.

La livre à 111, le dollar à 22.52, les rentes en baisse de plus d'un point, telles sont les nouvelles conquêtes du Front Populaire. Conquêtes qui ne sont point d'ailleurs les dernières. Il est à craindre que les choses ne se précipitent. Des exigences absolument inacceptables vont être présentées au gouvernement par la C.G.T. Il s'agit d'abord des fameux dix milliards « pour les travailleurs ». Il s'agit ensuite de l'unification des salaires dans toute la France. Une nouvelle et très vive agitation vient d'éclore dans le personnel des hôtels, cafés et restaurants. Ces gens demandent eux aussi des impossibilités et menacent de faire grève s'ils n'obtiennent satisfaction *immédiate* et complète. Leur position est évidemment excellente. Personne ne veut voir une telle grève éclater à la veille de ce qu'on appelle encore l'Ouverture de l'Exposition. Cependant, ces exigences sont si catastrophiques que tous les hôteliers de Seine-et-Oise fermeront leurs portes pendant un mois plutôt que de les accepter. Dans le même temps, la fédération des métaux demande, ou plutôt exige, le monopole de l'embauchage par la C.G.T. tandis qu'elle exige aussi, d'autre part, l'échelle mobile des salaires. Ce n'est pas assez de dire que le pays court à sa ruine, il y galope. La balance commerciale est en déficit de près de cinq milliards pour les trois premiers mois de cette année. Cette somme représente le déficit total de l'année 1935 qui fut loin, cependant, d'être une année remarquablement prospère. L'on se doute qu'il ne sert à rien de mettre en avant une plus-value budgétaire de quelque trois cents millions en mars, attendu que le plus clair de cette plus-value provient des droits de douane prélevés sur nos importations massives. De telles plus-values bien loin d'être un signe de prospérité sont bien plutôt le contraire.

Vendredi 23 avril.

Demain, samedi, dans toute la France, d'immenses manifestations « de masse » fomentées par la C.G.T. vont accentuer cette ruine et parfaire cet étouffement. La même C.G.T., ivre de ses exigences, saccage l'Exposition qui devait être une mine d'or et devient de plus en plus un champ de luttes toujours plus âpres. En tout lieu se respire une atmosphère de catastrophe. Aussi est-ce le moment que *Le Temps* choisit pour parler de la réforme électorale et nous entretenir de la confiance qu'il place en ce mode de scrutin. *Le Temps* a toujours beaucoup d'à-propos.

Samedi 24 avril, 13 h 30.

Le jeune Richevé vient de venir pour une question de T.S.F. Je l'avais, du reste, convoqué. Ce matin ce ne fut qu'une suite ininterrompue d'allées et venues et ce sont autant de quarts d'heure de dévorés.

T.S.F.

Aristide Corre avait mis à l'étude un projet de liaisons « sans fil » Paris-province. Deux émetteurs avaient été achetés en Italie. Au cours d'une perquisition dans un dépôt clandestin de La Cagoule, à

Anet-sur-Marne, furent découverts dix-huit perches d'antenne avec haubans et quatre têtes pour mâts de T.S.F.

Samedi 24 avril (suite).

Je me suis rendu chez Hélène qui recevait sa cousine, la comtesse d'Andigné. Cette jeune femme recherche une situation et j'avais un instant songé à elle pour remplacer mon Royer-Collard peureux et compromettant. Mais il manquait à Mme d'Andigné que nous la connussions. C'était un premier obstacle. Naturellement Hélène en répondait. Elle était sûre de ses sentiments et de sa loyauté. D'autre part, Mme d'Andigné marquait quelque appréhension devant le mystère qui lui était proposé. De surcroît, son mari est lui aussi engagé dans la politique puisqu'il est secrétaire du Comité Trochu. A la vérité, je comptais un peu avoir un œil de ce côté. Mais par avance l'affaire ne devait point se faire puisque Eugène s'opposait qu'il y ait au chiffre quelqu'un qui ne fût pas un peu plus connu. Mme d'Andigné est une petite blonde au visage un peu pointu, vive, plutôt agréable, sans doute intelligente, du meilleur monde bien entendu, mais que les difficultés actuelles n'ont point épargnée et de ce chef disposée à accepter une situation modeste d'autant qu'elle a deux enfants qu'elle veut bien élever.

DOCTEUR HENRI MARTIN

Chargé au sein du 2e Bureau d'Aristide Corre du S.R. (Service de Renseignements). Cinquante ans de complots (le docteur Henri Martin est mort à Paris le 8 juin 1969 à l'âge de 74 ans), ont fait du « toubib » le personnage le plus célèbre des anciens abonnés de l'O.S.A.R. Militant d'Action Française au lendemain de son service militaire (sous-aide major au 22e dragon), il néglige très rapidement son cabinet du 12, rue de Bucarest pour se livrer à sa seule passion : le renseignement. En 1926, il dirige à la

Fédération de Paris une officine qui met en fiches non seulement tous les membres de l'Action Française mais surtout les « ennemis » de la ligue. Quelques crédits lui permettent d'acheter des informateurs. Son nom apparaît pour la première fois dans la presse au mois de juin 1927 lorsque la France entière éclate de rire à la nouvelle de la rocambolesque évasion de Léon Daudet, détenu depuis une dizaine de jours à la Santé. Le 25 juin à midi, M. Catry, le directeur de la prison est appelé au téléphone :

– Ici Albert Sarraut (le ministre de l'Intérieur). Le Conseil des Ministres vient de décider à l'instant, pour améliorer l'atmosphère politique, apaiser les extrémistes de droite et de gauche, de libérer Daudet, Joseph Delest (le gérant de l'Action Française) et le député communiste Pierre Sémard. Libération immédiate à l'heure du déjeuner pour éviter les manifestations. Les levées d'écrou vous seront apportées dans l'après-midi.

Catry, méfiant, avant d'exécuter l'ordre de Sarraut, décide de demander une confirmation. Il compose le numéro d'appel du ministère de l'Intérieur. Standard, secrétariat, Albert Sarraut au téléphone, Albert Sarraut qui fulmine :

– Allons! Remuez-vous mon vieux! Remuez-vous.

Et Catry se remue. Daudet, Delest, Sémard se retrouvent sur le trottoir. Des taxis les attendent... L'enquête a révélé que sur les treize lignes du ministère de l'Intérieur, douze avaient été occupées par de mystérieux correspondants, la treizième ayant été « pincée » pour permettre à un autre correspondant de tenir le rôle d'Albert Sarraut. La préparation et la réalisation de cette évasion resteront le plus grand titre de gloire du docteur. Un homme précieux pour Eugène Deloncle. Précieux... mais dangereux. L'O.S.A.R. au moins jusqu'à l'automne 1937 se méfie de lui. Et au moins deux Cagoulards sont chargés de le filer dans ses déplacements. Un tel homme est capable de toutes les inventions... même du double jeu.

Demain, je vais, encore avec Hélène, chez quelqu'un prendre le thé. J'y rencontrerai des gens susceptibles de se joindre à nous. Il faudra voir. Nous avons eu ces temps-ci quelques informations sur l'Action Française, la « maison mère » comme nous disons. D'abord elle est en plein déclin. C'est même la fin. Il restait encore un dernier carré, c'était Capron et son groupe. Ce dernier est à son tour entré en demi-résidence. Capron est un ancien, brave mais un peu borné. J'avais suggéré autrefois qu'on le touchât discrètement. Jean Filliol ne voulut faire qu'à sa tête et rien ne fut entrepris. Aujourd'hui c'est Capron qui serait allé de lui-même à l'*Insurgé.* Il envisage de partir avec son groupe entier. On peut le rattraper à condition de ne pas laisser deviner « La Cagoule » ni ses promoteurs. Il faut noter que Capron et son groupe sont les derniers hommes à assurer les services de garde de la maison mère. Il n'est donc pas surprenant que la question de la « Cagoule » continue à être l'unique préoccupation du Boccador[1]. Il y a cependant des nuances. Calzant refuserait d'en entendre parler et renverrait les interlocuteurs qui l'entreprennent à ce sujet soit à La Rochefondière pour les ligueurs, soit à Babize, Montespan ou Juhel pour les Camelots. Ceux-ci collectionnent tous les ragots et toutes les conversations imprudentes et il y en a chaque jour. H... m'a, pour sa part, rapporté quelques-unes des choses que Juhel se flatte de connaître. Il est revenu sur l'affaire Navachine. Il dit savoir que « La Cagoule » en était le centre.

LE MEURTRE DE DIMITRI NAVACHINE

Pendant les premières semaines de janvier 1937, au moins quatre collaborateurs d'Aristide Corre – Tenaille, Derville, Bouvyer, Royer-Collard – ont surveillé l'immeuble de la Porte d'Auteuil qu'habite l'économiste et banquier russe, Dimitri Navachine.

Le 22 janvier, Jean Filliol les retrouve dans un café à sept heures du matin (le 15 janvier, l'un des qua-

1. Le siège de l'Action Française était situé rue Bacador.

tre, probablement Francis Derville, s'est présenté à l'appartement de Navachine, un bon de commande de linge de maison en poche. Il ne peut donc y avoir d'erreur de personne). Jean Filliol et les quatre membres du 2e Bureau montent dans une voiture. Comme chaque matin, Dimitri Navachine promène son chien, un fox, avenue du Parc-des-Princes. La voiture, par deux fois, ralentit en croisant l'économiste.

Le 24 janvier, à sept heures trente, André Tenaille dépose Jean Filliol Porte d'Auteuil. Une dizaine de minutes plus tard, Navachine libère le petit fox sur le trottoir de l'avenue du Parc-des-Princes. En cette matinée glaciale, il fait moins sept à Paris, les lieux sont déserts. Jean Filliol accélère le pas... la scène n'aura qu'un seul témoin, un autre « promeneur à chien » qui débouchera sur l'avenue à une trentaine de mètres du lieu du meurtre.

– Les deux hommes ont bavardé quelques secondes, puis celui qui semblait le plus jeune a empoigné l'autre au cou de la main gauche. De la main droite il tenait un poignard ou un couteau (en réalité la demi-baïonnette emmanchée) et il a frappé. Il a continué à frapper l'homme affaissé à terre. Le chien a aboyé, il a sauté sur l'assassin qui a sorti un revolver et a abattu le chien.

L'O.S.A.R. était inconnue à l'époque. La police ne sut à qui attribuer le crime. Même après la découverte de l'organisation et des preuves – le poignard utilisé pour d'autres meurtres attribués à La Cagoule a laissé les mêmes traces que celles recensées par l'Institut médico-légal sur le corps de Dimitri Navachine, des cartouches de marque anglaise « Imperial chemical I » seront trouvées dans un dépôt de La Cagoule et ce sont des « Imperial chemical I » qui ont été ramassées avenue du Parc-des-Princes – le meurtre de Dimitri Navachine restera mystérieux.

Les carnets d'Aristide Corre sont, sur ce point, affirmatifs (examen de 1937).

– Aux premiers jours de l'année donc, notre grande activité commence. L'affaire N (Navachine) la marque. Elle demeure mystérieuse et rien n'est

découvert. Cette affaire à peine terminée, nous en mettons aussitôt une autre sur le chantier (il s'agit là d'une révélation importante – C.B.). Dès le 6 février, nous avions commencé à nous occuper avec beaucoup d'ardeur d'un personnage considérable et dangereux, Finaly, mais l'affaire ne fut pas menée jusqu'au bout pour d'incertaines raisons d'opportunité.

Le banquier Finaly eut plus de chance que son confrère Navachine, assassiné parce qu'il dirigeait la Banque Commerciale pour l'Europe du Nord, qui traitait l'ensemble des affaires soviétiques, parce qu'il était le conseiller économique du Front Populaire et en particulier l'ami de Charles Spinasse, ministre de l'Economie de Blum, parce qu'enfin il était franc-maçon.

Un crime qui, pour les dirigeants de l'O.S.A.R., devait « donner à réfléchir ».

Samedi 24 avril (suite).

H... parle aussi de l'affaire J.B. (Léon Jean-Baptiste). Celui-ci aurait été supprimé le 5 octobre et Mme Jean-Baptiste en réalité la maîtresse du disparu, aurait récemment reconnu son corps à la morgue(!). C'est d'une stupidité sans rivale. Juhel est aussi au courant de la mort de Maurice Juif qui aurait été exécuté à Nice. Enfin, la cause de ces exécutions serait que ces deux personnages auraient levé le pied avec trois cent mille francs. Il rapporte ces bruits pour mémoire seulement et pour marquer le degré d'information du Boccador. Il est faible.

LEON JEAN-BAPTISTE ET MAURICE JUIF

Le double meurtre de Léon Jean-Baptiste et de Maurice Juif, dont il sera longuement question dans la suite des « carnets », est un règlement de compte interne à La Cagoule. Maurice Juif, marchand de chaussures niçois est également fondateur et prési-

dent de la société secrète « Les Chevaliers du Glaive ». Les affiliés de cette secte copiée sur la franc-maçonnerie et le Ku Klux Klan se doivent « amitié et recours contre les communistes et les Juifs ». Quelques rares réunions sont occupées par de longues conférences ennuyeuses et prétentieuses. C'est dans cette « confrérie » que Joseph Darnand, administrateur d'une société de camionnage et de la Société Nouvelle des Autobus du Littoral, responsable de la région sud-est pour l'O.S.A.R., recrutera ses premiers « abonnés ». Darnand a connu Deloncle, Méténier et Jeantet pendant la guerre. C'est lui qui sera chargé de traiter l'ensemble des affaires d'armement avec l'Italie. Gabriel Jeantet, au cours de l'automne 1936, lui dépêche Léon Jean-Baptiste comme « liaison ». Darnand, avec l'accord de Deloncle, vient de nommer Maurice Juif « acheteur » patenté de fusils mitrailleurs. Juif et Jean-Baptiste n'ont qu'à suivre les filières préparées par Jeantet. Leur première affaire (des caisses de grenades italiennes) est une réussite. Mais la facture semble plus lourde que les engagements pris. Armand Crespin, responsable pour l'O.S.A.R. du 2e arrondissement parisien, est chargé d'enquêter sur cette affaire. Armand Crespin a parrainé l'entrée de Jean-Baptiste dans l'organisation. Tandis que Crespin part pour l'Italie, Juif et Jean-Baptiste traitent à Anvers auprès de la société Fromont (Armat – armement et matériel militaires) l'achat de trois cents fusils mitrailleurs... qui seront payés et saisis par la police. L'enquête Crespin qui se prolongera plusieurs semaines, conclura que Juif et Jean-Baptiste ont détourné les fonds. Ils seront condamnés à mort. Jean-Baptiste, après avoir comparu devant un tribunal présidé par Eugène Deloncle sera exécuté dans une forêt de la région parisienne en octobre 1936. Maurice Juif sera assassiné à Césio, en Italie. On retrouvera son corps le 8 février 1937.

Dans une valise, en souffrance depuis trois mois à la consigne de la gare de Lille et adressée à Jean-Baptiste, hôtel Métropole, Bruxelles, le commissaire Jobard devait découvrir, en ce même mois de février 1937, plusieurs papiers qui apportaient la preuve

que Jean-Baptiste appartenait à une organisation secrète, l'O.S.A.R., dont le chef était « Marie » et qui achetait des armes en Italie et en Espagne. L'enquête sur La Cagoule commençait...

Samedi 24 avril (suite).

Mais j'en reviens à la maison elle-même (l'Action Française). La méfiance y règne et La Cagoule abhorrée partout présente, et ce n'est pas si faux. C'est ainsi que Lassus et Cazenove de Pradines eux-mêmes sont suspects. En effet, ils penchent vers l'U.C.A.D. Trochu (je reviendrai longuement sur celui-ci) continue à jouer double jeu et au cours de ses conversations au Boccador il donne tous apaisements et raconte ce qu'il veut. Cependant, entre lui et Pujo, une ombre se lève. Trochu se serait arrangé pour se trouver solidaire de Pujo en cas de « coup dur » dans une affaire d'armes. Pujo ne cache à personne que cela lui déplaît souverainement et qu'il ne veut pas être entraîné ainsi par Trochu. Quant à Levray, il n'aurait rien compris à toutes ces affaires. D'autre part, la rue Nicolo est l'objet d'une surveillance constante de la part de la maison mère. Pierre Lecœur, homme fort suspect, a été autorisé à appointer deux policiers qu'il prétend avoir pêchés dans une agence de police privée. Ceux-ci sont spécialement chargés de surveiller cette maison et d'en connaître toutes les habitudes. Ils sont doublés par des policiers bénévoles. On nous assure aussi que la maison mère possède quatorze adresses de lieux où se retrouvent « les cagoulards ». Ces adresses ont été « brûlées » à la police par Pujo. Il paraît que celui-ci a été en rapport direct avec le commissaire Badin, notre ami, à propos de l'agression de Thibault. Mais les conclusions de Pujo à propos de cette affaire sont vraiment piquantes. Il ignore bien entendu comment elle a été dénouée, la démarche de Jean Filliol, la lettre de Thibault, etc. Aussi devant l'arrêt des poursuites croit-il que la police ménage La Cagoule et donc que La Cagoule c'est la police. Rien n'est plus plaisant. Dans toutes ces histoires, que je note pour le plaisir, il faut faire une très grande part au bavardage et à la sottise. Mais il y a de la part de nos amis un courant d'imprudences de langage. Le Boc recueille tout cela et certainement le transmet plus ou moins à la police. On nous cite des exemples, l'on a même noté un bavardage sur l'affaire de Laon[1]. Je sais aussi que les chefs de certaines unités ou formations ont des listes. Je le dénonce furieusement. Cela nous fera un très mauvais parti.

AFFAIRE THIBAULT

Au cours des premières réunions de travail des « intimes » chez Eugène Deloncle, en juillet 1936, Filliol, le plus sérieusement du monde, développa son plan pour faire interdire le parti communiste. Prétextant la provocation qui avait abouti à l'interdiction de l'Action Française, il suffisait, selon lui, d'assassiner Maurras, Pujo et Daudet pour que la police aussitôt, en rende responsable le parti communiste. Le projet Filliol fut écarté, non sans discussions. Bavard, Filliol raconta son « idée » à l'un de ses anciens Camelots de la 17e équipe, André Thibault. Et ce Thibault fut l'un des rares Camelots du 16e arrondissement à ne pas s'abonner à l'O.S.A.R. et à raconter à qui voulait bien l'entendre « ce que cet imbécile de Filliol préparait ». La réaction de ce dernier ne se fit pas attendre. Tentative de meurtre ou simple intimidation, Thibault fut attaqué par trois hommes, un soir, à la sortie de chez lui. Mais des passants se précipitèrent à son secours et il en fut quitte pour un œil poché, une oreille décollée et deux dents brisées.

« Mais, devait-il dire en déposant plainte à la préfecture de police, j'ai cru reconnaître Jean Filliol parmi mes agresseurs, il tenait un poignard... »

Le lendemain, Thibault tombait dans un traquenard chez des amis communs.

« Si tu ne retires pas ta plainte, dès demain tu es un homme mort », lui lança Filliol.

Thibault retira sa plainte.

1. Vol par l'O.S.A.R. de plusieurs mitrailleuses à la caserne Thérémin-d'Hame à Laon.

Dimanche 25 avril.

C'est encore une journée qui m'a fort peu appartenu. Avant midi le docteur Martin était là avec une communication pour le patron. Conversation, échange de vues, puis visite et attente rue Rodin après. Coût : plus d'une heure. Peu après deux heures, Pierre Fraisse arrive. C'est ici que d'ordinaire il dissipe le dimanche son oisiveté. Pour moi, je déplore le temps ainsi perdu. Coût : une heure trois quarts. Je n'avais pas eu le temps de reprendre un peu le fil de mes occupations que cette fois Yvonne surgissait. La fin de l'après-midi y passe, d'autant que, à 6 heures, je me rendais chez Hélène qui nous fera, m'a-t-elle assuré, une bonne recrue. Je la reverrai mardi soir. Enfin ce soir après dîner, j'étais rentré à 8 h 20, Hélène est venue. C'est assez dire que j'ai eu infiniment peu de temps à moi.

Eugène m'a fait part hier d'un très authentique propos de Caillaux parlant de la situation. Selon ce personnage très consulaire, le Sénat tient dans sa main le sort du gouvernement. Que lui, Caillaux, fasse un geste et le Sénat entier suivra. Ce geste ne sera cependant pas fait, car il n'existe aucune personnalité, ni aucun homme radical qui soit capable de prendre en main la situation. Cet homme sortira des barricades. Tel serait le propos tenu par Caillaux lui-même au directeur de Penhoët.

Lundi 26 avril.

La séance des chefs de brigade a été fort intéressante. La tâche du grand jour, le jour « J », a été assignée à chaque brigade. Les objectifs ont été délimités dans une première approximation par Cachier lui-même et à peu près tels qu'ils avaient été définis lors de mes premières séances de travail de l'an dernier. J'aurais eu plaisir à m'attarder à rapporter ces détails, mais il est si tard et d'ailleurs j'aurais tant d'autres choses à dire.

GEORGES CACHIER

Responsable militaire de l'ensemble des forces armées de l'O.S.A.R., Georges Cachier est né le 6 décembre 1882 à Reims. Ce lieutenant-colonel de réserve, ancien rédacteur principal au ministère des Finances, sera, après la guerre, secrétaire général de la Compagnie Générale des Tabacs, chargé de mission à la Banque Nationale de Crédit, administrateur de la Société des Usines de la Chalassière à Saint-Etienne.

Après cette séance, nous sommes allés au bistro. C'est traditionnel quoique la prudence conseillerait l'abstention de tout colloque de ce genre. Là Lainey a rendu compte de son voyage en Belgique. Il y avait été appelé d'urgence hier par un de ses cousins qui est à Anvers. Il s'agissait toujours de notre cargaison d'armes. Il faudrait vraiment que je prisse un jour le temps de consigner le détail ou au moins les grandes lignes de ces affaires. Elles ne font qu'un avec les affaires « J.B. » et « Juif », celles-ci n'étant que les aboutissants de celles-là. Mais ce soir je suis sous la loi de la hâte. A peine mentionnerai-je que les interrogatoires continuent à la Sûreté. Il est maintenant avéré que la maîtresse de Jean-Baptiste nous a complètement vendus à la police. Bigonry qui a été interrogé en a eu la preuve par les questions qui lui furent posées :

« Vous faites partie d'une société secrète?

« Où se réunit-on?

« Qu'y fait-on? », etc.

Ce fut une avalanche de ce genre. Notre ami a heureusement tenu le coup honorablement. Je terminerai sur la mention d'un nouvel incident domestique. Une fois de plus, maman a su se rendre insupportable. Hélène est venue ce matin... Il n'en fallut pas davantage pour que maman déclenchât une scène qui n'est pas hélas! sans précédent. Mais il n'a pas suffi pour épuiser sa bile qu'elle se fût ainsi déployée pendant l'heure de midi. Ce soir à mon retour hâtif, elle « a remis ça » comme l'on dit aujourd'hui. Et je ne sais par quelle inconscience ou par quelle fausse conviction, elle s'est écriée :

« Oui et tout l'argent que tu dépenses avec elle! »

Je suis naturellement entré dans une colère noire devant cette intolérable invention. Car maman sait pertinemment que je n'ai pas d'argent et que je ne peux, le voudrais-je, en dépenser avec Hélène. Ce sont là des choses qui ne s'oublient pas aisément et je l'ai dit. Rien n'est plus mensonger, rien n'est plus faux. L'on n'a pas besoin de se demander après cela les raisons de mes silences. Je ne sais que trop comment mes actes seraient interprétés et jugés, d'ailleurs sur des données fausses. Aussi suis-je résolu à ne point aider à ces interprétations. Les sujets de commentaires sont déjà trop nombreux pour que je consente à en ajouter. C'est pourquoi je me tais et je dis le moins de choses possible. Dans l'état actuel des rapports c'est la solution la meilleure et la plus sage.

Mercredi 28 avril.

Un petit garçon d'une huitaine d'années a été lapidé et tué à Lyon par un groupe de garnements de son âge. On devine les raisons : le petit garçon appartenant à une bonne famille était « fasciste ». Ce n'est pas en vain que l'on prêche la haine dans la race des hommes. Elle pousse et grandit avec une prodigieuse rapidité. Faire tendre le poing dès le plus jeune âge et faire crier : « X... au poteau », sans parler du reste, porte les plus funestes fruits. Herriot, maire de Lyon, a condamné de tels actes d'une voix larmoyante, mais le grand coupable c'est lui et les siens. Ils ont fait alliance avec le Front Populaire, ils se sont promenés avec la racaille rouge sous le signe du poing tendu et sous les plis de l'Internationale. Les vrais coupables, les voilà. Ils sont, aujourd'hui, mal fondés à se plaindre et à dénoncer en paroles les crimes que leurs agissements ont rendus possibles. Ce soir je suis allé à la réunion hebdomadaire des officiers de renseignements des brigades. La séance a pris fin assez tard puisqu'il était environ 11 heures. J'ai rejoint, après, Hélène qui m'attendait au

« tabac » de la Muette. Elle est venue ici passer ensuite de courts instants.

A la suite d'un coup de téléphone reçu par Jacques Corrèze et émanant d'Alice, la maîtresse de Jean Filliol qui fait elle aussi partie de l'expédition de l'Est, Jacques Corrèze est parti pour Châlons où rendez-vous lui a été donné à 2 heures du matin. Il semble donc que les choses allaient bien. Nous nous expliquons mal ce retard assez considérable sur l'horaire, mais il faut penser que certaines difficultés ont surgi à l'improviste. Dimanche, Gabès avait renvoyé une voiture pour rattraper ce temps perdu je suppose, nous en avons renvoyé une autre. Tout est donc pour le mieux et vraisemblablement notre précieux chargement sera demain à Paris.

Je n'ai plus qu'un mot à dire. Il s'agit des « sidis » nord-africains qui continuent d'affluer en France. D'après une excellente information que nous tenons de la Compagnie Générale Transatlantique, c'est au rythme de 3600 par mois que ces malheureux Arabes sont jetés sur notre sol. Ils arrivent à Marseille et les huit dixièmes d'entre eux tombent entre les mains du parti communiste. Il nous a été signalé qu'ils étaient hébergés sur place puis envoyés à Paris au taux de cent à cent cinquante tous les jours. Des vérifications faites par nous à la gare du P.L.M. ont permis de contrôler ce chiffre et de le reconnaître comme exact. La plus grande partie de ces arrivants est dirigée sur Aubervilliers. Or, par une circonstance fortuite, il nous a été donné de constater ceci : deux membres du P.S.F. de cette ville déploient une activité assez singulière qui a attiré sur eux une attention discrète de la part des dirigeants du P.S.F. (C'est grâce à nos moyens d'investigation que nous sommes au courant de ces faits.) Donc les P.S.F. inscrivent à leur parti un très grand nombre de Nord-Africains à qui le P.S.F. trouve immédiatement du travail. C'est une des spécialités du P.S.F. que de trouver dans un court délai du travail à ses adhérents. L'on voit le jeu et il paraît merveilleusement clair que le parti communiste sait tirer de ces circonstances tout le fruit qu'il peut. L'on sait que la trop fameuse « Etoile nord-africaine » a été récemment dissoute par le gouvernement. Les niais des ligues nationales et la droite d'une manière plus générale ont applaudi à cette mesure du gouvernement qu'ils tiennent pour saine et excellente. Or c'est à la demande du P.C. que cette dissolution a été prononcée. « L'Etoile N.A. » échappait de plus en plus à l'obédience communiste, il n'y avait donc que des avantages à en prononcer la dissolution officielle. On aurait ainsi l'air de donner, de surcroît, aux nationaux une satisfaction qui leur permettrait de s'endormir un peu plus. Ces nigauds ont applaudi de toutes leurs forces et se sont publiquement félicités de « l'acte d'autorité » du gouvernement. L'on serait difficilement plus bête.

Jeudi 29 avril.

Nous avons eu ce soir les Guimard à dîner, c'est-à-dire Jean et sa mère. Suzanne n'avait pas daigné venir. Elle avait, paraît-il, une migraine ce qui lui arrive chaque fois que nous l'invitons. Naturellement, comme je l'ai dit à Jean, ce n'est qu'une coïncidence. D'ailleurs, l'on peut dire que l'on dîne aussi bien même si Suzanne n'est pas présente. C'est une chance.

Ce qui est une autre chance c'est que nos armes, 43 F.M et des pistolets automatiques, sont arrivées ce matin sans incident. Presque aussitôt une voiture est repartie pour aller chercher le complément. Nous aurons ainsi reçu 100 F.M. et quelque 325 pistolets. Il est évidemment fort dangereux de noter ceci et d'autant plus que ce gros volume ne peut pas facilement se dissimuler. Et cependant je regrette infiniment de ne point consacrer plus de place et de temps à ces petits événements que nous aurons trop tendance, plus tard, à oublier. Ils sont vraiment notre vie à l'heure actuelle. Quand nous avons un tel chargement sur la route, nous sommes dans l'inquiétude. Un coup de téléphone, un avis, une lettre nous émeuvent. Et puis il y a l'absence de nouvelles qui fait prendre aux craintes toutes les formes. Toutefois ce précieux chargement n'est pas encore à Paris. Il est au relais d'où il sera extrait dans quelques jours. J'ai mis ce matin en lieu sûr le tome XXVI. De sorte que toutes ces catastrophes en puissance qu'il contient ne pourront pas se déchaîner. A la vérité, nous n'avons pas particulièrement lieu d'être dans l'inquiétude. Il y a évidemment cette affaire Jean-Baptiste en suspens un peu sur nos têtes ou à côté.

Et puis il y a l'interminable guerre d'Espagne. Depuis une quinzaine, les troupes du général Mola ont pris l'offensive en Biscaye et cette offensive a jeté les rouges dans un extrême désarroi. Les colonnes Mola vont de victoires en victoires. Les redoutables montagnes qui entourent Bilbao ont été définitivement franchies. Mais afin qu'ils rendissent leur présence plus efficace, les nationaux entreprirent le blocus de Bilbao. C'est ainsi qu'un croiseur national et quelques chalutiers empêchaient, tant bien que mal, que les navires étrangers entrassent dans le port basque. Cette opération qui n'allait point sans effet sensible, déplut fort aux Anglais qui sont encore plus marchands qu'humanitaires. Ils protestèrent avec énergie sous la forme de virulents discours radicaux et travaillistes aux Communes. Le gouvernement britannique fut traité du haut en bas. Tant et si bien que quelques navires anglais qui attendaient avec impatience à Saint-Jean-de-Luz ou à La Rochelle finirent par tenter l'aventure. Comme les chalutiers espagnols intervenaient, les Anglais plus courageux contre les Espagnols que contre les Italiens, envoyèrent un navire qui put leur tenir tête sans risque. Ce fut le formidable *Hood,* énorme croiseur de bataille de 42000 tonnes et armé de canons de 380 mm à qui échut ce devoir. Il s'en acquitta au mieux et ne fut point coulé par les chalutiers montés en guerre. C'est ainsi que les navires marchands anglais purent franchir ce blocus pour la plus grande joie des vendeurs de la Cité, des « clergymen » quinteux et des vieilles filles humanitaires. Naturellement le gouvernement de Burgos a protesté contre ce procédé, mais ce genre de protestation ne va jamais fort loin.

Un autre incident fort grave et surtout fort douloureux vient de se produire lors de l'avance des troupes de Mola. La ville sainte des Basques a été presque entièrement détruite. J'allais écrire : l'on ne sait pas par qui. Il y a en effet deux thèses qui s'opposent. D'après tout ce qu'il y a d'antifascistes dans l'univers, la ville de Guernica a été détruite par un bombardement systématique et efficace des avions allemands et italiens. Le correspondant du *Times,* le grand journal juif, embouche au premier rang la trompette antifasciste. Il explique ainsi ce bombardement divisé en plusieurs parties égales : d'abord, lancement de grenades et de bombes pour semer la panique au sein de la population; puis rafales de mitrailleuses pour obliger les gens à se terrer, enfin bombes incendiaires pour détruire les maisons et enterrer les victimes sous leurs décombres. Il faut avouer que cela est horrible si c'est vrai. Cette systématisation est suspecte. Elle l'est d'autant que les nationaux démentent avec la dernière énergie que les choses se soient passées de la sorte. Selon eux, ce sont les rouges qui, renouvelant un exploit dont ils sont coutumiers et dont le martyre d'Irun est le type, ont dynamité et incendié la vieille ville basque. Il est évidemment fort difficile de contrôler et de juger, mais quand on sait de quoi est capable la racaille rouge on se sent fort mal disposé pour lui faire crédit en une pareille conjoncture. Des enquêtes vont être ouvertes. Nous verrons si elles feront la lumière.

Il me resterait encore à parler de la comparution de Vincent Auriol devant la commission des Finances. Il y a admirablement démontré que la gestion du Front Populaire était catastrophique, que le déficit budgétaire était un gouffre, qu'il faudrait emprunter environ vingt milliards jusqu'à la fin de l'année, qu'il n'avait guère que six milliards de fort mauvaises recettes, qu'il n'y avait pas moyen de s'en tirer et qu'il fallait continuer. En somme il a été optimiste. Mais comme personne n'a jamais pu acheter des rentes avec de l'optimisme, le marché financier est tombé aujourd'hui avec un touchant ensemble.

Vendredi 30 avril.

Demain, 1er mai, jour de la paresse et fête nationale. Presque toute la France chômera, toute la France du travail s'entend. La C.G.T. impose sa loi en maître fou absolu. A partir de 20 heures, autobus, métro et taxis qui auront marché au ralenti toute la journée cesseront de fonctionner. Tous les magasins seront fermés. L'alimentation le sera partiellement et l'ensemble suivra de gré ou de force. Il n'y aura point de journaux et je me demande si l'Action Française qui, jusqu'ici paraissait toujours dans de pareilles circonstances, sera vendue demain. Reste-t-il seulement quelqu'un pour l'aller vendre? Ce sera donc demain la paresse organisée. Toutefois il paraît que nous ne serons pas privés d'eau, ni de gaz, ni d'électricité. Nous devons en rendre grâces à nos maîtres. Justement, hier, dans une déclaration devant les membres de son parti, Léon Blum a dit qu'il n'y aurait pas de grands travaux, pas d'emprunt de dix milliards, pas de retraite pour les vieux. Rien! Ce fut une consternation générale. Sur le moment il fallut bien avaler tout cela. Mais quelle sera la réaction ultérieure? Les masses vont se ressaisir. Elles prendront conscience de leurs volontés et elles les feront prévaloir.

Assez curieusement j'ai fini la soirée chez Hélène qui recevait chez elle un certain nombre d'amis. Je devais me rendre avec elle en banlieue cet après-midi, mais retenu longuement chez elle, je fus trop tard. Ce soir, en me rendant à l'hebdomadaire prestation de serment chez les Purieux, je lui téléphonai. Elle me demanda de venir et j'arrivai un peu après 11 heures. Je rencontrai là quelques personnes que je connaissais déjà. Je suis rentré à une heure et demie.

Samedi 1er mai, 23 h 40.

L'Action Française a paru et je fus un peu surpris de la trouver ce matin dans mon courrier. Qu'ont donc fait les facteurs antifascistes? Leur zèle se refroidirait-il? Ou leurs scrupules étaient-ils plus forts que leurs convictions? Je ne saurais conclure. Donc *l'Action Française* voyagea par la poste et elle se vendit à tous les coins de la ville. Bien mieux, elle fit paraître vers cinq heures et demie une édition du soir que les gens s'arrachaient littéralement. Cela se produisait ainsi autrefois. Mais alors il y avait encore d'assez nombreuses troupes pour aller porter partout le canard et au besoin pour le défendre. Tandis qu'aujourd'hui!... Néanmoins Pujo marque le coup : « Nous ne sommes pas esclaves de la C.G.T. », proclame-t-il. Naturellement l'*Action Française* fut le seul quotidien à paraître. Mais l'on vendait aussi *Le National, Le Flambeau,* un numéro spécial de *L'Insurgé* et quelques autres vagues feuilles à tendances indécises. Il va tout à fait sans qu'on le dise que les chantiers de l'Exposition avaient été entièrement désertés. Les travailleurs se sont rendus en foules plus ou moins denses vers les hauts lieux de rassemblement populaire : République, Bastille, Nation. C'est là qu'avait lieu le grand et double « piétinement ». Ce dernier mot, excellent, est de Daudet. Cette malheureuse exposition n'a pas de chance. L'on se doute bien que l'on reproduit partout les prophéties de Léon Blum : « L'ouverture de l'Exposition sera la victoire du Front Populaire sur le fascisme. » L'on reparle de l'occupation de l'Exposition. Une information nous la donne même comme décidée par le parti communiste. Il y a en effet seize mille travailleurs inscrits à ce parti. Si donc, avant l'ouverture, satisfaction n'est pas obtenue quant aux grands travaux, l'occupation aurait lieu. Simultanément on nous indique, et de différentes sources, que les troupes communistes sont réchauffées. Il paraîtrait que tous les chefs de région de France du P.C. ont été convoqués à Paris cette semaine. On précise qu'ils y sont arrivés le 27 avril au matin. Ils ont tenu leur réunion à la mairie de Gentilly, l'après-midi du même jour, après quoi ils sont immédiatement repartis pour leur région, nantis, dit-on, de nouvelles et importantes consignes. Ce renseignement en confirme un autre, directement recueilli celui-là par un de nos agents chez l'ennemi. Depuis le début de la semaine les communistes voient un à un leurs groupes de combat d'un secteur de la banlieue sud. Au cours de ces inspections les mêmes propos sont répétés :

« Nécessité d'être prêt à agir... L'action est proche... C'est nous qui attaquerons pour prévenir l'action des fascistes... »

Les hommes sont repris en main et on leur brosse un sombre tableau de la situation. Les pertes seront importantes des deux côtés :

« Quatre cent mille tués seront le prix de notre révolution en France. »

Je recueille ces bruits à titre documentaire. On aurait

tort de les négliger comme il serait absurde de les prendre à la lettre. La seule colportation suffit, comme on l'a fait, pour déformer. Tous ces bruits et ces mouvements coïncident avec les grands changements survenus à l'ambassade soviétique récemment. L'ancien ambassadeur des Soviets à Paris, Potemkine, qui vient de quitter l'ambassade, a donné le 18 avril un dîner d'adieu à ses collaborateurs. Il leur fit, à cette occasion, un petit discours. Ce discours servit de cadre à un examen de la situation en France en particulier. Potemkine s'est flatté d'avoir accompli à « cent pour cent » la mission dont les Soviets l'avaient chargé. Il s'est félicité d'avoir soudé la France et l'U.R.S.S. par des liens d'amitié qu'il ne sera pas facile de briser sans grands risques.

« Le travail que nous avons accompli est vraiment miraculeux. Aujourd'hui nous pouvons dire que la pensée française et les idées du pays sont en rapports étroits avec celles des Soviets. J'espère, a-t-il ajouté, que vous allez continuer l'œuvre commencée dans ce pays et que bientôt nous n'aurons plus qu'une France et qu'une Russie pensant et vivant de la même manière. »

Lundi 3 mai.

Il a fait une magnifique journée de printemps comme hier, du reste. Elle a été plutôt chargée cette journée. En course dans le centre, ce matin, puis chez mon dentiste. A deux heures, j'étais chez Eugène Deloncle. Nous y eûmes une longue conférence qui ne dura pas moins de deux heures. Grosset, Henri Deloncle et Corrèze y prirent part. Une très importante opération que nous préparons depuis près de deux mois y fut discutée et définitivement mise au point. Tous les détails en furent soigneusement examinés ainsi que les modes d'exécution. Cette exécution est cependant fonction de la présence ou de la non-présence de la personne intéressée.

Mardi 4 mai.

Une mesure pour rien! Nos préparatifs d'hier et notre attente de ce soir ont été vains. Nous recommencerons demain. Il n'en reste pas moins qu'une pareille attente tire terriblement sur les nerfs. Je suis tenu, dans ces notes qui ont cependant tant recueilli déjà à une grande réserve et prudence. Malgré tout, et faute de mieux, ces seules indications suffiront à réveiller mes souvenirs. Je serais presque d'avis de laisser l'affaire mariner huit grands jours! D'autre part, je n'ignore pas que le temps presse et que l'élan est donné. Ce facteur aussi entre dans les comptes.

Mercredi 5 mai, minuit cinquante-cinq.

Nouvelle attente, nouvelle déception. Il faudra que nous nous y prenions d'une autre manière. Nous aurons demain une nouvelle conférence. Il n'est pas possible d'attendre de la sorte plusieurs jours de suite. Le temps était beau, un peu frais. Nous sommes aussi un peu fatigués.

Jeudi 6 mai, 13 h 10.

Il s'agit toujours de l'affaire Jean-Baptiste. C'est le commissaire Jobard qui l'instruit. Il y a quelques jours, Crespin recevait l'entrefilet d'une petite feuille hebdomadaire dont je ne sais plus le nom, mais qui est maniée par la police. Il s'agissait d'un « écho ». Le passage était souligné au crayon, et disait en substance :

« M. A... fait partie d'une société secrète qui pratique le trafic d'armes. Cette association a fait disparaître un de ses membres qui n'avait sans doute pas observé les règles du jeu. »

D'autres détails suivent. C'est l'invite. Bien entendu, nous ne marchons pas et le Jobard pourrait bien l'apprendre à ses dépens.

Comme j'ai été quelques instants seulement interrompu par Grosset, je suis obligé de remettre à ce soir la suite de ces notes. Je vais présentement chez Eugène où l'affaire d'hier soir sera discutée et je pense assez vivement. Naturellement le 2e Bureau sera mis en cause, mais je me défendrai comme un beau diable. Je rapporterai à Eugène le mot de Corrèze d'hier soir, si vrai :

« Le travail du 2e Bureau est très ingrat. Si une affaire réussit, ce sont les exécutants qui en ont tous les lauriers. Si elle échoue, c'est au 2e Bureau que l'on s'en prend. »

En effet. Car en ce qui nous concerne, notre 2e Bureau n'exécute pas et les exécutants n'en veulent faire qu'à leur tête. Ils rejettent froidement une solution étudiée sous prétexte qu'il ne leur plaît pas de le faire. D'ailleurs il n'y a aucune espèce de moyen de faire entendre raison à Filliol qui, sur ce point, fort délicat, mène Eugène comme par le bout du nez.

Hélène vient de partir. Elle est toujours l'objet, de la part de maman, d'une hostilité haineuse aussi inexpiable qu'injustifiée. Hélène appartient au meilleur monde, elle est d'une excellente famille, elle a bon cœur, elle est dévouée et pleine d'une exquise bonne volonté. Je ne vois pas que ce soient là des titres à une opposition aussi entière et qui ne désarme sur aucun point. Le parti pris éclate en chaque occasion. Pour donner un exemple, Mme Hantier, qui est cependant la maîtresse en titre de Thérin, est placée sur un ridicule piédestal. Il ne viendrait cependant à personne l'idée de comparer Hélène à Mme Hantier. Je ne dis pas que celle-ci n'ait pas de bonnes qualités de cœur, mais elle a aussi des manières qui laissent fort à désirer. « C'est une bonne petite femme » dit maman. Hélène est reçue dans Tout-Paris, Mme Hantier est la maîtresse de Thérin. Il faut être aveuglée de fureur et de parti pris pour établir une comparaison. Ce qui ne veut point dire que je sois aveugle sur Hélène qu'il est bon de reprendre quelquefois. C'est un sujet qui n'est pas épuisé d'ailleurs et maman se chargera bien de le remettre à l'ordre du jour.

Dimanche 9 mai.

Une expédition est partie pour Bordeaux. Retrouvant les gens du pays, l'on doit tenter une opération d'envergure sur un dépôt d'armes communiste près de Saint-Jean-d'Angély. Les cadres et les spécialistes sont partis vers 14 heures de Paris, le reste de la troupe est fourni sur place.

Lundi 10 mai.

Nos gens sont à pied d'œuvre à Saint-Jean-d'Angély. La reconnaissance du terrain devait avoir lieu dans la journée et c'est, je crois, dans la deuxième partie de la nuit que l'opération proprement dite doit se faire. La plus grande déception serait que l'on n'y trouvât rien. Mais l'on peut penser que nos observateurs ont bien vu et bien remarqué. Enfin il est presque ridicule de souhaiter que les choses se passent bien. C'est que nos hommes sont armés et bien armés, et il faudrait plaindre un parti d'adversaires, c'est-à-dire de communistes, qui les viendrait attaquer. Ce n'est pas là chose impossible car tout le pays avoisinant est fort rouge. D'ailleurs sur les cinquante-quatre hommes qui prennent part à l'opération, plus de la moitié n'ont qu'une mission de surveillance. L'on peut dire que tout a été prévu et organisé jusque dans les moindres détails. Un ordre d'opération a d'ailleurs été rédigé et tout le matériel nécessaire a été acheté : pinces, coupe-boulons, scies à métaux, lampes de poche, corde pour ficeler les indiscrets éventuels, sacs pour les immobiliser. André[1] a effectué une part de ces achats. Il a, de surcroît, emporté tout son matériel de serrurier au grand complet. Il y a en outre des détonateurs, des cordons Bickford, des mélanges incendiaires pour détruire le dépôt en cas de surprise ou s'il est impossible de l'emporter. Car cette évacuation de plusieurs tonnes de matériel pose un problème difficile et aussi dangereux. Pendant qu'ils se préparaient de la sorte, d'autres revenaient du

1. Louis Huguet.

Sud-Ouest chargé d'armes. Il est ainsi rentré cinquante-quatre F.M. dans la dernière nuit. Ils étaient répartis dans deux voitures. Par suite de l'incroyable négligence de Filliol, ces deux voitures faillirent demeurer six heures sur la route à attendre la voiture guide. Corrèze recevait hier soir de Filliol ce coup de téléphone :

« Va au 11 (rue Nicolo sous-entendu). Minerve (Mme P. Chardon) te dira le lieu et le cuisinier (notre ami Baillet), l'heure. »

Or cette heure c'était trois heures du matin et la communication venait de Tours. Corrèze vit bien tout de suite que quelque chose ne « collait » pas. Il fit un rapide calcul tandis qu'une visite faite le matin le guidait dans ses recherches. Il en conclut qu'il devait y avoir un décalage négatif de six heures, ce qui lui donnait neuf heures du soir à Fontainebleau. Ce calcul était juste et, de la sorte, nos hommes n'eurent point à attendre six heures mortelles. Enfin Jeantet est rentré ce soir avec deux cents pistolets. Mais il vient de lever un autre lièvre : cent cinquante F.M. qu'il faut enlever tout de suite pour cinq cent mille francs. Et Eugène qui est le seul qui prennent des décisions pour ces opérations est à Marseille d'où il ne sera de retour que jeudi matin. De notre côté, L. vient de nous signaler une magnifique opération, militaire cette fois. Mais il faut voir et s'assurer de ce qu'il faut faire et de ce qu'il y a vraiment. Nous partirons donc, tous les trois, L..., Corrèze et moi mercredi soir. Nous irons à Dieppe et de là à l'endroit qui nous a été indiqué. Nous ne chômons pas.

Mardi 11 mai.

Je m'étais trompé. C'est cette nuit que doit se faire l'expédition de Bordeaux. Malheureusement il est à craindre que l'affaire ne prenne pas la tournure que l'on avait espéré. En effet, Bordeaux était, pour sa part, chargé de monter l'affaire dans ses détails. En particulier, fallait-il fournir les camions et le dépôt nécessaires. Or ni celui-ci, ni ceux-là n'ont pu être trouvés. Il paraît qu'un de nos « abonnés » s'était adressé à un de ses amis, homme réputé très sûr. Celui-ci avait offert un entrepôt ou un magasin qu'il avait. L'on tomba d'accord après quoi l'homme n'eut rien de plus pressé que d'aller nous dénoncer au parquet. Il dit qu'il avait reçu la proposition de gens qui voulaient utiliser son immeuble pour y entreposer des armes destinées au Front Populaire espagnol. Une pareille histoire est proprement inouïe. Il paraît cependant qu'elle doit être tenue pour vraie. D'autre part, Br. à qui l'on aurait, en raison de son brillant passé militaire, accordé plus de jugement aurait imaginé ceci : « S'il lui était impossible d'enlever le matériel, il irait lui-même, en se désignant nommément, raconter au capitaine de gendarmerie de l'endroit ce qu'il savait. A tel endroit il y avait ceci et cela et lui, Br., capitaine en congé, avait découvert ce dépôt. Il venait en faire hommage à l'autorité militaire. Ce dessein est plus romantique que raisonnable et Br., par téléphone, a reçu avis de ne rien faire de tel. Je vais à Dieppe demain soir pour étudier l'affaire d'Eu. Je ne serai de retour que fort tard dans la nuit.

Mercredi 12 mai, 14 h 30.

Je ne dispose que de très peu d'instants. Je pars pour Dieppe deux heures plus tôt que nous n'avions d'abord prévu, dans le dessein de rentrer aussi plus tôt. Ce matin, vers quatre heures, nos gens revenant de Bordeaux, sont venus heurter à ma porte et me donner en garde la grande valise pleine d'outils et de vêtements. Leur opération n'a pas réussi ou plutôt elle n'a pas été tentée. Il est vraiment dommage que l'on ait entrepris pour rien une telle affaire. Je pense que le chef n'a pas eu l'audace qu'il eût fallu pour la mener à bien. Tel est, du moins, le sentiment des anciens A.F. qui faisaient partie de l'équipe. Toutefois l'on peut espérer que l'on va pouvoir sous peu la reprendre.

Jeudi 13 mai.

Je suis rentré ce matin à 4 heures et ce n'était pas le moment d'ouvrir ces notes. Ce l'est à peine davantage maintenant car il n'est pas loin de 2 heures et j'aspire à dormir un peu. J'aurais cependant beaucoup de choses à retenir mais j'ai de moins en moins de temps à moi. C'est un défilé continuel ici et quand ce défilé a pris fin, je vois Pierre Fraisse s'encadrer dans la porte. Ce charmant garçon, désœuvré après son bureau, ne semble avoir d'autres ressources que de venir ici me faire perdre mon temps le plus précieux. Il vient, il ne dit rien. Je lui dis que j'ai à faire, tout cela demeure sans effet. Il reste. Il est encore venu ce soir. C'en devient une calamité.

Vendredi 14 mai, 13 h 15.

Depuis le commencement de la semaine, je n'ai pas eu à moi le moindre instant. Toutes mes soirées prises quand ce ne furent point mes nuits. Des visites presque sans interruption, et, je dois l'ajouter, les départs en vacances qui vont me donner un fort sensible surcroît de travail. C'est ainsi que le service province quittant Paris jusqu'à mardi, c'est à moi qu'échoit le soin de chiffrer et de déchiffrer les messages qui nous parviendront. Voilà où mène l'extrême complaisance. C'est vrai que nous accomplissons une tâche sacrée et que, dans cette affaire, l'individu ne compte pas eu égard, surtout, à la grandeur de notre entreprise.

Dimanche 16 mai, 20 h 50.

Hélène viendra tout à l'heure mais si je me fie aux précédents, il ne sera pas moins de 10 heures en mettant les choses au mieux. De son côté, je suis rassuré, il me reste néanmoins une vague inquiétude : Pierre Fraisse. Eh! il se pourrait qu'il arrivât, qu'il s'assît pour ne rien dire et demeurât là une heure ou deux ou trois. Il n'est pas venu aujourd'hui, voilà la source de mon inquiétude.

... Hélène vient de repartir, c'est dire qu'il n'est point tôt. Demain je dois être à 9 h 45 gare Saint-Lazare. J'y rencontrerai Lainey qui est venu ici cet après-midi; le médecin de Dieppe arrive demain matin. Sans doute a-t-il quelques précisions à nous apporter. J'entends, depuis un moment, qu'il pleut à plein temps, cette pauvre Hélène n'aura pas pu arriver chez elle avant la pluie. Je peux noter que nous avons fait rentrer hier à Paris trente-trois nouveaux F.M. Ceux-là étaient venus par la frontière suisse. A ce propos un de nos récents envois nous a été passé par les communistes. L'affaire est assez piquante. Nos passeurs avaient deux lots à faire entrer en France. Ils se sont adressés aux salopards qui de leur côté leur demandaient leurs services. Nos passeurs leur répondirent qu'ils voulaient bien se charger de ce passage à condition qu'ils passassent d'abord ce lot, le nôtre. Les salopards ne voulaient pas. On leur donna l'assurance que si les armes n'étaient pas pour eux, elles étaient pour des amis, alors ils consentirent et nos armes franchirent ainsi la frontière avec la bienveillante complicité d'un douanier rouge. Il est bon de savoir tout utiliser, mais nous avons une fois de plus la preuve que les rouges s'arment à tour de bras.

Mardi 18 mai.

Je me contenterai de noter quelques informations importantes que nous avons reçues. Il faut dire que notre S.R., qui se perfectionne tous les jours, est parvenu à s'attacher deux secrétaires du 120, rue La-Fayette et deux secrétaires C.G.T. Nous avons ainsi d'excellents échos sur ce qui se passe dans ces sanctuaires de la révolution. Donc un petit congrès du « Komintern » vient de se tenir à Paris. Entre le 2 et le 5 de ce mois, on a reconnu au 120 rue La-Fayette quelques-unes de nos vieilles connaissances : Muntz et Michailoff, Ercoli, Adam, Semard, Thorez, Diaz, Monmousseau, Burjot, etc. Au cours de cette conférence il a été envisagé : le déclenchement d'un mouvement international en France dans la semaine du 20 au 27 juin. Action politique par les députés communistes. Révolte de l'armée avec emprisonnement des chefs (généraux et officiers supérieurs) dont la liste est dressée. Grève générale des transports et immobilisation des services publics. Encerclement de Paris par les troupes de choc (quatre points aux environs de Paris seront désignés pour le rassemblement des effectifs qui sont évalués par les chefs du « Komintern » à 43000 hommes pour Paris et la région parisienne). Occupation de la Banque de France avec la complicité de la cellule de la préfecture de police. Arrestation et suppression des chefs de partis nationaux et de toute personne susceptible de pouvoir prendre le commandement d'un mouvement contraire. Jusqu'à cette date, ordre sera donné à la C.G.T. de forcer ses membres à déclencher un mouvement dans toutes les branches pour le renvoi des non-cégétistes[1] et pour prendre, dans le maximum de maisons et de grosses industries, le contrôle de l'embauchage. Le jeudi 20 du courant, après-demain, assemblée générale des chefs de cellules communistes de Paris. Enfin, il paraît que le chef suprême du Komintern qui doit prendre le pouvoir est actuellement en Hollande, à Amsterdam, où ordre lui sera donné de rejoindre Paris. Ce sera Dimitrov, il aura comme adjoint un général. Les fonds nécessaires à ce mouvement seront au B.I.T. à Genève dès le début du mois de juin. Boutonnier est chargé de faire un plan pour que, dans la nuit qui précédera le mouvement, tous les postes de radio sans exception soient gardés et à la disposition du P.C. L'occupation des ministères devra se faire avec une grande rapidité et les officiers de réserve du parti communiste se réuniront au ministère de la Guerre et de l'Air où ils recevront les instructions de leurs chefs. Le bureau spécial du Komintern est autorisé à entrer en relations avec la F.A.F. et l'Union Anarchiste pour une collaboration éventuelle. D'après une autre source, des événements graves seront provoqués pendant l'Exposition entre le 8 et le 15 juin. Ici l'on exprime l'espoir que l'armée favoriserait un mouvement de cette nature. Si l'armée agissait en sens opposé, les communistes, assure-t-on, sont dès maintenant suffisamment armés pour résister même aux troupes régulières. Ceci est peut-être un peu présomptueux malgré tout. Je note ces bruits. Il ne faudrait pas les prendre à la lettre. Ce n'est pas la première fois que des précisions et des informations de ce genre nous sont données. Mais il serait absurde et

1. Des troubles ont justement eu lieu, hier, sur les chantiers de l'Exposition. Ils ont eu pour origine l'expulsion d'ouvriers non affiliés à la C.G.T. (Note *Dagore.*)

dangereux de considérer ces bruits comme de vagues racontars. Ils ne sont pas exempts de contradictions. Ainsi il n'est pas à la fois très indiqué de rassembler 43000 hommes armés en plusieurs points sans attirer tout de même un peu l'attention et en même temps de prendre les ministères rapidement et par surprise. Il se peut aussi que de telles circulaires, forcément un peu connues, aient pour but de dépister les adversaires. Cependant je n'ai jamais cru, pour ma part, que les communistes pussent faire quelque chose sans une ambiance propice et une mise en scène annonciatrice. Si par exemple, comme ils le disent, ils occupent par avance les postes de radiodiffusion, ce sera pour nous une précieuse indication et un indice presque certain d'une action prochaine. Je cours me coucher car il est fabuleusement tard. Il y eut cet après-midi un monstrueux orage. De véritables trombes d'eau s'abattirent sur la ville. Le temps en est resté imprégné d'humidité et l'on nous promet pour demain de nouvelles pluies.

Mercredi 19 mai.

Je suis allé avec Hélène voir le film « Mademoiselle Docteur ». Nous avions déjà essayé de le voir à plusieurs reprises, mais elle était chaque fois arrivée en retard. Ce soir d'ailleurs, elle n'a point manqué à cette règle, aussi avons-nous attendu la seconde séance. Son retard était dû à un court-circuit qui s'est produit chez elle et qui a plongé la « liaison » dans la plus profonde obscurité. Eugène a du reste reçu du monde tout l'après-midi, depuis trois heures, chez elle. Cochinaire, le colonel Dumont de Chambéry, Méténier et d'autres encore de la province. Nos affaires vont vraiment très bien et nous avons reçu un grand nombre de F.M. à telle enseigne que nous ne savons plus à la lettre où les mettre. Il faudra vraiment que, un jour, je consacre quelques lignes à cette grave et capitale question. Car nous avons quelques inquiétudes. Nous avons des doutes sur Juchereau qui est celui qui a fait tous les aménagements des dépôts y compris et en commençant par lui, celui qui était chez lui. C'est ainsi qu'il est revenu à Eugène que quelqu'un du P.S.F. connaissait nos dépôts.

Or Juchereau est encore du P.S.F. Nous le surveillons déjà mais c'est là une attitude négative ou au moins passive. Je vais le changer et prendre des mesures positives. J'y réfléchis. Malheureusement pour tout cela, le 2e Bureau est fort mal outillé et surtout il ne dispose d'aucun crédit.

Vendredi 21 mai.

Ma journée a été plutôt surchargée. En particulier une partie notable de cette journée fut-elle passée avec l'extravagante Mme Noes. Venue ces derniers jours d'Autel où elle est fixée, Mme Noes me fit signe. Lors de son passage en France, en novembre, elle fut assermentée et affectée au 2e Bureau. Mais alors les nombreuses et importantes relations qu'elle prétendait avoir ne furent point utilisées. C'est que, d'une part, son tempérament exubérant et sa manière d'être inspiraient une certaine réserve. D'autre part, les démarches entreprises déjà sur place demandaient qu'elles ne fussent point contrariées par d'autres. Aujourd'hui il n'en va plus de même et d'ailleurs ce que nous demandons d'abord à Mme Noes est fort limité. Théoriquement du moins, voici notre position : nous possédons actuellement en Belgique 300 fusils mitrailleurs que nous avons achetés à « Armat », la fabrique d'armes de Liège et que nous avons payés. Or, en septembre, ces armes ont été non pas confisquées, mais placées sous séquestre de la part des autorités belges. Ces autorités craignaient ou feignaient de croire que ces armes étaient destinées au mouvement rexiste. Elles demandaient que la maison « Armat » leur fournît la preuve que ces armes étaient bien destinées à l'exportation et quel que fût d'ailleurs le pays destinataire. Or cette preuve n'ayant pu être administrée jusqu'ici, les armes demeurent sous séquestre dans les locaux de la gendarmerie belge à ce qu'il nous a été assuré. Voilà la thèse. Voici l'antithèse : une fois les armes payées, par nous, la maison « Armat » ou plus exactement l'un ou l'autre de ses administrateurs, n'a eu qu'un désir c'est de ne pas les livrer. Nous avons appris à nos dépens que dans cette industrie la canaillerie est reine. Au moyen donc de pseudo-dénonciations, les prétendus trois cents fusils mitrailleurs payés ont été confisqués et la maison « Armat » nous fait part de sa déconvenue qui est essentiellement la nôtre. Pour Eugène, l'hypothèse est la suivante : en réalité, les armes n'ont jamais été saisies, malgré les apparences. Après que nous eûmes payé, et peut-être avec la complicité de Jean-Baptiste, la comédie de la confiscation fut montée. Certes les armes ont existé à une certaine époque mais « Armat » s'est arrangée pour les sortir et les vendre à des tiers. Actuellement, et contrairement à la thèse soutenue, il n'y a nulle part aucun stock d'armes nous appartenant. Ce que nous demandons à Mme Noes c'est de vérifier qu'il y a bien en Belgique un lot de matériel effectivement séquestré. Une fois cette confirmation obtenue, il nous appartiendra d'agir ou de faire agir comme il conviendra. Le second point de vue est évidemment fort tentant et il plaît beaucoup aux pessimistes. Toutefois Jeantet y oppose d'assez solides raisons que je n'ai pas le temps ni le loisir d'étaler. Une des principales de ces raisons, c'est qu'il serait très difficile aux administrateurs d'« Armat » d'agir ainsi surtout qu'ils savent bien que la plaisanterie avec nous finirait amèrement. D'ailleurs, le détail de toutes ces affaires est extrêmement fouillé et je ne le connais que très imparfaitement. Il existe, en particulier, un certain Fromont, administrateur d'« Armat », dont le passé n'est pas exempt d'accrocs mais aussi dont la situation et la vie actuelles contredisent une action trop évidemment malhonnête. Jeantet est-il trop optimiste? Il a été très souvent sur place, si souvent même qu'il y est brûlé. Il a beaucoup vu les uns et les autres. Voilà ce que Mme Noes doit démêler. Jeantet, elle et moi, accompagnés des frères Lafont dont l'aîné est notre représentant du Havre, nous sommes allés déjeuner dans un fort élégant restaurant, « Komiloff ». Jeantet a commandé d'excellent caviar et des grillades d'agneau et quoique Mme Noes ait dédaigné le caviar, la note ne s'en est pas moins élevée, pour nous cinq, à 459,60 sans le pourboire. C'est un peu cher. Ce soir, Filliol, accompagné de Grosset et de Jakubiez à dû avoir une assez brutale explication avec Pierre Juhel. Avant-hier, Filliol eut avec celui-ci un long entretien sur tous les différends ou plus justement sur toutes les difficultés que *l'Action Française* nous suscite et singulièrement sur les séquestrations de « cagoulards » auxquelles elle se livre. Les protestations de Filliol ont été fort vives et elles ont été suivies de menaces précises : deux balles dans la peau à la première récidive. Or, le soir même, un des nôtres était attaqué et violemment frappé. Une réaction était de toute évidence nécessaire. Ce n'est pas une raison pour engager l'affaire aussi mal. Il fallait avertir Juhel autrement ou même ne pas agir de cette manière contre l'Action Française. Il fallait surtout que ce ne fût point l'avertisseur qui fût aussi l'opérateur. Erreur. Mais ces choses se font absolument sans l'avis du 2e Bureau. Filliol dispose et ordonne et malheureusement Eugène Deloncle s'incline. Tant qu'il n'y aura pas eu de conséquence fâcheuse, l'on s'en tiendra à ce détestable système. Mais s'il arrive un jour un grave ennui, l'on s'en repentira. Il ne sera plus temps.

Samedi 22 mai.

Comme je compte aller voir demain matin le défilé historique de l'armée pour fêter le centenaire de l'Arc de Triomphe, je ne vais pas m'attarder. Je suis d'ailleurs fatigué car dès huit heures moins le quart ce matin, l'on sonnait ici. En effet, Corrèze avait donné rendez-vous à ceux qui se rendaient à Saint-Jean-de-Luz. L'affaire Juhel n'a rien donné hier. Il fallait s'y attendre mais il n'a pas du tout été mauvais que les uns et les autres apprissent que les choses ne se font pas avec une facilité de théâtre. A ce propos, je n'ai pas encore parlé de cet assassinat mystérieux qui a été commis dans le métro. A la Porte Dorée, il y a quelques jours, l'on découvrait, dans un compartiment de première classe, une jeune femme bien mise, frappée d'un coup de poignard et qui venait de mourir. En vain chercha-t-on partout le meurtrier. Pour notre part, nous venons d'apprendre tantôt qu'il s'agit d'un meurtre politique. La jeune femme était d'origine italienne et déjà cela explique bien des choses. Sans doute aurai-je bientôt d'autres détails.

LE MEURTRE DE LAETITIA TOUREAUX

Ce grand fait divers de 1937 qu'il était trop simple de ranger dans la rubrique des drames passionnels, n'a aucun rapport avec l'O.S.A.R. La façon dont l'aborde Aristide Corre, le mieux placé pour savoir ce que prépare et réalise l'O.S.A.R., en serait une preuve suffisante.

Laetitia Toureaux, jeune et belle Italienne, à l'élégance un peu voyante, oublia vite la médiocrité de ses années de jeunesse passées dans une fabrique de cirage de Saint-Ouen en se lançant à la conquête d'amants, de préférence fortunés. Son cœur cependant, qui avait probablement conservé un peu de naïveté amoureuse, la poussait parfois à courir les bals et les guinguettes, pour trouver des compagnons ressemblant le moins possible à ces messieurs d'un autre âge et d'un autre monde qui l'entretenaient.

Laetitia Toureaux fut retrouvée assassinée, le lundi de Pentecôte du mois de mai 1937, dans un wagon de première du Métropolitain qui venait de s'arrêter station Porte Dorée. Une seule personne était restée dans le compartiment lorsque les voyageurs commencèrent à monter. Le métro démarre, une jeune fille s'installe sur une banquette et soudain pousse un cri. La voyageuse qui était restée assise lors de l'arrêt Porte Dorée vient de s'effondrer. La jeune fille aperçoit un long poignard qui traverse la gorge de Laetitia Toureaux.

Pour les journaux : c'est le mystère de la chambre jaune. Pour les policiers, le scénario est simple : le meurtrier et sa victime ont effectué probablement seuls dans leur wagon, le trajet Porte de Charenton-Porte Dorée. L'assassin est descendu sous le nez de ceux qui allaient découvrir le crime après le départ de la Porte Dorée.

Aristide Corre, le 22 mai 1937, affirme qu'il s'agit d'un meurtre politique. C'est possible. Laetitia Toureaux avait travaillé, cinq ou six mois dans une agence de police privée dirigée par un citoyen français... mais qui, en réalité, était Italien. De là à

conclure que Laetitia Toureaux, riche en fréquentations épisodiques, aurait été un agent des Services secrets italiens...

Dimanche 23 mai, 21 h 30.

J'attends Hélène tout à l'heure. Je suis allé chez elle hier soir comme nous étions convenus, mais elle n'était point là et ce fut sa jeune locataire, Hollandaise venue à Paris pour la durée de l'Exposition, qui me reçut, ou plutôt qui me ferma la porte au nez. J'en eus de l'irritation. Est-ce parce qu'elle m'ouvrit la porte en tenue légère qu'elle eut ce réflexe sottement défensif? Je ne le saurais dire. Mais j'ai entrevu trop rapidement ses épaules, ses bras nus et sa gorge dégagée, ce qui n'est insensible à aucun homme bien né. Tout à l'heure Hélène me consolera de ce petit affront.

Hélène est venue, bien entendu assez en retard. Cela m'a valu comme toujours après son départ la scène rituelle. Ce sont les paroles acerbes, les remarques blessantes, les appréciations désobligeantes qui reviennent sans cesse. Elle n'épargne rien, rien de ce qu'elle croit être vrai. Car sa principale occupation mentale est de suivre le cours de son imagination et de croire ce qu'elle a déduit et sans référence aucune à la réalité. Ainsi munie de solides croyances, maman se lance à la construction de conjectures qui, dès lors qu'elles sont formées dans son esprit, deviennent sur-le-champ d'inébranlables convictions. Il va sans dire que l'évidence ne saurait avoir aucune prise sur un système aussi solidement forgé.

Lundi 24 mai.

Donc l'Exposition a été inaugurée par le président de la République. Mais il n'y avait pratiquement rien à lui faire voir. Le grand tour de force de cette exposition aura certainement résidé dans cette opération qui consistait à montrer au premier magistrat du pays, comme dit *Le Temps,* quelque chose là où il n'y avait rien. Arrivé quai de Tokyo, Lebrun le morose a traversé les cours des nouveaux musées d'Art Moderne qui sont à peu près finies extérieurement mais qui sont vides. Puis il a retrouvé sa voiture avenue de l'Alma d'où il fut conduit au nouveau Trocadéro. Ici, retraversée des terrasses et des jardins tous inachevés, et l'on se précipite vers la Seine, prête, elle, depuis des millénaires. On fait le tour de l'île des Cygnes dans des vedettes et l'on gagne le pont de la Concorde où l'on débarque. C'est au Grand Palais achevé en 1900 qu'a lieu la cérémonie d'ouverture de l'Exposition et où sont prononcés les discours.

Je suis rentré horriblement tard de la liaison des chefs de brigade et de ce qui s'ensuivit.

Mardi 25 mai.

Il nous fait, depuis trois jours, un temps magnifique et chaud. A cette chaleur soudaine, nous sommes encore peu accoutumés. Je suis allé ce matin faire un tour à la Foire de Paris. Je pensais y trouver une exposition des industries du papier, mais il n'y avait rien de tel. Je fus donc pour mes frais, d'ailleurs le prix d'entrée y est fort élevé : dix francs. Ce prix est peu en rapport avec ce que l'on y voit.

Jeudi 27 mai.

Je n'ai presque plus de temps à moi et c'est, dès les premières heures du jour, que le défilé commence. Ainsi il paraît, c'est maman qui me l'a dit, que l'on est venu sonner ce matin à six heures et demie. Elle n'a pas cru devoir venir me réveiller et elle a bien fait. Avec la fenêtre ouverte et la porte de communication fermée, je ne peux entendre la sonnerie. Mais à huit heures moins le quart, on est revenu et cette fois j'ai ouvert. C'était Murraciolli qui me posait une question à laquelle je ne pouvais répondre. Je l'ai envoyé chez Filliol. Ce soir, je ne suis rentré de la liaison qu'à 21 h 45. Hélène est venue de bonne heure, vers 22 h 15 et vers 22 h 45 c'est Barbier qui est venu. Je suis quelquefois si fatigué que je n'ai plus le courage ni la force de tenir ma plume et de rassembler mes idées. Trop souvent, couché après 3 heures du matin, je suis, sauf exception, levé pour 9 heures. Hier donc, nous sommes allés en banlieue, Hélène, de Soultrait et moi, à la recherche d'une villa. Nous avons trouvé quelque chose que je crois bien. C'est assez isolé, c'est dans un jardin en friches et touffu. C'est une bonne maison bâtie sur caves mais ayant deux étages. Enfin l'on en demande six mille francs de location. Nous irons la visiter en détail dimanche.

Dimanche 30 mai, 21 h 55.

J'avais pris, hier, rendez-vous pour que nous allions visiter à Rueil la villa que nous y avions découverte et que nous nous proposions de louer. Donc, vers deux heures, Filliol et son amie Alice, Hélène qui l'avait découverte et Jakubiez, qui n'était pas invité, et moi que j'oubliais, nous prîmes place dans la Hotchkiss.

Tout de suite la villa nous convint. Il faut certes y faire d'assez importantes réparations. Mais il y a de nombreuses chambres, quatre ou cinq, une grande cuisine, des soupentes, de petites pièces et surtout des caves magnifiques et fort propres à l'usage à quoi nous les destinons. Le propriétaire, vieil homme fort aimable, nous demande six mille francs, mais c'est pour la forme. Il n'en aura que cinq mille. Sa villa n'est pas meublée, il y a, de son propre aveu, plus de quatre ans qu'elle n'est pas louée et il n'a point le désir de la louer meublée. Enfin il apparaît bien que ce sont cinq mille francs qui lui tombent du ciel. Il n'en a pas besoin, il a du foin dans ses bottes à ce qu'il nous est aisément apparu. Mais enfin ses cinq mille francs, jusqu'au mois de juin de l'année prochaine, ne sont pas à dédaigner. L'affaire se fera d'autant que le parc, petit certes mais profond, est fort convenable. De grands arbres, des arbustes, des fougères l'envahissent; un puits y est dissimulé et le silence l'entoure. Les bois de Saint-Cucufa sont à quelque cinq cents mètres de là. Ils étaient peu agréables cet après-midi, gorgés qu'ils étaient de gens venus y camper et s'y dévêtir.

Nous parcourûmes toute la région jusqu'à Versailles et Saint-Cyr et nous rentrâmes par la grande route de Paris. Toutefois la circulation en fut déviée à cause de la course cycliste Bordeaux-Paris. Il nous fallut prendre des voies de traverse et nous conformer à une foule d'absurdes prescriptions et surtout subir un fâcheux embouteillage. Tout cela pour *trois* malheureux pédaleurs. Car ils n'étaient plus que trois des neuf qu'ils étaient au départ. Ainsi, pour trois excités, sur des kilomètres, la circulation est déviée. On mobilise pour ce service des pelotons entiers de gendarmes et de gardes mobiles, des nuées d'agents cyclistes et autres et l'on gêne des milliers d'automobilistes pour ne rien dire des accidents qui se produisent. Plus près de Paris, nous avons rejoint la route que devaient parcourir les trois coureurs. Elle était bordée, sur des kilomètres, d'une foule grouillante et fort peu reluisante si l'on ne prend garde à la sueur dont elle ruisselait. A Saint-Cloud, c'était une cohue que maintenait en ligne un service d'ordre. Pour *trois* coureurs. C'est incroyable. Il y a quelque chose de détraqué chez ce peuple. Il est vrai qu'il vaut encore mieux qu'il fût là qu'à défiler derrière les drapeaux rouges et poings tendus devant le mur des Fédérés dont c'est aujourd'hui la fête. Il y a beaucoup à faire pour redresser cela! Et il faudra une poigne de fer. Cachier, avec qui je m'entretenais hier de ces problèmes, montrait une sorte de crainte et même de doute. Il n'y aura pas moyen de revenir sur ce qui a été fait, disait-il. Même les meilleurs d'entre les ouvriers ne consentiront plus à travailler de nouveau quarante-huit heures.

Nous venons de recevoir un document qui nous donne une assez riche idée de ce que préparent les gens de Moscou. Nous savions déjà que les communistes avaient choisi quatre points stratégiques pour la concentration de leurs troupes de combat. Ces points étaient situés dans la banlieue immédiate de Paris. On nous signale aujourd'hui un certain nombre d'axes de marche de ces troupes. Ces axes sont au nombre de neuf.

Hier, après-midi, le docteur, le colonel (Cachier) et moi nous avons longuement examiné ce projet et nous nous sommes fait une conviction. Ce plan, qui ne vise apparemment que les forces de la banlieue, doit se superposer à un autre qui prévoit l'emploi des forces de Paris qui sont déjà sur place. Nous nous sommes demandé si ces dernières forces n'avaient pas été prévues pour l'occupation des monuments publics et ministères. Nous tâchons d'en avoir confirmation. Mais que des libéraux, au nom de leurs principes, laissent s'élaborer et se préparer un tel complot, c'est, de toute évidence, la condamnation sans appel de ces principes.

Je m'arrête. Il fait un très violent orage. Hélène est arrivée fort tard, il était plus de minuit. Elle a pu repartir au début de l'orage, j'ai l'espoir qu'elle n'a pas été trop mouillée.

Mardi 1er juin.

Il était près d'une heure et demie quand je suis rentré de Dieppe. Nous avons fait dans notre journée plus de 450 kilomètres. Partis, Lainey et moi, ce matin vers dix heures quinze, nous sommes arrivés à Bracquemont aux environs d'une heure et demie. Nous avons déjeuné chez la mère de Lainey. Après quoi nous avons discuté nos affaires avec les gens que nous avions convoqués. Après une interruption forcée, nous reprîmes la conversation et la voiture. Différentes mises au point furent faites et des instructions données. Après avoir de nouveau dîné chez Mme Lainey, nous avons pris le chemin du retour vers dix heures et demie.

Mercredi 2 juin.

Demain je me rends à Bourges. J'y verrai Ch. qui me transmettra des renseignements qu'il ne peut me donner que sur place. Ce sera encore une corvée. Je partirai de Paris vers la fin de l'après-midi. Il faudra que je reprenne le train dans la nuit pour être de retour vendredi matin. Jamais, peut-être, je n'ai eu tant de choses à dire et jamais sûrement je n'ai eu si peu de temps à moi.

Jeudi 3 juin, 13 h 30.

C'est tout à l'heure que je pars pour Bourges où je rencontrerai Ch. Ma mission sera très brève puisque je reprendrai un train dans la nuit. André[1], de retour de Bagnoles[2], est venu tout à l'heure. Je n'ai pas un instant naturellement. Je veux aller voir le docteur avant mon départ de manière que je puisse prendre connaissance des nouvelles de la journée. Afin que ce déplacement, surtout à l'endroit de Ch., soit bien camouflé, Hélène m'accompagne. Il va de soi que je n'en ai rien dit à maman pour m'épargner de très inutiles récriminations. Je pars.

Vendredi 4 juin.

Je suis rentré ce matin par le train de six heures quatre. J'étais à la maison à sept heures. J'ai dormi légèrement deux heures environ. Je voudrais bien me rattraper un peu cette nuit. Notre voyage d'hier n'a pas donné tout ce qu'il aurait dû. Il aurait fallu que nous eussions une voiture. De la sorte nous aurions pu voir les différents points. Il faudra, de toute nécessité, retourner.

Ce matin, *L'Action Française* publie des déclarations de Mgr le duc de Guise et du comte de Paris. Dans ces dernières, on peut lire ceci :

« Il s'agit de la « droite » en France : « ... si, ces derniers mois, son moral s'est relevé, ce n'est que pour accepter la guerre civile à laquelle elle se prépare. »

Il faudra vraiment savoir si ce jeune homme se moque de nous.

Mardi 8 juin.

Nous avons, Corrèze et moi, expédié ce matin deux voitures montées de quelques hommes, à la recherche

1. Louis Huguet.
2. Cette grande activité de l'O.S.A.R. prépare l'assassinat des frères Rosselli.

et à la conquête du « Rossignol »[1], cette quête n'ayant pas réussi hier. Il était, il est vrai, trop tard pour que j'entreprisse d'entrer dans le détail de cette affaire. Une voiture s'était trouvée en difficulté — et quelle difficulté : une bielle coulée — sur la route. Ceux qui la montaient manquèrent leur rendez-vous et, d'autre part, celui qui les attendait avait, de son côté, manqué son gibier. C'est tout cela que nous avons remis en route ce matin avec de nouvelles voitures, tandis que, simultanément, nous envoyions quérir la voiture restée en route. Ce retour s'est normalement effectué et j'ai eu, tout à l'heure, la visite de deux amis qui avaient sans dommage accompli leur mission. Il y a quelques instants, l'on vient de sonner à ce qu'il paraît. Maman m'en a averti mais je n'ai vu personne derrière la porte et la minuterie n'était pas éclairée.

Simultanément, et de divers côtés, l'on nous signale la date du 26 juin (un samedi) comme jour de départ d'une insurrection communiste. De telles précisions ne peuvent que laisser sceptique. Le parti communiste peut, malgré tout, garder un secret un peu mieux que cette révélation ne le postulerait, à moins que ce ne soit une manœuvre. D'autre part, il est toujours question du « complot » Daladier. Le but de celui-ci étant de laisser venir les communistes puis de les décimer et d'abattre en même temps les nationaux qui auraient l'imprudence de se démasquer dans cette affaire. Il nous appartient donc d'être sur une grande réserve. Nous ne sommes point là pour servir les desseins d'un Daladier et moins encore pour en être les victimes. Il serait vraiment trop bête que tant de valeureux efforts se terminassent dans une semblable aventure.

Mercredi 9 juin.

Notre affaire du Rossignol est enfin réglée, voilà une chose à laquelle nous ne penserons plus. Je laisse de côté tous les détails qu'elle comprend; s'ils sont pleins d'intérêt, ils ne laissent pas, d'autre part, d'être beaucoup plus compromettants.

1. Il s'agit toujours des préparatifs de l'assassinat des frères Rosselli.

Nous avons eu du nouveau sur l'affaire Navachine. Un très volumineux rapport en a été fait au ministère de la Justice. Le docteur me le communiquera et je le lirai. En gros ce rapport nous ignore de tout en tout. Il attribue à une société secrète judéo-maçonnique la disparition de notre homme. Il n'est guère possible de « nager » plus complètement. Mais il paraît que ce rapport est du plus haut intérêt car il nomme ou désigne un très grand nombre de petites sociétés secrètes juives où maçonniques dont nous étions loin de soupçonner l'existence.

J'ai loué aujourd'hui la villa, les pièces réglementaires ont été échangées et je vais demain en prendre possession au nom de ce M. Lenon, contrôleur des contributions en retraite, habitant 15, rue Thérèse, que j'ai créé de toutes pièces.

L'on raconte que les affaires du Front Populaire vont assez mal. Blum voudrait bien s'en aller mais sa femme et les deux autres mégères du cabinet le poussent à se cramponner. D'un autre côté, il ne semble pas que personne ait envie d'une telle situation.

Enfin, de plus en plus, l'on nous signale comme très prochain un mouvement communiste. L'on donne la date du 26-27. C'est certainement une fausse date qui sert à mieux dissimuler la vraie. Il s'agira d'être prêt.

Vendredi 11 juin, 13 heures.

Nous eûmes hier, en fin d'après-midi, un fabuleux orage. Le mot trombes d'eau ne traduit qu'imparfaitement la réalité. Je pus néanmoins contempler cette ruée des eaux célestes d'un lieu abrité, ce qui est, à moins d'être nu, un admirable avantage. Nous étions allés, dans l'après-midi, de La Lombardière, Hélène et moi, prendre possession de notre villa de la Jonchère. Nous avions été chercher M. Maldant, notre propriétaire, à son domicile de l'avenue Hoche. Arrivés là-bas, nous fîmes l'inventaire des meubles, peu nombreux puisque la maison est louée non meublée, qu'on nous laisse. Nous en profiterons. J'ai fait éliminer la clause relative à la cave car nous voulons avoir, naturellement, notre liberté absolue. M. Maldant voulait se réserver les deux caves sous-sol de l'arrière de la maison, car il y met à l'automne ses fruits et ses boutures. Je lui ai dit que l'on trouverait un arrangement. Mais nous voulons utiliser cette cave à des fins particulières. Nous envisageons, à cet effet, des aménagements spéciaux qu'il ne nous sera d'ailleurs et peut-être pas si facile de réaliser. Creuser une autre cave, maçonner, consolider, tout cela n'ira pas tout seul. Il sera difficile que les voisins, et singulièrement le jardinier de M. Maldant, ne s'aperçoivent de rien. Assurément, ils sont séparés de la villa par une certaine distance. Il conviendra néanmoins d'être prudent. D'autre part, il sera installé dans la villa un poste émetteur de T.S.F. qui sera relié à notre poste principal pour toute la France, poste qui sera édifié à Laon. Mais la villa a surtout été louée et sera aménagée pour y amener des gens — salopards ou autres — dont nous voudrons tirer des informations ou que nous aurons besoin d'abriter pour quelque temps. Elle ne comporte point de garage, mais on y peut très bien faire entrer une voiture dans le jardin et l'on peut accéder à la cave par derrière sans entrer dans la maison. C'est la raison pour laquelle nous ne voulons, ni ne pouvons, même aliéner ces deux caves sous-sol. Je crois qu'Eugène doit la venir visiter demain matin. Reste maintenant, puisque je dispose encore de quelques minutes, cette affaire[1] qui nous occupe tous ces jours-ci. Une fois de plus, je me pose la question de savoir si ces notes peuvent être les confidentes de ces événements. Je brûle assurément d'en conserver la trace vivante dans tous les détails qui s'effaceront demain. Mais le danger est non seulement pour moi mais aussi pour tous les amis auxquels je serai forcé de faire allusion. J'y réfléchis beaucoup, je pèse et soupèse. Ces notes ont déjà enregistré bien des choses. Il faut dire qu'il est fort peu de chances pour qu'elles tombent entre de mauvaises mains. Mais qui sait? Je peux mourir du reste, et alors? C'est une lourde responsabilité. Le certain c'est que je ne vais rien commencer maintenant. Je vais chez Eugène à deux heures, donc dans quelques instants. Ce que je peux dire c'est que l'événement survenu mer-

1. Assassinat de Carlo et Nello Rosselli.

credi soir à dix-neuf heures quarante n'a pas encore paru dans la presse. C'est assez étonnant. L'affaire, il est vrai, s'est passée à quelque 250 kilomètres de Paris. Déjà j'en ai assez dit pour tout éclairer. Je vais voir. Il y a beaucoup de monde au courant malheureusement et, de surcroît, de graves négligences ont été commises.

Vendredi 11 juin, 22 h 20.

Dans le train qui m'emporte vers Nice. Nous venons de quitter Dijon et nous filons vers Lyon. Voyage inattendu, s'il en fut. Je me suis rendu chez Eugène à quatorze heures comme il me l'avait demandé. Il me dit alors que je devais partir pour Nice à dix-sept heures. Des papiers de la plus haute importance devant être transmis de toute urgence à Joseph Darnand, j'avais à peine le temps de me retourner. Je copiai en hâte un télégramme pour Joseph, et je téléphonai à Hélène qui me fut d'un grand secours dans cette hâte. J'arrivai chez elle à deux heures quarante-cinq, je la ramenai à la maison où il me fallait préparer ma valise. A seize heures juste, j'étais chez le « toubib » qui, cependant averti par téléphone, ne m'avait pas compris. Il s'en fallut de peu que Grosset qu'il était venu voir ne fût parti avec les précieux papiers. Ceux-ci copiés à la machine sur papier pelure me furent cousus par Mme Martin elle-même dans la doublure de mon veston. Enfin, après avoir pesté contre les taxis trop lents, je fus tout à fait à temps à la gare de Lyon où, fidèle, Hélène m'accompagna. Les journaux du soir donnent un premier et bref compte rendu sur l'affaire qui vient seulement d'être découverte. Je compte rester demain à Nice et en repartir dimanche soir. Je ne sais du tout ce que Darnand compte faire, mais il faut qu'il agisse de toute urgence.

Nice. Dimanche 13 juin, 22 h 50.

En arrivant hier matin à neuf heures quinze, je fus un peu surpris de ne point trouver Joseph Darnand à la gare. Mon télégramme expédié la veille avait dû l'avertir. Je me rendis à ses bureaux où je ne trouvai personne. L'on me dit cependant que Joseph y serait peu avant midi. J'errai quelque temps en ville puis je descendis à l'hôtel Terminus car j'avais le plus grand besoin de faire quelque toilette, et à l'heure dite j'étais chez J. Darnand. Il achevait tout juste — en effet seulement ce soir une période militaire. Il portait encore son costume de sous-lieutenant de chasseurs. Je le mis au courant de ma mission : je venais apporter à nos amis d'Italie des papiers de la plus grande importance, trouvés, ou saisis plutôt, dans des circonstances sur lesquelles je reviendrai peut-être. Aussitôt Joseph prit contact avec ses gens et il fut décidé qu'une liaison serait faite avec Nobile l'homme du 2e Bureau italien avec qui nous sommes en rapport. Quelqu'un allait tout de suite se rendre à Vintimille pour téléphoner et prendre contact. A son retour, vers quatre ou cinq heures, nous prendrions nos dispositions. Méténier était lui aussi en Italie et on s'efforcerait de l'y retenir afin qu'il pût être présent. Jeantet venait à peine de le quitter. Entre-temps, j'eus tout loisir d'aller me promener par la ville, de venir saluer la mer et d'admirer les beautés nues sur la plage. Vers cinq heures, Joseph passait au Terminus, mais la liaison n'avait pas encore pu être faite. Ce nous devait être une source de difficultés, d'attentes et de fatigues. Si Joseph avait compris mon télégramme, cependant fort clair, il n'y aurait point eu tant de contremarches et nous aurions gagné bien du temps. Pour me permettre de passer en Italie, un passeport de fin de semaine me fut établi et, après les allées et venues obligatoires, je quittais Nice à dix-huit heures pour Vintimille. Darnand et quelques-uns des siens devaient m'y rejoindre vers huit heures, ensuite de quoi nous essayerions de joindre, à notre tour, Nobile. J'attendis très longuement à Vintimille, près de la rivière et sur le pont, Darnand qui ne venait pas. Il m'avait indiqué près du pont, à droite vers la descente, une petite auberge, la « Trattoria della Patria ». Je m'y rendis et commençai à dîner. Après une fort longue attente, je vis arriver deux de ses amis qui m'annonçaient sa venue plus tardive. Enfin, après l'avoir attendu de nouveau un certain temps, nous le vîmes arriver sur le pont, accompagné de Méténier rattrapé et d'un de ses jeunes amis. Dans l'instant même, nous prîmes la route de Turin. Après une longue randonnée nocturne dans les montagnes du Piémont, nous arrivâmes à cinq heures du matin. J'avais un peu dormi dans la voiture. Nous dûmes chercher Nobile toute la matinée chez lui et en différents lieux. Nous ne le pûmes joindre qu'à deux heures et à plus de soixante kilomètres de Turin.

L'ASSASSINAT DE CARLO ET NELLO ROSSELLI

Les carnets d'Aristide Corre, dans leur continuité journalière, apporteront de très nombreuses informations inédites sur ce double crime de Bagnoles-de-l'Orne qui, s'il ne resta pas très longtemps mystérieux pour les policiers chargés de l'enquête au niveau de sa « réalisation technique » (préparatifs et exécution), pose encore aujourd'hui, quarante ans après, de nombreuses questions concernant les motivations, le mobile. Sur ce point particulier, controversé sans cesse, aussi bien en France qu'en Italie, le récit d'Aristide Corre (vendredi 11 juin et dimanche 13 juin) est pour les spécialistes d'une clarté éblouissante : Carlo et Nello Rosselli ont été supprimés à la demande du 2ᵉ Bureau italien parce qu'ils détenaient des papiers compromettants pour le régime fasciste de Mussolini. C'est Aristide Corre qui passera « ces papiers » en Italie après avoir mené à bien la préparation et la réalisation « théorique » du double crime.

Cette longue aventure de l'O.S.A.R. et du fascisme italien semble avoir eu des débuts difficiles. Aristide Corre note dans son examen de 1937 :

– Le 20 janvier, « Marie » (Eugène Deloncle) partait pour l'Espagne où il nouait des liens qu'Orain (responsable du Sud-Ouest et de l'Espagne) avait déjà préparés. Il était accompagné du général (Duseigneur). Un peu plus tard, il se rendait en Italie où les choses n'avancèrent pas, à beaucoup près, aussi vite. D'assez bonne heure, cependant, sans que je puisse fixer une date précise, une entente

avait été conclue pour la livraison des fusils mitrailleurs Beretta et des grenades d'un modèle fait spécialement pour nous.

Joseph Darnand, Gabriel Jeantet et François Méténier n'ont pas été de trop pour remplir les missions exploratoires. Leurs interlocuteurs sont variés et peut-être opposés : c'est monnaie courante dans le labyrinthe des services secrets actionnés par plusieurs directions presque toujours concurrentes. Au niveau le plus élevé, Filippo Anfuso, directeur de cabinet du comte Ciano, ministre des Affaires étrangères. Contacts qui dépassent certainement la bienveillante attention mais qui ne peuvent déboucher que sur des considérations très diplomatiques. Anfuso présente Méténier au général Roatta, chef du très officiel S.I.M. Service des informations militaires qui regroupe la Sécurité militaire interne, l'espionnage et le contre-espionnage militaires. Entretemps, Joseph Darnand qui est, ne l'oublions pas, à l'origine de la liquidation de Maurice Juif en territoire italien et qui s'est assuré des amitiés solides auprès du chef du contre-espionnage de Turin, le commandant Navale (celui qu'Aristide Corre appelle Nobile et qu'il rencontrera à Turin), remonte la filière pour aboutir au colonel Emanuele Santo, chef du contre-espionnage italien... qui, en théorie, dépend du S.I.M. mais qui, en réalité, dirige un « service réservé » qui ne relève que du ministre des Affaires étrangères ou du chef de l'Etat. Cela peut paraître plus compliqué qu'il n'est en réalité. Disons simplement que le S.I.M. n'est pas toujours informé « avant » des réalisations du colonel Emanuele Santo. Et comme « après » l'assassinat, c'est à Navale-Nobile que Corre remet les fameux papiers, il est facile de conclure que le colonel Emanuele Santo est seul à l'origine de l'affaire de Bagnoles-de-l'Orne.

Donc, « un service secret italien », qui veut bien fermer les yeux sur le meurtre de Juif et même faciliter les approvisionnements en armes et munitions sur son territoire, demande à des « confrères » français, de bien vouloir récupérer certains papiers si précieux que Carlo Rosselli ne les quitte jamais. Il va de soi que la disparition pure et simple de Carlo Rosselli est également recommandée. La Cagoule ne peut que céder à ce qu'il faut bien appeler un chantage, pour prouver son esprit compréhensif de coopération.

Carlo Rosselli n'a jamais accepté la dictature fasciste; économiste, journaliste militant puis responsable socialiste (il a été déporté dans les îles Lipari où croupissent les opposants les plus remarquables). Son frère, plus accommodant du moins en apparence, avec le régime, ne descendra jamais de sa chaire d'histoire de l'université de Florence pour fomenter quelque complot.

Carlo Rosselli s'est évadé de Lipari à bord d'une vedette rapide que la marine italienne annonce avoir coulée par trois fois. Réfugié à Paris, Carlo Rosselli fonde, au 79, rue Notre-Dame-des-Champs, un journal « Giustizia e Liberta » qui deviendra l'organe fédérateur de tous les exilés, de tous les opposants à Mussolini. Carlo Rosselli ne pouvait ignorer la guerre d'Espagne. Il est le premier engagé volontaire italien dans les rangs républicains. Au mois de mai, légèrement blessé (ce point n'a jamais été prouvé), il rentre en France. Quelques jours plus tard, son frère quitte Florence pour le retrouver à Tessé-la-Madeleine, faubourg de Bagnoles-de-l'Orne. Les deux hommes suivent la cure thermale sans prescription médicale mais sous la surveillance des envoyés spéciaux d'Aristide Corre et du docteur Martin. Le commando est important : trois voitures, neuf personnes qui se relaient, établissent jour après jour des liaisons avec Paris. D'après les carnets d'Aristide Corre, l'« affaire » a échoué plusieurs fois. Le 9 juin, il peut noter :

« Notre affaire du Rossignol est enfin réglée. Voilà une chose à laquelle nous ne penserons plus. »

Ce 9 juin, les frères Rosselli ont accompagné la femme de Carlo qui rentre à Paris, sur le quai de la gare de Bagnoles, puis à bord d'une vieille Ford ils se rendent à Alençon : salon de thé, divers achats. Vers dix-neuf heures, ils décident de rentrer à Bagnoles. Sur la route, à la sortie de Couterne, une

402 double la Ford en la serrant contre le bas-côté, accélère, prend une trentaine de mètres de champ et freine en tête-à-queue, s'immobilisant en travers de la route. Les portières de la Ford se sont ouvertes : Nello Rosselli puis Carlo descendent. Seul Nello s'avance vers la 402. A cet instant, une autre voiture stoppe à la hauteur de la Ford. Jakubiez saute sur Carlo Rosselli tandis que Filliol bondit de la 402 et ouvre le feu, à plusieurs reprises, sur Nello. En quelques secondes, Filliol est auprès de Carlo déjà à terre, deux nouveaux coups de feu. Jakubiez et Filliol s'acharneront à l'arme blanche sur les frères, probablement déjà morts, avant de les traîner dans les fourrés. Déjà un homme du commando est au volant de la Ford qui sera incendiée, sans grands résultats, quelques kilomètres plus loin.

Lundi 14 juin.

Je suis donc parti de Nice ce matin à sept heures. Ce soir, en rentrant, je suis d'abord allé à Neuilly où il n'y avait personne, mais en arrivant ici, j'ai trouvé une sorte d'état d'alerte qui fonctionnait. On craignait, en effet, des difficultés. Le gouvernement a failli, ce soir, être renversé. Il y avait eu, ces derniers jours, de très graves « accrochages » singulièrement au Sénat. La situation financière a atteint un degré d'extrême gravité. Le taux de l'escompte a été brusquement porté de 4 à 6 %.

Mardi 15 juin.

Journée de très vive inquiétude pour nous. A l'examen cependant, il n'apparaît pas que nos craintes doivent se matérialiser. Toutes les précautions ont été prises. Il fait presque jour. Horreur, je vais me coucher.

Jeudi 17 juin.

Nos alarmes sont moins vives. Elles commencent à s'apaiser très bien. La presse d'aujourd'hui montre l'égarement des chercheurs. Il est certes possible que tout ne soit pas encore fini, mais le temps est notre grand auxiliaire et il nous aide. J'ai eu, ce soir, la visite de Pierre Fraisse que ces événements attirent ici. Il n'était pas encore parti qu'Hélène survenait. Puis, vers une heure, ce fut Grosset, parfaitement inattendu. Heureusement nous étions, Hélène et moi, en état de recevoir. Je la fis d'ailleurs passer dans la bibliothèque et Grosset ne la vit point. Il venait pour me charger d'une mission à Villacoublay où deux de nos jeunes amis se sont tués en avion. L'organisation donne aux familles un secours de 5000 francs.

Vendredi 18 juin.

Je suis plus tard que jamais. Après une traînante séance d'assermentements rue Nicolo, nous sommes venus, Eugène, Grosset, Lainey et moi chez Gradis où nous avons rencontré des Espagnols venus en mission ultra secrète. Ils étaient trois : deux hommes et une femme. Cette dernière se rend à Valence où elle accomplira sa mission[1]. Ils avaient besoin de papiers français. Nous les leur fournirons lorsque toutefois, nous nous serons fait confirmer l'exactitude de ce qu'ils annoncent. Il était plus de deux heures et demie quand prit fin cet entretien, il en est maintenant une heure de plus. Aussi n'aurai-je pas le temps de pleurer très longuement Doumergue (Gastounet) qui est mort ce matin à plus de soixante-quatorze ans. C'est l'affaire de 1934 seulement que la postérité retiendra de lui. Elle en fera un héros ou un faquin selon l'optique de l'avenir. Pour nous, il a tout simplement sauvé cet affreux régime et protégé la Franc-Maçonnerie, contre des justes représailles. Je vais me coucher.

1. Nous avons su depuis qu'elle a tout trahi. A mon arrivée à Saint-Sébastien, j'ai retrouvé à l'hôtel Maria Cristina les deux Espagnols qui étaient venus alors à Paris (décembre 1937).

Samedi 19 juin, minuit cinquante-cinq.

Par notre intermédiaire, les nationaux espagnols demandent à nos officiers d'E.M. qu'ils leur étudient le plan d'une opération qui se développerait dans l'est de la péninsule. En voici les grandes lignes : cette opération prévoit un débarquement de troupes de toutes armes à Rozas, ayant pour but :

1. de couper la route et la voie ferrée reliant Barcelone à la frontière française;
2. de développer ensuite les opérations de manière à occuper une large zone adossée à la frontière française tandis qu'une offensive partie de Huesca tendrait à remonter vers Gerone et à rejoindre les éléments ayant participé à l'opération de Rozas.

Cette étude doit comporter non seulement le plan des opérations concernant les troupes dirigées sur Rozas, mais encore la détermination des moyens à employer. Cette demande va être transmise par nos soins à l'armée qui fournira la réponse dans un bref déiai.

Dimanche 20 juin, 21 h 45.

La situation politique est fort trouble. Après dîner, je suis allé chez Eugène où se trouvaient déjà le général, Grosset, etc. Nous sommes en état de pré-alerte. Que se passera-t-il? On se le demande. Malheureusement beaucoup de nos gens, insoucieux de la gravité de l'heure, sont à la campagne. J'ai vu Pierre Fraisse vers les six heures, il venait ici au moment où je partais chez le docteur. Il va sans doute revenir tout à l'heure. Justement l'on sonne. C'était Hélène qui était exceptionnellement très tôt. A peine eûmes-nous le temps d'échanger quelques propos que déjà les visites commençaient. J'expédiai les uns et les autres et nous eûmes tout de même un quart d'heure d'ultra-rapides tendresses.

Lundi 21 juin.

Jusqu'à présent, et pour ce qui est des apparences, la

crise suit son cours. Le calme n'a pas cessé de prévaloir. Cependant, il paraît que ce soir le pouls des foules ouvrières montait quelque peu. L'on parlait de grève et de manifestations possibles. Nous sommes en état d'alerte.

Mardi 22 juin.

Le ministère Chautemps est constitué. C'est exactement le même personnel que devant qui le compose. On a seulement fait sauter les femmes qui avaient certainement dû donner des mécomptes. Auriol est viré à la Justice, tandis que le Bonnet de Stavisky qui avait été envoyé en Amérique comme ambassadeur, il n'y a que quelques mois, est mis aux Finances. Ce serait profondément écœurant de voir d'aussi sordides et louches manœuvres avec toujours la même racaille au premier plan.

Nos affaires traînent en longueur. C'est ainsi que Filliol est convoqué à la police. J'ai toute sorte de raisons de n'en point parler davantage et il faut bien convenir que tout danger n'est pas écarté. D'autre part, le « 8 »[1] est surveillé d'assez près et de ce côté aussi, il est bon que des mesures d'urgence soient prises.

Mercredi 23 juin.

J'ai dit, hier, que Filliol avait été convoqué à la Sûreté Nationale. Il en est heureusement revenu, mais ce fut pour lui, et pour nous, par contrecoup, une belle suite d'émotions. En dépit du danger qu'il y a, danger extrême, je m'en rends compte à noter ces choses, je veux cependant retenir l'essentiel de son interrogation ou, plutôt que l'essentiel, le procédé. A peine eut-il mis le pied dans le bureau du commissaire Belin que celui-ci lui jeta cette question à la tête :

« Pourquoi avez-vous arrangé un alibi avec M.B.? »

Ce M.B c'est le dentiste de Jean Filliol avec qui juste-

1. Dépôt d'armes du 38, boulevard Flandrin (voir « l'examen de 1937 »).

ment il était convenu de faire certaines choses. Quoiqu'il n'en laissât rien paraître, Jean fut absolument suffoqué. Il se dit même que cette fois il ne coucherait pas ce soir dans son lit. Il répondit qu'il ne comprenait pas, qu'il n'avait jamais arrangé d'alibi avec M.B. Cependant, poursuivit le commissaire, M.B. est là, et il désignait une porte voisine, il vous le dira dans un instant : vous avez arrangé un alibi avec lui. Mais Jean ne se laissa point faire, il démentit de nouveau et il dit qu'il fallait que M.B. fût devenu fou s'il soutenait une telle chose. Pourquoi lui Filliol aurait-il arrangé un alibi avec M.B.? Il n'avait pour cela aucune raison ni besoin d'aucun alibi. Le commissaire tenta alors une diversion :

« Mais si, dit-il, on peut avoir besoin d'un alibi si l'on veut, par exemple, tromper une femme. »

Il s'embarqua alors dans ce thème aux développements faciles. Jean ne l'y suivit pas. Il lui demanda ensuite ce qu'il avait fait à une certaine date. Jean répondit naturellement qu'il ne lui souvenait de rien puis, peu à peu les souvenirs lui revinrent. Le commissaire le laissa environ une demi-heure prétendument pour interroger M.B. qui, en effet, n'était point derrière la porte. Quand il l'eut rappelé, il épuisa la série de questions accoutumées : savez-vous conduire? Avez-vous une voiture? Que faites-vous? etc. Il revint sur certains points à ses yeux mal élucidés. Et de son côté, il éludait les rares questions que Jean Filliol lui posait. Celui-ci voulut cependant savoir pourquoi il avait été convoqué. Après que le magistrat se fut efforcé de détourner la question, il finit sur les instances de Jean par lui dire qu'il s'agissait d'une affaire assez grave : un accident d'automobile où deux personnes avaient péri. Jean convint, en effet, que c'était grave. Il s'en alla, extrêmement soulagé, non sans que le commissaire lui ait demandé de revenir pour lui préciser certains points demeurés, à l'en croire, obscurs. Quand ce récit nous fut fait, à Eugène Deloncle et à moi, ce ne fut qu'un cri : « Il y avait eu fuite. » Où était-elle? D'où pouvait-elle provenir? Ni Eugène ni moi ne savions quel avait été, dans ses détails, l'alibi de Jean. Il l'avait monté lui-même mais un tiers y avait été mêlé. Celui-ci, un type du Comité Trochu, par vantardise ou bêtise, avait dû parler, quelqu'un d'Action Française avait entendu l'histoire, il n'en fallait pas plus qu'une lettre anonyme parvînt à la Sûreté Générale. Sans faire preuve d'un optimisme extrême, l'on peut dire que l'affaire paraît réglée. Mais vraiment nous avons eu chaud.

Jeudi 24 juin.

Hélène est venue ce soir et nous avons passé une soirée agréable. Brichambaut nous prêtera son château pour l'espèce de petit congrès qu'Eugène compte tenir dans les premiers jours de juillet. Je vais lundi me rendre compte de l'état des lieux et prendre toutes dispositions à ce sujet. Bien entendu, maman qui ne désarme pas m'a dit ce soir, après le départ d'Hélène, les paroles désobligeantes qui sont devenues rituelles. Un pareil exemple de ténacité et d'obstination dans la mauvaise volonté, le parti pris et, l'on peut dire, la haine, doit être vraiment rare. Ce sera ma malchance qu'il soit tombé sur moi.

Dimanche 27 juin, 21 h 20.

Il paraît que Michel[1] Thérin est jaloux. Sur le boulevard, j'ai rencontré hier soir Michel et sa femme accompagnés de Jakubiez. Courte conversation. Il n'y a guère qu'une huitaine que Thérèse est rentrée du Midi où nous l'avions envoyée avec ses enfants. De cette sorte nous avons plus de tranquillité. Cette femme a déjà causé bien des ennuis aux uns et aux autres. L'organisation elle-même a subi des dommages de son chef et il s'en est fallu de bien peu que cette petite écervelée ne causât de dangereux drames. Elle couche avec les uns et les autres. J'ai eu l'occasion, en novembre, de parler de ses incartades avec le séduisant Corrèze. Mais dans le même temps qu'elle couche ainsi avec les amis, elle se refuse à tout contact avec Michel qui n'ignore du reste rien de ce qui se passe. Il arrive alors que Michel

1. Michel Thérin, surnom de Michel Harispe, adjoint d'Aristide Corre au 2e Bureau.

qui est grand, fort, bon et faible entre dans de très violentes colères qui se traduisent par des bouderies, des abandons de son très important service ou d'autres manifestations de sa mauvaise humeur. C'est ainsi que, il y a quelques semaines, il est arrivé à plus de deux heures du matin chez Jeantet. Il a mis le pistolet sur la table et il a demandé à son ami de lui dire où était sa femme. Jeantet assura Michel que sa femme, contrairement à ce qu'il paraissait croire, n'était pas chez lui. Il ignorait où elle était et il l'assura qu'il était absolument étranger à ce qui arrivait. De fait, Michel dut se rendre à l'évidence, il en fut extrêmement soulagé et pleura comme un enfant. Il semble bien que ce soit Thérèse elle-même, du moins à en croire Jeantet, qui ait fomenté cette affaire. Il était rentré chez lui très tard, mais il avait appris que Thérèse était venue dans la soirée et qu'elle ne l'avait point trouvé. S'il eût été là, elle se serait certainement introduite chez Jeantet sous un prétexte. Michel l'aurait non moins certainement trouvée là. Sans doute avait-elle calculé son affaire et Dieu sait ce qui se serait produit. Fort heureusement, tout s'est arrangé au mieux et Michel est rentré chez lui, après quatre heures du matin, le cœur plus léger. Ce n'est là que le côté sentimental ou, si l'on veut, passionnel de l'affaire. Il y a aussi, ce qui est plus grave, le côté politique. Michel est un faible, de surcroît, il parle. Il dit à sa diablesse de femme quelques-unes de ces choses secrètes qu'il devrait garder pour lui. D'ailleurs quand elle couche avec l'un ou avec l'autre, elle apprend tantôt un mot, tantôt un autre. Elle fait alors à Michel de sanglants reproches si, comme il arrive, il ne lui a parlé de rien. Pour avoir la paix, le malheureux parle de temps en temps d'une chose ou de l'autre, et cela peut devenir excessivement dangereux avec une femme qui, certes, ne serait pas traîtresse mais qu'un mouvement de rancœur, ou même de haine contre l'un ou contre l'autre, peut porter à l'on ne sait quelle extrémité. C'est ainsi que Jean (Filliol) est gratifié, pour des causes fort différentes, de la même haine que celle qu'elle a vouée à Gabès (surnom de Jeantet). Tout cela complique bien les choses quelquefois et c'est un surcroît d'ennuis dont nous nous serions bien passés. Ces histoires en marge de notre grande affaire, ces histoires parasites ne sont pas sans intérêt. Elles font partie de notre atmosphère d'autant que Mme Thérèse n'est pas sans nous rendre quelques menus, ou même importants services. C'est ainsi qu'elle est très répandue dans les milieux maritimes de Toulon. La plupart des officiers de ce grand port méditerranéen sont acquis à notre mouvement et Thérèse a une part certaine à cette adhésion. Longtemps elle fut notre agent de liaison auprès d'eux. Les ingénieurs de l'artillerie navale sont aussi en rapport avec elle et elle nous a rapporté des indications fort précieuses sur certaines possibilités.

J'ai demain une journée chargée. Je dois aller trouver un notaire que je ne connais pas encore et lui demander une procuration. Voici ce que nous voulons faire. Nous avons en Italie, à notre disposition, du matériel que nous avons du reste payé. Il y a là dix mille grenades, deux cents Beretta, des cartouches, etc. Il ne faut plus que faire rentrer tout cela en France. Après de longues conversations et de précises enquêtes, l'on est arrivé à cette conclusion que ce transfert doit être effectué par mer. Il faut un navire : nous l'aurons et c'est justement pour l'avoir que je vais aller voir un notaire. Ce bateau, nous allons le faire acheter par un des nôtres qui est Américain. C'est pourquoi il a été choisi. Il faut faire des démarches et, en particulier, lui faire faire une procuration. C'est ce qui va m'occuper.

Lundi 28 juin.

Ce soir la liaison des chefs de brigade s'est faite à Nogent. C'est vraiment le feu de Dieu quoique nous en sommes revenus en douze minutes. Des choses extrêmement importantes ont été débattues et nous avons pu toucher du doigt la grande faiblesse de nos effectifs dont les troupes de choc n'atteignent pas deux mille hommes. Au regard des masses communistes, c'est la classique goutte d'eau dans un océan.

Mercredi 30 juin, minuit cinquante.

Nous venons de dénicher P.C. Nous savons où il perche le dimanche. Il y a assez longtemps que nous le cherchons et le guignons. Nous avons un vieux compte à régler avec cette fripouille. J'espère que nous n'allons pas laisser échapper une aussi splendide occasion. Il faut une disparition totale sans vain bruit et sans imprudences.

Jeudi 1er juillet, minuit quarante-cinq.

Le directeur de Jeantet l'a fait appeler tout récemment et lui a dit :

« J'ai d'importantes relations en Allemagne, dans les milieux les plus nationalistes. On tend à y considérer de plus en plus la France comme une seconde Espagne tout entière livrée aux mains de la racaille du Front Populaire. Dans ces conditions, le moindre mouvement communiste en France, c'est la guerre, car l'on considère que s'il existe malgré tout des nationaux en France, ils ne se manifestent en aucune manière et on les considère comme absolument hors d'état de faire la moindre opposition à la vague rouge. Ne pensez-vous pas, a-t-il continué, qu'il serait opportun de faire connaître, naturellement par des moyens adéquats, qu'il existe en France un groupe national de combat, puissant et bien organisé qui non seulement saura résister à toute emprise des rouges, mais encore se prépare à attaquer le régime actuel et à le renverser? Faites-en part à « Marie »[1] et qu'il y songe. »

Telle est la substance des propos tenus. Cette question est extrêmement délicate. Eugène ne paraît pas disposé à la résoudre dans ce sens et je pense qu'il a raison. C'est, en effet, que le moindre rapport avec l'étranger et quel qu'il fût nous sera imputé à crime et si nos ennemis ou même d'autres le connaissent, l'on criera partout à la trahison. De ce jour, les « cagoulards » seront stigmatisés avec une vigueur et

1. Eugène Deloncle.

une fureur aveugles et quelle que fût la pureté de nos intentions, nous n'arriverions pas à nous justifier.

Samedi 3 juillet.

Ce soir, j'ai eu l'idée d'aller à Longchamp où se donnait une fête. Comme c'est plutôt loin, je ne suis rentré qu'à deux heures. Au retour, il me fallut naturellement et hélas! subir l'interrogatoire rituel. Comme je répondais que je m'étais rendu au feu d'artifice, maman me répliqua sur ce ton aigre qui lui est si familier :

« Non, tu es allé chez Mlle d'Alton. »

Cela me mit dans une violente colère et il s'ensuivit une scène des plus vives. Il faut que cette femme ait le génie du mal dans le corps. Elle met à m'exciter et à m'exaspérer de cette sorte un très rare acharnement. Aucune des leçons passées ne lui est de quelque secours. Chaque fois, avec une obstination incroyable et insensée, elle revient sur ce sujet en se trompant, du reste, avec une ponctuelle régularité. La principale caractéristique de son esprit est de considérer les choses comme elle s'imagine qu'elles sont et, sans aucun égard ou référence à la réalité. C'est un fait que je ne vais jamais le soir chez Hélène. Mais là, ce qui s'appelle jamais. Et cependant, chaque fois, en dépit de mes dénégations, elle revient dire :

« Tu es allé chez Mlle d'Alton! »

Elle appuie ses convictions sur les données les plus inattendues. Ainsi elle est venue me dire, et c'est vraiment inouï :

« Pourquoi n'avais-tu pas pris ton *Temps* ce soir? »

Il est exact que je prends presque chaque fois mon journal. Mais voilà à quelle minutie de détail je suis ici épié et surveillé. C'est proprement incroyable. Evidemment, mon très grand tort en ces affaires c'est de soutenir la vérité et de la soutenir avec feu. Il vaudrait infiniment mieux que je répliquasse avec un grand calme.

« Quoi? Tu veux que je sois allé ce soir à tel endroit, pourquoi pas? »

Je reconnais que c'est de beaucoup la solution la plus convenable. L'arme est immédiatement ôtée des mains. Naturellement la suite indéfinie des plus amers reproches et des plus injustifiés reparaît. Elle me dit :

« Si tu avais de l'argent, tu ne resterais pas avec moi! »

Cela ne fait assurément aucun doute. Qui, pouvant faire autrement, voudrait demeurer dans un enfer? Mais ce qu'elle omet de dire et qui n'est pas moins juste c'est que si j'avais de l'argent, elle se garderait de parler de la sorte. Comme elle sait que je filerais sans aucune hésitation dans les huit jours, elle se garderait tout à fait de jeter ses injustes propos. Injustes pour ne pas dire plus. Quel malheur que, à mon âge, je sois obligé de mener une pareille vie!

Dimanche 4 juillet.

Journée morose. J'ai ce soir attendu Hélène en vain. Il est fort rare qu'elle manque un rendez-vous. Hier elle était assez enrhumée et aussi fatiguée. Son rhume et sa fatigue se seraient-ils aggravés? Je pense que non. De mon côté, j'ai ressenti aujourd'hui une assez grande fatigue de sorte que je m'étais étendu sur mon lit en l'attendant. N'aurais-je point entendu son coup de sonnette? C'est je crois peu probable.

Mardi 6 juillet.

Je rentre à peine d'une conférence avec le docteur. Nous sommes en train de mettre sur pied le service de renseignements de province de manière que nous puissions suivre, à travers tout le pays, tel individu, suspect ou dangereux, qui se déplacera. Ce ne sera pas une chose toute facile.

Charles Maurras est sorti de prison ce matin à cinq heures trente. Toute la prese se fait l'écho de cette libération. Jeudi, au palais des Sports, une grande manifestation en son honneur est organisée, à moins que le gouvernement ait le bon esprit de l'interdire. Nos affaires sont très bien et il faut souhaiter que Maurras délivré saura, en ce qui nous concerne, venir à une appréciation plus saine de notre situation. Elle est présentement de tout premier plan. Il ne faut pas oublier que, il y a deux semaines, dans un moment considéré comme critique, le général chargé de la défense de la place de Paris a fait appel à nous et non à personne d'autre. Depuis, les accords ont été précisés et je parlerai à la première occasion de nos étroites relations avec l'armée et du rôle que nous jouerons l'un à l'endroit de l'autre.

Mercredi 7 juillet.

Hélène est venue alors qu'il n'était presque plus possible que je l'attendisse. Une de ses amies l'avait emmenée à un dîner. Elle y avait rencontré entre autres personnes Piétri l'ancien ministre de la Marine. Il paraît que tout ce monde vil est ravi de l'état de choses actuel. Tout va très bien. Blum éliminé n'est plus dangereux. Le gouvernement Chautemps-Bonnet va remettre les affaires en ordre. Il n'y a rien à craindre d'une gauche désormais nantie.

Je dis en passant que c'est l'Intelligence Service qui a fait confisquer nos armes en Belgique. Heureusement nous nous employons à les libérer par l'intermédiaire de la maison Schmeisser. Il est certain que les choses n'iront pas sans quelques difficultés mais elles sont néanmoins sur la bonne voie.

Je suis enfin parvenu à avoir un arrangement avec quelqu'un de la préfecture de police pour les numéros de voiture. Hélène a traité l'affaire hier; nous donnerons à l'homme deux cents francs par mois.

Jeudi 8 juillet, minuit cinquante.

Eugène, en compagnie des militaires, a rassemblé une dizaine environ de potentats de l'industrie. Je n'ai pas vu leurs noms mais je sais que le grand industriel de l'automobile n'en était pas. Depuis longtemps, déjà, il nous aide et Méténier est notre précieux agent auprès de lui. Donc, au cours de cette réunion, les militaires que nous avons chapitrés et qui entrent maintenant tout à fait dans nos vues, ont fait part de leurs craintes aux industriels. Leur démonstration a fait grand effet. Ensuite, Eugène est entré en scène. Il a parlé avec sa force et son énergie coutumières et il a terminé avec une vigueur multipliée. Il a dit en substance :

« Maintenant que vous savez qui nous sommes, maintenant que ces militaires en qui vous avez toute confiance et qui nous soutiennent vous ont dit l'immense danger que court la France et que nous courons tous, je vous somme de nous aider. Je vous rendrai personnellement responsable, leur a-t-il dit, de la mort qui pourra surprendre ces jeunes gens si, grâce à vous, ils ne sont pas suffisamment armés pour se défendre et vous défendre en même temps d'ailleurs. »

Ces paroles ont eu une grande portée et tant l'évidence que la peur ont fait qu'une douzaine de millions nous ont été promis ce jour-là. Il reste toutefois à les faire entrer dans nos caisses.

Dimanche 11 juillet, 21 h 45.

La journée d'hier s'est passée en courses multiples. Ensuite, il fallut que j'aille me trimbaler en banlieue, à notre villa. J'avais rendez-vous chez Hélène à quatre heures. J'arrivai pour apprendre que, La Lombardière étant malade, nous serions obligés d'aller faire notre course par nos propres moyens : métro, autobus et surtout monter à pied la côte un peu raide de la Jonchère. J'en éprouvai un vif dépit. Nous partîmes néanmoins non sans que nous eussions dû aller acheter de la cire à modeler pour prendre l'empreinte de certaine clef dont nous avions besoin. Parvenus là-bas, nous attendîmes, mal servis que nous fûmes par la chance, que l'occasion se présentât. Peine perdue. La petite église demeura ouverte tout le temps de notre séjour et la sacristie, par où l'on entre, était occupée par deux personnes qui aménageaient justement l'église et qui étaient aussi celles qui ne devaient pas être là. Nous dûmes remettre notre travail. J'espère que, selon les instructions que j'ai laissées, il aura été fait aujourd'hui. Hélène ira mardi, voir ce qu'il en est. D'ailleurs, Filliol s'y est lui-même rendu ce matin.

J'arrivai donc fort tard à la liaison qui se tenait chez Hélène. Là il fallut achever la mise sur pied de l'expédition de Bordeaux, manquée il y a quelques semaines. Nous y parvînmes non sans quelques coups de trompette d'Eugène tantôt justifiés et tantôt non. La suite de la soirée devait, au contraire, tout remettre en question. Vers dix heures, je vis paraître le docteur. Il m'apportait un télégramme que Dessolières, malade chez lui, avait reçu deux heures plus tôt. Michel Fauville télégraphiait de Bordeaux qu'il n'avait pu trouver de camions et que, en conséquence, il fallait peut-être suspendre l'opération. J'avais à peine fini de dîner. Je repars dans la voiture du toubib à la recherche d'Eugène qui dînait en ville, Dieu savait où. Courses incertaines et inutiles. Je téléphone vers minuit avenue Rodin. Eugène était là. Il me reçut avec résignation, car, la veille, il s'était couché à quatre heures et levé à huit. Le télégramme de Michel le mit fort en colère. Colère impuissante. Il fallut contremander l'opération et Corrèze s'en fut prévenir qui il devait. L'affaire est remise au 3 août.

Lundi 12 juillet.

A Marseille l'ignoble congrès socialiste, bon gré mal gré, attire et retient l'attention de tout le pays et même de l'étranger. Nous sommes vraiment gouvernés par la pire racaille. L'on ne sait ce qu'il va sortir de ces paroles verbeuses, confuses et plus inutiles encore. Qu'il est temps qu'un grand souffle sain et autoritaire balaye ces marais pestilentiels. Car les choses s'aggravent. Bonnet vient d'être nommé commandant de la région militaire de Paris et l'infect ex-colonel Lucien, devenu général par la grâce du Front Populaire, va prendre le commandement de l'école de Saint-Cyr. Mais enfin il n'est pas impossible que le destin ne mette bon ordre à ce désordre.

Eugène, Heurteaux et moi, nous avons eu là-dessus une conversation aujourd'hui. Demain à dix heures et demie, je vais chez Duvivier au sujet de mon divorce qui prend, à ce qu'il paraît, bonne tournure. Lucienne, en effet, consent que le divorce soit prononcé contre elle. Ce sont là d'excellents sentiments. Il faut toutefois bien s'assurer qu'ils sont durables.

Jeudi 15 juillet.

Ce soir, j'ai dû faire des courses aussitôt après la liaison avec Corrèze, ensuite de quoi nous avons dîné. Enfin Corrèze m'a accompagné ici car il fallait faire d'urgence un papier timbré pour le patron.

Cet après-midi je suis allé à Poissy. Là Georges Duflot est venu me prendre en canot automobile et j'ai exploré longuement les abords et les embarcadères de l'île de Villennes, ainsi que la rive droite de la Seine. Ensuite je suis allé visiter cette même rive droite du côté de la terre. Après je passai par la villa pour voir les progrès qui sont notables puis je m'arrêtai au Bois pour une rapide inspection de certains lieux, enfin j'arrivai rue de la Pompe vers sept heures moins le quart.

Nous avons reçu hier un avis nous annonçant que l'Action Française songeait à former des groupements d'autodéfense partout où ce serait possible. Comme quelqu'un demandait s'il fallait aussi comprendre les « cagoulards » dans ce mouvement, il fut répondu affirmativement. L'on devait s'efforcer même d'entrer en contact avec eux. Au commencement, on ne les avait pas pris au sérieux, mais l'on s'est aperçu que depuis ils étaient devenus très forts, ils étaient très armés et nombreux, et ils avaient d'excellents rapports avec l'armée. Il importait donc de s'aboucher avec eux le plus tôt possible car la situation est grave.

Vendredi 16 juillet, 13 h 40.

Je n'ai pas assez insisté hier sur les bagarres violentes qui ont fleuri sur tous les points du territoire et même à Tunis. A Lille, à Lyon, et surtout à Marseille, il y eut des conflits assez graves. Dans cette dernière ville, assurément réputée pour la vivacité de son sang, les accrochages furent sévères au point qu'il y eut deux morts et soixante-dix blessés dont cinq dans un état grave. De toute évidence, on ne retient plus à Marseille.

Marius déjà s'en plaignait[1]. A Paris, le 13 au soir, place de la Madeleine, les salopards ont voulu faire de la bagarre à la suite de la retraite aux flambeaux, mais ils ne sont pas allés très loin. En revanche, dans la soirée du 14, les garçons de café ont saccagé un grand nombre des plus beaux cafés des boulevards, espérant sans doute par ce geste audacieux et symbolique, redonner de la vigueur à un mouvement qui n'en a jamais eu beaucoup. C'est cracher dans sa soupe, écrit *Candide*. En effet, mais c'est aussi cracher dans celle du voisin. Il y a environ six mille grévistes sur quarante mille employés de cette industrie. Nous ne resterons pas impuissants devant le désordre, avait dit l'honorable Chautemps. De fait, aujourd'hui, les gardes mobiles détachés au service de surveillance ont été doublés ou triplés. Mais si l'on fusillait une ou deux douzaines de meneurs, la grève prendrait fin dans le même instant.

Je ne me coucherai pas avant que d'avoir noté que le grand industriel de l'automobile nous a fait tenir deux millions comptant hier soir. Eugène avait justement besoin de plus de quinze cent mille francs pour mardi. « Le million de Maurras » en souscription depuis plus de deux mois, est virtuellement souscrit, mais que fera l'Action Française de cette manne imméritée? Il est plus que douteux qu'elle se propose de l'employer à des besoins salutaires.

Dimanche 18 juillet, 21 heures.

Ce matin, vers onze heures et demie, Mme Lainey arriva avec Tastemain. Elle avait reçu hier soir un coup de téléphone de Belgique : c'était notre ami le commandant Van Eyek, qui téléphonait d'Anvers. Elle avait compris qu'il s'agissait de fûts d'huile — c'est-à-dire en notre langage convenu de fusils mitrailleurs — au prix de 16 à 18 francs le kilo. Il fallait donc d'urgence une

1. Un jour, à la terrasse d'un café, il se prit de querelle avec un voisin. Dignement, il répondit aux menaces par des menaces. Puis, décidé, devant sa dignité offensée, il tomba la veste. Mais au moment de s'élancer, il se retourna, regarda à l'entour et s'écria devant la passivité de l'assistance : « Alors, on ne retient plus ici? » Les choses en restèrent là.

réponse. Immédiatement j'allai téléphoner à Grosset[1] que j'attrapais dans l'instant même qu'il partait déjeuner. Grosset, de toutes les choses du monde qu'il aime le moins, c'est d'être dérangé le dimanche. Il se dérobe, il se cache. Il prévient tout le monde que, ce jour-là, lui Grosset, il se repose. Pour lui il n'existe plus rien que ce repos ample, profond, infini auprès de sa mégère de femme (est-elle mégère?) qui paraît l'être le moins commode que l'on imagine. Donc Grosset parut fort modérément content de mon intervention. Il dut se déranger, passer par chez moi et comme je n'étais pas encore revenu de la poste quand il arriva, il laissa percer des traces certaines d'impatience. La question cependant était fort importante telle qu'elle était présentée et pour incompréhensible qu'elle fût relativement.

Grosset commença donc de jeter les bras au ciel. Il n'y avait plus d'argent. Eugène venait de passer une commande de 650 F.M., ce n'est assurément pas rien, qu'il allait s'agir de payer. Et d'ailleurs désormais, nous nous approvisionnerions aux sources mêmes. Inutile donc de passer par de louches intermédiaires. Sans doute le message venait de Van Eyek. Mais il ne fallait point en tenir compte. Et là-dessus, hâtif et poussif, il s'en fut. A peine avais-je fini de déjeuner que Van Eyek, arrivant d'Anvers, sonnait. Je ne l'avais pas encore rencontré. Nous nous présentâmes l'un l'autre. Il venait de passer chez Mme Lainey. Il la soupçonnait de n'avoir pas bien compris son message et, en effet, il en était ainsi. Il avait dit que le transport des fûts reviendrait à 16 ou 18 francs le kilo. Il s'agissait en effet de vingt-quatre mitrailleuses Maxim, toutes neuves, dont la négociation d'achat était en cours depuis déjà quelques semaines et que nous paierions quatre mille cinq cents francs au lieu de vingt-quatre mille qu'elles coûtent chacune. Il faudrait payer ce prix de 18 francs environ par kilo rendu à Lille. C'est sur ce point qu'il convenait de répondre d'urgence. Or, justement, personne n'est accessible. Eugène Deloncle accompagné de Jeantet et aussi peut-être de Méténier, est dans la région de Nancy. Le toubib est avec eux. Je pris néanmoins un taxi et, une seconde fois, je rejoignis

1. Henri Deloncle, frère d'Eugène.

Grosset. Il déjeunait avec Bernardet de Saint-Jean-de-Luz, au Petit Riche, rue Le-Pelletier. Il se dérangea avec ennui encore qu'il eût fini de déjeuner. Enfin, il fut convenu qu'Eugène serait averti dès son retour demain soir et qu'une réponse serait donné à Van Eyek aussitôt.

Aujourd'hui mon bourricot, je veux dire Royer-Collard, chiffreur, secrétaire et paresseux, a tapé toute la journée le dossier Stavisky communiqué au toubib. Hélas! il y a deux cents pages à copier, les autres deux cents le sont par les secrétaires du docteur et mon bourricot, pendant sept heures de présence, n'en a copié que seize, et il faut que le dossier soit rendu pour mardi soir. Il faudra que je m'arrange d'autre manière. Cet après-midi, je suis allé avec Hélène voir une de ses amies, jeune femme divorcée, d'une trentaine d'années, intelligente, ardente mais guère jolie. Il s'agissait d'achever sa conversion. Ce fut fort rapidement chose faite. Cette jeune femme a beaucoup d'allant, connaît « Dieu et le diable » pour me servir de son expression et a occupé, au P.S.F., une certaine position. Elle est très résolue et notre combinaison l'enchante. Elle sera affiliée à notre équipe secrète féminine. Malheureusement, elle travaille ce qui ne lui laissera que le soir et les nuits. Nous avons beaucoup bavardé puisque nous sommes restés chez elle près de deux heures. Sur la fin, elle a reçu une visite : c'était cet excellent Moreau de la Meuse qui est déjà un abonné de longue date. Il s'est montré ravi de cette rencontre et de ces recrues.

Jeudi 22 juillet, 23 h 40.

Hélène ne viendra pas ce soir. Elle est invitée à dîner puis à aller au théâtre avec des amis belges. En retour, par anticipation plutôt, nous nous sommes vus longuement cet après-midi. Je dois dire que c'est presque exclusivement le service qui nous a retenus. Jeantet est rentré d'Allemagne hier soir. Les six cent soixante-cinq fusils mitrailleurs qu'il a été y commander sont expédiés aujourd'hui même à destination de l'Espagne où ils arriveront mardi. Ce sont des fusils mitrailleurs Schmeisser du tout dernier modèle. J'ai sous les yeux le double des feuilles d'expédition avec tous les détails d'envoi et de répartition des armes dans soixante-deux caisses. La soixante-deuxième caisse ne contenant que cinq armes. Chaque caisse contient en outre quarante chargeurs (de trente-deux cartouches), dix pompes pour le chargement et différents autres petits appareils. De plus il y a un million de cartouches de 9 mm et deux cent cinquante mille de 7,65. Et ce n'est pas tout. Le voyage de Van Eyek dimanche a eu son effet. Il est reparti, après être revenu, ce soir avec les 175000 francs belges destinés à l'achat des vingt-quatre mitrailleuses Maxim toutes neuves, du dernier modèle de l'armée belge que nous avons à 4500 francs belges au lieu de 28000 prix réel et de 7500 prix demandé. Le tout est accompagné de quatre-vingt-dix mille cartouches. La vérité sur l'origine de ces mitrailleuses m'oblige à dire qu'elle est peu reluisante. Sans doute, il ne nous appartient pas de discuter et moins encore, dans les circonstances présentes, de faire les difficiles. Les armes que nous dédaignerions eu égard à leur provenance, ce seraient les salopards qui en profiteraient. Enfin, cela ne nous regarde pas. Ceci dit, je dois noter que ces mitrailleuses ont été dérobées par un officier belge, sans doute un peu trop impécunieux, qui en fait le commerce. C'est attristant. Mais il est encore préférable que ce soit nous qui en profitions que nos ennemis. Après tout nous travaillons pour la France. Cette raison doit nous suffire à faire taire des susceptibilités qui, dans d'autres conjonctures, devraient être respectées.

Je pense que demain Eugène pourra rencontrer le duc de Luynes. Il y a eu sur ce point un assez ennuyeux malentendu qui sera, je pense, rapidement dissipé. Ces jours-ci je vais aller apprendre à conduire. Hélène, sans doute, m'accompagnera. Hier le patron m'a accordé un crédit de deux cents francs pour ce faire. Il est vraiment temps que cette petite formalité soit accomplie.

Vendredi 23 juillet.

Ce soir, chez Proust, rue Jaucourt, Mme de Massolles a prêté serment. La voilà donc dans le circuit et, au premier jour, je prendrai avec elle un plus étroit contact. Ce ne sont pas les choses qui manquent à faire. Cet après-midi, je suis encore allé voir Hélène : je voulais savoir si elle avait pu joindre Luynes. Il n'en avait rien été. Je pense qu'elle pourra obtenir un rendez-vous dans les premiers jours de la semaine prochaine. Après la prestation du serment, nous sommes allés selon la coutume, maintenant très bien établie, nous restaurer dans une brasserie des environs de la République. Il y avait là le toubib, Eugène, Corrèze, Filliol, Hélène et Mme de Massolles naturellement, Proust, son beau-frère et moi. Nous passâmes de joyeux instants.

Lundi 26 juillet.

Jeantet nous a donné aujourd'hui une indication intéressante que le « toubib » a fait tenir à nos amis espagnols. Des phalangistes sont venus acheter des armes à Paris clandestinement. Le général Franco doit, très prochainement, aller visiter Bilbao et la région récemment reconquise. Les phalangistes ont résolu de l'abattre à cette occasion et de déclencher dans l'Espagne nationale un mouvement qui leur sera favorable. Leurs envoyés à Paris sont en contact avec l'ambassade d'Angleterre que personne n'est surpris de trouver dans ce petit jeu. L'on sait que les phalangistes sont à peu de chose près une espèce de radicaux espagnols. A plusieurs reprises, et singulièrement tout récemment, Franco dut sévir contre quelques-uns de leurs chefs d'où leur ressentiment.

Mardi 27 juillet.

Jeantet nous a donné des informations complémentaires et précises sur le complot phalangiste. C'est ainsi que nous avons le nom de ceux qui sont à Paris pour le préparer. Ce sont les deux phalangistes Gil et Severno. Ce monde est acoquiné avec l'Intelligence Service qui prépare les grandes voies. Neguin, l'actuel président du conseil du cabinet du Front Populaire, reprendrait alors avec Largo Caballero la haute direction des affaires en Espagne. Ce beau duo serait chargé de refaire une vague entente entre les deux partis de l'Espagne actuellement en lutte. Largo Caballero serait chargé de la liquidation des extrémistes de gauche, singulièrement des anarchistes, et l'on verrait alors reluire et profiter une sorte de République franc-maçonne à la botte de l'Angleterre. J'oubliais de dire que ce sont Franco et Quirpodeplano qui sont directement visés car ce sont eux seuls qui ont reconnu des dettes aux Allemands et aux Italiens. Ces deux personnalités supprimées, l'Allemagne et l'Italie seraient, pense-t-on, frustrées de leurs créances sur l'Espagne. Nous avons de toute urgence fait prévenir les Espagnols de ces beaux projets, en sorte qu'ils ont toutes chances d'échouer.

Vendredi 30 juillet, 13 h 45.

J'avais le dessein d'ouvrir ce carnet aussitôt après le départ de maman, mais j'avais à peine eu le temps de me retourner que Méténier arrivait. Il avait absolument besoin d'un conducteur et dans un bref délai. Il doit être demain matin à Marseille et il n'y a plus une place ni dans un train, sans doute à cause du très grave accident de cette nuit, ni dans l'avion. Il part donc par la route. Aussitôt donc, je me suis mis en route. J'ai heureusement trouvé Bruchet au « 8 ». Il partira.

Nous avons actuellement plus de *douze cents* fusils mitrailleurs en transit. Nous venons d'en recevoir deux cents, des Beretta, venus d'Italie avec trois mille grenades justement par notre bateau de plaisance récemment acquis et qui porte le pavillon américain de notre ami Fulton. L'affaire s'est très bien passée et un second passage doit avoir lieu ces jours-ci. Quant à ceux qui viennent d'Allemagne, ils ont dû arriver hier à Vigo où Orain doit en prendre livraison. A ce propos, il ne sera pas inutile de noter l'habileté dont a usé Jeantet. Naturellement l'Allemagne est persuadée que ces armes sont destinées à Franco. (J'aurais dû dire le marchand allemand que Orain et Jeantet rencontrent aujourd'hui à déjeuner.) L'affaire leur a été présentée de la manière suivante. Un groupe d'industriels français, résolus à aider Franco, veulent bien lui envoyer des armes. Mais comme ils entendent n'être pas roulés par les intermédiaires, ils veulent faire leurs affaires eux-mêmes. Jeantet est leur délégué et vient traiter directement avec les fabricants. Tout s'explique ainsi le mieux du monde et il n'y a aucune espèce de difficulté. Il y en a même d'autant moins que toute la commande a été payée directement et par chèque bancaire et, ce dont les Allemands raffolent, en monnaie étrangère.

Samedi 31 juillet.

Méténier n'étant pas parti hier pour Cannes et Nice, a dû partir aujourd'hui. Comme hier il est venu vers onze heures ce matin me demander un conducteur. La chose fut rapidement réglée. Ensuite il téléphona à Paris-Plage de chez lui. Mais Eugène qui passe là-bas la fin de semaine était en promenade. Il m'emmena déjeuner avec lui. A ce déjeuner, assistèrent un docteur ami de « Mété » et une jeune femme que le docteur soigne. Mété lui fit une cour effrénée encore qu'il ne la connût que depuis quelques instants et d'ailleurs elle s'y prêtait le mieux du monde. Je les laissai tous deux après le déjeuner en sorte que je me demande si du départ urgent ou de la femme, celle-ci n'a point eu la préférence. Pour tout dire il s'est échangé tout le long du repas une suite ininterrompue de « cochonneries », comme disait cette charmante jeune femme, qu'elle écoutait avec ravissement.

Lundi 2 août.

Ce soir j'ai vu Mme de Massolles avec qui j'ai longuement causé. Ses relations étendues dans beaucoup de milieux feront qu'elle nous sera une excellente source de renseignements. Nous avons même pris un pot au Trocadéro, ce qui n'a point hâté mon retour. Il va sans dire, n'est-ce pas, qu'au moment de ce retour j'ai été entrepris par maman. Il serait vraiment étonnant que je pusse sortir une heure, non seulement sans que j'en rendisse compte, mais encore sans m'attirer de véhéments reproches. Et les reproches les plus saugrenus. C'est ainsi que je me suis entendu dire qu'elle était aussi capable que Mme d'Andigné ou Mme de Massolles de rendre « n'importe quel service ». Cela peut bien être. Et je n'ai jamais contesté qu'il en fût ainsi. Mais j'ai répliqué que j'avais à demander à Mme de Massolles des renseignements qu'elle, toute ma mère qu'elle fût, ne pouvait donner. Et à Mlle d'Andigné des courses que j'avais le dessein de lui épargner. Il est vraiment inutile de vouloir redresser une telle fausseté de l'esprit.

Samedi 7 août.

Ce matin je me suis levé de bonne heure et je suis allé à la gare Saint-Lazare conduire, au milieu d'une invraisemblable cohue, Hélène qui partait en vacances. Il y avait trois trains pour la ligne Paris-Caen-Cherbourg et j'ai cru que jamais Hélène n'aurait son train. C'est qu'elle avait rendez-vous avec notre homme de la préfecture de police à huit heures trente, place Saint-Michel. Elle devait le présenter à Marie de Massolles qui prend la suite. Il fallait ensuite regaloper à la gare Saint-Lazare. Heureusement, André avait la voiture de Jacquet et je lui avais demandé hier soir qu'il vînt. Pendant ce temps, j'arrivais à la gare et cherchais dans les trains bondés de gens à casquette et à mine invraisemblable une place non retenue. Il n'y en avait guère. Je finis cependant par en dénicher une dans un compartiment accablé de chaleur. Je ne m'en contentai point cependant et cherchant dans un troisième train qui venait de se former, j'en trouvai une bien meilleure. Ce fut cette fois mon veston qui fut commis à sa garde et j'allai surveiller l'entrée. Ce second train bis partait à neuf heures deux. A neuf heures moins une je dus retirer mon veston et je demandais aux bonnes gens qu'ils voulussent bien conserver le coin, ce qu'ils firent. J'eus le temps de revenir en hâte aux grilles pour cueillir Hélène et Marie que le porteur allait mener vers le train réglementaire impraticable. Hélène eut tout de même le temps d'aller reconnaître sa place. Après le départ, nous eûmes, Marie et moi, une large conversation en prenant un café. Puis après une longue promenade avec elle, je suis allé me faire inscrire chez Versigny pour mes leçons de conduite. Mes stylos sont vides et l'heure est partie. Couchons-nous.

Dimanche 8 août.

J'ai écrit à Hélène une petite lettre. Il y a fort longtemps que je n'ai écrit à une femme.

Mercredi 11 août.

Nous venons d'avoir la nouvelle que le 72e d'artillerie de Vincennes est des nôtres en entier. Le colonel l'a dit à Grosset il y a quelques jours.

« Si je marche? Mais avant vous, à votre tête! »

Ainsi, d'un seul coup, sans effort apparent, voilà dans notre jeu un atout formidable. Il y a longtemps, à la vérité, que ce régiment est excellent. Je crois bien que c'est celui où est Foulon, cet ancien camarade de classe que j'avais rencontré vers octobre 1934 sur les boulevards. Il m'avait dit alors qu'il était très national ainsi que les officiers de son régiment. Lors du 6 février, colonel en tête, ils avaient manifesté et ils s'étaient battus place de la Concorde. L'un d'eux même avait été arrêté par les gardes mobiles et naturellement relâché quand il eut décliné son identité. Je ne sais avec certitude si ce sont les mêmes gens et la même unité, ni s'il n'y a pas eu depuis de changement. Avec le 182e, où nous avons mieux que des intelligences, nos arrières sont bien assurés. Ils le sont si bien que ce sont nos propres troupes, la 4e brigade qui, sous l'uniforme des dragons-portés, sera chargée du flanquement et de l'escorte de l'artillerie venant sur Paris. En maints autres lieux, notre situation n'est pas moins bonne. Toute la garnison d'Orléans, par exemple, est dans nos mains. Le 8e chasseur à cheval commandé par Pérez marchera comme un seul homme. Au 30e d'artillerie, nous avons d'excellents et solides points d'appui. Il en va de même du régiment d'infanterie. Quant à l'aviation, c'est Chéron qui l'a mise sur pied et c'est d'elle que tout le mouvement a rayonné. Jusqu'à ces derniers jours, nous n'avions presque personne au Bourget où Chéron vient d'ailleurs d'être nommé. La semaine dernière, Hélène m'a amené chez sa crémière dont le fils, excellent jeune homme, est caporal-chef audit Bourget. L'état d'esprit de ces braves gens est parfait. Le père, ou le beau-père plutôt, était officier sorti de la guerre; il est mort des suites de blessures, il y a deux mois. Le jeune homme fort bien disposé, a prêté serment lundi. Or, il est au bureau du major et de surcroît il connaît au Bourget un grand nombre de nationaux désemparés et dégoûtés. Ce jeune homme m'a raconté le fait suivant. Le 13 juillet, les troupes répétaient la revue du lendemain. Un avion espagnol, orné de banderoles rouges a passé au-dessus des troupes et un lieutenant-colonel, dont il n'a pas voulu me dire le nom alors, a salué du poing levé. C'était un spectacle écœurant. Tout cela se payera.

Ce soir Marie de Massolles est venue ici. Elle ne devait venir que demain mais comme elle doit aller en mission à la fin de la semaine, j'ai été la chercher à la sortie de son bureau. Nous avons parlé de cette mission importante qu'elle répugne assez à faire seule. Je vais donc vraisemblablement l'accompagner. J'en ferai part demain à Grosset.

Jeudi 12 août.

Il est entendu que je partirai demain soir pour Saint-Malo avec Marie de Massolles. Je viens de la quitter et lui ai donné rendez-vous pour demain soir à la gare Saint-Lazare. Une des premières choses qu'il conviendra que nous réglions sera l'hôtel. Combien de chambres prendrons-nous, lui demanderai-je. J'espère bien que nous n'en prendrons qu'une. Une chambre pour deux c'est tout à fait suffisant. C'est d'abord plus économique, ensuite c'est plus agréable, enfin c'est pour ce que nous avons à faire beaucoup plus vraisemblable. Deux amants viennent passer le 15 août à Saint-Malo, quoi de plus normal? Assurément rien. Au contraire une autre distribution peut paraître suspecte. Que seraient venus faire en un même hôtel un homme et une femme qui se fréquentent, arrivent et repartent ensemble? Toutes ces raisons sont excellentes. Il ne faut plus que les faire prévaloir.

Dimanche 15 août, minuit cinquante.

Je suis rentré de Saint-Malo à vingt-trois heures cinq et il n'était guère plus d'onze heures et demie quand j'arrivai ici. Les deux derniers jours ont été fort remplis de courses à Paramé où la mission a été accomplie. Si, tout de même, les choses ne se sont point passées aussi exactement que je l'avais entrevu, nous n'en avons pas moins fait, Marie de Massolles et moi, un excellent ménage.

Lundi 16 août.

Je perds de longs instants devant ce carnet ouvert, j'attends je ne sais quoi, il m'arrive aussi de somnoler et le temps s'écoule ainsi vainement, stupidement perdu. Et tout se tient, samedi, à Paramé, je n'ai même pas su tenter l'effort qu'il aurait fallu pour que mon projet réussît. J'étais bien parvenu à ne prendre qu'une chambre pour nous deux. Bien naturellement Marie manifesta quelque surprise mais si modérée que je ne m'absentai que peu d'instants pendant qu'elle fit sa toilette à l'arrivée et qu'elle demeura là tout le temps que je fis la mienne. Nous y demeurâmes ensemble dans la journée à plusieurs reprises. Certes, elle revint plusieurs fois sur la nécessité où j'étais de trouver une chambre pour le soir. Elle insista et je feignis de chercher. Mais je crois qu'il ne m'eût pas été excessivement difficile de lui démonter qu'il y avait moyen de s'arranger. Encore eût-il fallu tenter cet effort de persuasion avec les arguments les plus propres. Il est possible qu'elle ne se fût pas laissée convaincre, mais il est certain que je n'ai pas osé essayer. Rien n'est plus lamentable. Marie n'est pas une petite fille de quinze ans et il y avait plutôt dix manières qu'une de lui proposer cette chose en somme naturelle et agréable. Mais non rien ne se fit. J'ai trouvé plus intelligent de lui parler d'histoire, de sciences et d'autres sornettes ridicules. Et cependant samedi soir de cinq heures à sept heures et demie nous avons été là dans cette chambre, tout près l'un de l'autre, elle familière, moi craintif, lui passant de temps en temps la main sur les cheveux, sans qu'elle marquât la moindre impatience ou la plus petite réprobation. Après le travail de cette journée, nous avions bien droit à une petite détente physique. Peut-être l'attendait-elle vaguement. Que, du moins, ne la lui ai-je pas proposée? Je sais que tout n'est pas perdu, mais rien non plus n'est gagné et bien assurément ce qui s'est envolé ne reviendra plus. Est-ce là une gageure que de composer sa vie de regrets? Si oui, elle est fort mauvaise.

En revanche nous avons parfaitement rempli notre mission. Je vais aller demain en rendre compte à Eugène à Paris-Plage. Il faut agir d'urgence car nous n'avons que fort peu de temps et Eugène, toujours indisposé, ne viendra pas à Paris cette semaine. J'ai voulu entrer en contact avec Grosset ce soir, peine perdue naturellement. J'irai le voir demain matin de bonne heure.

Mardi 17 août.

Quoique ni Marie ni Hélène qui est en Normandie ne soient venues, je n'en ai pas moins eu ce soir ma scène. Quelle est la raison profonde de ces sorties à tous égards malheureuses? Je n'en sais absolument rien. Il y avait comme à l'ordinaire la réunion des chefs de brigade. Les circonstances faisaient qu'elle se tenait rue d'Ulm. Bien entendu, toutes ces questions me furent posées, non sans acrimonie, et j'y répondis. J'avais déjà discerné ce matin que le ton et la voix avaient revêtu le caractère acerbe des orages. Comme je suis de ceux qui croient, à raison ou à tort, que les choses n'arrivent point sans cause, j'avais cherché quelle pouvait être cette cause. J'ai supposé que ces notes avaient bien pu être lues. Je les ai, en effet, laissées dans le tiroir de mon bureau où rien n'est plus facile que de les aller chercher. Il est donc très possible que cette lecture fort clandestine ait causé une grande irritation. Irritation d'autant plus grande qu'il est difficile sinon impossible d'en dire les raisons. D'autre part, en dépit de son insatiable curiosité, maman évidemment craint que je ne m'aperçoive qu'elle ait ouvert ce carnet, ce qui m'est cependant une garantie. Quoi qu'il en soit, j'ai été ce soir très vivement pris à partie parce que c'était la fête d'Hélène. Bien entendu, je me suis refusé à lui dire si j'avais ou si je n'avais pas écrit : « Ce n'est pas ton affaire! » lui ai-je répondu. En effet, cette réplique a déterminé une rage folle. Comme à l'ordinaire, j'ai dû entendre les choses les plus déplaisantes et les plus injustes auxquelles d'ailleurs je n'ai répondu qu'au minimum. L'on dirait que, par je ne sais quelle funeste malchance, cette femme fait l'impossible pour essayer de détruire tous les liens qui devraient me rattacher à elle. Tout ce qu'il faut pour m'éloigner d'elle, elle le fait : systématiquement, avec une rage mal contenue, et avec un acharnement certainement digne d'une meilleure cause. Elle recherche les paroles les plus blessantes et elle y revient avec une engeance diabolique. On a rarement fait mieux comme intransigeance farouche, rigoureuse et du reste merveilleusement fausse. Avec quelle fureur mal contenue ne m'a-t-elle pas dit ce soir :

« Tu n'as que les femmes en tête! »

Et quand ce serait vrai, où est le mal?

Il est bien inutile d'essayer de raisonner. C'est pitoyable et risible : vouloir le bonheur de quelqu'un et le harceler à longueur de journée sur tous ses actes les plus naturels comme les plus ordinaires, c'est pousser un peu loin la sollicitude.

J'ai vu Marie quelques instants ce soir. Au cours de nos conversations dernières, elle m'a dit elle aussi que, comme Hélène d'ailleurs, les choses n'allaient pas non plus toutes seules du côté de sa mère : « Tu crois que j'ai toujours quinze ans! », lui a-t-elle récemment répliqué. C'est donc aussi la même phrase qui lui revient aux lèvres. Je n'entreprendrai pas de tout réformer. Je ne saurais. Maman a le grand tort de ne voir personne et de vivre en rechignant sur un passé sans retour. Pour moi je ne peux rien sur tout cela. Maman contient en soi un démon et c'est elle qui se fait son propre mal. Cent fois je lui ai dit. Même si le commerce qu'elle suppose entre Hélène et moi – Hélène ou quelque autre, car du temps déjà lointain de la belle Haendel, de Courtois en 1925 et plus tard de Lucienne, les choses en étaient déjà ainsi – lui déplaît, eh bien! qu'elle en prenne son parti et surtout qu'elle me laisse d'autant plus la paix qu'elle aurait tout de même dû voir que toutes ses diatribes, comme toutes ses remontrances, étaient inutiles. Mais je soupçonne qu'il y a autre chose contre Hélène car n'en était-elle pas à préférer Mme Hantier qui est cependant la maîtresse affichée de Thérin à Hélène dont l'éducation et le milieu ne souffrent, de toute évidence, aucune comparaison avec ceux de la gentille Mme Hantier dont la vulgarité ne peut aucunement se démentir. J'en reste là de ce sujet qui se pourrait alimenter tous les jours.

Vendredi 20 août.

J'ai passé l'extrême fin de la soirée avec Marie. Je l'ai rencontrée vers onze heures et je l'ai quittée après minuit et demie. Cette charmante personne m'attire étrangement et je me sens pour elle infiniment de tendresse je peux dire comme je n'en ai ressenti pour aucune femme depuis le temps très lointain de la belle Haendel. Cela est peut-être très ridicule mais c'est ainsi et je puis dire avec une grande précision que ce sentiment est né il y aura une semaine, lors de notre voyage à Paramé. Nous avons parlé ce soir de mille choses, à bâtons rompus. L'organisation a été le principal sujet de notre propos. Je lui en ai brièvement conté la genèse qui explique les situations présentes. J'aurais aussi voulu l'entretenir d'autre chose, mais nous nous promenions dans les rues et c'est une atmosphère vraiment peu propre aux confidences. Elle va en « week-end » avec une amie dans les environs de Paris, de sorte que je ne la reverrai que lundi soir. A la fin de la semaine prochaine, elle part en vacances pour quinze jours. Ce me sera l'occasion de lui écrire quelques lettres, je lui demanderai son adresse.

Samedi 21 août, minuit cinquante.

Pierre Fraisse est, certes, parti en vacances ce soir, pour trois semaines, mais Barbin, en compensation je suppose, est venu me voir. Il m'a donc littéralement mangé une bonne heure et, ce qui est pis, il m'a engagé pour demain. J'irai donc avec lui à Noyon, point important où il y a quelqu'un à gagner à notre mouvement.

Il y a aussi Van Eyek qui s'est fait voler 200000 francs. Il est arrivé hier de Belgique et il nous a conté sa mésaventure. Il est incontestablement sincère. Nous avions, de notre côté, préparé l'expédition qui, jeudi soir d'abord et vendredi ensuite, devait aller chercher les vingt-quatre mitrailleuses attendues. Quand nous avons appris par la presse que Van Eyek avait été dépouillé, l'affaire a été contremandée. Donc, mercredi soir, notre ami, tous rendez-vous pris, devait aller à la rencontre du camion apportant le matériel. Au lieu dit, il le trouve ainsi que les hommes qu'il connaissait. A la suite de je ne sais quelle péripétie, le camion prend brusquement la route. C'est à Mouscron que devait se faire la livraison et Van Eyek devait s'y rendre en accompagnant le camion. Celui-ci prenant les devants, Van Eyek n'eut que le temps de sauter dans sa voiture en laissant sur place, au bureau de poste, son compagnon de Fredaigne. C'est celui qui devait nous télégraphier le lieu de rendez-vous. C'est ainsi que Van Eyek seul dans sa voiture, s'élance à la poursuite du camion qu'il croit chargé de notre matériel. La chose s'est vraiment passée comme un film policier. Il n'y a même pas manqué l'épisode classique du passage à niveau. Le camion passe. Au moment où la voiture poursuivante va le franchir à son tour, la barrière se ferme. Il faut cinq longues minutes durant, attendre qu'ait passé un interminable train de marchandises. Pourtant le camion est enfin rattrapé. En vain notre ami cherche-t-il à le doubler, le conducteur s'y oppose. Quand il y parviendra, ce sera pour être brusquement arrêté par deux pseudo-douaniers. Ceux-ci n'ont de douanier que le képi. Ils demandent à Van Eyek s'il n'a rien à déclarer et se mettent aussitôt en mesure de fouiller la voiture (il est vingt et une heures). Pour obéir à leur injonction, Van Eyek se penche en arrière pour permettre l'ouverture de la portière du fond. A peine ce mouvement est-il achevé qu'il reçoit une poignée de poivre en plein visage, tandis que le complice qui était entré par l'arrière lui applique sur la bouche un gros tampon tout imbibé de chloroforme. Van Eyek dans son trouble, s'efforce de ne point respirer et fait effort de ses mains pour écarter le masque de son visage. Il n'y parvient qu'à demi et au cours de ces manœuvres on lui passe deux menottes. Il commence à perdre conscience, tout en se débattant. C'est alors qu'il entend les individus auxquels, pense-t-il, se sont joints ceux du camion, discuter sur son sort à la manière des Calabrais de P.L. Couturier :

« Est-ce qu'on va le tuer? » demande un des exécutants.

« Bah! répond l'autre, on le jettera dans le puits. »

Alors Van Eyek respire un bon coup pour se prémunir contre la douleur. Il se réveille fort péniblement une heure environ plus tard, dans une espèce de grand magasin en construction. Il a pieds et poings liés. Il est seul. Il essaye de gagner la route pour attirer l'attention d'automobilistes, c'est en vain, personne ne l'aperçoit. Heureusement, au bout de quelque temps, le propriétaire d'un château tout proche attiré par ses appels, accourt et le tire de là. Cet homme le prend dans sa voiture sans avoir pu le déchaîner et l'emmène à la gendarmerie. Chemin faisant, l'on retrouve Fredaigne qui ne doute pas que Van Eyek a été pris et qui, en se joignant à lui n'hésite pas à partager son sort qu'il ignore encore. A la gendarmerie, l'on commence par couper ses chaînes tandis que l'adjudant le considère avec une suspicion non dissimulée et l'accuse même d'avoir simulé l'affaire. Van Eyek se récrie avec énergie, et décline ses titres qui apaisent incontinent la maréchaussée. Devant le juge d'instruction, il rencontre un état d'esprit semblable contre lequel il lui faut durement lutter. Il est obligé de demander avec véhémence s'il est plaignant ou accusé. Point par point, il est obligé d'expliquer, de se justifier. Pourquoi si près de la frontière avait-il sur soi une somme si considérable? Il doit fournir des détails trouvés sur-le-champ, la présence de son ami nécessite aussi une explication. Il est enfin libéré. Rompu, courbaturé, il rentre à Anvers où sa femme l'attend dans l'anxiété. L'affaire est connue déjà de toute la ville et il est tenu à d'extrêmes précautions. Il a heureusement effectué les jours précédents les opérations bancaires dont il a fait état et toutes les explications qu'il a données sont plausibles et raisonnables. Il se propose de prendre sa revanche. Le coup était bien préparé mais que sont devenues les armes? Etaient-elles bien là? C'est peu probable. En tout cas il a été attaqué par ceux-là mêmes avec qui il avait traité.

Il vient de se former un groupement de pilotes militaires « front populaire ». Ce sont nos amis Martin, Coiffier qui en sont à la tête. Ils le dirigeront. Ce groupement aura un lieu de réunion que nous allons nous-mêmes chercher, une subvention du ministère de l'Air et des avions. Il va être entièrement truffé des nôtres. Décidément nos jeunes amis de l'aviation travaillent bien.

LA CAGOULE ET LES AVIONS DESTINES AUX REPUBLICAINS ESPAGNOLS

D'après le père Fily, ce sont plus de deux cents avions destinés aux Républicains espagnols qui furent sabotés ou détruits sur le territoire français (en particulier à Toulouse, Perpignan, Béziers et Paris).

L'affaire la plus célèbre fut menée par Filliol qui, déguisé en capitaine de l'armée de l'air, inspecta, le 29 juillet 1937, les avions rangés dans les hangars de Toussus-le-Noble et déposa, avant de partir, quatre bombes à retardement. Deux heures plus tard, trois appareils étaient déchiquetés, un quatrième incendié.

Dimanche 22 août, 23 h 55.

A mon très grand regret, j'ai presque complètement cessé d'être ce que je fus si longtemps, avec une incomparable volupté, un spectateur. Je ne regarde plus ce qui se passe dans le monde. Tout entier je suis maintenant absorbé par des besognes d'ordre certainement secondaire dans leur nature, si elles sont, ce dont je ne doute point, d'ordre principal dans leur intention. Et cependant l'univers n'a point suspendu son mouvement pour que je puisse agir et que je le retrouve, mon action terminée, au point même où je l'avais laissé.

Lundi 23 août.

Nous avons de nouveau quelques inquiétudes. André est convoqué rue des Saussaies pour mercredi matin neuf heures. A vrai dire, nous ne savons pourquoi mais nous soupçonnons que c'est pour l'affaire pour laquelle il a déjà été appelé. En effet, il n'y a point été mêlé et il ne saurait en aucune manière être inquiété. Mais il est toujours préférable de ne pas être appelé en témoignage direct ou indirect pour quelque affaire que ce soit. D'autre part, il y eut ce soir, chez Eugène, rentré de Paris-Plage, un important conseil sur l'affaire Van Eyek. Nous étions là cinq, les cinq intimes : lui, Grosset, Corrèze, Fifi[1] et moi. L'examen approfondi de cette affaire la montre beaucoup moins claire qu'elle ne nous l'avait paru tout d'abord. Tout une foule de circonstances en sont obscures et contradictoires. Si d'abord nous avons été mis en confiance, c'est que cet homme, ancien commandant de la Légion, nous avait été donné comme d'une sûreté et d'une probité parfaites. De surcroît, nous le connaissions à peine. Pour ma part, je ne l'avais vu qu'une seule fois, le 18 juillet il me semble. Nous ne l'avons donc pas interrogé en suspect vendredi soir et nous avons, *a priori,* considéré son récit comme vrai. Enfin, surpris sans doute à tort par l'événement de son arrivée, nous n'avons pas eu le temps de nous concerter. De nombreux trous donc, des bizarreries se découvrent à l'examen de son récit. Le moins, en effet, que l'on puisse dire en tenant sa version pour vraie, c'est qu'il a été d'une folle imprudence. Eugène dit :

1. Filliol.

« Tout se passe comme si délibérément, il avait voulu se faire voler. Tout se passe encore comme si, dans cette aventure, ou plutôt dans le récit qu'il en donne, il n'avait eu dans l'esprit que de chercher des alibis par rapport à nous. Quel besoin, demande Eugène, avait-il d'aller dire à la police qu'on l'avait dépouillé de 200000 francs? Aucun sauf celui de le faire publier par les journaux, afin que nous le crussions. C'était courir un grand risque que de faire une telle révélation à la police qui n'allait pas manquer de chercher à savoir pour quelles raisons un homme promenait ainsi, sur soi, dans des conditions aussi bizarres, une somme aussi importante. S'il n'avait point voulu que l'affaire se sût, il devait se taire et dire seulement qu'il n'avait, dans son portefeuille – qu'on ne lui avait d'ailleurs pas pris – qu'une petite somme. Mais il fallait qu'il fût officiellement dépouillé et que cela se sût, et que, pour nous édifier et nous convaincre, cela s'étalât au grand jour. »

Les conditions de l'attaque et ses circonstances sont elles-mêmes baignées d'obscurité. C'est ainsi, par exemple, que Van Eyek garda son portefeuille et dans sa poche encore où il prétend que ses voleurs l'ont remis, encore que ce point lui-même ne soit pas clair. J'ai noté, le premier soir, combien était romanesque et classique le coup du passage à niveau. Nous avons aussi des doutes bien assis sur l'existence même du camion. En bref, l'affaire doit être reprise par la base et Eugène fit au 2e Bureau des reproches pour n'avoir pas été assez soupçonneux et avoir accepté avec trop de facilité la thèse présentée. Il aurait donc fallu considérer *a priori* l'homme comme suspect. En conséquence, multipler les questions, relever incontinent toutes les contradictions, les erreurs apparentes ou cachées et les lacunes. Une chose entre bien d'autres m'a surpris, mais après coup : cet homme attaqué et chloroformé vers vingt et une heures, inconscient à ce qu'il prétend pendant environ une heure, arrive à la gendarmerie à vingt-trois heures. Il a été fort indisposé. De son propre aveu, la tête lui tourne et ses idées sont aussi peu claires que possible. Et cependant interrogé sur-le-champ par le juge, il trouve moyen d'échafauder une affaire compliquée de versements bancaires, d'entreprises en cours, de capitaux virés pour expliquer la présence de 200 000 francs dans ses poches. Ou ces explications étaient toutes prêtes d'avance, comme si l'homme savait qu'il allait être dépouillé et dès lors il n'est pas besoin d'aller plus loin.

Demain je vais aller chercher les journaux belges de jeudi et de vendredi afin de confronter leurs récits et d'essayer d'en tirer quelque lumière. Sans doute faut-il n'accepter ces récits que sous bénéfice d'inventaire, mais ils peuvent servir à faire des recoupements et des vérifications sur place.

Mercredi 25 août.

Ce soir je suis allé avec Marie de Massolles à Neuilly chez son amie la comtesse de Monteynard — je crois. Cette personne, qui est charmante, a été aussi P.S.F. mais elle n'en veut plus. Notre proposition la séduit et elle est toute disposée à se joindre à nous. Elle demande seulement à réfléchir un peu car elle est mère de deux enfants et, de surcroît, elle travaille dans une usine de cinéma à Gennevilliers où elle a d'ailleurs une situation assez intéressante. Elle est fort indépendante de son mari avec qui elle ne s'arrange pas trop bien. Nous avons bavardé plus de deux heures et demie durant, ce qui suffit très largement pour exposer les grandes lignes de l'organisation. Mme de Monteynard serait, en principe, affectée au 2e Bureau ou au S.R. C'est ce que je lui ai expliqué. Elle prêtera serment au retour de Marie.

Jeudi 26 août.

Demain soir j'irai mettre Marie de Massolles au train qui l'emportera en Alsace où elle va passer des vacances au château de Lutzelhouse. Elle en reviendra le 12. Quant à Hélène, à qui j'ai écrit plusieurs fois, je n'en ai pas le moindre signe. Il est d'ailleurs entendu qu'elle n'écrit jamais. Il n'en va pas de même de Marie qui veut même apprendre le chiffre et à qui, ce soir, peu après six heures et demie, je l'ai très sommairement enseigné.

Hier, j'ai oublié de noter le résultat de la visite d'André rue des Saussaies. Cette convocation est le fruit d'une déposition tardive. Un sieur X... que je désignai tout à l'heure, avait remarqué André à l'hôtel où il était descendu. Selon lui, ce qui est du reste assez la vérité, cet homme ne paraissait pas en harmonie avec le lieu plutôt luxueux, d'où la remarque. C'est ce que l'inspecteur dit à André (alias : Huguet, Louis, Charles). Il renouvela, avec d'ailleurs beaucoup de bonhomie, les questions antérieures. L'affaire avait été classée mais ce témoignage tardif la rouvrait pour un instant. L'inspecteur se défendit de donner le nom du témoin, il ne le pouvait. Mais comme il s'est éloigné un instant, André en a profité, en bon agent du 2e Bureau, pour voir de qui il s'agissait : c'était un certain Pasquier, conseiller municipal de Caen. J'ai aussitôt demandé à Hélène des informations sur ce personnage. Si c'est un salopard, il mérite des foudres. Il va de soi que l'on ne peut absolument rien contre André. Tout le monde a le droit d'aller passer quarante-huit heures ou davantage dans la station balnéaire de son choix et même on n'a pas à en rendre compte. On a surtout demandé à André de quoi il vivait. C'est la méthode classique.

La presse de ce soir signale des trafiquants d'armes qui ont été arrêtés. Il y avait deux Français (le journal *Ce soir,* dit naturellement que ce sont des P.S.F.), et trois Espagnols. On a saisi des mitraillettes. L'affaire ne paraît pas nous toucher.

Vendredi 27 août.

Je suis donc allé conduire Marie de Massolles à son train. Mme de Monteynard l'accompagnait aussi dans sa petite « Simca » de sorte que nous nous y logeâmes tous trois en réalité le mieux du monde. Nous allâmes naturellement prendre un verre, le coup de l'étrier pour ainsi dire. Le temps passé au café servit à compléter l'instruction chiffrée de Marie qui était encore rudimentaire. Le train n'est parti qu'avec un certain nombre de minutes de retard. Au retour, Mme de Monteynard m'a raccompagné jusqu'à Passy et nous avons parlé longuement. Elle est toute disposée à prêter serment, à condition, a-t-elle demandé, que l'on ne mette pas un dépôt d'armes chez elle. Je lui ai donné sur ce sujet tous les apaisements. Elle pourra rendre bien des services. La maison cinématographique où elle travaille à Gennevilliers, publie et édite des films rouges. Elle prépare « La Marseillaise », film si rouge que *L'Humanité* en est la patronne officielle. Les films soviétiques, les films innombrables sur l'Espagne sont montés et exécutés (techniquement parlant et non point du point de vue de l'art) dans les ateliers de cette usine. La position de Mme de Monteynard peut donc être, dans certaines conditions à étudier, d'un extrême intérêt.

La présence de Mme de Monteynard m'a donc tout à fait empêché de m'entretenir librement avec Marie. Mais je vais lui écrire et hier déjà j'ai ébauché quelques petits vers qu'il se peut que je lui envoie. C'est toujours une manière élégante de faire des compliments à une femme. Voilà donc un côté des choses. Il est agréable.

Un autre ne l'est pas. Hier soir, Mme Deloncle et Mme Méténier qui rentraient à Paris dans la « Ford » ont eu un assez grave accident d'automobile. Mme Deloncle conduisait. Il paraît qu'elle conduit bien. Cependant quelqu'un disait qu'elle ne savait même pas faire une marche arrière. Cependant, elle a doublé une voiture dans un virage « qu'elle n'avait pas vu » et elle s'est trouvée en face d'une voiture venant en sens inverse. C'est ce problème qui a été mal résolu. La grosse voiture, qui peut faire le 160, a dérapé. Mme Deloncle n'a pas su ou n'a pas pu la redresser et elle est allée donner dans un pylône qui s'est abattu fort heureusement à côté de la voiture. Mais les deux femmes n'en ont pas moins été blessées : celle d'Eugène légèrement : contusions, coupure du cuir chevelu, égratignures. Celle de Mété plus gravement. Sa tête a violemment porté contre la clef de contact et la base du nez a été écrasée. Corrèze qui a couru les chercher hier soir à la première nouvelle de l'accident qui ne passait pas pour grave, les a trouvées toutes deux dans un état lamentable et couvertes de sang. Il les a ramenées à Paris. Blondin-Walter, notre si dévoué chirurgien, assure que la blessure ne laissera point de traces, mais toutes les chances de complications ne sont pas écartées. Quant à la voiture, elle a passablement souffert et Corrèze assure qu'il en coûtera 25000 francs. Quand Eugène est arrivé chez Lainey, vers trois heures, il ne savait rien de l'accident et Grosset lui-même n'en savait pas grand-chose. Mété arrivé sur ses traces, demandait des précisions et réclamait toute la vérité. Presque aussitôt ils se rendaient à la clinique de la rue Piccini. Nous eûmes donc un après-midi fort troublé.

Mardi 31 août.

Il est tard. Je rentre de la réunion des chefs de brigades où de nombreuses questions ont été agitées. L'une de celles qui nous préoccupent le plus c'est celle du ravitaillement des unités sous le feu. C'est que nous ne disposons pas de réserves abondantes. D'autre part, nos troupes seront forcément inexpérimentées et nous courrons le risque de voir nos F.M. manger tout leur approvisionnement en quelques fusillades inefficaces. Il faut donc obliger les hommes à compter et ils ne le feront que s'ils reçoivent des quantités de cartouches fort réduites. On leur dira tant pis pour vous. Quand vous aurez mangé votre ration, vous n'en aurez plus. Il est à espérer que, de la sorte, ils tireront sur autre chose que sur des casquettes. En second lieu, nos hommes seront horriblement chargés : armes diverses, cartouches, grenades, vivres, couverture. On a calculé qu'ils n'en auraient pas moins de 15 à 20 kilos chacun et je n'ai rien dit de la compagnie du génie qui devra traîner un train de matériel. Il a fallu tenir compte des nécessités. Il y a aussi les mitrailleuses lourdes qui formeront une compagnie spéciale par brigade ou plutôt une section au moins dans les premiers jours. D'ailleurs, nous entendons par armes lourdes aussi bien le fusil mitrailleur de l'armée que la mitrailleuse proprement dite.

Mercredi 1er septembre.

S'il est si tard, c'est que je suis resté écrire des vers licencieux, comme il m'arrive quelquefois. C'est sans doute un péché, mais c'est un délicieux péché. La belle saison qui ne boude pas y invite et le souvenir de la charmante Hélène y contribue. Je ne sais si elle est rentrée, mais je n'en ai eu ni vent ni nouvelles. Aura-t-elle pu rester vierge tout un mois[1] ? C'est un peu douteux. Quoique possible et elle assurera qu'elle n'a point vu durant tout ce temps le bout de la queue d'un homme. Si c'est un devoir, ce lui est un pénible devoir. Elle ne fait d'ailleurs aucun mystère de ce goût qu'elle a pour l'amour. Elle s'y jette tout entière avec une complaisance et une désinvolture charmantes. Elle est délicieusement impudique et rien n'est certes plus affolant. Je ne voudrais certes pas que ces notes la trahissent et ces souvenirs ne s'effacent pas facilement. Pourtant, je ne peux résister au plaisir de noter qu'elle a une bouche admirablement experte et généreuse, et je le lui rends bien d'ailleurs. Elle est toujours nue sous sa robe si l'on excepte une chemise plus transparente que du papier de soie. Dernièrement, elle est venue ici en robe du soir, hormis ses bas elle n'avait rien d'autre sur elle. Cette robe elle la trousse avec une grâce hors d'exemple et elle m'offre des cuisses qu'elle a magnifiques. Elle me manque étonnamment ce soir. Si elle était là, je lui eusse fait toutes les volutpés qu'elle aime et qu'elle recherche avidement.

Jeudi 2 septembre.

Grosset est parti en vacances pour dix jours. Dès lors, c'est moi qui assure les fonctions de trésorier qui sont ordinairement les siennes.

Dimanche 5 septembre.

D'abord, les affaires d'armes. Il y a eu de nouvelles arrestations à Paris, dont Marchal et Félix, son adjoint. Cela nous touche de près en ce sens que Gabès a eu affaire très souvent au premier. Sans doute peut-on avoir confiance qu'il ne dira rien et je crois d'ailleurs

1. Ce thème a fait l'objet d'une pièce assez longue, écrite vers la fin de l'année et intitulée « Perversité ».

que Marchal ignore le vrai nom de Gabès. Mais l'affaire est grave. Elle remonte à quelques semaines à peine quand la police avait arrêté ce petit vaurien de Groux. Nous l'avions toujours écarté de l'organisation, mais il connaissait vaguement Jeantet et quelques autres. Il a tout donné à la police. Sans doute tout le monde est ici d'accord (droite et gauche) pour tirer de lui une vengeance éclatante quand il sortira de prison. Mais le mal est fait. Gabès est surveillé. Il habite dans je ne sais quel studio et l'autre jour la police est allée fouiller chez lui. Naturellement, on n'a rien trouvé, mais les choses n'en sont pas, pour autant, plus rassurantes. D'autant qu'il vient de partir pour la Suisse chercher quelque sept cents pistolets. J'espère que toutes les précautions ont été prises pour cette rentrée. Car il faut en prendre à l'extrême. Ainsi lorsque le camion chargé de trois tonnes de matériel est arrivé ici même à l'improviste, il a été déchargé au « 8 » que nous n'avions pas encore quitté. Mais l'on avait aperçu des allées et venues suspectes lors de ce déchargement. L'on fut saisi d'un scrupule, sinon même d'une crainte. Dans la même nuit, un nouveau transbordement était décidé et exécuté sans encombre et sans surveillance. Or, voici ce que M. de La Meuse m'a raconté hier soir. Il se trouvait à faire un bridge un de ces derniers jours, chez une de ses amies qui est en même temps une amie de Marie de Massolles. Et celle-ci lui racontait, elle habite boulevard Flandrin, près du 38, qu'il y a environ quinze jours, elle avait été réveillée par des bruits suspects venant d'un hôtel voisin et elle avait aperçu, s'étant levée, des gens qui chargeaient de gros paquets dans des voitures. Elle crut qu'il s'agissait de cambrioleurs. Elle alerta aussitôt police-secours par téléphone. Police-secours ne vint pas. Elle renouvela une seconde fois sa tentative sans plus de succès. Nous pouvons vraiment dire que nous l'avons échappé belle. Et cette femme pense tout comme nous, est très nationale, et se fût bien gardée de rien dire si elle avait su. Mais l'on se fait traiter de radoteur lorsqu'on recommande la prudence.

Enfin, l'affaire Van Eyek se complique. Il court le plus grand risque d'être inculpé et arrêté. De surcroît, il a été très atteint par le chloroforme qui lui a causé de graves brûlures internes, singulièrement aux poumons.

Comme il est Français, il court encore un autre risque s'il est inculpé, c'est d'être expulsé de Belgique et de perdre sa situation qui est belle. Cependant, notre suspicion sur lui n'est pas éteinte. Van Eyek est venu voir Eugène Deloncle samedi et il s'est longuement expliqué. Les explications ont-elles convaincu Deloncle? Je n'en sais rien.

J'ai reçu ce matin une lettre de Marie de Massolles. Elle avait d'ailleurs répondu dès mardi, mais elle avait oublié la lettre dans un buvard. Elle n'a pas pu déchiffrer mon assez long message. Cochinaire qu'elle a vu lui a, du reste, assuré qu'il était impossible de déchiffrer les messages de plus de cent lettres : on s'embrouillait. Il n'est point étonnant après cela que les communications avec la province soient aussi excellentes.

Lundi 6 septembre.

Tout à l'heure en rentrant, j'ai trouvé un mot d'Hélène venue pendant mon absence. Elle est rentrée hier. Que n'a-t-elle prévenu? Justement je lui ai téléphoné cet après-midi, sans résultat. Ayant donc trouvé son mot à onze heures trente, je suis monté à la Muette pour téléphoner de nouveau. Mais je n'ai pas eu plus de chance. Je reprendrai l'opération demain matin et je tâcherai de l'aller voir dans la matinée. Elle aurait tout de même pu m'annoncer son retour.

Ce matin, j'ai eu une nouvelle lettre de Marie qui m'envoyait son passeport à faire viser au consulat d'Allemagne car elle compte aller faire une petite promenade en Bade. Je me suis rendu rue Huysmans où cette petite formalité a été faite en peu d'instants. De la sorte, j'ai nécessairement appris l'âge de Marie de Massolles. Elle est du 31 juillet 1896, soit de sept mois et quelques jours plus jeune que moi, comme je le supposais. Je pensais qu'elle était de 98 ou 99. Mais c'était la limite inférieure. Je regrette qu'elle n'ait pas dix ans de moins.

Mercredi 8 septembre.

J'ai eu la visite d'Hélène. D'abord Mme de Montevnard venait prêter serment. Moreau de La Meuse assistait à la cérémonie. Ensuite de quoi, il n'a été que fort difficile de se débarrasser de lui. Hélène est sortie avec lui et elle est revenue. Il devient assommant avec son pendule, il devrait bien le comprendre.

Jeudi 9 septembre.

Eugène, Corrèze et Filliol sortent d'ici. Ils étaient arrivés dix minutes plus tôt, au moment où j'allais ouvrir ces notes. Ils avaient une communication à me faire. De mon côté, j'ai assez flâné après la venue d'Hélène. Je m'exprime mal. Je suis, après la liaison rue Lauriston, allé rejoindre Hélène qui m'attendait au petit restaurant de l'avenue Kléber où nous avons dîné avec de Douville. Ensuite, nous sommes venus ici, Hélène et moi, et elle est repartie, j'ai envie de dire heureusement, vers une heure. Il pleut assez fort. Est-ce la fin de l'été?

Samedi 11 septembre.

Je note, pour mémoire, que deux bombes ont fait explosion ce soir à dix heures. L'une aux bureaux de la Confédération Générale du Patronat Français, l'autre au siège du Groupe des Industries Métallurgiques, Mécaniques et connexes rue Boissière. Il y eut de part et d'autre des dégâts considérables et, dit-on, au premier endroit, deux agents tués. Nous avons perçu nettement de chez Mété, qui habite rue Georges-Ville, l'explosion de la rue de Presbourg. Nous sommes allés voir, il y avait grande foule, pompiers, agents, gardes mobiles et interdiction de stationner. J'aurai certainement l'occasion de revenir là-dessus. Pour l'instant, je me précipite au lit, non sans avoir remarqué que la livre est près de 140 francs. *Le Temps* s'en émeut, la naïveté du *Temps* est comme les flots de la mer, elle revient tous les jours.

Dimanche 12 septembre.

Les attentats d'hier contre le haut patronat français ont un énorme retentissement. « Provocation », écrit l'extrême-gauche, déclin de l'autorité disent les autres. Naturellement tout le monde désapprouve quoiqu'il n'y ait eu que deux morts, deux flics. M. Gignoux disait hier que le crime était signé. Il paraît l'être en effet. L'enquête se poursuit avec célérité, mais elle ne paraît rien donner. Il faut dire qu'il n'y a aucun élément susceptible de la faire un peu avancer. Compulser le poids des renseignements généraux est un travail négatif.

Lundi 13 septembre, minuit cinquante-cinq.

L'affaire des attentats terroristes comme l'on dit, prend une grande ampleur. *Le Temps* d'hier soir en parle comme il faut en parler. Il ne dit pas : ce sont les communistes qui ont fait le coup ou les socialistes. Il n'en sait rien et *Le Temps* est circonspect. Mais il pense, avec quelques précautions oratoires, « que les attentats d'hier émanent de formations extrémistes plus ou moins affiliées au marxisme... ». Il ne dit pas que les grands partis d'extrême-gauche sont les responsables directs de l'affaire, mais il leur attribue une responsabilité indirecte car il écrit en soulignant : « On ne sème pas impunément la haine. » Toutes les excitations contre les patrons, les riches, les deux cents familles, finissent par porter leurs fruits. *Les Débats, Le Jour, l'Action Française* pensent de même et avec eux tous les gens de bon sens. A gauche, au contraire, c'est là que le bât blesse, et par tous les moyens l'on s'efforce de démontrer qu'il ne s'agit que de tentatives de l'étranger. C'est trop commode.

Hier, il y avait naturellement une foule immense venue à l'Etoile contempler l'immeuble détruit. Cette foule était noyautée d'individus corrects et stylés qui développaient avec complaisance et logique la thèse de la provocation fasciste. L'on en était même à chercher dans l'immense amas de décombres les aiguilles de la montre qui avait *dû* servir à régler l'heure. Et s'il n'y avait pas de montre? L'enquête n'avance pas et n'avancera pas. L'on a bien trop peur de découvrir que ce sont les camarades qui sont à l'origine de l'affaire.

Mardi 14 septembre.

L'affaire des bombes de l'Etoile continue, après trois jours, à occuper l'opinion. Le gouvernement offre une prime de 100 000 francs à qui aidera le mieux son impuissante police. Eh! Eh! Voilà un moyen de devenir sûrement riche. *L'Insurgé* répond en publiant un numéro qui porte ces mots en manchette : « Bombes de police. »

Mercredi 15 septembre.

La police n'en poursuit pas moins assidûment son enquête sur les attentats terroristes. Elle est déjà parvenue à Perpignan et à Cerbère où elle multiplie les perquisitions. Aux dernières nouvelles, non encore même imprimées, l'on aurait arrêté un ou deux Italiens anarchistes qui se seraient vantés qu'on allait parler d'eux. Il paraît aussi que l'on ne se contentera pas de fouiller les milieux anarchistes. L'on veut vider l'abcès et pousser à fond l'épuration. C'est fort louable. Mais *l'Humanité* proteste et fait appel au « camarade Dormoy ». Tous ces Espagnols, ces Italiens, ces Polonais, ces tchécoslovaques, notables antifascistes sont de fort braves gens amis du peuple de France et il ne faut pas prendre prétexte d'une provocation fasciste pour les inquiéter. Bien entendu la plus grande discrétion règne à la P.J. tout comme à la Sûreté Nationale. On observe un mutisme de bon aloi qui est destiné à ne pas gêner les enquêteurs et à ne pas laisser éventer les pistes. Voilà qui est d'une habile tactique, elle donnera les meilleurs fruits. Toutefois il ne suffira point d'arrêter un Tamburini au nom sonore. Il faudra encore prouver que ce Tamburini est bien venu à Paris samedi et qu'il a été déposer chez les concierges de la rue de Presbourg et de la rue Boissière les deux fulminants paquets. J'allais oublier de dire que l'on avait « enfin »

(Paris-Soir dixit) trouvé des traces de l'explosion dans les débris. Ce n'est pas comme le vulgaire pourrait croire, un morceau de la machinerie infernale, c'est seulement sur un bloc de pierre quelques parcelles de poudre consumée. Il faudrait être le dernier des sceptiques pour ne point voir que ces éléments vont désormais permettre de reconstituer tout le drame. C'est avec bien moins que cela que Cuvier, il y a un siècle, sut refaire un parfait dinosaure. Pourquoi Dormoy ne ferait-il pas comme Cuvier?

J'ai reçu ce soir un petit mot de Marie. Elle m'attendait hier et avant-hier. Elle m'avait écrit un petit mot d'Alsace pour m'annoncer son retour. Ce mot, je ne l'ai pas reçu. Je fusse allé la chercher ce soir, s'il n'avait pas fait un temps affreux. J'irai demain. Enfin, je me suis rendu ce soir avec Mme de Monteynard chez le docteur. Elle a donné une foule de précieuses informations sur le cinéma d'extrême-gauche en France et sur les tenants et les aboutissants. Le docteur a fait une ample moisson de noms et de renseignements. D'autre part, elle connaît fort bien le colonel de Bellefond, de la maison militaire du président de la République. Elle pourra nous mettre en rapport avec lui. Qui sait s'il ne nous ouvrirait pas la porte de l'Elysée. En tout cas, il paraît que Lebrun reste à ce poste pour empêcher le pire et investir un beau jour des pleins pouvoirs un gouvernement national. Faire en somme tout juste ce que nous voudrions qu'il fît.

LES EXPLOSIONS DE L'ETOILE

Ce sont les « intimes » qui ont inventé cette nouvelle provocation explosive. En s'attaquant aux deux « temples » du capitalisme – la Confédération générale du patronat français (4, rue de Presbourg) et le groupe de l'Union des industries métallurgiques (45, rue Boissière) – l'O.S.A.R. estime que les attentats seront portés au crédit de commandos communistes, qu'il s'ensuivra une réaction qui soudera les forces de droite, qui pèsera sur les dirigeants d'entreprises et de sociétés qui, devant le danger, accep-

teront sans réticence de financer l'organisation et, enfin et surtout, effacera les dernières hésitations des militaires condamnés, désormais, à marcher comme un seul homme. Cette analyse ne fut pas loin d'aboutir. Mais l'O.S.A.R. comptait trop, dans ses rangs, d'amateurs comploteurs.

Ce ne sont pas des pétards qui explosent rue de Presbourg et rue Boissière, mais de lourdes caisses d'explosifs (on a parlé de vingt-cinq à trente kilos). L'immeuble du Patronat s'effondre littéralement sur les deux agents de police qui surveillent la grille d'entrée. Un trou béant de cinq étages. Les deux policiers sont tués sur le coup. Les dégâts rue Boissière sont moins importants et l'explosion ne fait aucune victime.

Aristide Corre, qui a rédigé et collé les étiquettes sur les colis piégés, aidé à leur transport, reviendra longuement dans la suite des carnets sur cette affaire.

Jeudi 16 septembre.

Journée mémorable et farcie de vives émotions. A la vérité, ces émotions ont commencé un peu avant deux heures trente. On sonne longuement, je n'entends pas, avec un peu trop de hâte, maman ouvre : c'est la police. Ils sont là, trois inspecteurs et un commissaire armés d'une commission rogatoire. Une instruction est ouverte contre X... pour détention d'armes de guerre. Je n'ai pas d'armes de guerre mais j'ai un pistolet. Je l'ai dit. Reproches, il fallait le déclarer. Négligence. Mais ce n'était que l'entrée du jeu. On cherche dans mes tiroirs de bureau assez négligemment d'abord en apparence. On est poli même. Mais l'on trouve quelques malheureux bulletins du « toubib » qui n'ont pas été rangés depuis hier, les derniers. Le commissaire dresse l'oreille, s'agite, fulmine, trouve aux papiers un grand intérêt et, dès lors, pousse une fouille en règle. Tout est bousculé, vidé, suspecté jusqu'à quelques billets que j'ai dans mes tiroirs et qui, pour une part, appartiennent à l'organisation. Les policiers font quelques heureux oublis mais ils n'étaient pas au bout de leurs découvertes non plus que je n'étais à celui de mes terreurs. Ils ont regardé la bibliothèque, ils ne l'ont pas fouillée. Ils n'ont pas trouvé mon carnet de notes. Dirai-je que j'ai autant aimé qu'ils ne l'aient point trouvé? Hélas! dans la chambre de maman, il n'en devait pas être de même. J'avais, en effet, hier soir en rentrant, préparé tous les papiers à évacuer. Seule une incroyable et invraisemblable inhibition a empêché que je le fisse. Là donc, pour abréger, ils ont trouvé assez de choses quoiqu'ils n'aient point pris le tiers de ce qu'ils eussent pu prendre. Mais ils ont trouvé des listes de noms qui n'auraient pas dû être là. Grave faute. Ils se sont saisis de tout ce qu'ils ont pu. Heureusement l'habileté de maman a sauvé bien des choses. Elle a répandu à profusion des journaux sur les dossiers et les messieurs n'y auront vu que du feu. Bien des papiers s'en sont ainsi tirés.

Enfin ils sont partis et je me suis rendu avec eux au commissariat de la rue Bois-le-Vent où les procès-verbaux furent dressés et signés. A sept heures environ, ma liberté et mon pistolet m'étaient rendus. Cependant, au cours de l'opération, j'entendis parler de la villa Guibert. Je dressai l'oreille et me rappelai que Michel devait y charger des grenades. Je compris l'ampleur du drame aussitôt, et il me fut confirmé quelques instants plus tard quand, rentrant à la maison, j'y trouvai la femme de Léon[1]. En effet, celui-ci et Michel avaient été arrêtés. C'était grave. Qu'y avait-il eu ailleurs? Je sus qu'on avait perquisitionné en maints endroits et singulièrement chez Eugène où l'on n'avait rien découvert. Il semble que les dommages s'en tiennent là. Je ne suis pas au bout de mes peines. Je serai sûrement interrogé et j'aurai des explications à fournir. Nous avons eu des inquiétudes pour Eugène car l'on avait aussi perquisitionné chez le colonel Benoît où Eugène était allé puisque c'était la liaison. En l'absence d'informations, j'avais pris contact avec Hélène et, plus

1. La police l'avait un instant retenue. Mais elle raconta une histoire, parla de ses enfants et put finalement quitter la villa Guibert. Une des bourriques, en apprenant son départ, s'écria : « Vous l'avez laissée partir? Elle est allée prévenir tout le monde! »

tard, Marie qui était chez Mme de Monteynard. Nous avons couru toute la soirée.

Vendredi 17 septembre.

Ce matin, les journaux publient en grands caractères qu'une société secrète d'extrême-droite a été découverte grâce aux perquisitions de la police. Le nom déjà fameux, « les Cagoulards », est dans toutes les bouches et dans toutes les conversations. Quel honneur, mais que de sottises. Il s'en exprime vraiment un nombre incroyable. Naturellement les journaux commentent et discutent cette étonnante nouvelle. *Le Populaire* et *l'Humanité* s'expriment selon leur nature et l'on ne sera pas surpris s'ils sont virulents. Mais le plus abject et le plus ignoble de tous les articles, c'est certainement celui de *l'Action Française.* Il est signé Pujo et intitulé : « La Sûreté Nationale brûle ses « cagoulards ». » Cet article est inqualifiable et de perfidie et de haine. Quant à l'information, elle est au-dessous du pire, mais de ce point de vue, le service rendu à nous est appréciable. Il est en effet excellent que l'on nous croie anéantis quand nous sommes à peine touchés. Quoi? Nous perdons deux ou trois F.M., quelques fusils et quelques douzaines de grenades. Et à ce prix la Sûreté et l'Action Française pensent avoir triomphé de nous. Mais c'est donné!

Paris-Soir raconte que c'est la disparition d'un nommé Juif et d'un nommé J.-Baptiste qui a mis sur la piste des Cagoulards. Le même journal nous prête aussi l'exécution de Navachine et celle des frères Rosselli. On ne prête qu'aux riches sans doute. En dehors de Michel, il y a aussi P... et Renne qui ont été arrêtés. Et un certain Léger mais il n'est pas sûr qu'il soit des nôtres. Bien entendu, l'on s'est occupé d'eux et l'avocat que nous leur envoyons, Duvivier, leur transmettra les instructions. Les bourriques continuent leur surveillance. Il y en avait une ce soir, de six à huit, rue Copernic. Hélène l'a parfaitement vue de ses fenêtres et même elle est descendue dans la rue pour l'examiner. Ce fut très comique. Inutile de dire que les liaisons ont été toutes changées, tandis que la nuit dernière a été occupée à d'intenses déménagements. Il y avait partout des flics en tournée et cependant personne ne fut inquiété. Je dois noter que Léon a été relâché dès hier soir. Voilà donc une bonne épine qui nous est retirée du pied. J'ai dit l'essentiel. Je pense que je serai interrogé un de ces jours. J'espère que l'on ne m'arrêtera pas. Mais je ferai le possible et même l'impossible pour que cela ne soit pas. L'on a pris, chez Dessoliers quelques instructions jaunes sur le combat de rues. Nul doute qu'on fasse le rapprochement avec les feuilles volantes que l'on a trouvées ici.

Samedi 18 septembre.

Triste et mauvaise journée pour moi. Certes il n'est rien survenu de nouveau. Je n'ai pas été perquisitionné une seconde fois, mais je suis en demi-disgrâce. Grosset est en effet venu me voir vers midi. Il m'a confirmé l'état d'irritation d'Eugène à mon endroit. Je le comprends du reste parfaitement et j'aurais dû avoir évacué à temps tous mes papiers. Ceci dit il reste qu'Eugène est envers moi d'une étrange partialité. Comment, voilà Filliol qui se fait prendre, ou mieux, qui a l'habileté de faire prendre une valise bourrée de papiers qu'il venait de confier à de Fleury et bien entendu ces papiers sont sans importance et sans intérêt et Filliol le dit à Eugène qui le croit. Quel besoin donc de les transférer s'ils sont si peu compromettants. Et il faut voir ce trait de Filliol qui confie à un autre le soin de se faire prendre. Et de surcroît Eugène oublie complètement que c'est à Filliol toujours que nous devons la plupart des perquisitions de jeudi. Les journaux établissent aujourd'hui de la façon la plus nette que notre malheur d'avant-hier remonte au P.N.R., à cette sottise dont Filliol est le père et à cette seconde sottise que fut la malheureuse affaire de l'Abeille, de juin 1936, dont la folie de Filliol fut la genèse. Sans cette affaire, aucun de nos noms n'eût été connu et il eût été impossible à la P.J. de se diriger ici ou là. L'intégrale responsabilité de cette affaire remonte à lui et à lui seul. Cependant, Filliol, plus que jamais, peut étaler partout son insuffisance et sa nullité. Le patron plus que jamais ne voit que par lui.

Les sottises que Filliol ne manquera pas de faire, auront vite raison des précautions et des parades. Voilà déjà plusieurs semaines qu'il est surveillé constamment par la police et cependant la plus légère mesure n'a pas été prise. A Rueil, où nous avons notre villa secrète, il a tellement multiplié des imprudences que tout semble définitivement compromis. Au mépris des lois les plus élémentaires, et de la construction et de la survie, que naturellement Filliol ignore avec superbe, l'on a creusé un mauvais sol avec l'espoir de faire une nouvelle chambre secrète attenant à la cave. L'on a failli avoir de funestes éboulements. Moreau de la Meuse, qui est commandant du génie de réserve, est allé sur place se rendre compte, d'ordre du patron. Il a fait là-dessus une note sensée quoique peut-être un peu compliquée; en tout cas il a agi en technicien. Ce sont les vues de Filliol qui ont prévalu. A l'heure qu'il est, le propriétaire de la villa a des inquiétudes. Il en aura d'autres. Narguant la prudence, on a fait là-bas d'innombrables voyages, on y a transporté des quantités de matériaux : ciment, bois, briques, fer qui ont attiré l'attention de tout le voisinage. Et cette villa secrète ô dérision, est destinée à abriter quelque personnage que, une nuit, on aura enlevé! C'est assez dire la folie de cette affaire. Néanmoins le patron a consenti avec une facilité déconcertante tous les crédits que Filliol a voulu engager. C'est plus de 10000 francs qui ont été engloutis là en pure perte. Mais puisque c'est Filliol qui commande, qui agit et qui s'agite, alors tout est bien.

Cet après-midi, assez déprimé, je me suis promené assez longuement avec Hélène et nous nous sommes longuement entretenus de toutes ces passionnantes affaires. Je lui ai, entre autres, tout au long, raconté l'affaire du P.N.R. qu'elle ignorait. J'avais ce matin passé sans succès mon permis de conduire. Ce n'est pas étonnant car je n'ai eu aucun entraînement. Pour passer ce permis, d'ailleurs facile, il ne suffit pas d'avoir pris une dizaine de petites demi-heures de leçons.

Dimanche 19 septembre.

Ce fut une journée bien morose si j'en excepte les

deux dernières heures. Pour la première fois, depuis bien longtemps, je n'ai eu aucune visite. Je suis en quarantaine. Cela passera. Malheureusement dans tout cela, il y a une chose fâcheuse, c'est la détestable influence et prépondérance de Filliol sur le patron. C'est une chose vraiment incroyable mais qui décèle chez Eugène une étonnante faiblesse. Hélène justement, ce soir, me faisait part de ses appréhensions. Si Eugène, disait-elle, est susceptible de se laisser influencer par un homme comme Filliol, alors vraiment il perd ma confiance. Personne, en effet, ne peut prendre Filliol au sérieux et l'illusion ne peut pas toujours durer. Je ne l'ai pour ma part nourrie que trop longtemps, quoique dès le milieu de 1935 déjà, j'avais jaugé l'homme. Mais c'est à cette époque qu'il prit et fit siennes toutes les idées que j'avais très longuement exposées ici. Et c'est de là qu'il a retiré le plus clair de son prestige auprès d'Eugène. Le certain, c'est que son influence ne peut être que préjudiciable à tous. Je m'appliquerai pour ma part à la contrebattre. Ce soir avec Hélène, j'ai déjà posé les premiers jalons d'un plan dans ce sens. C'est de toute nécessité.

Lundi 20 septembre.

Les nouvelles du Palais ne sont pas mauvaises. J'ai vu Duvivier cet après-midi là-bas. Je l'avais déjà vu ce matin puisque j'étais allé chez lui. Cet après-midi, justement, vers trois heures, il était passé chez Béteille, le juge qui instruit notre affaire. On était là, nettement déçu. La bombe avait fait long feu. On s'attendait à une affaire du premier ordre et l'on n'avait que des bribes. L'on comptait sur les trois cents fusils mitrailleurs que l'affaire Jean-Baptiste semblait révéler, et l'on n'en trouvait par trois. Quant au reste, c'étaient des papiers à peu près sans importance et même sans intérêt. J'avais vu Duvivier ce matin pour lui demander quelques renseignements sur les habitudes diurnes et nocturnes, du Palais. Cet après-midi, je m'y suis rendu pour examiner certains lieux et leurs accès. D'ailleurs j'aurai sûrement l'occasion de m'y rendre bientôt, lorsque je serai interrogé. D'après Marie de Massolles, je serais cité par *l'Humanité* de ce matin comme étant avec Corrèze et Jacquet un des chefs cagoulards. Il faut voir dans cette pseudo-dénonciation les indiscrétions volontaires de la police. J'envoie une lettre pour démentir, mais elle demeurera sans effet bien entendu.

Mardi 21 septembre.

Mon carnet est toujours en exil. Il est dans ma valise avec tous les papiers, nombreux, qui ont échappé au vol des policiers, chez Mme de Monteynard à Neuilly. Cette valise, d'ailleurs, je vais la récupérer demain matin et la ramener chez Hélène. Elle sera ainsi plus à portée et je pourrai aller y mettre l'ordre indispensable. En même temps, mon gros carnet (trop gros) réintégrera mon domicile. A la vérité il a, lui aussi, échappé à l'investigation policière. Il était dans ma bibliothèque assez bien caché, mais il aurait pu l'être beaucoup moins. Si ces messieurs ont bien ouvert les portes du meuble, leur curiosité ne les a pas poussés au-delà. Et cependant combien ces notes étaient dangereuses et compromettantes par tout ce qu'elles révélaient d'irréfutable. Dans quelle indéfendable position ne m'eussent-elles point mis si elles eussent été découvertes et lues! A leur endroit, il est vrai que je n'ai jamais eu la moindre appréhension. Si pour les listes et les autres papiers j'ai plutôt joué de malheur, à aucun moment je n'ai redouté qu'ils trouvassent ce dangereux recueil. Aussi bien avaient-ils déjà fouillé ce tiroir où étaient rangés les tomes des années antérieures et inoffensives. Ils n'ont pas ouvert un seul de ces volumes non plus qu'ils ont posé à leur sujet la moindre question. Mes enquêteurs ont eu une rude tâche et je la leur eusse rendue bien plus difficile encore — et bien moins fructueuse — si j'avais eu seulement quelques minutes de préavis. Car, je l'ai appris depuis, ils sont arrivés tout bonnement dans leur petite voiturette de la police. J'aurais presque dû être à la fenêtre puisque j'attendais Lainey qui devait me venir prendre en voiture. Si je l'eusse fait, je les eusse vus et mon alerte était déclenchée. Enfourner mes papiers tout prêts dans ma valise, préparer la destruction peut-être de quelques-uns, poster maman à la porte après avoir mis la chaîne, lui ordonner de ne point ouvrir puis, enfin ayant entrouvert, vérifier les pouvoirs et exiger qu'ils fussent en règle (ils ne l'étaient point puisqu'ils portaient un ordre de perquisition chez M. Corre alors que l'appartement est au nom de madame), pendant ce temps, enfiler l'escalier de service jusqu'au toit avec ma ou mes deux valises, tout cela, hélas! ne m'eût guère pris plus de cinq minutes et, regrets superflus, tout était sauvé.

Hier soir avec Filliol, les imprudences ont repris. Quoi? Ne se sont-ils pas réunis chez Jehan de Castellane? Cela paraît inouï, cela est. Voilà seize mois que ce garçon est tenu par nous à l'écart quoique étant des nôtres depuis la première heure, car il est un intarissable bavard, il est intelligent, orgueilleux, il croit qu'un poste de premier choix doit lui être réservé et même offert. Il a une femme qui est cependant bien pire. Elle n'est pas moins intrigante qu'il ne l'est, elle est orgueilleuse autant et arriviste et dangereuse. Toutes les raisons qui militaient alors en faveur de la tenue à l'écart ne sont pas moins bonnes aujourd'hui, tout au contraire et cependant tout d'un coup tout paraît aboli. Brusquement, Castellane, qui avait été éloigné de tout, revient sur l'eau. On va chez lui, on y court, on y saute, sans apparente raison. En effet, il n'y en a pas, il n'y a que le caprice[1] incertain, fugace et hasardeux de Filliol, une lubie, un vent d'humeur. Et tout le monde suit comme un vil troupeau. Ni Eugène qui sait, ni Martin qui est prudent et qui ne sait pas moins n'ont d'objection à faire. Ils vont, ils suivent. Je l'ai dit au docteur avec véhémence et je l'ai dit à Grosset. Je l'eusse aussi dit à Eugène si je l'avais su.

Mercredi 22 septembre, minuit cinquante-cinq.

J'ai brûlé, de bonne heure, cet après-midi, des papiers chez Hélène. Il y avait la comptabilité que je

1. Justement j'ai appris ce matin, mercredi 22, que Filliol était allé voir le général qui a été furieux de cette visite. C'est en effet d'une insigne maladresse et d'une grande imprudence. Le général est un peu alarmé de la violente campagne que *l'Humanité* monte contre lui. Il est fort inutile de lui donner un aliment.

tenais depuis avril 1936. Il y avait là les vieux comptes et les vieilles factures du P.N.R. Puis les pièces justificatives des dépenses postérieures jusqu'au dernier mois. Tout y est passé, y compris le « compte BB » c'est-à-dire les dépenses du 2e Bureau. Ainsi leur sacrifice a été consommé au moment où ces pauvres papiers devenaient célèbres. Ils étaient les témoins des premiers balbutiements de la Cagoule, puisque, à présent, Cagoule il y a. Non seulement cette circonstance particulière ne les a point préservés de la destruction, comme il aurait dû, mais elle l'a, au contraire, précipitée.

Je cours me coucher, il faut que j'aille rencontrer Mété demain à huit heures et demie à la gare Saint-Lazare. C'est une heure fantastique. Que veut-il? Une bonne part de ma journée s'est passée en courses et ce soir après dîner, je suis encore reparti en vain d'ailleurs; je n'ai pu trouver Lainey et quant à Filliol ce n'est pas moi qui l'irai chercher. Ce soir à six heures et demie, j'ai retrouvé Marie de Massolles et Moreau. Nous avons fait une course ensemble. Au retour ici, j'ai trouvé Grosset qui m'attendait. Menues choses, mais utiles. C'est leur rassemblement innombrable qui fera un jour le succès. Mais pourquoi laisse-t-on donc courir Pujo?

Dimanche 26 septembre.

Pendant dix jours ce carnet ayant été éloigné par mesure de sécurité, ces notes ont été imperturbablement continuées sur des feuilles volantes. Elles seront incluses à la fin de ce volume faute de pouvoir les y insérer. Sans doute eût-il mieux valu que je les recopiasse à leur vraie place, mais vraiment je ne pouvais pas me demander ce pensum.

Lundi 27 septembre.

Filliol à qui je dois ma disgrâce[1], continue et multiplie ses imprudences. Le patron, aveuglé par lui, suit ses plus dangereuses impulsions. Irons-nous ainsi jusqu'à la catastrophe? Car la police n'a pas cessé de surveiller Filliol, non plus qu'elle n'a pas eu besoin – ô dérision – de perquisitionner chez lui. Elle l'a admirablement dédaigné. Nous verrons bien. J'ai vu Duvivier notre avocat, ce matin. Les choses suivent leur cours au Palais. Michel a un excellent moral quoique avec une certaine tendance au cabotinage, ce qui serait fâcheux si cette attitude s'accentuait. On surveille beaucoup Léon et des mesures sont prises ce soir même à son endroit. J'ai vu ce soir mes femmes comme l'on dit ici et là : Marie de Massolles et Nicole de Monteynard. Celle-ci va nous mettre en rapport avec le colonel de Bellefond et le général de La Laurencie, tandis que de son côté Hélène d'Alton va ménager et préparer une entrevue entre le patron et son oncle le général d'Humières qui commande une division de cavalerie à Paris. Il paraît que ces gens sont mieux disposés que Weyland. On ne peut que les en louer. Les dernières nouvelles ce soir, apprenaient qu'une bombe avait été déposée chez le général Pretelat absent de Paris. L'engin n'avait pas éclaté. On se perd en conjectures sur les auteurs de cet attentat manqué.

Mardi 28 septembre.

J'ai longuement médité sur l'organisation qui, depuis la toute-puissance de Filliol et sa funeste influence sur Eugène, risque de se perdre. J'en ai eu ce soir une preuve nouvelle. Quelqu'un est venu, soi-disant de ma

1. Pierre Fraisse, le plus naïvement et le plus sincèrement du monde, me l'a confirmé d'un mot hier. Il faisait allusion à l'antagonisme assez apparent qui nous divise « Philippe » et moi, et rappelant la malheureuse affaire de l'autre jeudi, il ajouta textuellement : « Filliol a profité de l'occasion... » On ne saurait être plus net et venant de Pierre Fraisse, l'on peut être assuré que ce propos a été tenu. Ainsi ce drôle a profité, comme il dit, de cette malchance pour m'accabler auprès d'Eugène. J'en étais persuadé.

part, voir Hélène ce matin et lui demander des renseignements sur le colonel de Bellefond. Ce colonel est attaché à la maison militaire du président de la République. Il est le cousin de la comtesse de Monteynard et c'est elle qui m'a parlé de lui longuement l'autre jour. J'ai certainement dû en laisser trace dans ces notes. Le colonel de Bellefond est très national et il ne serait pas impossible que nous nous l'attachions. Mais il faut agir très prudemment et surtout dans le plus grand secret. Mme de Monteynard m'a adjuré de n'en parler qu'au patron. J'ai chargé Grosset de la commission. Or, hier déjà, Filliol est venu chez Hélène pour lui demander ce qu'elle savait de cette affaire. Aujourd'hui, ce fut quelqu'un d'autre et ce soir ce fut Pierre Fraisse qui venait de la part de Filliol et qui enjoignait Mlle d'Alton qu'elle vînt à se rendre à l'autre bout de Paris afin de bien vouloir dire à Filliol tout ce qu'elle savait. C'est plus que de la désinvolture. J'ai interdit à Hélène de se rendre à cette cavalière invitation. Elle fit comme je lui disais. Et ce soir après dîner, j'ai écrit à Eugène une lettre fort sévère où je me plains très vivement de la manière dont sont conduites les affaires qui devraient demeurer les plus secrètes.

C'est Grosset qui sera chargé de la transmission ainsi que du commentaire que je lui ferai. Malheureusement c'est un fort mauvais truchement parce qu'il est paresseux et bête. Le juge Béteille qui est chargé d'instruire l'affaire dite des « Cagoulards », a ordonné ce matin d'autres perquisitions, furieux qu'il a été que les premières n'aient rien donné. Nous avons été avertis à la fin de la matinée et aussitôt les liaisons ont fonctionné. De bonne heure dans l'après-midi, les plus importants d'entre nous étaient prévenus. C'est par notre ami le commandant du génie de réserve, Thomas Bourdier, que nous avons été avertis. Un avocat qui s'occupe de certaines de ses affaires avait entendu le propos furieux de Béteille et peu même ne s'en fallut qu'il pût se procurer la liste. Ah! comme il nous serait utile d'avoir un greffier dévoué à nos ordres!

Mercredi 29 septembre.

Une espèce de porteur de contraintes est venu m'inviter à me présenter vendredi devant le juge d'instruction, le salopard Béteille que nous avons à l'œil. Je n'étais pas là et maman a refusé de signer son papier en sorte que l'homme devra revenir demain. En ma présence, les scellés sont ouverts. A la vérité, je devrais donner à tout ce monde policier et judiciaire, beaucoup plus de mal. J'aurais dû, bien plus que je ne l'ai fait, m'être mis en travers. Refuser ceci, entraver cela, contester tout. Ainsi, au lieu de faire les procès-verbaux ici, ils ont imprudemment transporté au commissariat les documents saisis. J'aurais dû refuser de rien signer et contester qu'ils aient pris ces papiers chez moi. Enfin il est assez inutile de revenir là-dessus sauf pour en tirer parti pour des occasions futures. Le certain c'est que j'ai longuement réfléchi aux réponses que je vais faire et je ne suis pas disposé à avoir ni mémoire ni intelligence vendredi à partir de 14 heures. J'ai vu le docteur Martin à deux reprises aujourd'hui et je suis allé chez lui. J'y retournerai demain et le courant d'avant le 16 septembre va reprendre. Tout le monde a été sur pied ces derniers jours car nous avions appris d'une source généralement bonne que Dimitrov, le Bulgare, était à Paris. De très étroites surveillances ont été organisées mais il n'a pas encore été possible d'identifier l'homme. Nous devons cependant agir très rapidement car le coquin ne reste dans nos murs que deux jours ou trois. C'est un gibier fort difficile à atteindre et nous n'avons que fort peu d'espoir d'y parvenir. D'autant que nos moyens sont excessivement limités.

Jeudi 30 septembre.

Eugène a rencontré ce soir, chez elle, Mme de Monteynard. Je n'ai été averti de cette visite qu'à sept heures par Grosset dans le temps même où Grosset m'apprenait que ma lettre d'avant-hier avait fait le plus gros effet, sous la forme d'une très violente colère, d'Eugène. J'ai joué l'étonnement : pourquoi cette colère? Ma lettre ne contenait que des remarques justifiées et, à mon tour, j'ai très vivement protesté. Une telle attitude était fort peu encourageante. Quoi qu'on fît, on avait tort et il valait décidément mieux ne rien faire. Nul doute que ces propos seront rapportés. Nul doute surtout que ma lettre ait porté. N'assistaient à l'entretien de ce soir avec Mme de Monteynard que moi-même. Eugène fut extrêmement pressant, mais la réserve même de Nicole lui fit, j'espère, assez bien voir à quel point j'avais raison ce dont, certainement, il ne doutait pas dès l'abord. Ensuite, Genet, qu'il avait convoqué, arriva comme je n'avais pu arranger, faute d'avoir été prévenu, les deux entrevues (les gens convoqués par Grosset commençaient d'arriver). Mme de Monteynard fut dans un grand embarras. Assez bridée par sa famille et son mari, elle dut très rapidement, alors qu'elle ne disposait que de son salon, improviser un autre coin. Enfin, elle entraîna Eugène et Genet vers une autre chambre et je fis remarquer au patron combien était gênant ce défaut de préparation. Mais comme Eugène attachait le plus grand prix à cette intervention, il aura, sans aucun doute, apprécié que je l'eusse rendue possible. Ainsi a-t-il pu dire que, pour lever les derniers doutes, au colonel de Bellefond, on pourrait, à titre tout à fait exceptionnel, lui apporter la garantie d'une très haute personnalité militaire. Il faisait certainement allusion au maréchal. Comme je suis resté recevoir les invités de Grosset, je ne sais plus ce qui s'est dit par la suite, mais Mme de Monteynard me tiendra au courant. Le curieux est que nous ayons terminé cette soirée par un bridge auquel Grosset lui-même a fini par prendre part. Nous allons donc tous demain, y compris Eugène, chez le juge d'instruction où il sera procédé à l'ouverture des scellés. Simple formalité, nous serons plus tard interrogés plus à fond.

Vendredi 1er octobre.

Il est grand temps que je me hâte si je veux quelque peu dormir (tiens voilà deux gentils vers de huit pieds). Je dois cependant noter que je suis allé cet après-midi au bureau du juge d'instruction pour me voir confirmer la saisie des pièces trouvées ici. J'ai attendu plus de deux heures avant que de passer. Il y avait là dans le couloir attendant : Eugène, Corrèze, Crespin, d'Orléans, de Fleury, tout pâle, Dessoliers, nerveux, le père de P... et dix autres de chez nous que je connais bien de vue et peu de nom. J'avais oublié ce cher Gabès. C'était une bien belle brochette et le juge vraiment ignorait quel gibier de choix a défilé cet après-midi dans son cabinet. A l'intérieur nos amis : Michel souriant, P... fils et Renne. Les trois avocats plus un quatrième qui, penché près du juge prenait des notes. Les avocats de chez nous, naturellement. Malheureusement le greffier ne l'est point, sans quoi j'eusse promptement récupéré mes dossiers.

Lundi 4 octobre.

Les perquisitions continuent, sans grand résultat, il est vrai. Néanmoins cela ne laisse pas de m'ennuyer à cause de ces maudites listes qui sont, dans une certaine mesure, à l'origine de ces persistantes recherches. A ce propos, Eugène est entré ce soir, le docteur m'en a donné témoignage, dans une indicible colère à mon sujet. L'on a perquisitionné chez un certain nombre de nos amis dans l'Aisne, il en a conclu avec une véhémence sûrement hâtive que j'étais à l'origine de ces perquisitions. Or, je ne le crois pas. Comme je l'ai dit à Corrèze hier et au toubib qui me renouvela la question ce soir, je n'ai pas l'impression que cette petite liste ait été chez moi. La police est allée aussi rendre visite au docteur Barbin d'Argenteuil. Elle y a trouvé six fusils de chasse et un assez grand nombre de cartouches. Je crois qu'elle a tout saisi, fort indûment d'ailleurs.

Au Palais l'affaire suit son cours, j'en ai eu des nouvelles hier soir. L'on n'a trouvé que fort peu de choses et la déception première se confirme. L'on aurait voulu trouver un lien certain entre tous ces gens et monter une espèce de petit complot contre la sûreté de l'Etat. Mais l'on ne tient rien de tel, ce qui ne laisse pas de décourager. Il n'y a qu'une chose qui met quelque baume dans le cœur du magistrat instructeur : c'est l'affaire Jean-Baptiste, Juif. Ici, au moins, l'on tient quelque chose. Béteille l'a dit à l'avocat sans ambages. L'on voudrait d'ailleurs y joindre les trois inculpés actuellement arrêtés. Mais où l'assurance est la plus grande, c'est au sujet de Jacques Corrèze :

« Celui-là, a dit le juge, à Peytel, l'un des avocats, nous le reverrons et longuement. »

Il sera certainement inculpé dans l'affaire Jean-Baptiste comme ayant été le dernier à l'avoir vu avant sa disparition. Weyland d'une part, la femme de Jean-Baptiste de l'autre, c'est-à-dire en fait sa maîtresse car il a abandonné sa femme légitime, ont, dès longtemps, dénoncé Jacques qui a déjà été longuement interrogé. Dans cette très obscure et très complexe affaire, la police a été forcée de se dévoiler trop tôt. Elle nous tenait, au moins en partie, et nous suivait. Filliol, balle traceuse, terriblement remuant et éminemment dangereux, lui avait singulièrement facilité la besogne. La police continuait son travail minutieux, elle relevait les pistes et filait tout le monde. Nous ne prenions plus assez de précautions, les liaisons, malgré nos efforts, étaient devenues de véritables réunions publiques. A la dernière, celle du 15 septembre chez Dessoliers, il était venu vingt-sept personnes. Donc le patient travail policier s'accomplissait et de l'aveu même des journaux, il aurait été complet d'ici deux mois. Mais les événements se précipitèrent. Les attentats de l'Etoile demandaient une diversion et selon le mot de cet ignoble Pujo, « la police (dut) brûler ses Cagoulards ». C'était l'avertissement qu'elle n'aurait jamais dû donner[1].

Mercredi 6 octobre.

A dix heures et demie ce soir, je donnais et je recevais encore, chez Hélène, des coups de téléphone. Je suis allé rue Copernic ce soir car Hélène souffre assez vivement d'un rhumatisme au bras.

Il va sans dire que l'accident d'il y a trois semaines n'a en nulle manière ralenti notre activité et personne n'est « dégonflé ». L'arrestation de Michel n'a pas inter-

1. Nous n'avons pas su, hélas, en tenir compte.

rompu le chargement de grenades. Ce genre d'opération a été continué à la fin de la semaine dernière et il a été marqué d'un accident qui ne fut, heureusement, pas trop grave. L'on avait travaillé toute la nuit de vendredi à samedi, dans un atelier situé, je crois, en banlieue. Vers sept heures du matin, l'on clouait une caisse. C'était une imprudence et on le vit bien. Une grenade saute et, en quelques instants, toute la caisse faisait explosion. Il y eut six blessés, heureusement légèrement atteints. L'un d'eux, toutefois, eut la main assez abîmée. Le premier émoi passé, il y eut le second. Il était bon de secourir les blessés, mais il ne l'était pas moins, ni même moins urgent, de se rendre compte de l'effet de l'explosion. Les grenades avaient sauté les unes après les autres à de très courts intervalles. Le bruit avait-il attiré les voisins ou les passants? La police n'allait-elle pas survenir, simplement pour voir? Il n'en fut rien encore que l'odeur de poudre était répandue partout à la ronde. Après donc que l'on se fut assuré de la tranquillité ambiante, l'on se remit au travail. L'on chargea des grenades toute la journée du samedi et la nuit suivante, et tout fut terminé pour ce qui concernait cette brigade dimanche matin.

Vendredi 8 octobre, minuit quarante.

Journée lourde. J'ai été interrogé ce matin, pendant plus de deux heures et demie, par le commissaire Loches qui a essayé de tirer de moi le maximum d'informations. Ce fut une véritable lutte. A toutes les questions, je n'ai répondu que par des négations directes ou indirectes. J'ai dissocié tout ce qu'il s'efforçait de grouper. Chaque fois qu'il essayait de lier, je déliais par un doute. Je rompais les trames logiques qu'il tissait. Vers la fin, il exprima sa déception dans une manière d'éloge involontaire qu'il me fit :

« Vous répondez avec une haute désinvolture! »

D'autre part, j'ai reçu ce soir, tard, la visite de Gabès. Il venait me convoquer pour que je comparaisse devant Eugène demain matin, à neuf heures et demie rue Nicolo. Ce doit être une espèce de conseil de guerre.

Quelqu'un en effet aurait révélé que le dossier de listes saisi ici serait beaucoup plus considérable que je ne l'avais dit. Singulièrement, en ce qui concerne la province, de très importantes adresses auraient été exploitées par la police qui aurait fait des perquisitions chez les uns et chez les autres, causant partout un grand découragement du fait que la parole donnée — de n'avoir pas de listes — n'aurait pas été tenue. Il faudra savoir quelle est la vérité. Je n'ai jamais eu l'impression qu'il pût y avoir une aussi importante quantité de noms de province ainsi livrés. Et je l'ai répété tantôt et à Grosset et au docteur après que j'eus vu, de nouveau, ce matin, ma chemise. En revanche, je dois bien admettre qu'il y avait un plus grand nombre de noms de Paris que je n'avais d'abord cru. Que cette saisie ait été une catastrophe, je ne songe pas à le nier et je l'ai constaté ici même, le premier soir. Je dirai demain que je suis complètement prêt à me racheter et à réparer, dans la mesure du possible, cette lamentable erreur qui n'est point sans de grandes circonstances atténuantes.

Samedi 9 octobre.

Pour les uns comme pour les autres, très douloureuse journée. L'entrevue de ce matin a été dramatique. Point de colère, point d'éclats. Il m'a presque davantage été reproché de n'avoir pas annoncé le soir même l'étendue du désastre que d'avoir eu chez moi ces maudites listes.

« Tu as livré toute l'organisation », m'a dit Eugène.

C'est bouleversant et c'est l'épreuve la plus dure que j'aie jamais eu à subir. Grosset était anéanti ainsi que le toubib. Il va falloir que je rattrape toute cette confiance que j'ai si malheureusement perdue. Du reste, je vais passer en jugement.

« C'est le seul moyen d'essayer de te sauver », m'a dit Eugène.

De me sauver! C'est à peine si je me rends compte et cependant, il n'est que trop vrai qu'il n'y a, chez nous, qu'une seule sanction pour une telle faute : c'est la mort! Après, quelques détails m'ont été demandés sur mon interrogatoire d'hier. J'en ai eu de mon côté un certain nombre sur ceux de nos amis. Ainsi c'est Corrèze qui a vu mes listes et en a révélé l'importance. On aurait dit à quelques-uns que leur nom figurait sur des listes prises chez Corre. L'effet en a été désastreux naturellement. L'on continue bien entendu de travailler avec beaucoup d'ardeur. Dans quelle mesure ces coups durs nous forceront-ils de modifier notre plan? Je ne sais. Nous avons toujours des armes en Espagne et définitivement, la frontière terrestre est rigoureusement fermée. Il reste l'autre : la maritime. Ici les choses vont bien. Franco a mis à notre disposition un cargo de 250 tonnes qui doit prendre tout notre matériel et nous l'amener quelque part. Lorsque ce matin cette pénible séance a pris fin, j'ai suivi Eugène qui sortait du salon de la rue Nicolo pour lui dire deux mots. Mais à peine ai-je pu lui dire deux mots, « Mon cher Eugène, je veux réparer, me racheter ». J'ai été pris d'une intense émotion et j'ai éclaté en sanglots. Il a été très ému lui-même et très paternel, je suis certain qu'il a compris mon immense peine qui n'est pas moins forte que celle que j'eus, il y a sept ans, lors de la mort de ma pauvre sœur.

Ma journée a été terrible. J'ai un peu erré cet après-midi dans les rues, presque sans but, allant au hasard de mes lancinantes pensées. Combien de fois suis-je revenu sur ce maudit jour. Et pourtant qu'il eût été facile de tout éviter, de tout s'épargner! Il me suffisait d'une petite heure le matin et même après déjeuner. Comment ne l'ai-je point fait. Jamais remords n'aura été plus ardent ni plus profond. J'ai revu le docteur ce soir qui m'a blâmé de n'avoir rien dit. Il est certain que je peux être surveillé par la police. Il est non moins certain que j'aurai de nouveau affaire à elle. Il faut donc que je prenne des précautions.

Dimanche 10 octobre.

Hélène n'est pas venue comme elle me l'avait promis. Depuis ce matin les choses ont pris un aspect tout à fait inattendu. La crise commencée par l'irruption, plutôt vive, de Jeantet ici vendredi, a été dénouée dans le courant de cet après-midi. Son effet : je pars avec maman mardi matin pour l'Espagne[1].

Cet après-midi donc, j'ai passé devant mes pairs pour être jugé. C'est ce matin que Corrèze est venu m'annoncer cette décision. C'est lui qui fut aussi mon défenseur. Il le fut avec beaucoup de chaleur et de clarté. La séance avait lieu chez le docteur qui la présidait. Il était assisté de Méténier et d'Orain. Gabès faisait l'accusateur. Comme il n'y a, pour nous qu'une seule sanction, elle fut appliquée avec sursis et comme il y avait danger à ce que je restasse à Paris, j'irai près de Saint-Sébastien surveiller sous la direction d'Orain, le chargement de nos armes. De surcroît, comme une opération va être tentée pour récupérer tous nos dossiers, il faut que je sois hors de portée et de la manière la plus nette lorsque cet événement se produira. Il n'est, en effet, pas douteux que le lendemain la police ne vienne ici s'enquérir de mes occupations les plus récentes. Il faut donc que je sois loin de ses griffes et il conviendra que je prenne pour partir toutes les précautions possibles.

Et puis il y a autre chose. Au moyen de ces listes, l'on essaye au Palais de créer un lien formel entre tout ce qui a été découvert ou constaté. En particulier, l'on s'efforce de fonder sur l'existence des listes un complot contre la Sûreté de l'Etat. Dans ces conditions, il devient tout à fait impossible que je demeure. Je suis un danger certes pour l'organisation, mais mon prochain interrogatoire, qui ne saurait tarder, se terminerait sûrement par une inculpation ou même une arrestation. En effet, les défenses que j'ai dressées l'autre jour ne peuvent tenir longtemps, quelque habiles qu'elles soient.

Lundi 11 octobre.

Nous partons demain à huit heures quarante-cinq et nous espérons que les bourriques ne surveilleront pas

1. Hélène vient d'interrompre, à plus de deux heures du matin, pendant une bonne demi-heure, mon propos. Pierre Fraisse et Vaillet, inquiets sur le sort de l'imprudent Philippe qu'ils n'avaient pas revu de la journée, avaient déjà empêché que j'ouvrisse ces lignes à la bonne heure. Il faut donc que je dise très rapidement ce que j'ai à dire.

trop la rue. Nous devons arriver à Bordeaux à seize heures quinze. Quelques précautions au départ seront nécessaires. Je vais prendre quelques courtes heures de repos. J'ai vu hâtivement les uns et les autres sans en excepter Hélène. Grosset m'a fait des adieux touchants et nous nous sommes embrassés. Mais l'organisation ne m'a pas donné un centime pour mon départ. J'en dirai un mot à Orain demain soir. Peut-être est-il chargé de parer à quelques dépenses. Je l'espère. Je ne dirai rien du reste.

Mardi 12 octobre.

Cet effroyable carnet m'a suivi jusqu'ici, c'est-à-dire jusqu'à Bordeaux où maman et moi nous sommes arrivés vers quatre heures et demie. Nous sommes donc partis ce matin sans encombre et sans que les bourriques, je ne dis pas nous eussent suivis, mais seulement nous aient épiés. Après un voyage sans histoire, nous avons rencontré Legrand au Régent. Je le reverrai demain matin à onze heures et vraisemblablement à cette heure-là, tout sera réglé pour le départ qui devrait avoir lieu au début de l'après-midi. C'est qu'il faut se hâter. D'après Orain, c'est en effet cette nuit que doit se tenter l'opération. Si tout marche bien naturellement. Il faut donc que je passe la frontière au plus tôt. Car je suis vulnérable, au moins en principe, tant que je suis sur le territoire de la République.

Nous sommes descendus à l'hôtel Terminus mais nos chambres sont si mal disposées qu'elles donnent sur le toit de la gare et il se fait sous ce toit, un épouvantable vacarme de locomotives, de roulement, de trains en manœuvre, encore qu'il soit plus d'une heure trente.

Où serai-je dans vingt-quatre heures? J'ai écrit à Filliol, à Hélène et à Marie, cela ne saurait être compromettant mais, chose curieuse, j'ai oublié dans le train que nous avons quitté à Chatellerault pour prendre le suivant qui avait le VR, le dernier numéro de la revue des *Deux-Mondes.* Et ce numéro portait mon adresse. Excellente amorce dans un roman policier.

Ciboure, mercredi 13 octobre, 22 heures.

Je suis donc à Ciboure où j'arrivai ce soir vers sept heures. C'est à « l'Hostellerie de Ciboure » que l'on m'a conduit. On y est très bien. Mais je vais reprendre rapidement la suite des choses. Après une courte promenade, en ville, j'ai rencontré Legrand au « Régent » comme convenu. Il était un peu plus d'onze heures. J'y rencontrai tout de suite son ami Paloc avec qui je devais faire plus ample connaissance. Là, le schéma de mon passage et de celui de Bourain et Bruchet fut esquissé. Nous quitterions Bordeaux après déjeuner afin de rencontrer ces jeunes gens à Bayonne vers la fin de l'après-midi. Pour avoir les coudées plus franches, il fut décidé que l'on irait les cueillir au train qui les amenait. On leur donnerait rendez-vous à Bayonne à une heure plus tardive. Comme nous ne pûmes les voir à l'heure où ils devaient arriver, nous allâmes tous quatre faire un excellent déjeuner à l'hôtel du Faisan, en face de la gare. Au moment du départ du train pour Bayonne, je me rendis de nouveau à la gare et j'y vis cette fois nos deux amis qui furent absolument suffoqués de m'y rencontrer. Il fallait dire que Bourain et Bruchet avaient depuis déjà longtemps sollicité leur envoi dans les formations de combat nationales en Espagne car ils ne trouvaient pas que les affaires que nous leur préparions allaient assez vite à leur gré. L'on profita de cette disposition d'esprit pour les éloigner. L'un et l'autre en effet, avaient donné prise à de sévères critiques. Bourain c'est l'éternel « râleur » toujours mécontent, tandis que Bruchet est bavard et assez souvent peu sérieux. L'un et l'autre avaient été conducteurs des voitures d'Eugène depuis leur entrée dans l'organisation, en juin 1936. Ils provenaient de l'Action Française et ils avaient, au début, pratiqué une sorte de surveillance, pour ne pas dire d'espionnage, au profit de Pujo et consorts. Cela ne dura point d'ailleurs. Dans ce service automobile qu'ils assuraient, ils eurent très souvent des accrochages avec Grosset. Ils faisaient plus ou moins sauter l'anse du panier si je puis dire. C'était l'époque où chaque voiture nous coûtait, comme entretien et réparations, de quatre mille à cinq mille francs par mois et où jamais il n'y avait une voiture qui marchât. Du moins c'était le patron qui l'affirmait. La réalité était sans doute un peu différente. L'on demandait à ces voitures comme à leur conducteur un service épuisant. Il fallait qu'à toute heure de la nuit et du jour, l'on fût prêt à aller. Les révisions étaient rares si les attentes étaient longues. De surcroît, les voitures changeaient constamment de conducteur et en mainte occasion, Filliol les prenait et leur menait la vie dure. Puis les choses changèrent. A la suite de quelques algarades plus vive, Bourain et Bruchet furent temporairement écartés. Un beau jour, ce dernier fut même définitivement éliminé de ce service. Versé à l'armement, il ne se montra pas aussi sérieux qu'il eût fallu l'être. Ils avaient encouru la méfiance de Filliol, ce qui n'a pas peu contribué à leur départ. Bruchet surtout, n'avait pas mieux réussi auprès de Gabès ce qui est aussi un facteur de disgrâce. L'un et l'autre, et Bruchet surtout, étaient bons conducteurs, quoique Bourain eût été volontiers casse-cou. Avec leur éloignement définitif c'est un petit chapitre de la petite histoire de l'organisation qui s'achève.

Ils m'ont appris que le patron était de nouveau convoqué chez le juge d'instruction. Il devait s'y rendre cet après-midi. Cela me donne à penser qu'il est assez probable que j'ai été convoqué également. Bruchet l'avait été hier. Mais comme il allait quitter Paris le soir même, il s'était dispensé de se rendre à cette convocation. Après donc que fut réglé ce problème, Legrand arrêta définitivement ses plans et rédigea ses lettres. Il m'en donna deux ou trois pour des personnages[1] d'Irun et de Saint-Sébastien. A trois heures et demie, tout était fini. Paloc ramenait Legrand dans le centre et à quinze heures cinquante, il nous reprenait à l'hôtel Terminus. Nous nous engagions dans la longue ligne droite qui, à travers une interminable forêt de pins, mène à Bayonne. Paloc a pu conduire la voiture, une « 402 » Peugeot, pendant tout ce trajet à une vitesse de 100 à 110 km au compteur. Aussi arrivions-nous à la gare de Bayonne à six heures huit. Il n'y avait que quelques instants que nos deux compères nous y

1. Hautreux, Bardane, la Comandancia.

attendaient. Nous les menâmes à Biarritz où ils demeureront jusqu'à demain après-midi. C'est dans la soirée que doit se faire le passage. Paloc, qui est chargé de l'opération, s'efforcera de nous transborder tous les trois en même temps, maman ne se joignant à nous que si les circonstances sont absolument favorables. Si, au contraire, elles le sont moins, je passerai d'abord seul.

Les choses doivent se dérouler de la manière suivante. L'on se rend à un restaurant où l'on dînera et qui est situé sur le bord de la Bidassoa. Le repas fini, l'on descend dans une barque qui, sans bruit, s'éloigne dans la nuit et nous dépose sur la rive en face. Et le tour est joué. Gageons qu'il se jouera bien. Même si Béteille a lancé contre moi un mandat d'amener, il a peu de chance d'être exécuté. Mais il y a ce maudit carnet qui est venu jusqu'ici. Sans doute l'ai-je ainsi voulu. Il n'en constitue pas moins un danger certain. Supposons que je sois arrêté. L'on prendra mon bagage. On le fouillera, l'on trouvera ces notes. Et, qui sait? on les lira. Cette fois ce serait vraiment le pire. Car que nier. Tout cela est écrit de ma propre main, sur des centaines de pages, de haut en bas, avec d'innombrables noms et des détails qui ne peuvent que remplir de joie et d'allégresse le juge d'instruction, et qui ne manqueront pas de l'inciter à me demander d'autres précisions, car les juges d'instruction, comme chacun sait, sont insatiables. Il faut reconnaître que tous ces malheurs sont contenus ici même en puissance. Je le sais. J'y ai longuement réfléchi. Je ne peux pas me dire que j'ignore. S'il s'en faut de beaucoup que j'aie tout raconté, si j'ai passé une foule importante de détails graves sous silence, tout ce qui s'y trouve déjà suffira à me causer des ennuis sûrs et à faire à l'organisation un tort irréparable. Pour ne rien dire de celui qui serait fait à un nombre respectable de tiers. Ah! le juge ne serait pas long peut-être à faire un index nominum avec de telles références aux pages et aux matières. Espérons que cette disgrâce extrême me sera épargnée. Je n'ai plus que quarante-trois pages à remplir pour en avoir fini avec ces chroniques vraiment traquées. Mais si tout se passe bien dans vingt-quatre heures, elles ne le seront plus.

Daguy

II - L'EXIL

Saint-Sébastien, vendredi 15 octobre.

J'ai sauté un jour cependant mémorable et je n'ai pas, à mon grand regret, noté hier les événements quotidiens. Je vais réparer cette lacune. Hier matin donc, levé vers huit heures, je commence avec maman quelques promenades. Nous allons à Saint-Jean-de-Luz et nous rendons à la mer nos premières visites. Il faisait un temps admirable et le plus magnifique des ciels répandait une éblouissante clarté. La chaleur était douce. Nous suivîmes la route de la corniche qui mène à Hendaye. Elle domine la mer et les amoncellements de grands rochers plats stratifiés qui attestent leur nature géologique particulière. Nous poussâmes ainsi jusqu'à Socoa, petit centre de constructions navales, en croisant sur la route plusieurs groupes de gardes mobiles qui, ma foi, ne nous demandèrent rien. Puis nous rentrâmes tranquillement pour faire à l'« Hostellerie » un excellent et copieux déjeuner. J'avais invité Paloc mais au dernier moment il ne put venir. L'après-midi nous fîmes une autre promenade dans l'intérieur de Saint-Jean-de-Luz qui est une petite ville bien plus étendue que je ne l'eusse supposé. Malheureusement la saison depuis plus de quinze jours est terminée et la ville avait perdu de son animation. Il y a là, cependant, deux navires de guerre anglais et un français, tous trois du service de contrôle, qui suppléent dans une petite mesure à l'absence de touristes. Paloc nous avait donné rendez-vous à quatre heures. Il devait se rendre à Biarritz d'où il ramenait les deux B.[1]. Il eut quelque

1. Bourain et Bruchet.

retard mais vers quatre heures et demie, nous prîmes le départ pour Biriatou. Le voyage se fit sans le moindre incident et, non plus que le matin, aucun des gardes croisés, même devant le pont international, n'entreprit de nous demander quoi que ce fût. Nous arrivâmes ainsi au terme de la France. Du haut de la tendre montagne, nous pûmes contempler la riante vallée. Là, en face, à quelque cent mètres, coulait la paisible Bidassoa que nous aurions tout à l'heure à franchir. Et au-delà, ces champs, ces maisons éparses, ces coteaux déjà escarpés, cette route, c'était l'Espagne. Il semblait que, d'une simple enjambée, on pût y être. Le soleil se couchait derrière les derniers monts de ces Pyrénées effacées. De temps en temps, sur la route, ornée de guérites qui abritaient quelques sentinelles espagnoles, une voiture passait ou, aussi parfois, un char traîné par de grands bœufs et chargé jusqu'à terre de fougères. Nous contemplâmes ce riant et calme paysage jusqu'à ce que la nuit l'enveloppât au fin réseau lumineux d'un clair de lune.

Nous rentrâmes dîner dans la petite auberge célèbre depuis les tristes événements de la guerre d'Espagne de l'an dernier. Biriatou était devenu une manière de loge d'avant-scène d'où l'on pouvait suivre admirablement les combats. L'on raconte que deux officiers d'artillerie français rectifiaient et dirigeaient le tir des batteries d'en face au moyen de signaux optiques. L'on jouait les blancs contre les rouges.

Le dîner fut fort animé et il n'y avait guère longtemps qu'il était fini quand on nous vint annoncer l'heure du départ. Nous entrâmes alors de plain-pied dans l'émotion et l'aventure. On avait d'abord dit que les trois hommes passeraient d'abord et, si les circonstances étaient favorables, maman suivrait. Je n'avais à ce moment aucune idée ni du chemin que nous allions faire, ni de la manière que nous allions traverser. Il avait seulement été dit, au dernier instant, qu'il faudrait quelque peu se mouiller les pieds. Ce « quelque peu » était trop optimiste. Au dernier instant aussi, il fut arrêté que nous laisserions nos bagages. A cette nouvelle, je fus prendre ce carnet que je ne voulus à aucun prix laisser derrière moi. Depuis ce temps, il ne m'a guère quitté, ce qui est un encombrement certain.

Nous partîmes donc par une soirée splendide. Le resplendissant clair de lune ne laissait pas de nous gêner. Suivant le paysan basque qui nous servait de guide, nous descendîmes assez rapidement les pentes qui menaient vers la rivière. Tour à tour nous glissâmes dans les hautes herbes déjà couvertes de rosée, nous butâmes contre des racines, nous longeâmes des cours de fermes ou nous franchîmes des barrières champêtres. Maman me suivait dans ces étonnantes tribulations avec une fébrilité qui m'effrayait et un courage digne d'une meilleure entreprise. Sa présence en ces lieux me causait une gêne presque douloureuse et j'en voulus beaucoup à ceux qui lui imposèrent cette épreuve. Le guide, inquiet à juste raison, précipitait sa marche. Un moment il nous arrêta pour appeler quelqu'un que nous ne devinions pas. Sans doute vit-il un signe et quelques instants après nous aperçûmes une ombre qui partait dans la direction opposée à celle que nous allions prendre. Très rapidement et plus silencieusement que jamais, nous traversâmes une petite route, dernier risque avant le suprême : la rivière que nous atteignîmes presque aussitôt. La berge herbeuse y tombait presque à pic et nous aperçûmes l'eau miroiter un peu sournoisement à travers les arbres : c'était là! Le moment vraiment périlleux était arrivé.

Le guide s'assit pour faire une toilette sommaire : il retroussait ses bas de pantalon. Je m'apprêtais à retirer mes chaussures. Mais l'on ne m'en donna guère le temps. Quant à ma pauvre mère, elle s'était assise dans l'herbe certainement vaincue par l'émotion et anxieuse de l'instant qui venait. L'homme alors fit signe qu'il l'allait prendre sur son dos où il la hissa sur-le-champ. Puis il fit signe que l'on s'engageât dans l'eau en se hâtant sans bruit. Vous aurez de l'eau jusqu'au-dessus de la cheville, nous avait-il été dit. Nous en eûmes bien davantage et le genou fut très largement dépassé. Je m'étais naturellement engagé avec mes chaussures et mon pantalon, imparfaitement relevé, but à grands traits l'eau de la rivière. De surcroît, je veillais que ce malheureux carnet n'y glissât point. Et enfin je suivais très attentivement le guide portant maman.

Bourain et Bruchet marchaient de côté et en avant : ils étaient pressés et quelque peu nerveux. Si, en effet, des gardes nous eussent à ce moment aperçus, ils n'auraient certes pas manqué de nous tirer dessus. De temps en temps, le guide nous rappelait le silence, soit que quelqu'un parlât (il est difficile que les deux B. arrivent jamais à se taire), soit qu'une certaine précipitation augmentât le bruit des jambes avançant dans l'eau.

Un moment, le lit se fit plus profond et je vis les pieds de maman pendant le long du dos de l'homme, s'enfoncer assez profondément dans l'eau. Quelle aventure pour une femme de cet âge et pourquoi fallut-il qu'on ne sût point nous ménager une barque. Enfin nous atteignîmes la rive espagnole un peu escarpée mais couverte de broussailles. Nous étions sauvés. L'ombre d'ailleurs nous dérobait à tout regard. Mais il fut assez difficile de se hisser sur la berge. Je suivais toujours mon Basque épuisé par le fardeau qu'il portait. Enfin, parvenus au haut du talus, nous nous arrêtâmes haletants, et nous nous livrâmes à quelques effusions. Notre guide fut chaudement remercié. Maman l'embrassa. Nous lui serrâmes les mains et nous lui donnâmes quelques pièces d'argent, ce qui lui fut certainement plus précieux et nous le vîmes retourner vers la rivière qu'il refranchit.

La grande émotion passée, nous laissâmes un instant libre cours à notre allégresse. Allégresse bien relative, il faut le dire, quant à moi du moins. Tout danger, au demeurant, n'était pas écarté. Il nous restait maintenant à prendre contact avec les gardes espagnols. Certes, on nous avait indiqué le corps de garde. Certes ils étaient prévenus. Mais il aurait suffi qu'un coup de téléphone fût omis pour qu'un malheur se produisît. Heureusement le service de garde espagnol n'avait point ce caractère d'inflexible rigidité que l'on aurait pu prêter à une nation en guerre, surtout contre elle-même. Nous circulâmes librement le long d'une voie ferrée abandonnée et il fallut que Bruchet se hissât sur la route pour prendre contact avec les hommes. Nous fûmes alors bientôt conduits au corps de garde où l'on nous regarda avec curiosité, maman surtout. On lui prodigua du reste beaucoup d'attention, et elle put, devant un bon feu, commencer à se sécher.

Il nous fut impossible de nous faire comprendre, nous ne savions la langue qu'il eût fallu. Vers neuf heures, une voiture de la Comandancia Militar de la Bidassoa, c'est-à-dire d'Irun, arriva et quelques instants plus tard nous arrivions dans la ville martyre. Nous aperçûmes dans la nuit des monceaux de décombres bordant de belles et larges avenues. Nous fûmes bien reçus et après quelques formalités, nous fûmes conduits à l'hôtel Terminus de la gare d'Irun où des chambres nous furent données. Ce fut la Comandancia qui prit tous ces frais à sa charge. L'on ne pouvait nous mieux traiter. Vers dix heures, nous étions prêts à nous coucher. Il y avait deux lits dans deux chambres. Maman coucha dans l'une, les deux B. et moi dans l'autre. Je m'endormis excessivement tard quoique les lits fussent excellents. Nous nous levâmes à huit heures et sans bagages nous ne pûmes faire de toilette. En revanche, il nous fallut remettre chaussettes et chaussures mouillées. Ce nous fut vraiment pénible, mais nous n'éprouvâmes de ce fait aucune incommodité. Nous nous rendîmes à pied au bureau militaire et nous pûmes à loisir examiner les monceaux de ruines et les maisons littéralement crevées qui composent à présent la malheureuse cité.

Les démarches ne traînèrent point et nous pûmes voir que les recommandations de Legrand n'étaient pas vaines. Comme nous dûmes attendre le train très longuement, nous n'arrivâmes qu'à midi à Saint-Sébastien. Là, les recommandations jouèrent encore. Nous déjeunâmes avec un authentique Croix de Feu qui est très au courant de nos affaires, si même il ne les connaît pas au fond. Cet après-midi, promenades, prises de contact. Nous eûmes bien de la difficulté à trouver hôtel ou pension de famille. Celui que j'ai fini par découvrir est plus que médiocre, ce qui ne l'empêche point d'être fort cher. Cependant, il donne sur la baie et j'entends le bruit incessant de la mer.

La question d'argent devra être entièrement traitée. Il faut dire que l'on m'a laissé partir sans que l'on me donnât un sou. C'est naturellement, à Grosset, que je dois cette situation si avantageuse. C'est un véritable scandale. Personne ne serait parti ainsi. Mais si d'ici huit jours, cette question n'est pas résolue comme elle doit l'être, je rentre à Paris quelles qu'en puissent être les conséquences.

Samedi 16 octobre, 23 h 20.

L'attente continue et l'argent se dépense. C'est en vain que j'ai espéré voir Legrand aujourd'hui. Je n'ai même pas un morceau de savon pour me laver ni un rasoir, ni mon pyjama, ni un seul linge de rechange. J'ai fait téléphoner sans résultat à la Comandancia d'Irun qui devait nous faire suivre nos affaires. Ce bureau ne sait rien. Nos valises y sont-elles seulement arrivées? Le certain c'est qu'il faudra que nous y allions voir. Nous nous y rendrons lundi. Et depuis trois jours je ne suis pas rasé. C'est horrible.

Il y a ici beaucoup de monde et des réfugiés d'un grand nombre de points d'Espagne. Le temps continue d'y être magnifique et même chaud de jour, mais la fraîcheur des soirs y est très sensible. Quoique je n'aie pas de pyjama, je vais tenter d'y échapper. J'y réussirais encore bien mieux si je trouvais dans mon lit une ardente Espagnole. Je suis malheureusement assuré qu'il n'en sera pas ainsi ce soir. Mais il faudrait bien que ce soit sans tarder.

Dimanche 17 octobre, minuit vingt.

Legrand est enfin arrivé. Aujourd'hui comme hier, nous l'avons attendu au « Grand café de la Marina », dont depuis trois jours nous étions devenus les piliers les plus solides. Je dirai cependant que, aujourd'hui, notre constance s'était quelque peu relâchée. C'est ainsi que nous n'apparûmes à Carmeda de Calvo Sotelo que dans le courant de l'après-midi. En en sortant, après n'y avoir guère passé qu'une demi-heure, nous avons rencontré Bourain qui attendait Bruchet par là. Nous nous sommes promenés ensemble quelque temps et maman, étant quelque peu lasse, nous fîmes, Bourain et moi, une agréable promenade sur le « Monte Urgull », par un temps toujours admirable. A l'issue de cet excursion lilliputienne, Bourain, fatigué aussi, rejoignit « La Marina » pendant que je suivais sur la plage le décroît de la marée.

Je n'ai pas, je le crains, expliqué pourquoi le « Grand

café » est devenu notre quartier général. Le propriétaire, M. Autreux, est Français et Croix de Feu. Il connaît naturellement très bien Legrand qui m'a adressé à lui. Autreux est actuellement en France et je ne l'ai pas vu, mais j'ai trouvé sa femme qui nous a mis en rapport avec Bardane, également Français et Croix de Feu, authentique. Legrand m'avait aussi donné une recommandation pour ce dernier. De la sorte, je me suis tout de suite trouvé dans le courant. Donc, vers six heures, à « La Marina », j'ai retrouvé les deux B. et un autre nouvel ami que Bardane nous a présenté. C'est un jeune Français d'Aix, du reste très gentil et qui, volontaire dans les rangs nationaux, a été gravement blessé il y a quelques mois. Il se remet et achève sa convalescence. Une fois de plus, nous prîmes l'apéritif en bavardant. Je n'attendais plus Legrand aujourd'hui. Il arriva cependant à neuf heures moins le quart alors que nous nous apprêtions à partir. Dès les premiers mots (il était arrivé avec Bardane), je le mis au courant de la situation financière dans laquelle j'étais. Je lui dis que j'avais quitté Paris sans qu'il me fût donné un sou et que j'en étais à environ 2500 francs de dépenses depuis mon départ. Il me donna immédiatement un billet de 1000 pesetas en m'assurant que cette question serait entièrement réglée. Voilà une très bonne manière d'agir et qui est fort différente de celle de Grosset. Je saurai l'apprécier.

Demain matin, je pars avec Legrand à Irun où j'irai enfin récupérer mes bagages. Dans l'après-midi, nous irons sans doute à Salamanque où il me présentera à diverses personnalités espagnoles et singulièrement à Nicolas Franco, père du général avec qui je serai en relation. Je resterai, m'a-t-il dit, deux jours dans cette ville pour l'y attendre car il doit se rendre à Palma de Majorque.

Jeudi, à Ciboure, j'ai été l'objet de certaines ouvertures de la part de Paloc. Il m'a demandé si je consentirais à travailler pour le 2e Bureau français de Saint-Sébastien. Il y avait là des missions parfois dangereuses. Il s'agissait de renseigner le gouvernement français sur les armements italiens et allemands en Espagne en même temps que sur les travaux de fortifications qui pouvaient être entrepris dans la péninsule. Il va de soi, et Paloc le convenait, qu'une telle activité pouvait indisposer le gouvernement national si elle venait à être connue de lui. Or, nous sommes par le moins protégés de ce gouvernement. Notre position devenait de ce chef délicate. De surcroît, travailler pour le B.B. officiel, c'est assurément servir la France, mais c'est d'abord aider un gouvernement qui nous combat et de ce chef entrer en conflit avec l'activité de notre organisation. En troisième lieu, je venais en Espagne pour faire une besogne bien déterminée. Il était difficile que je m'engageasse à servir aussi un autre maître, et quel maître, et qui ne manquerait pas de devenir exigeant le temps aidant et alors le chef de notre organisation n'aurait pas manqué de trouver que je manquais à mes devoirs et il n'eût pas eu tort. Et ce n'est pas tout. Est-il possible d'imaginer que le deuxième bureau français ici m'eût employé sans qu'il essayât de savoir qui j'étais et dès lors, j'étais certainement brûlé au bout de quelque temps et sans doute, d'un temps très court. A supposer même que tous les membres de ce B.B. fussent d'excellents nationaux, l'on peut penser que leur devoir professionnel les eût engagés malgré eux. Je fis longuement valoir toutes ces vues à Paloc qui, prudemment, n'insista pas mais qui me fit promettre de n'en rien dire à Orain. Bien entendu, j'avais dit que de toute façon je n'entreprendrais rien sans le consentement de ce dernier. Il est d'ailleurs probable que je le tiendrai au courant de cette curieuse démarche. Il est maintenant grand temps que j'aille me coucher.

Lundi 18 octobre.

La journée s'est passée en courses avec Legrand. Et une grande partie du temps a été occupée à la vaine recherche des valises. On les croyait à la Comandancia d'Irun. Avec la voiture de Legrand, nous y fûmes une première fois vers midi. Elles n'y étaient point. Nous allâmes donc à la douane, au pont international. Il fut impossible là aussi d'y trouver la trace et nous dûmes rentrer bredouilles à Saint-Sébastien. Une seconde tentative fut faite à la fin de la journée. L'on nous avait dit en effet que Brustega, l'homme qui ne pouvait pas ne pas savoir où elles étaient, se trouvait en France et qu'il serait de retour vers le soir. Nouvelles démarches, nouveaux efforts, nouveaux échecs : les valises demeuraient introuvables. Je finissais par craindre qu'elles ne fussent vraiment perdues. C'est alors que Brustega apparut. Je l'accompagnai à l'intérieur du bâtiment où Orain était en train de perdre ses derniers restes d'espoir. Hélas! Brustega n'était au courant de rien. Il n'avait pas vu nos bagages et même il était persuadé qu'ils n'avaient point franchi la frontière. Il était certain que Bernardet les avait gardés. Il prit l'engagement de s'en occuper lui-même dès demain, et il nous les fera parvenir à « La Marina ».

Mardi 19 octobre.

Hélas, les promesses d'hier sont restées sans bruit. Mes bagages ne sont point arrivés. Au moins sais-je où ils sont. Ils sont demeurés à la douane à Hendaye. Cette douane, la française, veut les voir et les fouiller tout à son aise. Pour ce faire, il lui faut mes clefs. C'est ainsi que l'on explique ces lamentables retards.

Mercredi 20 octobre, minuit vingt.

Enfin nous avons changé d'hôtel. Enfin nous avons quitté, nous avons fui plutôt l'ignoble hôtel Miramar qui n'a de commun que le nom avec le magnifique palace de Biarritz. Nous sommes installés, temporairement à l'hôtel Paris qui est sensiblement mieux et qui est moins cher. Cependant la chambre ici est d'une excessive exiguïté, la longueur du lit et la largeur de la porte, sans plus, au carré. L'on ne saurait imaginer beaucoup plus petit. Les murs en sont blanchis à la chaux comme ceux d'une cellule de pénitencier. Est-ce cela qui me donne ce soir une extrême mélancolie? Je ne sais, mais j'ai un infini regret de Paris. Je pense à Hélène, à mes amis et amies, au gai et spacieux appartement de la rue Raynouard, à mon très cher Passy « qui m'est une province et bien plus davantage ». Je serais bien capable d'écrire ce sonnet s'il ne l'avait été depuis longtemps. Il faudra demain que j'écrive à Hélène et peut-être aussi à Marie. Je les regrette et je les pleure. Je me suis étendu longuement sur ce lit triste à rêver de tout cela et de la faute insigne et si facilement évitable qui en est à l'origine. Et pourtant je songe que, il y a quelques mois, j'avais rêvé que j'aurais pu être envoyé ici et précisément pour y accomplir ce que je vais faire maintenant. J'aurais alors bondi de joie. Comment expliquer cet état d'esprit si différent?

Je vais avoir ici une tâche importante. Il va s'agir d'acheminer au plus vite sur la France les importants entrepôts d'armes que nous avons à Valladolid et à Irun et recevoir ceux qui nous parviendront encore. Car Legrand vient d'obtenir que le million de marks-or (neuf millions de francs au taux actuel) qui était bloqué en Allemagne puisse être utilisé. Il a encore obtenu une autre chose fort importante dont je ne peux maintenant faire état. Il a vraiment en ce pays une situation de premier plan. D'autre part, à Burgos où il a vu Nicolas Franco et même le général, il a appris avec précision ce que l'on pensait des Italiens. On en pense assez peu de bien. L'Italien continue d'être un mauvais soldat qui recherche des lauriers à bon compte et c'est précisément ce que ne veut pas lui donner l'état-major espagnol. Tout ne va donc pas toujours pour le mieux en Espagne nationale pour les Italiens. Il était près de midi quand le hasard, au coin d'une rue, me fit rencontrer Legrand. Il en avait fini hier soir à onze heures et demie à Burgos. Flanqué de l'infatigable, impatient et tant dévoué Armedo, il résolut de revenir sans plus tarder à Saint-Sébastien. Ils y arrivèrent à trois heures du matin. Nous allâmes retrouver Armedo pour aller voir le commandant de la marine à Saint-Sébastien que l'on appelle colonel. Il fut discuté avec lui du transport par mer de nos armes, de leur transbordement et de toutes les modalités afférentes à ces opérations délicates. Nous aurons un navire diffétent de celui que nous devions primitivement avoir. Armedo ramènera, amènera plutôt, sur son yacht le patron d'Arcachon, c'est un pêcheur de sardines, qui prendra la marchandise en mer de façon que la liaison se fasse ici sans difficulté. Le point délicat sera de toute évidence le transbordement qui devra se faire avec une discrétion exemplaire et une extrême célérité et bien entendu de nuit.

Jeudi 21 octobre, minuit cinq.

Il y a huit jours que nous sommes en Espagne. Il me paraît, bien entendu, qu'il y a beaucoup plus longtemps que cela. C'est, du reste, le phénomène ordinaire, classique comme on dit. Et je n'ai toujours pas reçu mes bagages. Les aurai-je jamais?

Aujourd'hui, l'Espagne nationale est en liesse. Frappée de coups répétés et rudes, la résistance des Asturies rouges s'est effondrée. La ville de Gijon s'est rendue aux nationaux et les rouges l'ont fuie à la débandade. Un grand enthousiasme s'est emparé de tous. C'est que cette dernière victoire dans le Nord met virtuellement fin à la campagne dans cette région de l'Espagne. Et l'on peut considérer toute la côte cantabrique comme définitivement soumise. Certes, il restera encore une sorte de tache de Taza dans le massif proprement dit des Asturies, au cœur de cette région difficile et sauvage en partie. Mais il est inutile d'en entreprendre la conquête. Il suffira d'y enfermer ce qu'il reste de racaille. Privés désormais de tout ravitaillement, tant en munitions qu'en vivres, par la perte du grand port de Gijon, les trop fameux « dinamiteros » n'auront d'autre ressource que de se rendre.

Samedi 23 octobre.

Il est à présumer que ma véritable activité va très bientôt commencer. Legrand est en effet arrivé ce soir, alors que nous ne l'attendions que demain au plus tôt, et plus probablement lundi ou mardi. Il était accompagné de trois de nos amis dont le docteur N... et le sardinier. Je saurai demain quel est le rôle des uns et des autres et aucun d'eux, je crois, ne doit rester à Saint-Sébastien. Le rôle du sardinier est tout tracé, il est venu simplement pour prendre contact et être présenté au commandant de la marine. Ce monde a aussi passé la Bidassoa comme nous le fîmes. Ils y mirent seulement plus de pittoresque. C'est ainsi que le sardinier qui avait un beau complet veston ôta en homme soigneux son pantalon et traversa la petite rivière en chemise. Il arriva en ce remarquable appareil à la porte de l'Espagne, je veux dire au corps de garde des phalangistes. Le docteur ne se défit de rien et passa avec ses jambières et sa culotte de cheval. Quant au troisième, il ôta ses chaussures mais mouilla son pantalon. Ils eurent les uns et les autres la chance de trouver immédiatement Orain de l'autre côté. C'est pourquoi ils arrivèrent aussitôt à Saint-Sébastien. L'étape d'Irun leur fut épargnée.

Je n'ai pas encore commencé à apprendre l'espagnol dont je ne sais que quelques mots. Il faut que je profite de mon séjour ici pour tâcher d'en connaître le plus possible. Je lirai Cervantès dans le texte, ce qui n'est peut-être pas ce qui est de mieux à faire. Et dire que j'avais apporté pour les lire dans l'original, le *Phèdre* et *le Banquet*. Mais nous sommes à préparer une révolution, n'est-ce pas? et ce n'est pas le moment de songer à Platon. Plus tard, si l'on n'est pas mort, l'on pourra toujours se rattraper.

Mardi 26 octobre, minuit trente.

Notre plan d'opération est radicalement changé. J'ai eu ce matin, avec Armedo, une conversation. Il a vu hier le commandant de la marine, Caveda, qui avait eu lui-même une entrevue avec l'amiral. L'un et l'autre sont toujours parfaitement disposés à faire le transport de nos armes, mais, en revanche, ils sont complètement opposés à faire cette délicate opération en plusieurs fois. Sept voyages avaient en effet été prévus puisque le navire de Blanc ne pouvait prendre chaque fois que cinq tonnes au maximum. L'amiral est persuadé que de si nombreuses allées et venues ne peuvent passer inaperçues et qu'il est presque fatal que l'on finisse par être repérés et pris. Ce serait catastrophique et, autant pour eux que pour nous, les chefs de la marine espagnole ici, ne veulent point courir un aussi gros risque. Ils nous feront donc le passage en une seule fois. Il faut regarder les choses en face et constater que cette méthode nous pose des problèmes d'une grande difficulté. C'est que le morceau est gros. L'un des deux navires, un chalutier je pense dans les deux cas, mis à notre disposition à Pasajes, embarquera dans ce port trente-cinq tonnes d'armes d'un encombrement qu'il est difficile d'évaluer, mais qui représente un minimum de sept camions. Il faudra bien entendu que le transbordement se fasse en pleine mer, à moins que d'autres dispositions ne soient prises. C'est d'ailleurs ce à quoi je pense actuellement. Et sur ce point, ma manière de voir est très nette. Il faut franchement et résolument décaler le lieu de l'atterrissage. Dans le triangle formé par Bilbao par exemple, à l'ouest, La Rochelle au nord et Biarritz-Bayonne au centre, la mer est littéralement infestée de navires de surveillance de tout ordre singulièrement depuis qu'un grand nombre de chalutiers, barques, bateaux de pêche ont quitté Gijon pour les côtes de France. Il est clair que tout navire qui tentera d'atterrir dans ces parages, sera immédiatement repéré et questionné. Il lui sera pratiquement impossible d'opérer son délicat et long (trente-cinq tonnes) transbordement. Il faut aller en Bretagne. Là-haut, l'on peut dire qu'il n'y a presque plus de surveillance. De surcroît, l'on n'aura jamais l'idée que des audacieux viennent y décharger des armes.

Mercredi 27 octobre, minuit dix.

Il s'en faut que la visite de Bernardet ait éclairci la situation de nos armes. Il y a autant d'inconvénients à faire venir notre matériel à Pasajes qu'il y en a à ne pas le transporter. Dans les parages de Pasajes, et dans le port même, il y a un grand nombre de rouges, tranquilles, mais non repentis. Le parc d'artillerie de Valladolid et singulièrement de Salamanque redoutent que si les armes sont transférées trop tôt, le secret soit bientôt éventé, car il faudrait que le chargement restât trop longtemps dans ce port. C'est une objection, et grave, que je n'avais pas fait entrer en ligne de compte. Il ne peut donc s'agir de constituer une sorte de dépôt flottant comme Orain m'avait dit qu'on le ferait. Le problème est renversé. D'ailleurs, l'on aurait tort de croire que les armes peuvent venir de Valladolid en quarante-huit heures. Il faut d'abord attendre les wagons pour charger caisses et colis. Et nous sommes en Espagne. C'est en mettant les choses au mieux, une bonne semaine d'attente en perspective, plus le voyage. Nous ne sommes donc point au bout de nos attentes.

J'ai vu Armedo qui me crée une identité espagnole. Je m'appellerai je crois, don José Irribaren et maman Sinora. Avec ce papier, je pourrai, je pense, circuler dans toute l'Espagne nationale.

Vendredi 29 octobre, minuit cinquante-cinq.

Ce soir, avant dîner, j'ai passé quelque temps à « La Marina » où j'ai rencontré ou revu les uns et les autres, et singulièrement les deux B.[1] de retour du front des Asturies avec leur colonne. A vrai dire, ils n'ont vu que peu de chose. Ils ont mis trois jours pour arriver à leur destination où ils étaient dimanche. Ils ont donc à peine eu le temps de prendre le vent et d'entrer en contact avec leur unité. Hier ils s'embarquaient avec environ deux mille hommes de troupes à Gijon et ils sont arrivés aujourd'hui à treize heures à Pasajes. Leur impression de ce premier contact avec l'Espagne en guerre confirme tout ce que l'on savait sur les Espagnols. Le désordre au front et l'indiscipline paraissent être la règle. Même chez ces troupes nationales, braves et ardentes, il n'y a aucune trace de cette tenue et de cet ordre qui seraient cependant si utiles. De belles qualités et de grandes quantités de marchandises et d'armes et de munitions sont ainsi gaspillées. C'est ainsi que presque tous les approvisionnements pris aux rouges ne sont pas versés à des unités régulières qui seraient chargées soit de les employer, soit de les distribuer à ceux qui en auraient besoin. Chacun se sert et gaspille lamentablement.

1. Bourain et Bruchet.

Dimanche 31 octobre, minuit cinquante.

La lettre pour Hélène est partie ce matin. Et c'est dimanche. Naguère le dimanche, à cette heure-ci, nous étions dans les bras l'un de l'autre. J'aurais voulu lui rappeler hier soir quelques tendresses, mais comme j'envoyais ma lettre ouverte, je n'ai pas pu. Je n'ai pas pu lui parler de caresses chaudes, ni lui dire avec quels délices mes mains, se coulant sous sa robe, trouvaient tout de suite ses cuisses nues, ses bellès cuisses larges, fraîches, qui ne faisaient point de manière pour s'ouvrir et après ses cuisses, ses fesses nons moins nues et non moins belles, ses fesses provocantes et pointues, ses fesses partagées par un sillon profond où je coulais mes doigts avec quelle ivresse et mon phallus avec quelle volupté. Et après ses fesses son ventre en suivant le sillon arqué où dormait son sexe. A la vérité, il ne dormait jamais longtemps, mes doigts avaient tôt fait de le réveiller, et de son ventre je remontais, toujours dans la plus franche nudité, jusqu'à ses seins trop plats et presque inexistants. C'est là son défaut. Vraiment Hélène manque de seins. Quel dommage! Avoir des seins beaux mais point trop gros ni trop pesants est pour une femme un affolant attrait. Sur ce point, la froide Lucienne était bien partagée, en revanche, il lui était parfaitement indifférent que je les lui caresse. Elle ne bougeait pas. Tantôt je les étreignais à travers sa chemise, mais le plus souvent je passais ma main sous l'étoffe et le long de sa cuisse et de sa hanche droite, car elle était tournée contre le mur et me tournait le dos, j'atteignais ces tendres fruits. Mes doigts couraient de l'un à l'autre, mes paumes les pressaient, longuement, je chatouillais leurs tétines qui se dressaient sous la caresse. Rien n'y faisait. La Lucienne n'interrompait pas son sommeil. Dans les séances amoureuses, à peine hebdomadaires, j'avais plus d'audace mais non pas plus de succès. Souvent je la chevauchais, je m'asseyais sur son ventre et je poussais voluptueusement mon phallus entre ses seins, et alors je les pressais ardemment l'un contre l'autre. C'est à peine si ce petit jeu l'amusait un instant. Elle regardait ce gros membre monter et descendre sur sa poitrine, mais elle n'éprouvait l'envie ni le besoin de le caresser, de le presser, de le porter à sa bouche. Quelle différence avec l'ardente Hélène! Vraiment je ne devrais point écrire ici ces indescriptibles voluptés et cependant j'ai le plus grand plaisir à les écrire, et à me les rappeler. Si je m'écoutais, j'en dirais bien d'autres. Ma chère Hélène, je te voudrais nue dans mes bras, nue et délicieusement provocante, je voudrais surtout te l'écrire. Il va falloir que je trouve un biais, mais comment confier une pareille lettre même cachetée à un quidam? Ma chère Hélène, je rêve à tes tendresses et à tes voluptés. Leur souvenir échauffe mon cœur et ma chair. Dans un instant, couché, je vais pouvoir y rêver tout à mon aise.

Lundi 1er novembre.

Jakubiez s'est fait arrêter près de la frontière suisse alors qu'il transportait cinq mille cartouches. Il a été envoyé au dépôt avec une inculpation de trafic d'armes et, naturellement, on l'implique dans la même affaire que « Harispe et autres » pour me servir du style officiel. Nul doute que ce ne soit là un nouvel et assez grave ennui. Aussurément, l'on se remettra de la perte de Jaker qui ne manquait pas de courage, mais qui avait fort mauvaise tête. Cependant il est fort ennuyeux que des pertes se renouvellent ainsi. Eugène Deloncle a dû certainement passer par de très vifs éclats de colère, car il n'est point douteux que cet accident ne resserre dangereusement le cercle déjà trop étroit qui nous entoure.

Mardi 2 novembre, minuit trente.

Grande joie ce soir dans notre petit ciel. Enfin, enfin les bagages sont arrivés au grand complet. J'étais à « La Marina » dans l'attente de voir Bernardet arriver. Bernardet ne se montrait pas. Tout à coup le caissier fit un signe que je ne pris d'abord pas pour moi, puis il renouvela son geste. Je me levai et je compris que l'on me cherchait. Il y avait là un petit homme et dehors une voiture à bras chargée de nos cinq valises et sac, et de ma grosse malle. Tout est bien arrivé. Il ne pouvait être question de monter au quatrième les 88 kilos de la grosse malle armoire. Les tiroirs prirent seuls l'ascenseur avec les valises et le sac.

Mercredi 3 novembre, minuit cinquante-cinq.

J'ai écrit à Hélène une très longue lettre amoureuse. Elle partira par Bernardet, hélas! car il ne saurait être question d'inviter la censure espagnole à lire mes épanchements amoureux. Puisque j'enregistre les nouvelles, je noterai que le capitaine de S... que nous rencontrons ici actuellement, et avec qui les deux B. vont faire campagne, va être nommé commandant. C'est un grand honneur qui lui est fait et il est absolument exceptionnel. Ce sera le seul commandement d'unité qui soit confié à un étranger.

Samedi 6 novembre.

Ce soir, je suis restà à « La Marina » faire un bridge. Le capitaine de S... était des nôtres. Je dois dire que le bridge n'en fut pas meilleur pour cela. Ce matin, j'ai revu Armedo et cet après-midi j'ai eu nos passeports espagnols admirablement bien faits. C'est ainsi que je m'appelle José Iribarren y Garcia, que je suis naturellement de nationalité espagnole, que je suis industriel et célibataire, et que je suis né à Madrid le 24 novembre 1907 s'il vous plaît, ce qui me rajeunit un peu. J'habitais en dernier lieu dans la capitale Hortaleza 21, 1°. Sans doute ce « 1° » signifie-t-il 1er arrondissement. Je n'en sais rien. Peut-être ne serait-il pas mauvais que je le susse. Ce passeport a été établi le 20 novembre 1936. Il a été visé à Valence avec tous les caractères d'authenticité véritable, cachets, signature et le reste, le 12 mars, jour où je me suis embarqué sur le vapeur français *Médie-II.* Je me suis rendu à Marseille où j'ai été autorisé à séjourner quarante-huit heures, le 14 mars. Les cachets en font foi et le « commissariat spécial » l'atteste car son cachet « vu au débarquement » en témoigne. Un nouveau cachet du

16 mars certifie que je suis rentré par Irun en Espagne nationale. Photographie, empreintes digitales de garde civil, je suppose, rien ne manque. Maman a eu aussi le sien non moins authentique et non moins complet. Mais c'est par Barcelone qu'elle est rentrée en France pour revenir à Irun. C'est parfait d'autant que de tels passeports confèrent automatiquement la connaissance de la langue espagnole. Armedo voulait absolument voir Orain dont nous sommes complètement sans nouvelle. Bernardet, qui a fait cet après-midi une très rapide apparition à « La Marina », n'en a pas plus que nous. En revanche, il en avait une que nous nous efforçons d'interpréter. Il a reçu ce matin une lettre expresse de Paloc. Celui-ci lui annonçait sa prochaine arrivée. Il se rendait à Biriatou accomplir une mission spéciale dont le patron l'avait chargé. Il terminait cette lettre en disant :

« Si tu ne me vois pas arriver, préviens ma femme. »

Ce qui laissait supposer que cette équipée comportait certains risques. Il devait être arrivé ce soir à destination. Nous nous sommes tout de suite demandé quel pouvait bien être le but de ce voyage. Si le patron, et c'est peu vraisemblable, avait quelque chose de très urgent à nous faire dire, il y a Orain que l'on peut toujours joindre quelque part. Si cependant Orain est, pour une cause quelconque, inaccessible, Paloc peut venir à Saint-Sébastien, il a un passeport. D'autre part, Biriatou est sûrement un lieu de passage. On aurait donc quelqu'un à évacuer de toute urgence. Qui?

Dimanche 7 novembre.

Vraiment la réalité n'est pas au-dessous de l'idée que nous nous en faisons. Il n'y avait pas très longtemps que j'étais à « La Marina » quand j'ai vu paraître Armedo. Il m'annonça la venue d'Orain pour ce soir même. Il devait passer par la montagne et déjà Armedo lui avait fait envoyer une voiture. A partir de ce moment nous attendîmes. Une seconde fois Armedo revint, mais Orain n'était pas encore arrivé. Il était environ minuit. Armedo m'avait dit avec imprécision qu'il y avait dans un hôtel d'Irun un de nos amis, mais il ne sut pas me dire qui. J'énumérais plusieurs noms dont celui de Gabès[1]. il ne se rappela rien. Quand Orain arriva, je sus que c'était effectivement Gabès qui avait, hier soir, passé la Bidassoa. Poursuivi par toutes les polices de France, c'est lui que Robert Paloc avait eu la mission d'amener ici. Voici quelles étaient les précisions de cette affaire. Depuis quelque temps, la police voulait arrêter notre ami. Comme il lui était impossible de l'atteindre, elle voulut lui tendre un piège. Telle fut l'origine de l'arrestation de Jaker[2]. Celui-ci rentrait de Suisse avec une voiture *vide.* Il fut néanmoins appréhendé et accusé faussement d'avoir introduit des cartouches qu'il avait, prétendait-on, semé sur la route. C'était le prétexte qu'il fallait pour l'arrêter, car c'est par lui qu'on visait Gabès. La police n'ignorait pas, en effet, les rapports qu'il y avait entre eux, ou plutôt elle les soupçonnait. Un mandat d'amener fut décerné contre Jaker qui fut transféré à Paris. Là il fut interrogé à la P.J. Mais interrogé avec les dernières violences et quatre heures durant, selon le récit d'Orain. On le maltraita, on le frappa de toutes manières afin de le faire parler et avouer. Devant de pareils procédés, il prit le parti de répondre oui à toutes les questions. Ayant reçu ses « aveux », le juge d'instruction transforma le mandat d'amener en mandat d'arrêt. Jaker fut amené devant lui et de nouveau interrogé :

« Vous avez dit ceci?

« Oui.

« Vous avez reconnu cela?

« Oui, etc.

« Alors signez ce procès-verbal.

« Non. Je refuse parce que tous ces aveux ont été obtenus par la violence et n'ont aucune valeur ni aucune véracité. J'aurais répondu oui à n'importe quelle question. »

Sur-le-champ, un mandat d'amener a été décerné contre Gabès. On le cacha en banlieue quelques jours, mais il s'échappa pour venir à Paris courir la prétentaine. C'est alors que le patron le vit et le persuada qu'il fallait qu'il fuît en Espagne. Et le départ fut

1. Gabès, surnom de Gabriel Jeantet.
2. Jakubiez.

décidé. Sans qu'elle fût naturellement avertie de rien, la police n'en barra pas moins, à partir de vendredi, toutes les routes menant à la frontière espagnole. Police, gendarmes, gardes mobiles furent en alerte. Le signalement de Gabès avait été donné partout. La tâche de Paloc n'était pas mince. Il a parfaitement réussi. Et cependant il y avait partout des barrages : camions en travers des routes, barriques dispersées en chicane et contraignant les automobilistes à s'arrêter. Gendarmes et gardes mobiles vérifiaient les papiers et fouillaient les autos. L'habileté de Paloc et sa connaissance du pays déjouèrent tout cet appareil policier. Cependant, en passant devant le pont international de Béhobie, la voiture fut arrêtée par les gardes mobiles et les papiers vérifiés. Bien entendu Gabès en avait de faux et, suprême chance, si les gendarmes dans cette région avaient son signalement, les gardes mobiles ne l'avaient pas. L'on dit simplement, c'est-à-dire Paloc avec son calme ordinaire, que son ami et lui allaient dîner à Biriatou. Le soir même Gabès traversait.

Tout ceci est important pour nous, mais ces nouvelles ne sont guère que de l'anecdote en regard surtout de très graves événements qui se préparent à Paris. En effet, notre S.R. a été averti que le coup de main communiste[1] était décidé et qu'il aurait lieu dans la nuit du 16 au 17, à deux heures trente du matin. J'avoue qu'une telle précision donnée un si long temps à l'avance me laisse extrêmement sceptique. Et puis nous en avons tellement entendu parler de cette attaque communiste que notre faculté de créance est fort émoussée. Quoi qu'il en soit, admettons ces données qui, du reste, sont fondées sur toute une série de renseignements sérieux et qui viennent de notre agent de l'ambassade soviétique. Toute une série d'informations diverses et convergentes viennent les recouper. Après tout, il nous importe peu que les communistes fassent ou ne fassent pas leur coup. Ce que nous voulons c'est que, à un moment donné, ils en aient l'intention de manière à justifier, au moins en apparence, notre opération préventive.

1. Eugène devait en faire état devant le juge d'instruction le 28 décembre.

Orain vient avertir Salamanque d'urgence de cette menace. Il vient aussi dépanner nos armes que Gabès et moi serons chargés d'acheminer sur la France. Orain verra Nicolas Franco à qui d'ailleurs il est chargé de remettre une lettre du général Gamelin et une lettre du général Duffieux. C'est que l'affaire est d'importance pour l'Espagne nationale. On voit quel serait pour elle le désastre d'une prise de pouvoir, fût-elle provisoire, par les communistes en France. Du même coup, une force immense serait, bon gré mal gré, jetée dans la balance sur la frontière d'Irun. Orain va donc demander que le millier de volontaires français qui combattent dans les rangs de Franco soient concentrés sur la frontière espagnole et même qu'un bataillon, ou deux, de requeté leur soit adjoint éventuellement.

Autrement tout va bien à Paris. Le patron est dans une forme excellente. L'affaire Jean-Baptiste-Juif va se régler selon le scénario que Paris a monté. Jean-Baptiste est allé en Italie. C'est lui qui a assassiné Juif et peu de temps après son retour en Espagne, il a été tué à son tour sur le front. J'ai dit que le certificat de décès nous avait été fourni par Salamanque. Des lettres justifiant son départ en permission vont être établies. Comme d'autre part on aura la preuve de son passage à Nice, au début de décembre de l'an dernier, l'affaire juridiquement parlant ne souffrira aucun doute.

Mercredi 10 novembre.

Nous avons rencontré cet après-midi, le père Armand[1], ami de Bardane, et fervent nationaliste que Bardane veut et va faire affilier à l'organisation. Ce prêtre missionnaire et très allant, voyage beaucoup, et il a déjà eu l'occasion d'être ennuyé par le Front Populaire de France. Orain est rentré ce soir et rendez-vous a été pris après la fermeture du café pour que le père Armand soit mis au courant et que, d'autre part, Hautreux et Bardane prêtent serment. Il était près d'une heure quand Orain, rentrant de Burgos, est arrivé au café de la Marine. Il nous a dit en gros que toutes les

1. Le père Joseph Fily.

questions pendantes étaient réglées. Nous verrons tout cela après-demain avec lui, Gabès et moi. Il ne restera donc plus que l'exécution. Nous ferons les mises au point nécessaires et il faut espérer que, dans peu de jours, l'affaire sera définitivement mise en route. Il y a demain une messe à l'occasion de l'armistice et à laquelle nous assisterons.

Vendredi 12 novembre.

Une fois de plus notre pauvre pays, par l'ignominie de ses dirigeants criminels, a trempé dans l'horreur. Les avions qui sont venus bombarder Pampelune hier, à treize heures et demie, sont passés par la France. Ils ont survolé Cauterets, Saint-Jean-Pied-de-Port et le pays des Basses-Pyrénées. De la sorte, ils étaient assurés de pouvoir impunément commettre leur forfait. Je ne discuterai pas les conditions techniques qui auraient pu faire que l'on empêchât les avions de passer et de poursuivre leur route, je n'ai pas de compétence (cependant il est possible à des avions de chasse rapides de forcer des bombardiers à l'atterrissage). La question est ailleurs. Les avions rouges sont passés par la France parce qu'ils étaient assurés, absolument assurés, de n'être aucunement inquiétés. La complicité de la France officielle ne peut être éludée. Il y a seize mois que cette complicité est établie, seize mois qu'elle fonctionne sans une défaillance, sans aucun relâchement, seize mois que toutes les sollicitudes de nos gouvernements de fripouilles secondent, aident, poussent de tout leur pouvoir leurs frères en fripouillerie de l'Espagne rouge. Pour eux donc, il ne pouvait y avoir aucun doute. Qu'il y ait ou qu'il n'y ait pas, sur la frontière espagnole, de corps de défense aérienne ne fait rien à l'affaire. En sous-main, les avions rouges sont autorisés, invités à passer. Ils ont la garantie qu'ils ne seront aucunement gênés. L'affaire fait grand bruit. Il y a une protestation du gouvernement national en France. Il y eut ce soir un communiqué à la radio après le communiqué officiel. Les faits étaient relatés ainsi que les heures de passage dans les divers lieux. Ces événements ont été soulignés par le cri d'un énergumène, sans doute, mais un cri que l'on comprend : « Guerre à la France. » Les Français étaient assez nombreux dans ce café tenu par un Français. Bien entendu, il n'était pas question que nous disions quelque chose, de toute façon nous ne pouvions qu'observer le silence. Il est pénible, en toute circonstance, d'entendre vilipender son pays, il l'est bien plus encore de penser qu'en le voulant défendre on accroît son ignominie. Mais tout cela se payera de façon ou d'autre.

Je n'ai pu rien dire hier, de la cérémonie du 11 novembre. Une messe a été dite à l'église des carmélites où se trouvait réunie une nombreuse assistance. Nos deux jeunes amis, les deux B., ont eu leur place : l'un portait dans le chœur le drapeau espagnol, et l'autre le drapeau des Camelots du Roi, sous l'œil officiel du consul de France. Après la messe et l'allocution du père Armand, qui fit justement allusion aux deux volontaires français, tout le monde se rendit au consulat de France où nous pénétrâmes, sans oublier Gabès au derrière de qui pendait le mandat d'amener du juge Béteille.

Samedi 13 novembre.

Orain a donné à Gabès des lettres d'introduction pour toutes les personnalités importantes de Salamanque et de Burgos. Il se rendra très prochainement dans l'une et l'autre de ces villes. Déjà à la suite des dispositions qui avaient été prises, le matériel a été transféré de Valladolid à Pasajes où il est arrivé ces derniers jours. Armedo devait venir nous donner cet après-midi les caractéristiques des navires qui seront mis à notre disposition. Sans doute le verrons-nous lundi ou même demain. D'autre part, nous aurons notre chiffre, nous l'avons même. C'est d'ailleurs le chiffre utilisé par la province, il n'y a que l'indicatif qui change. Tous les messages sont surchiffrés, naturellement; c'est un vers d'une poésie de Verlaine qui en contient douze qui sert de clef. Pendant les mois pairs, on se sert d'un nombre pair de lettres, et le contraire a lieu pendant les mois impairs. Comme toujours c'est le nom de la ville d'où le message est expédié qui sert au surchiffrement. Toutefois, en ce qui nous concerne, nous utiliserons le nom d'une ville française des Basses-Pyrénées. Ce nom est de surcroît divisé en deux et la seconde partie se met devant la première, le tout est encadré de deux lettres extrêmes du titre, en initiales de l'organisation : *O*.S.A.R.*N*. Enfin pour compléter la clef, on ajoute la date, mais renversée. Ainsi si mon message est daté du 13, la treizième lettre de l'alphabet étant M. j'écris ONM. De sorte que si le nom de la ville est lourdes, j'obtiens la seconde clef suivante : ODESLOURNONM. C'est assez compliqué, j'en prends note justement pour prévenir quelque défaillance de ma mémoire. Il paraît vraiment impossible aux déchiffreurs de se tirer de là. D'autant que pour compliquer un peu plus l'affaire, le nombre de lettres indiquées dans le télégramme ou le message n'est pas exactement le même que le nombre réel de ces lettres, puisque l'indicatif n'est pas compris.

Dimanche 14 novembre.

Ce soir, vers sept heures, Bardane et Hautreux ont prêté serment, les voilà donc tout à fait des nôtres. Dans le courant de la semaine, Gabès va partir pour Burgos et Salamanque. C'est un voyage que j'eusse aimé faire mais Gabès est, sans doute, meilleur négociateur que moi, quoique j'eusse été bien capable de remplir la mission qu'on lui a confiée. Mais c'est surtout parce qu'il s'est occupé déjà de cette question d'armes et d'expédition des armes qu'il la reprend ici, assez naturellement d'ailleurs.

Lundi 15 novembre, minuit cinquante-cinq.

Nous avons ce soir très longuement parlé de l'état actuel de l'organisation. Il faut bien dire qu'il est précaire. Aux dires de Gabès, toute sa force ne repose plus aujourd'hui que sur Eugène Deloncle et sur Filliol. Celui-ci, malgré ses graves défauts, demeure toujours l'animateur de l'affaire dont Eugène est le cerveau. Gabès assure que « Fifi » n'est pas un danger pour l'organisation, il s'est tout de même assagi, il a un bon sens indéniable et enfin, ce qui est encore moins indiscutable, il n'y a plus qu'Eugène et lui. Les autres en effet, ont disparu ou fondu. Lainey tout à fait dégonflé a déjà dû repartir pour Papeete, Méténier trop bouillant et sans doute aussi trop impatient et trop ambitieux est rentré à Clermont où, sans doute, il ne cesse pas d'être des nôtres mais où il ne joue plus qu'un rôle effacé. Gabès lui-même est éliminé par la menace qui pèse sur lui. Certes, il est ici, mais ce qu'il y va faire aurait très bien pu être fait par moi. Selon lui, ce que la police doit chercher à faire pour isoler tout à fait le patron et pratiquement nous neutraliser, sera d'atteindre Filliol. L'on ne saurait dire, dans ces conditions, que nous avons, en fait d'hommes, beaucoup de cordes à notre arc. Il y a certes Orain qui va aller prendre sa place à Paris. Mais si Gabès a une entière confiance en lui quant à sa fidélité et à son bon vouloir, il craint avec raison qu'il n'ait pas cet esprit révolutionnaire et décidé qui nous a poussés Eugène, Filliol, Corrèze et moi, et lui-même aussi naturellement. Or sans les armes qui sont encore ici, l'on ne peut vraiment rien tenter. Tout repose donc sur ce transfert dans un délai des plus rapides. Et nous sommes ici au point mort. D'autre part, à la suite de la trahison de Loustaunau, tous les rapports avec l'armée sont à reprendre eux aussi. C'est un véritable travail de Pénélope et, pour me servir d'une expression bien usée, l'on ne peut pas dire que le temps travaille pour nous.

Le gouvernement ayant vent des préparatifs communistes, vrais ou supposés, aurait plus ou moins suspendu son action contre nous. Mais le danger passé, il reprendra du poil de la bête et de nouveau il nous inquiétera à moins qu'il n'essaye d'entrer en contact, comme on l'a laissé entendre. Ce ne peut pas être, pour nous, une solution, mais ce peut être un palier. Il ne s'y faut risquer, tout est péril.

Enfin pour ce qui concerne le coup communiste pour la nuit prochaine comme nous l'avait annoncé Orain, il y a dix jours, je ne parviens pas à y croire. Une pareille aventure proclamée tant de jours d'avance n'a guère de chance de réussir à moins qu'il y ait tromperie délibérée sur la date. Ceci est fort possible. Ce qui l'est également, c'est qu'il n'est guère commode et nous en savons quelque chose, de mettre en mouvement un tel appareil sans que des fuites en décèlent la marche. Attendons donc. Nos armes sont au moins à Pasajes. Nous pouvons les embarquer sur l'heure et prendre la mer la nuit suivante. Ou bien, si la frontière est tenue par nous, nous pouvons les acheminer par camions. Il faut attendre et voir.

Gabès m'a relaté dans ses détails, une nouvelle fois, l'affaire de Jakubiez à laquelle il est lié, au moins comme il la connaît. Jaker a parlé, à tel point que l'on a été perquisitionner à la villa peu de jours après son arrestation. La mère de Chéron et deux de ceux qui s'y trouvaient ont été arrêtés. On n'a rien découvert. Il n'y avait qu'une valise remplie de pistolets qui put être dissimulée à temps. Le lendemain la police est revenue en force cette fois, et surtout avec des terrassiers qui ont tout fouillé, qui ont retourné le jardin, abattu la cloison de briques de la cave, mis celle-ci sens dessus dessous. Mais ils n'ont ni découvert ni aperçu la fameuse chambre de torture qui avait donné tant de peine à construire. Ils ont brisé sans le voir le mécanisme qui en permettait l'ouverture. Au moment où Gabès rompait le contact parisien on en était encore aux conjectures sur la cause de cette perquisition, mais l'on suppose que l'on a trouvé sur Jaker, qui en est sûrement l'origine, une facture de briques qu'il n'a pas pu justifier et on l'a forcé à dire ce qu'il savait. Gabès suppose que par ses bavardages, Jaker a été vendu et que la police, étant assurée dès lors qu'il savait quelque chose, l'a poussé à fond. Il n'y a pas, d'après Gabès, d'autres explications. Et en effet, il paraît évident que l'arrestation arbitraire de Jaker à sa porte n'a été faite que pour atteindre Gabès.

LA « TRAHISON » DE LOUSTAUNAU OU LA CAGOULE ET L'ARMEE

Le maréchal Pétain sort une fiche de son tiroir :

– Voici les notes que je vous ai mises.

Le commandant Georges Loustaunau-Lacau, les larmes aux yeux, lit cette seule ligne :

– Cet officier a droit à toutes les ambitions.

– Voilà, conclut le Maréchal : le sujet, le verbe, le complément.

Il est vrai que Loustaunau-Lacau a droit à toutes les ambitions. Ce Béarnais qui affirme descendre d'Henri IV, étonnera et fera l'admiration de tous ceux qui l'ont rencontré – amis et adversaires – que ce soit à Saint-Cyr, dans les tranchées de 14 (« J'ai eu, dira-t-il au procès Pétain, sept citations et trois blessures comme tout le monde »), à l'Ecole de Guerre (major de promotion devant un jeune capitaine du nom de Charles de Gaulle), au cabinet du ministre, plus tard dans la Résistance (il fondera le réseau Alliance, l'une des plus importantes et des plus efficaces centrales de renseignements en territoire occupé), enfin à Mauthausen.

Pour beaucoup, Georges Loustaunau-Lacau est le fondateur d'une Cagoule militaire. En réalité, et Aristide Corre l'a bien compris lorsqu'il parle de la « trahison de Loustaunau », le commandant Loustaunau-Lacau s'est joué de Deloncle et de son organisation. Sachant que de nombreux officiers militaient dans les rangs de l'O.S.A.R., il suffisait à Loustaunau, fondateur et animateur d'un « groupe secret » chargé de démasquer les communistes infiltrés dans l'armée, d'obtenir les listes des « abonnés » militaires de La Cagoule...

Mardi 16 novembre.

Au moins théoriquement, c'est cette nuit même que les communistes doivent passer à l'attaque et faire leur coup de force sur Paris. Dans son numéro de samedi, *l'Action Française,* toujours indiscrète, l'annonçait. L'on peut donc dire, avec une assurance quasi absolue, que l'affaire n'aura pas lieu, au moins cette nuit. C'est un répit qui nous est accordé. Il peut être court. Par crainte de la dérision, je ne vais pas dire qu'il faut que nous en profitions.

Quand hier soir j'ai parlé de la villa de Rueil, j'ai oublié de mentionner que l'un de ceux qui y avaient été arrêtés n'était autre que Michel Bernollin. Les uns et les autres, Mme Chéron comprise, furent relâchés le lendemain. Cependant, ils avaient eu le temps d'être interrogés. A Michel Bernollin, on montra entre autres photographies celle de Filliol et le policier lui dit :

« Celui-là nous le connaissons, c'est le tueur! »

Nul doute que *l'Action Française* n'ait sa part dans ces révélations. D'après une information donnée par Bernardet, le consul de France à Saint-Sébastien sait que deux Français, Meunier et Gabès, sont à l'hôtel de Paris. Hautreux m'a averti en me disant qu'il fallait que nous quittions au plus tôt cet hôtel rempli de Français salopards. Il ne faut rien dramatiser. Nous avons rempli une fiche d'hôtel réglementaire, il n'y a donc rien de surprenant que nous ayons été signalés au consul par malveillance ou plus simplement par curiosité. Si nous déménageons hâtivement, nul doute qu'il en sera de nouveau informé et peut-être même inconsciemment par la police. Si au contraire nous découvrons un appartement, notre départ sera non seulement naturel, mais nous ne laisserons pas de traces.

Ce matin, Bernardet a fait arrêter par la Comandancia d'Irun le fameux Tcelie, qui était justement passé clandestinement en territoire espagnol. Cet individu fait partie de l'organisation qu'il a plus ou moins vendue. J'ai fait maintenir son arrestation et j'ai demandé des instructions à Paris par message chiffré.

Mercredi 17 novembre.

Que s'est-il passé à Paris? S'y est-il passé quelque chose? Je n'ai que des points d'interrogations à transcrire. Ils se sont levés en masse sur une très vague information que ce soir, après dîner, Bourain m'a transmise. Ce n'est d'ailleurs qu'une information seconde, Bourain ne l'ayant pas directement lui-même recueillie. Donc selon une transmission des « Postes parisiens », le gouvernement aurait découvert un mouvement d'une organisation de droite, trois ou quatre industriels auraient été arrêtés et un important dépôt d'armes aurait été trouvé dans une maison de ciment armé en construction. Telle est la nouvelle en trois lignes. Son imprécision est extrême. Bourain a parlé de soulèvement, au moins a-t-il utilisé le mot. Il est bien inutile de discuter. Mais il est insensé de croire que nous ayons bougé à Paris. D'ailleurs, s'agit-il de nous? Qui d'autre serait capable ou seulement susceptible de bouger? Et qui seraient ces industriels? Il y a Méténier, Eugène? Il est ingénieur. Peisseaux est fabricant de quelque chose. Mais qu'est-ce que Peisseaux? Mais ce peut être un coup entièrement monté par la police. Ou bien, Bourain le suggérait, en vue du mouvement communiste possible, n'y aurait-il pas eu alerte de nos troupes et un groupe ou deux n'auraient-ils pas été surpris chez un de nos amis avec ses armes?

J'ai bien entendu aussitôt essayé de joindre Armedo. Je l'ai découvert chez Nicolasa. Il n'était au courant de rien. Il a aussitôt, comme moi, écarté l'idée d'un départ prématuré alors que sept cent cinquante fusils mitrailleurs sont encore ici. Il devait s'informer et me venir voir à « La Marina » s'il apprenait quelque chose. Il n'est point venu. Le capitaine de S... se trouvait au café, je l'ai interrogé d'une manière vague et générale. Il ne savait rien non plus. Il a proposé que l'on passât au *Diario Vasco.* Peut-être serait-on renseigné? Là non plus on n'était au courant de rien. L'on essaya, sans succès, de téléphoner à l'agence Havas. Bref, j'ai épuisé toutes les possibilités d'information immédiate. Il convient donc d'attendre. Je suis tout à fait porté à croire qu'il s'agit d'une manœuvre du gouvernement pour nous perdre et rallier à soi l'immense troupeau des imbéciles. Peut-être est-ce même moins que cela encore. De toute façon, il convient que nous travaillions ici avec plus d'ardeur que jamais. Il faut que ces armes passent en France au plus tôt, de manière que nous soyons capables d'agir ou de réagir avec vigueur. Un coup même très dur ne doit pas nous décourager. Il faudra travailler plus longtemps, mais il ne saurait être question d'abandonner.

Jeudi 18 novembre, 13 heures.

Un petit entrefilet daté de Rome confirme, dans *El Diario Vasco,* mes craintes d'hier et la nouvelle vague. D'après cette note interrogative, on aurait découvert en

France un vaste complot contre la sûreté de l'Etat étendu aux principales villes de France. Naturellement on annonce la découverte de grandes quantités d'armes. Toutefois il n'est pas question d'arrestations. J'ai couru chez Armedo qui se montre ennuyé, mais qui n'est pas pessimiste ni d'ailleurs renseigné. Si l'affaire tournait mal pour nous, en France, nous ne pourrions plus espérer d'appui ici. Nouvelle raison pour hâter nos entreprises. Il ne faut plus attendre. De toute façon, je demeure persuadé que l'on a saisi très peu de chose si même, c'est le sentiment d'Armedo, le coup n'a pas été monté de toutes pièces par le gouvernement. D'autre part, Armedo veut voir Orain de toute urgence. Je lui ai remontré que, ignorant de ce qui se passe actuellement en France, il convenait d'être d'une extrême prudence et que, de surcroît, j'ignorais absolument où le joindre.

Si les choses ont mal tourné, j'espère que le patron, Fifi et les principaux chefs de l'organisation se sont tirés d'embarras et qu'ils pourront ou demeurer ou nous rejoindre. De toute façon, il ne faut absolument pas se décourager. Rien, je l'espère, n'est perdu.

Minuit cinquante-cinq.

Nos alarmes, hélas! n'étaient pas vaines. C'est avec un atroce serrement de cœur que j'ai lu les journaux français aujourd'hui à Saint-Sébastien. J'ai là *Le Journal* et *Le Matin* du 18, édition de province, c'est-à-dire des journaux imprimés hier après-midi et expédiés dans la soirée. Ce ne sont pas les dernières nouvelles. Elles sont catastrophiques et c'est un véritable désastre que subit notre organisation. Une série de perquisitions d'une extrême précision ont été opérées. D'abord la rue Ribéra et la rue Ampère simultanément. Inutile de dire combien ces fouilles ont été fructueuses. On y a trouvé une part importante de notre matériel parisien et il n'a pas fallu moins de trois camions pour emporter ce qui avait été saisi. Nous en sommes restés suffoqués Gabriel et moi. L'un et l'autre nous n'avons eu qu'un cri : « la trahison », et je reviendrai tout à l'heure sur ce point.

Naturellement il y a eu des arrestations mais en tout

petit nombre. D'abord Juchereau et sa femme, puis de La Motte-Saint-Pierre. Je passe sur tous les détails policiers de l'affaire. Rue Ribéra, les policiers se sont présentés et, presque sans hésitations, ils ont trouvé la fameuse cache qui était cependant fort bien dissimulée. Avant cependant d'y parvenir, ils avaient trouvé quelques caisses d'armes et de munitions qui eussent pu servir de paravent et limiter là les recherches. Mais nos sbires étaient informés. Comme par hasard, un des inspecteurs feignit de découvrir un trou dans une brique d'un mur, comme par hasard il fit fonctionner une porte que le hasard sans doute aussi avait placée là. Et derrière l'on trouva l'important dépôt d'armes, de munitions, d'explosifs que nous y rangions. Bien entendu M. et Mme Juchereau ont été aussitôt embarqués.

Rue Ampère, les choses se passèrent différemment. Les inspecteurs, samedi matin toujours, se présentèrent non pas à l'hôtel particulier où étaient nos armes, mais au garage de la M.S.P. au 20-22. Ils le fouillèrent toute la matinée sans aucun succès. C'est seulement à la suite de cette infructueuse tentative qu'ils se rendirent au 64 et que, sans la moindre peine, ils purent saisir armes, munitions, grenades, tout l'armement d'une brigade au moins. Comme les Juchereau, notre pauvre ami a été aussi embarqué.

La police s'est aussi rendue, une troisième fois, à Rueil-Malmaison. Elle a recommencé ses fouilles et cette fois elle a fini par découvrir la fameuse chambre secrète aménagée pour servir de prison et même mieux encore. L'affaire a un énorme retentissement. Mais cette information s'arrête pratiquement à hier midi. Dans un entrefilet, *Unidad* publie ce soir quelque chose de nouveau. Il y aurait eu, ce matin, une nouvelle perquisition chez un antiquaire où des armes auraient encore été découvertes. C'est pour nous un très grand malheur, un quart, peut-être même un tiers de notre armement parisien, est ainsi perdu. Mais le gouvernement a une peur effroyable. Toujours d'après la courte nouvelle de *Unidad,* il aurait fait garder militairement tous les édifices publics. Pour nous, nous sommes absolument sans nouvelles de Paris, quoique tous ces événements se soient passés samedi et jours suivants.

Mais notre liaison c'est Bernardet qui était absent de chez lui ces deux derniers jours. Les précisions des perquisitions, la sûreté des inspecteurs prouvaient qu'ils n'allaient pas au hasard. Du reste, *Le Journal* rapporte entre guillemets les déclarations de l'un d'eux disant que la police recherchait :

« Un abri bétonné qui leur était signalé et à l'intérieur duquel devait être caché un important dépôt d'armes. »

C'est pourquoi dès l'abord, Gabès et moi avons-nous admis la trahison nette et caractérisée. Non seulement aucun doute ne paraît permis mais tous les recoupements la confirment. La dernière perquisition chez l'antiquaire singulièrement a été, pour Gabès, plus au courant que moi des derniers changements, une véritable révélation. D'abord Bourain lui a toujours été suspect et il m'a énuméré les raisons qu'il avait de se méfier. D'autre part, il y a une singularité dans la seconde perquisition. Ne parlons pas du « 3 » depuis longtemps considéré comme brûlé et que seule une impérieuse nécessité força sûrement d'utiliser. Mais rue Ampère, il faut se demander pourquoi l'on se rendit d'abord au garage que l'on avait songé à utiliser il y a quelques mois et dont l'abandon fut peu après décidé à cause de son exposition et parce que, aussi, trop de monde avait fini par le connaître. Là les policiers n'avaient qu'une information erronée ou au moins fort incomplète puisque c'est par contrecoup qu'ils allèrent ensuite frapper à la bonne porte. C'est que le renseignement avait été donné par quelqu'un qui ignorait le 64 ou par quelqu'un désireux de donner le change. Enfin, après maint examen, Gabès sans rejeter l'hypothèse Bourain, a désigné Lainey comme le traître probable. J'ai été surpris, dans la mesure il est vrai, où je peux l'être. Cependant les arguments de Gabès sont forts. Lainey d'abord s'est si complètement dégonflé qu'il est sur le point de partir pour le Pacifique. Mais il manquait d'argent. Or nous avons été avertis qu'une femme se disant la maîtresse d'un membre de l'organisation, et dont le signalement correspondait étrangement à celui de la pseudo Mme Lainey, était venue à la P.J. proposer de faire de très importantes révélations sur les dépôts d'armes des Cagoulards. On avait trouvé qu'elle demandait trop d'argent et elle avait, d'abord, été éconduite. Puis les pourparlers avaient repris et Béteille avait vu ladite personne, ce qui est tout à fait exceptionnel, puis il l'avait présentée au directeur de la Sûreté : Moitessier. La femme était revenue à plusieurs reprises, trois fois dit-on, elle aurait eu, dans le cabinet du directeur, trois longues conférences de plus de deux heures car on avait fini par se mettre d'accord sur la somme à verser. Cependant, pour établir la trahison, il faudrait savoir quand a eu lieu cette entrevue. Si c'est il y a quelques semaines, il semble difficile d'admettre que la police ait attendu si longtemps pour agir.

Le certain pour nous, c'est que la matérialité des faits est incontestable. Les policiers, quelque malins qu'ils soient, ne devinent rien. Ils ont découvert ce qu'on leur a indiqué. Reste, évidemment, Jakubiez qui a parlé dans une large mesure mais il y a certainement des choses qu'il n'a pu dire et d'autre part, il y a déjà quelque temps que ses interrogatoires spéciaux ont pris fin. S'il avait dit quelque chose, alors pourquoi la police n'a-t-elle pas agi tout de suite?

Voilà où nous en sommes, consternés, abîmés devant ce désastre et l'anéantissement de ces prodigieux efforts pour sauver, après tout, notre pays. Nous allons faire tous nos efforts pour réparer ce malheur. Nous avons heureusement ici une fort importante réserve d'armes qui comblera les vides. Mais comment déclencher un mouvement dans des conditions aussi dramatiques et aussi aventureuses? Enfin, nous attendons des ordres dans la tristesse mais non dans le découragement. Quant au traître, il ne saurait y avoir pour lui de mort trop dure. Depuis plusieurs heures, il fait une tempête effroyable, image de bouleversements de nos cœurs. Tous les trois, maman, Gabès et moi nous avons très longuement commenté ces affreuses nouvelles. Nous nous demandons si rien n'est arrivé au patron. Car on annonçait aussi une sixième arrestation dont on ne disait mot. Qui donc était ce mystérieux arrêté dont on cachait l'identité? J'ai oublié de dire que sur dénonciation du P.S.F., évidemment, Anceaux de Dieppe a été aussi arrêté ainsi que son ouvrier, Asselin, qui est précisément l'homme qui a travaillé à La Jonchère.

Vendredi 19 novembre.

Déjà nous sommes rassérénés, autrement dit nous avons repris du poil de la bête. Les journaux d'aujourd'hui, pour une part, ne nous ont point annoncé de nouvelles catastrophes et la police se contente d'organiser le terrain conquis. Je suis très certain que de notre côté nous ne chômons pas. A la lecture des journaux et singulièrement du *Petit Journal,* non seulement nous avons pris une meilleure optique de l'affaire, mais nous avons vu que la police a beaucoup moins saisi d'armes que nous ne l'avions craint. En effet, au 64 de la rue Ampère, elle n'a trouvé que... des caisses *vides.* Pendant en effet que la perquisition se déroulait au 22, nos amis, combien magnifiques, déménageaient le 64. Gabès et moi nous en avons frémi d'orgueil. Ils ont donc vidé toutes les caisses qu'ils ont bien entendu laissées sur place, et ils ont filé avec les armes. Leur dévouement n'a malheureusement pas eu toute sa récompense. Car c'est au « 3 » qu'ils ont été porter une partie, certainement, du matériel ainsi libéré, faute de le pouvoir envoyer ailleurs. Par une bizarre malchance, un indice trouvé rue Ampère les a dirigés sur le « 3 » où ils ont trouvé un matériel qui, évidemment, n'aurait pas dû y être. Avec les indications, nous avons, Gabès et moi, reconstitué le mécanisme des perquisitions. La source incontestable est Jakubiez dont l'imprudence nous coûte ces déboires. D'une part, il « donne » Jeantet, Gabès et tout ce qui touche à la question d'armement. D'autre part l'on trouve sur lui des factures de briques et de matériaux divers pour La Jonchère, on le questionne, il explique. L'on découvre Asselin par une fiche d'hôtel, on suit la piste, on arrive à Dieppe. Asselin interrogé, parle. Il livre Anceaux son patron, que ce soit par bêtise ou autrement, il n'importe. Il dit que celui-ci l'a fait travailler à La Jonchère et aussi au garage de la Motte-Saint-Pierre. On y court. Par ricochet, on arrive à l'hôtel particulier de la même rue. On n'y trouve rien, mais l'indication de la rue Ribéra. Reste maintenant l'antiquaire qui paraît être en dehors de ce circuit. Il n'y a donc plus trahison comme nous le pensions hier, et les conclusions de Gabès avaient été quelque peu hâtives. Cela est infiniment préférable pour nos troupes qui peuvent admettre des imprudences mais qui ne toléreraient pas aisément une trahison à vrai dire difficilement imaginable.

A l'extérieur, je veux dire dans le pays, l'effet a dû être énorme. D'abord chez les nationaux. A l'annonce de cette nouvelle, ils ont dû être suffoqués. Quoi! les gens d'ordre ont su s'organiser en société secrète de cette envergure. Il y a eu un cerveau, et fort bien fait ma foi pour les diriger et les conduire. Et le gouvernement n'en a rien su, il n'en aurait même rien su du tout sans une imprudence qui a révélé un coin de l'affaire. D'ailleurs ils se sentiront touchés par notre malheur qui est le leur, qu'ils le veuillent ou non. Et cette affaire nous fait une énorme propagande. D'autre part, comme des journaux tels que *l'Action Française,* qui nous ont dénoncés comme étant de la police – que l'on se rappelle : « La police brûle ses Cagoulards », qui date tout juste de deux mois – vont être dans l'embarras le plus grand! Il est tout à fait impossible de nous prendre pour des pantins ou des gamins. Le temps en est passé. L'on ne peut plus dire que le F.M. que nous baladons dans les séances d'instruction est le seul que nous possédions. Les journaux comme *le Petit Journal* lui-même, sont mesurés et se gardent de nous jeter la pierre. Mais ils constatent la perfection de notre organisation et les caches secrètes font l'admiration de tous. A l'extrême-gauche, l'on a certainement poussé des cris horribles, et d'autant plus qu'on a plus peur. De ce fait, nous pouvons être assurés que tout coup d'Etat de gauche ne se produira plus. L'on était fier quand on ne sentait personne devant soi. Maintenant il faut déchanter.

Samedi 20 novembre, minuit cinquante.

Nous avons eu, aujourd'hui, des émotions diverses. D'abord j'ai appris vers deux heures que Léon et sa femme étaient arrivés à Saint-Sébastien. Ce fut une surprise car, celui-là, on ne l'attendait pas. Très compromis dans l'affaire du « 12 » (64, rue Ampère) dont il était le gardien et où il avait ses meubles, il a dû filer avec sa femme à une invraisemblable célérité. Lui d'ailleurs était à Nancy depuis quelque temps. Il rejoignit Bordeaux pendant que sa femme, accompagnée de Grosset, arrivait de Paris. Ils ont passé la Bidassoa hier soir. Ils ne nous ont appris que peu de choses, mais ils nous ont donné une grosse émotion. Léon assurait que le « 14 », le plus important de nos dépôts, avait été découvert. C'est le grand dépôt que Corrèze avait constitué du côté de la porte de Picpus. Il contenait, sans doute contient-il encore, plus de cent F.M. Beretta, d'innombrables munitions, fusils, grenades, etc. Cette perte serait un nouveau désastre. Heureusement, il n'en était rien. Aussi trouvâmes-nous secondaire la saisie d'un autre dépôt peu important, suivie de l'arrestation, bien entendu, de son détenteur. L'affaire se poursuit. Le gouvernement est dans un état d'alarme extrême. Il a pris des mesures très rigoureuses et Paris est pratiquement en état de siège. D'autre part, il y a eu une tentative contre le ministère de la Guerre. Quatre individus ont tenté d'y pénétrer sans succès. Ils ont pu s'enfuir en voiture sans être autrement inquiétés. Nul doute qu'il ne s'agit là de nos amis. Nul doute non plus qu'ils ne préparent quelque chose. Il avait déjà été question d'un piège à tendre à la police. Dans une maison inoccupée, hôtel particulier de préférence, on prépare un important fourneau de mine, une minuterie détermine le temps de l'explosion d'après l'ouverture obligatoire d'une porte. Tout le monde saute. L'on peut penser que, après un pareil coup, le zèle des enquêteurs sera atténué. L'affaire a été très étudiée et serait, selon Gabès, tout à fait au point. A ce propos, l'on a trouvé quelque part, dans un de nos dépôts, deux ou trois mouvements d'horlogerie et aussitôt le rapprochement a été fait avec les attentats de l'Etoile. C'est une chose qui ne peut avoir de suites. L'on peut en dire autant des pétards de cavalerie analogues à ceux trouvés à la porte du général Prételat. Où l'émotion a été plus vive, c'est quand nous avons cru que le dépôt de Picpus, le « 14 », était pris. Le matériel pris à Laon y est entreposé. Oh! ce n'eût pas été beaucoup plus grave au point où nous en sommes. Toutefois il y a au moins deux des auteurs de ce cambriolage sous les verrous.

Nous continuons à nous demander ce que va faire le

gouvernement. Va-t-il, poussé par son extrême-gauche, poursuivre l'affaire à fond et arrêter les chefs ou ceux qu'ils croient être les chefs, Dudu[1] par exemple, ou, craignant le pire, maintiendra-t-il sa lamentable inculpation de « association de malfaiteurs »? Le certain c'est qu'une arrestation sensationnelle pourrait avoir de très graves et immédiates conséquences. Que font nos amis? Sondent-ils la province pour savoir si elle est prête ou en état de partir? Paris n'agissant qu'un peu plus tard? Le certain c'est que l'effervescence est très grande en France. Cette agitation que nous souhaitions pour faire notre coup elle se réalise un peu tous les jours. Le public est vraiment sous le coup d'un événement proche et peut-être beaucoup le désirent-ils. Les éléments nationaux de l'armée, nationaux et ardents, n'attendent-ils pas un signal? Voilà les conjectures que nous faisons à longueur de journée. Nous bouillons, Gabès et moi, d'être ici dans l'inaction alors que peut-être l'affaire va se déclencher demain. J'ai une correction à apporter à ce que je disais hier. Il n'est pas exact que le « 12 » ait été déménagé le matin de la perquisition. Il était vide. C'est un acte de courage à déduire de notre bilan. Mais l'on peut être certain que nos amis l'eussent accompli s'il l'avait fallu faire.

Enfin, il faut noter une abjecte bave de Pujo dans *l'Action Française* de jeudi. Il continue de tourner la « Cagoule » en ridicule. Nous avions prévu ce qui arrive, dit-il. La police a aidé et protégé ses Cagoulards, maintenant elle les dénonce. C'est un immense éclat de rire dans le public, ne craint pas d'écrire ce malheureux. Comme l'imbécillité peut aller loin.

J'allais oublier de noter que nous avons loué une grande villa cet après-midi. C'est que, en effet, nous allons avoir beaucoup de monde à loger puisque l'arrivée du couple Léon porte déjà notre représentation « cagoularde » ici à cinq. Et il faut prévoir quelques autres arrivées. Filliol ne fait plus un pas dans la rue sans être suivi par une nuée de policiers. Corrèze et Jean sont eux aussi serrés de près. Orain vient lundi. Paloc aussi. Nous aurons donc des nouvelles fraîches.

1. Le général Edmond Duseigneur, président de l'U.C.A.D.

Dimanche 21 novembre.

Il n'y a que des compléments d'information. Toutefois, on annonce dans *Le Matin* d'hier une chose d'allure inquiétante :

« On a procédé vendredi à deux nouvelles arrestations auxquelles la Sûreté Nationale attache une grande importance. Les arrestations ont été tenues secrètes. Elles visent deux membres de la même famille qui auraient joué un grand rôle dans l'organisation des Cagoulards. »

Qui sont ces deux nouveaux arrêtés? D'abord Gabès dit : Eugène et Grosset. Ils répondent à une des conditions de cette note : ils sont de la même famille. Mais il m'a été facile d'établir que Grosset, venu conduire à Saint-Jean-de-Luz Mme Léon, n'a pu être arrêté ce même jour à Paris. Mais il y a Eugène et Corrèze. Ils ne sont pas, certes, de la même famille, mais depuis déjà plusieurs mois ils habitent ensemble, plutôt Corrèze habite chez Eugène. Il en est à un vague degré le parent et, en tout cas, il s'est fait passer pour tel. Voilà donc ce qui est à craindre. Cependant, dans *El Diario Vasco* de ce matin, l'on dit un mot rapide de l'affaire et la dépêche signale que la police connaît les chefs qui seraient bientôt arrêtés, quoique certains d'entre eux soient déjà en fuite. Cette note signale que les gares, les aérodromes et les frontières sont rigoureusement gardées pour empêcher toute fuite. Même en prison, le patron peut continuer d'agir par l'entremise de ses avocats. Il aurait de la sorte au moins une liaison quotidienne au cours de laquelle toutes les questions pourraient être débattues.

A côté de ces inquiétudes, il y a une excellente nouvelle. La majeure partie des armes qui nous ont été volées, a été déposée au parc d'artillerie de Vincennes. Or, tous les officiers des régiments d'artillerie actuellement en garnison dans cette ville sont des nôtres sous une forme ou sous une autre. S'ils demeurent dans les mêmes dispositions d'esprit, il suffira que nos amis aillent s'armer là-bas, et le tour sera joué. Cela sera sans doute préférable à un cambriolage préalable. A Vincennes, les armes ne risquent pas d'être saisies, n'est-ce pas? Autre chose. *L'Epoque* du 19, publiant sur l'affaire des informations, dit qu'il n'y a aucun rapport entre les arrestations et les perquisitions pratiquées le 16 septembre et celles d'aujourd'hui. A ce propos, elle reprend l'affaire Juif-Jean-Baptiste et publie la version que nous avons élaborée. Jean-Baptiste, qui trafiquait sur la Côte d'Azur avec Juif, eut avec celui-ci des dissentiments graves. Il serait rentré d'Espagne où il s'était engagé pour régler le compte de Juif. Ultérieurement rentré dans ce pays, il y aurait été tué sur un des front. Sans doute avons-nous fait passer cette information par le canal de Jehan de Castellane.

Lundi 22 novembre.

Me voici sous une autre latitude puisque nous avons déménagé cet après-midi. Aussi, dans une maison nouvelle, je me sens peu disposé à écrire longuement. Une fois de plus, le charme est rompu. Il faut encore se réadapter et c'est une chose que j'aime fort peu. De nouveaux murs, d'ailleurs blancs comme les autres, un nouvel aspect des choses et une maison un peu bien grande pour nous trois. Maman couche au premier dans une des grandes chambres. Gabès et moi nous sommes au second. C'est ce matin que les papiers ont été signés et c'est à la fin de l'après-midi que nous avons pris possession de la villa.

Ce matin en ouvrant la *Hoja Official del Lunes,* j'aperçus en dernière page un titre sur notre affaire. Le sous-titre indiquait qu'« un ingénieur parisien » avait été arrêté. Je n'avais aucun doute, ce ne pouvait être qu'Eugène. Ce n'était pas lui, c'était... Moreau de La Meuse! Ma stupéfaction fut sans bornes. C'était de lui qu'il s'agissait quand on parlait hier de deux membres de la même famille arrêtés. En effet, en même temps que lui, son fils était appréhendé. Dieu sait pourtant si celui-ci était étranger à la chose. Les journaux français ont confirmé bien entendu l'information de la *Hoja* en donnant détails et photographies. Un autre dépôt était d'autre part découvert : c'était celui de Villemomble. Cette précision de la police a quelque chose de diabolique. L'on dit bien que les voisins ont parlé, qu'ils ont vu ceci et cela. Mais cela ne peut tout expliquer.

Nous avons ce soir longuement parlé, Gabès et moi, de la situation du patron. Gabès croit que le gouvernement hésite à l'arrêter, comme il hésite à appréhender Duseigneur et Pozzo qu'il sait parfaitement être dans le coup. Gabès pense que le patron n'a pas hésité à faire jouer la menace et à forcer le gouvernement à temporiser pour nous donner le temps de réagir et de nous reprendre.

Mardi 23 novembre.

Gabès m'a confirmé par certaines précisions la pointe de défiance que j'avais pour Bernardet. C'est ainsi que j'avais grandement craint que Bernardet eût lu la très longue lettre que j'avais envoyée à Hélène. Je peux être persuadé maintenant qu'il l'a fait. J'en suis extrêmement fâché et certes, jamais plus, je ne confierai à Bernardet le moindre courrier. Il est évidemment un peu tard pour que je m'en avise. La défiance devrait être portée comme un parapluie. Bernardet est un personnage curieux. Il est dans le commerce de l'automobile. C'est, comme chacun sait, un domaine où l'on ne cultive pas le scrupule en serre chaude. Bernardet fait donc des affaires, il en fait tant qu'il peut, ce qui ne l'empêche pas, malgré tout, de s'occuper de notre entreprise et aussi de quelques autres choses. C'est ainsi qu'il fait partie, à je ne sais quel degré, de la S.I.M. (Servicio de Informaciones Militar), qui est le 2e Bureau espagnol. Il a ses entrées petites et grandes à Burgos et à Salamanque, il en fait état et il en tire un excellent parti. De surcroît, il ne laisse pas d'être quelque peu (quel dommage que l'on ne dise pas aussi : quelque beaucoup) hâbleur. Donc la plus grande réserve est, avec lui, de rigueur.

Il ne nous a apporté que peu de nouvelles. A Paris l'on aurait perquisitionné chez Grosset. Cependant les journaux disaient que l'on a, au contraire, fait visite à Eugène qui était en voyage, en Italie (dit-on dans la presse). En réalité, Eugène ne doit pas être à l'étranger. Mais Bernardet nous a apporté une nouvelle fort intéressante. A Paris, l'on sait que nous avons été trahis, ce qui est naturel mais l'on précise que c'est par quelqu'un haut placé dans l'état-major de l'organisation. Voilà qui confirme assez bien les soupçons que nous avons portés sur Lainey car qui d'autre pourrait être le traître? C'est sans doute ce que nous apprendrons par la presse elle-même. Car nous espérons que, même sans retard, les comptes seront réglés de telle sorte que nul ne puisse ni l'ignorer ni se tromper. Le traître, en effet, serait entre nos mains, il ne resterait donc plus qu'à lui faire payer son forfait. Certes, ce payement ne payera rien ou ne rachètera rien, mais il sera une bienfaisante leçon. La non-exécution du défaillant aurait plus d'effet négatif sur nos troupes que toutes les perquisitions du monde. Ce serait le plus sûr moyen de ruiner l'organisation. Nous avons Jeantet et moi l'absolue confiance que les choses iront comme elles doivent aller. Il semble que l'affaire tende à s'affaisser. Certes, l'on poursuit partout en France les recherches et les perquisitions. C'est ainsi que Bernardet nous disait que tous les abonnés de *L'Insurgé* allaient être perquisitionnés à leur tour. On fouille la banlieue grande et petite sans grand résultat. Il est visible que les lettres anonymes que lancent nos amis font courir les policiers dans tous les coins. Toutefois, aucune maison n'a encore sauté sous les pas des enquêteurs. C'est, certes, difficile à réaliser et il n'est pas certain que ce soit possible, tant les choses sont complexes.

Mercredi 24 novembre.

Une petite note parue dans *Le Matin,* édition provinciale, en dit long quoique par ses apparences, elle ne paye pas de mine. Elle est reléguée au bas de la quatrième colonne de la troisième page. Quand je l'eus aperçue, j'ai, une fois de plus, senti passer le vent de la défaite. La police est allée perquisitionner 78, rue de Provence, et elle y a découvert les archives secrètes du 2e Bureau, et vraisemblablement celles de Grosset[1]. Qu'y restait-il? Je n'en sais rien. Ces dossiers avaient

1. Henri Deloncle.

été épurés à maintes reprises. Nous avions passé, Grosset et moi, des après-midi à détruire et à brûler. Depuis mon départ, ces suppressions avaient certainement continué. Mais comment ces archives, après les tout derniers événements, n'avaient-elles pas été déménagées? C'est ce que nous n'avons pas réussi à comprendre Gabès et moi. Il y avait une semaine que la grande alerte avait été donnée. Il fallait donc déménager tout sans perdre un instant. Deux heures y eussent amplement suffi. Rien n'a été fait et si les choses les plus compromettantes avaient été détruites, il en restait cependant beaucoup d'autres. Le résultat c'est que Grosset, le marquis et même son comptable et la secrétaire, ont été interrogés très longuement à la P.J. Il y a neuf à parier contre un que Grosset est actuellement arrêté et ce qui est pire, que le patron est directement compromis cette fois. Je reviendrai sur ce point tout à l'heure. En conséquence, vraisemblablement, de cette découverte, Dormoy a proclamé hier en conseil des ministres, que l'on se trouvait en présence d'un véritable complot contre les institutions républicaines. Cela va faire riche demain à la Chambre où le gouvernement est en posture difficile. Il faut croire que l'affaire a un grand retentissement car les journaux de Saint-Sébastien en parlent assez abondamment. Ils citent largement, peut-être même dans son entier, la note du sinistre Dormoy. On donne beaucoup de détails où je retrouve les divers dossiers de mon ancien bureau. Il y est même question d'un matériel destiné à établir de fausses pièces d'identité, ce qui est parfaitement faux. Nous n'avions hélas! que quelques cachets inutilisables et quelques cartes d'électeurs de diverses provenances. Mais on y aurait, je pense, encore trouvé des livrets militaires qui avaient été dérobés je ne sais où. De surcroît, ces dossiers contenaient toutes les notes du docteur dont quelques-unes ont été saisies chez moi lors des premières perquisitions. Le rapprochement sera facile. Il y avait aussi toute la documentation communiste. Il y avait encore les fiches établies par Grosset et par moi sur les personnalités de gauche les plus diverses. Ceux que nous considérions comme les plus dangereux portaient à côté de leur nom un as de pique. Nul doute que le pauvre Grosset a dû être interrogé là-dessus pendant longtemps; puisqu'il n'est pas encore arrivé ici, c'est qu'il a été retenu par Béteille. Et j'oubliais, il y avait les comptes, les grandes comptes de l'organisation que Grosset tenait. Avaient-ils été détruits? Je l'ignore. Je le crois cependant. J'avais, pour ma part, détruit toute la comptabilité du 2e Bureau. Que n'avons-nous tout brûlé. Le vrai centre d'informations n'est pas là. C'est le toubib qui le tient. Il n'y a pas d'apparence que lui ait été le moins du monde inquiété. Ses services demeurent intacts au milieu de cette grande tourmente qui frappe l'organisation. Là, sans aucun doute, les plus rigoureuses précautions auront été prises. Gabès a été, tout à l'heure, extrêmement sévère pour Grosset. Il n'est que trop certain que les plus élémentaires précautions n'ont pas été prises. Pourtant, cette fois, la grande alarme sonnait jour et nuit. A la suite de cette affaire, Eugène est directement impliqué dans le « complot ». Il est heureusement hors d'atteinte et j'espère qu'il est réellement en Italie comme la presse l'annonce. Il pourra ainsi nous rejoindre et recommencer ici avec nous. La police croira avoir tout mis à jour et nous avoir démasqués. Plus que jamais nous nous cramponnons. Nous repartirons d'ici.

Justement nous avons eu, cet après-midi, la visite d'un commandant espagnol accrédité auprès de Nicolas Franco. Les services de récupération de l'armée espagnole seront en mesure de nous céder ou de nous donner plus de trois mille fusils Lebel, très peu approvisionnés en cartouches il est vrai. Ce n'en est pas moins un magnifique appoint. Aussi ayant largement considéré la situation, au moins telle qu'elle se présente aujourd'hui, nous avons admis, Gabès et moi, que l'affaire était perdue. C'est-à-dire que telle qu'elle avait été préparée, il n'est plus guère possible de l'exécuter. Il faut tout reprendre et le reprendre d'ici. Il faut armer la province à outrance, abandonner en surface Paris et attendre les derniers jours, en une quinzaine, regrouper nos gens et déclencher avec une grande rapidité et une grande force. Nous sommes l'antithèse de la durée. Nous avons lutté contre le temps et nous avons perdu. Souhaitons que ce ne soit qu'un retard de trois ou de dix mois. Malheureusement, nos pauvres amis vont moisir en prison pendant tous ces jours, et singulièrement Michel et Renne, qui ont été coffrés de bonne heure.

Jeudi 25 novembre.

C'est à une heure extrêmement tardive que je rentre de Burgos où, avec Bernardet, nous avons Léon et moi été faire une course fort rapide. Une stupide panne d'essence à quelques kilomètres de Saint-Sébastien nous a retardés d'une bonne heure. Je n'ai rien à dire de ce très court voyage fait presque entièrement de nuit. J'ai entrevu dans l'ombre la vieille cathédrale du Cid et une magnifique porte monumentale, dont j'ignore le nom, et qu'il m'a du reste été impossible d'examiner. Ce voyage était tout à fait inattendu, ainsi que la venue de Bernardet. Par lui nous avons appris des détails sur nos affaires. Le général Duseigneur est arrêté et notre ami Chéron, sergent pilote. Un mandat d'arrêt est lancé contre Eugène qui est, fort heureusement, en Italie. Mais contrairement à ce que je croyais, Grosset n'est pas arrêté. En revanche, Lemaresquier et ses employés le seraient, ce qui serait vraiment extravagant.

Sans doute l'arrestation de « Dudu » fera quelque bruit. Je ne dis pas hélas! dans la foule idiote et veule mais dans certains milieux d'aviation où Pierre Cot est détesté. Il faut noter que, à dessein ou par hasard, c'est justement « Dudu » qui a ranimé la flamme l'autre samedi. En tout cas, cette arrestation va transformer radicalement l'inculpation. Il faudra bien monter le complot contre la sûreté de l'Etat. Les journaux d'hier parlent du « mystérieux M. Grosset » qui a rasé ses moustaches. Il est question de la rue de Provence et de cette malheureuse « Caisse hypothécaire fluviale et maritime » qui n'est pour rien dans l'affaire.

Vendredi 26 novembre, minuit vingt-cinq.

A l'heure où je croyais Eugène en Italie, il était déjà sous les verrous. C'est plus qu'un coup très dur, c'est une catastrophe. Il a été arrêté hier matin jeudi à une heure, ou à minuit, place du Théâtre-Français. Comme un vulgaire malfaiteur on lui a passé les menottes. C'est navrant. J'ai frémi de fureur à la lecture de cet épisode. Sans aucun doute si Eugène a été pris c'est qu'il était résolu à se laisser prendre[1]. J'ai très souvent combattu cette manière de voir. Même si l'aspect extérieur doit quelque peu souffrir, il faut durer. Le procès est certainement pour nous un moyen, il ne peut être toutefois qu'un moyen accessoire. Il ne fallait pas demeurer même pour donner à l'affaire un caractère différent et noble. Car Eugène et le général Duseigneur sont inculpés d'association de malfaiteurs. C'est inouï! Bien entendu, Grosset est lui aussi arrêté. Quant à Jacques Corrèze, il est pour le moment en fuite. Parviendra-t-il à s'échapper et à venir nous rejoindre? Nous faisons les vœux les plus ardents pour qu'il y parvienne. Il est habile, débrouillard mais furieusement recherché. Il n'aura pas trop de toutes les ressources de son esprit. Il y a malheureusement Mme Deloncle, voudra-t-il la laisser seule dans ces circonstances? Et quelles consignes a-t-il reçues du patron? Quant à Fifi, il n'en a pas été un instant question. Sans doute est-il traqué et c'est pourquoi la police fait sur lui le parfait silence. Il est peu probable qu'il s'enfuie. Il l'est en revanche beaucoup qu'il agisse. Il va certainement regrouper ses types, les Baillet, les Gragnaire, les Lesage, les Tétard et sans oublier le très fidèle Pierre Fraisse. Nous nous attendons à quelque éclat, à quelque attentat. Ces gens sont redoutables et, selon les consignes reçues, ils sont capables des actions les plus résolues. Je les vois très bien, par exemple, et j'en serais de grand cœur, tombant par surprise dans un conseil des ministres et tuant tout le monde, ce serait peut-être un acte de folie, mais ils sont sûrement déchaînés. Mais combien de temps Filliol sera-t-il libre?

Les journaux sont remplis des détails fantastiques de l'affaire. Il semble que Grosset ait fort mal manœuvré dans ces graves circonstances. Il a nié qu'il fût Grosset, même devant les gens de la rue de Provence, puis il fut contraint de le reconnaître ensuite. Il fut tellement har-

1. Voir en date du « 30 décembre 1937 » le récit tout différent des circonstances de son arrestation.

celé de questions qu'il reconnut avoir fait partie d'une association qui, formée contre le communisme, avait constitué des dépôts d'armes. Enfin il fut interrogé sur l'origine des ressources de l'association. Il crut devoir dire qu'il en connaissait un (ou le) commanditaire seulement sous un prénom et qu'il ne l'avait jamais rencontré que dans un café. Pour la presse, il est déjà « le mystérieux M. Grosset ». Il n'est pas non plus question de moi ce qui paraît suspect, car il n'est pas douteux que Maneby, le comptable de la Caisse hypothécaire que je connaissais bien, n'ait signalé que Grosset n'était pas le seul à venir rue de Provence d'une part, et de l'autre un certain nombre des papiers saisis chez moi appartiennent aux séries trouvées dans ce bureau. Sans doute aussi ne veut-on pas m'effrayer.

Samedi 27 novembre.

C'est Pozzo qui vient aujourd'hui prendre sa place dans « l'association des malfaiteurs ». Cette arrestation met, naturellement, en joie *Le Petit Journal* qui ne se tient pas d'écrire en titre voyant :

« Après avoir joué les « Basile » au procès de Lyon, Monsieur le Duc tiendra-t-il un rôle au procès de la « Cagoule »? »

Le procès de La Cagoule? Mais il ne viendra jamais. Cette arrestation fait grand bruit et « l'association de malfaiteurs » prend une singulière allure. Des mesures de police extraordinaires sont prises à Paris. Le ministère de l'Intérieur est mieux gardé qu'une forteresse et personne n'y peut entrer sans être interrogé, examiné, fouillé. La peur y règne sans conteste, et elle pousse loin. Tout cela ne pourra pas durer. Un jour viendra où l'on ne pourra plus garder les ministères et les monuments publics avec un tel luxe de gardes mobiles et d'agents. Alors, plus forts que jamais, nous apparaîtrons. Le coup est dur mais nous le tiendrons.

Hier encore, on a découvert un autre de nos dépôts, chez M. Parent, architecte et ami de Gabès. On y a pris une douzaine de fusils mitrailleurs et, paraît-il, la première mitrailleuse. *Le Journal* donne le compte, ou plutôt un compte de ce qui nous a été pris : une mitrailleuse, cent deux F.M. (Schneisser et Beretta), une mitraillette, trente-huit mousquetons et fusils de guerre, quatre-vingt-un fusils de chasse, quinze pistolets ou revolvers, deux bombes (?), mais deux mille neuf cent quarante-huit grenades chargées et neuf cent soixante corps. C'est ici que notre perte est le plus sensible. Il faut ajouter à cela cent quatre-vingt-cinq mille cartouches environ. C'est évidemment quelque chose, mais à l'exception des grenades, ce total ne doit pas être très supérieur au quart de notre matériel de Paris. Quant à la province, il ne semble pas qu'elle ait été touchée. Hier on est allé perquisitionner au moulin à Boissy-l'Aillery, en Seine-et-Oise. On a découvert le dépôt que Filliol avait fait aménager. Mais il était vide. En revanche, Huicq donna toutes les explications que l'on voulut. Fifi n'avait vraiment pas la main heureuse dans ses choix. Mme Juchereau, aussi, a tout donné, tout ce qu'elle savait. Confrontée avec Grosset elle le reconnut, dit qu'elle avait reçu de l'argent de lui, que c'était lui qui avait loué les caves. Grosset a nié avec énergie et d'ailleurs il s'est fort bien défendu. Et j'apparais à mon tour dans l'affaire. Grosset a en effet raconté que l'année dernière il avait rencontré dans un café un certain « Dagore »[1] (d'après *l'Action Française,* d'autres journaux écrivent Tagore), avec qui il s'était lié et d'un commun accord il avait été décidé de fonder un bureau de renseignements anticommunistes. Dagore avait introduit Grosset auprès d'un certain Leone, bailleur de fonds, tandis que Grosset obtenait que son frère lui trouvât un bureau. Bien entendu, Eugène Deloncle ignorait complètement l'activité anticommuniste de son frère. La police tient ces déclarations pour fantaisistes, mais elle n'en recherche pas moins Dagore et Leone.

Le Journal donne une belle photographie du patron. Il y apparaît farouche, plein d'énergie et de fureur, les traits tirés et portant une barbe de deux jours. Toutes les avaries que nous subissons se payeront extrêmement cher. Et que devient Corrèze? On n'en donne aucune nouvelle. Il n'est certainement pas arrêté, mais je crains qu'il ne joue avec le feu. Quant à Fifi, on n'en

1. Le nom de guerre d'Aristide Corre est en réalité « Dagore ».

souffle mot nulle part. Il est cependant connu, visé, épié, surveillé. A peine la police a-t-elle besoin d'un prétexte pour l'arrêter et sûrement devrait-elle juger cette arrestation nécessaire. Certes, Filliol est homme à se bien cacher et même à se bien défendre. La police attend-elle son moment ou Filliol lui rend-il plus service en liberté qu'en prison? Ne l'arrêtera-t-elle que quand il aura épuisé toutes ses possibilités? Le certain c'est qu'il sera le dernier à quitter Paris de son plein gré et il n'a plus maintenant aucun frein qui le retienne, ni aucune voix qui le raisonne.

Dimanche 28 novembre.

Nous continuons d'être grignotés par la racaille. Hier c'est notre ami de Douville qui a été arrêté en tant que secrétaire du général Duseigneur. Il a été appréhendé de la façon la plus illégale qui soit. Venus chez lui sans aucun mandat, les « poulets » voulurent néanmoins l'emmener. Il s'y refusa avec énergie mais il fut entraîné de force rue des Saussaies avec les violences que l'on devine. Nous devenons tous les jours davantage plus enragés. Nous sommes détenteurs d'un compte créditeur qui s'accroît sans arrêt et que nous saurons nous faire payer avec un terrible intérêt. Aujourd'hui l'on nous croit faibles et surtout l'on nous voit vaincus. Il n'en sera pas toujours ainsi. Les nationaux continuent de nous prendre « à la rigolade ». L'on verra bien et l'on notera ceux qui changeront d'opinion les premiers. Ils seront les moins perdants.

Pujo continue. En voilà un qui ne sera pas raté. *Le Journal* note que « les circonstances dans lesquelles M. de Douville a été appréhendé n'ont pas été sans provoquer quelque émotion ». C'est un petit commencement. Déjà les avocats réclament et protestent. On sent là la main vigoureuse d'Eugène qui va donner son impulsion à cette affaire et la faire terriblement mousser.

Enfin les journaux m'apprennent, *Le Matin* en première page, que la police est venue perquisitionner chez moi. C'est-à-dire que l'on était venu pour me cueillir et l'on a trouvé que j'avais « mystérieusement disparu ». Ils ont fait, ces cochons, une première visite vendredi après-midi et ils sont venus samedi matin. Ils n'ont rien trouvé, ils ne pouvaient rien trouver. On n'en a pas moins emporté un « mince bagage de papiers et de documents » dont mon courrier. La concierge a admirablement répondu. Mais dans quel état ces bandits ont-ils laissé l'appartement sur lequel les scellés ont été apposés? J'avais demandé à Hélène qu'elle vînt prendre mes lettres, elle n'a rien fait apparemment.

Corrèze demeure toujours introuvable. Nous espérons qu'il aura pu s'échapper et que nous le verrons ici prochainement. A l'heure présente, il est tout à fait inutile de rester se faire prendre en France. Il nous sera infiniment plus précieux que derrière les murs de la Santé. J'allais oublier de noter que l'on a trouvé dans l'hôtel particulier des Parent une des mitrailleuses prises à Laon.

Mardi 30 novembre, minuit quarante.

J'ai eu un moment de vive inquiétude aujourd'hui en songeant à mes carnets. Ils sont chez Jeanne B., apparemment dans une parfaite sûreté. Cependant, une fois de plus, j'ai été amené à me demander si par une malchance, à la vérité fort incroyable, la police ne pourrait parvenir à les découvrir. Imaginons par exemple que, à la suite de la perquisition de la semaine dernière à la maison, perquisition renouvelée le samedi matin, la police ait découvert l'adresse de Jeanne B. et supposons encore qu'elle ait la curiosité d'aller lui faire une visite. Ce pourrait être suffisant. Ces notes découvertes, ce serait alors la catastrophe dans toute son étendue. Il serait tout à fait impossible de limiter les dégâts, et je n'aurais vraiment plus qu'à disparaître. Il n'apparaît pas que maman ait laissé, par inadvertance, traîner de vieilles lettres de Jeanne, ni que j'aie gardé de vieilles enveloppes. Malheureusement le fond de doute qui est à la source de toute inquiétude humaine, m'a torturé littéralement pendant deux ou trois heures. J'ai demandé à maman qu'elle écrive sur-le-champ à Paris.

Mercredi 1er décembre, minuit trente.

Les nouvelles de France, sans qu'elles soient très mauvaises, sont peu encourageantes. C'est ainsi que l'on a découvert hier matin au Bois de Boulogne, dix-huit caisses de grenades, soit en tout cinq cent soixante-seize. L'un des nôtres s'est donc honteusement dégonflé. Bien entendu, cela mérite salaire. Il sera très aisé de savoir qui. Ce compte sera réglé en son temps. C'est pour nous une perte nouvelle et sensible, mais aucunement irréparable. C'est malheureusement un fort mauvais exemple. Il l'est d'autant plus que la police prétend avoir découvert et déchiffré des listes 78, rue de Provence. C'est faux. Elle annonce qu'elle connaît les livres qui ont servi à chiffrer les noms[1]. C'est faux! La preuve que c'est faux c'est qu'elle assure que chaque membre de l'E.M. possédait un exemplaire du livre qui servait à chiffrer. C'est faux. Ce qui est encore faux c'est le système qu'elle explique. La police peut toujours courir et longtemps chercher, de ce côté je suis parfaitement tranquille. L'on peut redouter, en revanche, que plusieurs prennent peur en voyant une telle publication. Et sans doute l'abandon des grenades en est la conséquence. Je ne doute pas d'autre part qu'il n'y ait une vive réaction de notre part. Par suite de dénonciations indirectes, une perquisition a été faite chez le docteur Blondin-Walter qui est gardé à vue. Ce sont les brancards trouvés rue Ampère qui ont déclenché cette nouvelle action de la police. La personne qui avait acheté ces brancards à Bordeaux a dit qu'ils étaient destinés au docteur Blondin-Walter. Ce sont là, évidemment, menues choses eu égard au reste.

Samedi 4 décembre, minuit quarante-cinq.

Maneby et Le Maresquier ont été interrogés. Le premier n'est absolument pas « Cagoulard », il ne peut

1. A cette date j'ignorais encore l'interrogatoire de Bourricot et sa forfaiture. La perquisition chez moi était l'immédiate conséquence de ses dénonciations.

donc rien savoir. Quant au second, il l'est, certes, mais peu. Il n'a jamais été mêlé à rien et il ne sait pratiquement rien de l'organisation. Jakubiez se présentait devant le juge pour obtenir sa mise en liberté provisoire. Elle lui a, naturellement, été refusée. Différents journaux indiquent que Jakubiez était chaussé de pantoufles et avait encore un bras bandé, traces du traitement qu'il a subi il y a plus d'un mois, de la part des inspecteurs : il a en effet été arrêté le 21 octobre. A la fin de la journée, ce fut au tour de Grosset, assisté de ses deux avocats, maîtres Laurencélie, beau-frère du patron, et du Moulinet d'Hardemare qui, lui, est des nôtres. D'autre part, la police prétend avoir trouvé, rue Ribéra, un état de répartitions des armements sur lequel on pouvait lire entre autres : « Fusils mitrailleurs Maxims : deux à l'U.C.A.D. – Mitrailleuses Lewis : le tout à l'U.C.A.D. » Il paraît que ce sont ces « preuves » qui amenèrent l'arrestation de « Dudu », de Pozzo et de De Douville. D'après Léon, Gauville serait le responsable de ces inscriptions. N'ayant aucune mémoire, il notait tout et partout, et égarait ou jetait volontiers ses vieux papiers. Pour moi, je l'ai vu souvent sortir de sa poche un carnet où était consigné le détail des répartitions d'armes dans les brigades. Je lui en ai fait la remarque et j'ai attiré l'attention sur le danger de ces pratiques.

Dimanche 5 décembre, minuit cinquante.

Aujourd'hui quelques nouvelles. Terraille, mon ancien agent (Georges) du B.B., a été arrêté. Il est le cousin par alliance d'Eugène mais il est aussi le neveu de Mme Lécuyer chez qui, dans la forêt de Fontainebleau, on a trouvé un atelier de chargement de grenades. On prétend, de surcroît, à la police, qu'il était le chauffeur du patron. Ce doit être inexact. Il était resté au B.B., mais il est certain que, après mon départ, il a pu être employé ailleurs. Enfin, en dehors de ces différents chefs d'accusation, plus prétendus que réels, la Sûreté croit qu'il servait d'agent de liaison entre les membres de l'état-major de l'organisation. Mon ancien et fidèle collaborateur a été écroué. En revanche, Le

Maresquier et Maneby ont été mis en liberté provisoire après que Grosset les eut lavés. En cette occurrence, il ne semble pas que Le Maresquier ait agi avec toute la correction que nous étions en droit d'attendre de lui. Il a, en effet, déclaré que, à la demande d'Eugène Deloncle, il assista une fois à une réunion anticommuniste, mais il refusa de donner son adhésion au groupement. Si cette déclaration est fidèlement rapportée, elle est singulièrement fâcheuse. Le Maresquier, pour se dépétrer, n'hésite pas à nous enfoncer et même à nous dénoncer. L'on va mettre Eugène en présence de ce témoignage qui ne pourra que l'embarrasser au moins un instant. Le Maresquier aurait-il oublié qu'il avait effectivement prêté serment? En ce cas, il aurait tort.

Le cas d'Huicq qui, l'autre jour, s'était déjà lamentablement dégonflé, est beaucoup plus grave. Amené à Vincennes où sont entreposées les grenades saisies, ce traître a reconnu les caisses sans que l'on eût besoin de faire sur lui une grande pression. Il a affirmé que celles naguère entreposées chez son patron Delacour étaient identiques à celles qu'on lui montrait. Voilà encore un cas d'extrême clarté. Fleury, l'ancien chef de la cinquième brigade a aussi été convoqué et assez longuement interrogé, mais il ne semble pas qu'on ait rien relevé contre lui. Il n'y a donc que des nouvelles du second ordre.

J'ai fait tantôt, en allant au cinéma, une chute brutale. J'ai glissé devant le Kursaal sur l'asphalte mouillé grâce, si je puis dire, au dérapage de mon talon d'acier. Je suis tombé tout de mon haut sur le haut de la fesse gauche, j'ai eu très mal et je n'ai pu me relever tout de suite. L'affaire aurait pu être beaucoup plus grave. Il n'y aura aucune suite, mais j'avais une enflure grosse comme la main. Maman m'a fait une friction à l'arnica, mais c'est encore très douloureux.

Lundi 6 décembre, minuit quarante-cinq.

Nous avons eu aujourd'hui des nouvelles directes de Paris par Bernardet. Celui-ci, vendredi je crois, a reçu une lettre de Paloc. Les nouvelles ainsi reçues sont excellentes. Tout va très bien partout. Tout le monde est plus gonflé que jamais compte tenu des quelques dégonflages dont nous avons eu les échos qui sont presque toujours inévitables en de pareilles conjonctures, et qui constituent certainement une épuration nécessaire. L'on a moins de mal à reprendre en main l'organisation qu'à retenir Fifi. Les nouvelles sont naturellement vagues, la précision ne pouvant, il va de soi, être répandue dans une lettre de ce genre. Il y avait un petit point noir. L'on se montrait ennuyé d'une toute récente arrestation. Nous avons parlé de Terraille. Bernardet ne savait pas de qui il pouvait s'agir. Mais Gabès et moi nous montrâmes quelque surprise car enfin Georges, s'il connaissait bien des choses, n'était cependant pas un rouage essentiel. Mais la lecture des journaux, ce soir, nous ouvrit les yeux sur cette inquiétude. On signalait en effet l'arrestation de De P..., le secrétaire du « toubib ». C'est un indice inquiétant car, cette fois, c'est le S.R. qui est atteint. De P... était filé depuis plusieurs jours et nul doute qu'il se méfiait. Il ne se méfia point assez. A la sortie de chez lui, à Neuilly, il fut arrêté au moment même où il allait prendre le métro à la station « Sablons ».

D'après *Le Petit Journal,* de P... serait considéré, par les enquêteurs, comme le secrétaire du « C.S.A.R. ». Cet organe imbécile réclame toujours que l'on frappe « plus haut ». De toute évidence, il ne sait de quoi il parle. Cependant, de divers côtés, l'on a parlé de Daladier. Dormoy, d'après Gaxotte, l'aurait visé. Eugène, il y a quelques mois, avait songé à le faire compromettre. C'est ainsi que, sur son ordre, j'ai fait traduire en russe et taper à la machine un texte obscur dont la prétendue traduction française donnait une clef en prenant la première lettre de chaque mot. On obtenait ainsi un petit texte de peu de mots où il était question de l'armement des communistes. J'avais tout préparé jusques et y compris la lettre d'envoi faite par un brave bougre, tout ce qu'il y a de plus imaginaire qui envoyait un renseignement qu'il estimait précieux et qu'il venait de trouver au ministère de la Guerre. La chose aurait été officiellement remise au 2e Bureau de l'armée, tandis que de notre côté nous aurions forgé une réponse de Daladier dûment signée de lui. J'ai remis tous ces papiers à Grosset avant mon départ. Se trouvaient-ils toujours rue de Provence au moment de la perquisition? Avaient-ils été utilisés? Pour moi, j'avais toujours considéré cette affaire comme chimérique et un peu puérile. Il n'aurait, il me semble, été que trop facile de montrer que toute cette machination ne tenait pas debout, que tout était faux de A jusqu'à Z. Eugène n'était pas de ce sentiment. Il me réclama, souvent, l'exécution de cet ordre. Il y tenait. Avait-il réellement raison? J'en doute vraiment. En tout cas, si ces papiers ont été saisis, ils ne pourront avoir beaucoup de sens. Quand je pense qu'un si grand nombre de choses sont écrites de ma main dans toutes ces archives du B.B. Si jamais je rentre en France avant tout le règlement de ces affaires, mon compte sera bon... si l'on me trouve.

Mercredi 8 décembre.

Les enquêteurs prétendent avoir découvert notre « code secret de correspondance », rue de Provence. Rien n'est plus faux et rien ne peut l'être davantage. Il n'y a jamais rien eu de tel rue de Provence. Mais on donne le titre du livre qui servait à ce chiffre prétendu. Le voici : « Economics for the general reader. » Or, ce livre est à moi; bien entendu. Il était rangé sur les étagères des w.-c. Il faut donc que les enquêteurs l'aient pris là lors de leurs dernières perquisitions chez moi ou que, au contraire, il ait été apporté à dessein rue de Provence. Gabès pense que tel est le cas. Il croit que, en hâte, Grosset a dû dresser une fausse liste des gens en vue au moyen de ce livre, c'est-à-dire d'un livre pris chez moi et qui se trouverait être celui-là. Il est assez peu vraisemblable, à la réflexion, que, sur tant de livres que j'ai, les policiers soient tombés sur ce livre américain[1] d'économie politique.

Jeudi 9 décembre, minuit.

Gabès et Léon parlent d'aller à Paris. Tous les trois nous pensons à Béteille et à Jobard, et nous nous

1. C'est certainement encore le bourricot.

disons qu'il n'est pas possible que quelque chose ne se fasse pas contre ces personnages. Il est temps que La Cagoule se manifeste. Ces derniers jours, *Le Matin,* je crois, nous apprenait qu'un restaurant socialiste avait sauté à Toulon et que son propriétaire l'avait échappé belle. Il avait pu s'enfuir en chemise et en hurlant, n'ayant été que blessé. Dans le même Toulon, quelques jours plus tôt, un loueur de salles publiques avait été averti que s'il louait sa salle au citoyen Blancho, fripouille gouvernementale du Front Populaire, comme il en avait le dessein, la salle, tout ce qu'il y avait dedans et le propriétaire lui-même sauteraient. Pris d'une frousse, la salle fut refusée à Blancho. Ce ne sont là que de tout petits commencements. Donc, nous songeons beaucoup à Béteille et à Jobard. Voilà des lapins qui ont besoin de leçons et nous sommes incontestablement les plus qualifiés pour leur en donner. Et l'effet en serait certain.

Vendredi 10 décembre, 23 h 40.

Il fait très froid pour Saint-Sébastien, et même très froid tout court. D'autant que, ici, à mon deuxième étage, je ne suis aucunement chauffé. J'ai lu les journaux arrivés aujourd'hui, par chance a-t-on envie de dire. L'on y parle peu de notre affaire. L'on signale seulement que le général Duseigneur a été interrogé. A ce propos, il est question de moi, qualifié par *l'Action Française* de « Cagoulard en fuite ». On demande au général s'il me connaît, il répond négativement. Mais le général, à en croire *Le Matin,* me donne comme l'un des dirigeants du « C.S.A.R. ». Sous peu un mandat d'amener sera délivré contre moi. L'on demandait aussi au général quels étaient les rapports de Douville avec moi. « Demandez à de Douville », a répliqué le général. Peu de chose par conséquent.

En revanche, nous avons eu des nouvelles directes par Armedo que Gabès est allé voir ce matin. D'abord les nouvelles ne sont pas brillantes. L'ordre était donné de se terrer, de suspendre toute activité. L'on peut comprendre qu'une telle consigne soit donnée pour un temps très court. Le temps juste suffisant pour laisser les choses se tasser, pour se reprendre, se réorganiser sur des fondements nouveaux ou consolidés, en un mot pour faire un travail en profondeur. Mais il ne convient pas de se laisser engourdir. Or, il est à craindre que Orain étant présentement à Paris, sa tendance prévale. Or, cette tendance est rien moins que révolutionnaire. Ne parlait-il pas à Gabès, il n'y a pas très longtemps, de la constitution d'un grand parti qui, etc. Voilà qui est absolument inacceptable et je suis d'ailleurs certain que Fifi et les autres n'accepteront jamais une telle abdication. Acceptons donc l'augure que nous rentrions la tête pour quelque temps seulement, jusqu'aux premiers jours de janvier par exemple. Armedo nous a aussi confirmé l'hypothèse que nous avions faite sur l'arrestation du patron et celle de Pozzo. L'un et l'autre se sont laissés arrêter. Ils n'ont pas voulu se laisser accuser de « fuyards » surtout en face de De La Rocque dont la conduite est infiniment méprisable. Il leur eût en effet, été fort facile de se soustraire aux griffes de Béteille. Enfin Armedo, lui-même, a été appréhendé par notre police. Un matin, à sept heures trente, quatre inspecteurs sont venus le « cueillir » à son hôtel et il a été amené à la P.J. je crois où il a été interrogé quatre ou cinq heures durant. Mais ce n'était pas sur notre affaire, mais sur l'activité des nationaux espagnols en France et sur ce que lui-même y faisait. Comme il avait été vu un peu trop souvent auparavant avec Orain, il résolut de le voir avec plus de discrétion. D'ailleurs Orain est parti en Italie sur ces entrefaites, et il n'en était pas encore revenu au moment du départ d'Armedo pour l'Espagne. Il est allé là-bas prendre contact avec les autorités italiennes et expliquer la situation.

A la vérité, cette situation est curieuse. Le gouvernement est persuadé, et en cela il n'a point tort, qu'il vient de mettre la main sur une organisation dont le but est le renversement du régime. Il trouve des armes, il annonce que cette organisation est poussée très loin, qu'elle a son premier, son deuxième, son troisième, son quatrième bureau et son service sanitaire. Elle est para-militaire. Les troupes sont réparties en brigades, régiments, bataillons, etc. Rien n'est plus vrai et presque partout, à droite au moins et au centre, on lui rit au nez, il se fait moquer et tourner en dérision. Personne ne croit ce qu'il dit, ou l'on feint de ne point croire et, de fait, ce gouvernement si fier de sa trouvaille ne peut rien prouver. Les papiers qu'il a découverts sont plus propres à précipiter sa confusion qu'à étayer ses accusations. Il cherche à lier l'U.C.A.D. au « C.S.A.R. », comme l'on dit, et les liens sont si grossiers et si ridicules que tout le monde les considère, d'un commun accord, comme inacceptables. Il va être obligé de relâcher la moitié des gens qu'il a coffrés, il ne pourra garder que ceux qui avaient chez eux du matériel et qui ne sont jamais rien dans l'affaire. Ce n'est pas le moins plaisant aspect de notre mésaventure. Il n'est pas possible que le gouvernement garde le général en prison, il ne relève rien contre lui, mais il lui est presque impossible de le relâcher sous peine d'encourir les reproches les plus amers. Et c'est le gouvernement lui-même qui a annoncé et dénoncé le complot contre les institutions républicaines. Et que relève-t-on, par exemple, contre le patron? D'avoir loué à son frère, ou même seulement fait louer, un local où celui-ci collectionnait des renseignements sur les communistes. Contre Eugène, il n'y a rien. On n'a trouvé chez lui ni un papier compromettant, ni un fusil certes!

On en arrive à reprocher au général la constitution de l'U.C.A.D. dont les statuts ont été légalement déposés à la préfecture de police. Et Dieu sait si les buts de cette association sont purs. Je me rappelle toujours combien « Dudu » riait du bon tour joué aux autorités quand il les citait :

« L'Union a pour objet la défense des intérêts légitimes de la démocratie française, ainsi que des droits et des libertés garantis à tout Français par les principes fondamentaux de la Constitution républicaine. »

« Quoi de plus orthodoxe? » demande *l'Action Française.* Aucune accusation ne tient. Mais il apparaît tous les jours, avec plus de netteté, que le ménage Juchereau, ou au moins Madame, donne de plus en plus, à la police, d'informations. C'est ainsi que la liste de toutes les personnes qui pouvaient venir au « 3 » serait prochainement fournie. C'est dire qu'elle a déjà dû l'être.

Samedi 11 décembre.

De nouveau notre organisation est frappée. Méténier a été arrêté hier et avec lui son secrétaire, le frère d'André Terraille : Charles. Il semble bien que Mété a été victime de son imprudence. Il a été pris en effet chez Drouant où il était allé dîner avant de partir. Car ils étaient déjà en fuite l'un et l'autre. Ils étaient filés depuis des jours et, au moins Mété, changeait d'hôtel tous les soirs. Alors pourquoi, dans ces conditions, aller dîner place Gaillon où Mété était connu comme le loup blanc, où on l'appelait par son nom, où on lui réservait sa table?

Dimanche 12 décembre, minuit dix.

Voilà déjà deux mois aujourd'hui que nous avons quitté Paris. Que d'événements depuis lors en ce court espace de temps. L'organisation secouée par un terrible cyclone, se voit dépouillée de ses principaux membres, une partie importante du matériel parisien est prise. La province est ébranlée et une terrible épée de Damoclès est suspendue sur la tête de ceux qui restent. Plusieurs d'entre eux d'ailleurs se font arrêter, les autres fuient. Tout peut sembler perdu. En effet, après bientôt un mois de bourrasques et d'illégalités républicaines, aucune réaction ne s'est produite. Y a-t-il seulement des « Cagoulards » qui survivent? peut-on se demander. En tout cas, il n'en est pas un seul qui s'agite, qui lève la tête ou qui fasse peur au moindre ministre. Telles sont, du moins, les apparences. Certes le feu couve sous la cendre. Quelle que soit sa faconde, le gouvernement est mal rassuré. Les cadres et la structure de l'organisation subsistent et ni ceux qui sont en prison, ni ceux qui ont dû fuir, ne sont morts. Ils sont encore moins découragés. C'est ainsi que, pour notre part, nous nous rendons demain à notre dépôt d'Irun. Là nous ferons des paquets d'armes et de munitions que nous amènerons ici, afin de les avoir sous la main en cas de besoin urgent.

Lundi 13 décembre.

Aujourd'hui nous avons eu des nouvelles vraiment fraîches de Paris. Jacques Corrèze est arrivé ce matin. Ce fut une grande surprise. Ce le fut doublement car il était si bien grimé que, à première vue, il n'était pas facilement reconnaissable. Sa physionomie est, en effet, complètement changée. D'abord, il s'est laissé pousser un collier de barbe et de petites moustaches, puis il s'est teint et il a maintenant de beaux cheveux blonds vénitiens plus foncés toutefois que les miens. La barbe est en harmonie avec la chevelure, enfin il portait des lunettes. C'est Bernardet qui nous l'a amené. Nous étions d'ailleurs à Irun où tous trois, Gabès, Léon et moi, nous avions été travailler ce matin. Nous avons commencé à faire les paquets d'armes. Celles-ci étaient encore emballées dans leur caisse et il ne pouvait être question de les transporter ainsi. Les fusils mitrailleurs ont donc été répartis en paquets de deux afin qu'ils fussent plus maniables. Nous avons ensuite amené ici tout ce que nous avions préparé, soit une trentaine d'armes.

C'est à notre retour d'Irun que nous avons trouvé Jacques. Détail curieux, il était ce matin même à la Comandancia et nous aurions très bien pu l'y voir. Les nouvelles qu'il nous a apportées de France sont aussi bonnes que variées. Les choses vont excellemment bien. Tout le monde est plus gonflé que jamais. Jacques Corrèze nous a raconté à grands traits les heures tragiques et prodigieuses qu'ils ont vécues depuis un mois. Il y a eu des scènes inouïes, incroyables et dignes du plus pathétique roman policier.

D'après Corrèze, il paraît que la nuit du 14 au 15 novembre où l'on attendait l'attaque communiste, a été magnifique. Tout le monde avait été alerté, toutes les brigades, toutes les unités étaient sur pied. Il ne manquait pas un homme. Tous étaient prêts, armés, équipés, parés. Il s'en est, paraît-il, fallu de très peu que nous sortissions cette nuit-là pour mettre fin à l'infect régime qui mine et abâtardit notre pays. Deux choses ont empêché ce départ : l'attitude défensive qui avait été prise dès l'abord, le manque d'armes. Si les quelque six cent cinquante fusils mitrailleurs qui étaient encore ici en souffrance avaient été passés à temps, nous pouvions déclencher. Si tout est retardé, rien n'est perdu. Cette nuit-là, donc, à quatre heures du matin, nous démobilisions. Naturellement, tout le monde était mort de fatigue. C'est à ce moment que Jacques fut averti que le dépôt d'Asnières allait être perquisitionné au matin. Il n'y avait pas une minute à perdre. On n'en perdit pas. A travers la fatigue, le dépôt fut déménagé avant l'arrivée de la police.

Une autre histoire de perquisition vaut aussi d'être contée : Un de nos amis avait une fosse d'aisance qu'il voulait faire vider. Il envoie une lettre de dénonciation à la police où il indique que sous la fosse d'aisance il en existe une seconde qui renferme des armes. La police accourt. Le camarade la reçoit :

« Vous êtes ici chez vous, messieurs! »

L'on fouille, refouille tous les coins de la maison sans résultats. On trouve la fosse pleine :

« Et ça? »

La police fait vider la fosse, sonde le fond, ne trouve rien. Elle part, le camarade salue et remercie.

Filliol est toujours en liberté, mais littéralement traqué. Pour lui c'est simple. La police ne veut pas l'arrêter, mais l'abattre.

Mardi 14 décembre, minuit trente-cinq.

Ce matin, vers sept heures trente, Gabès et Jacques Corrèze sont partis dans la voiture de Bernardet pour Burgos et Salamanque. Ce dernier avait couché ici cette nuit après avoir dîné hier soir avec nous. J'aurais bien aimé être du voyage, mais, bien entendu, la place manquait et Gabès, de surcroît, tenta de me démontrer qu'il était nécessaire qu'il se rendît aussi à Salamanque. C'est lui, en effet, qui a été présenté aux hautes autorités espagnoles.

Léon et moi avons continué le travail d'hier. Nous nous sommes rendus à Irun et nous avons continué à empaqueter nos armes.

Il est temps que je reprenne l'examen rétrospectif des grands événements de novembre. D'abord les bribes et les petits détails : Baillet a été arrêté aussi, ce que les journaux n'avaient pas dit. Selon Corrèze, c'est surtout son imprudence qui l'aurait perdu. Au sujet de Baillet, on a trouvé au « 13 », je crois, un des dépôts de Jacques Corrèze, une valise qui contenait deux poignards, deux parabellums et des cartes d'une certaine région balnéaire du sud de la Normandie. Nouvelle imprudence. Il y a d'abord belle lurette que cet assemblage fâcheux aurait dû être dispersé, et secondement, il n'aurait jamais dû être donné à Corrèze. Le docteur Martin est lui aussi traqué ainsi que sa femme. On a lancé contre lui un mandat d'amener et il est forcé de se cacher. Quant à Grosset, qui a été très bien lors de son interrogatoire, il a lui aussi été frappé et giflé par les salopards de la police.

Ces derniers jours, Pozzo et le général ont refusé d'être mis au régime politique qu'on ne voulait accorder aux autres inculpés. Dans cette affaire, les avocats ont pris un rôle de premier plan. Ils ne font plus autre chose que cela. Ils sont les agents de liaison tout indiqués et les réunions qu'ils tiennent entre eux sont de véritables séances de liaison. Tous les matins, le patron donne ses ordres par écrit, et ils sont communiqués aux intéressés. Tout le Palais veut être avocat de La Cagoule. C'est par ce canal que Corrèze a reçu l'ordre formel de quitter Paris et la France et de venir ici. Naturellement il n'en voulait rien faire. Depuis près d'un mois, il était admirablement planqué. Quand l'ordre lui fut communiqué d'avoir à partir, il demanda à voir l'original de la main du patron. Comme on ne put le lui fournir, il exigea une confirmation qui lui fut transmise. Il s'inclina. Il partit avec Paloc dans une Hotchkiss neuve. Ils eurent à peu de distance de Paris un très fâcheux contretemps. La voiture prit feu. Ils n'eurent que le temps d'en retirer leurs valises et d'abandonner leur voiture. Ils se firent conduire à la gare la plus proche où ils purent prendre le rapide de Bordeaux où ils rejoignirent Orain. Le reste du voyage fut sans histoire.

Jacques, d'ailleurs, n'était pas poursuivi. La police le croyait toujours à Paris. Elle le croyait aussi sans argent et elle était persuadée qu'elle allait le cueillir dans peu de jours. Puisque disait-elle, l'organisation n'avait pu trouver de cachette pour le patron, à plus forte raison n'en pouvait-elle avoir pour son secrétaire. C'est ainsi qu'il arriva dimanche soir à Irun. On l'envoya loger à Fontarabie.

Maman a reçu hier une lettre de tante Louise qui nous annonce que, en effet, les scellés ont bel et bien été posés sur notre appartement. Un cadenas ferme les deux portes d'entrée : la principale et la porte de service. Ce cadenas est flanqué des cachets de cire d'usage.

Mercredi 15 décembre, 22 h 20.

J'ai fait le manutentionnaire encore cet après-midi. Nous avons en effet ramené d'Irun à la villa plus de 500 kilos de matériel, soit trente-deux fusils mitrailleurs et leurs accessoires, et quarante mille cartouches. Tout cela est horriblement lourd à manier et je n'ai jamais été un fort de la halle. Il doit nous rester encore une trentaine de fusils à emballer et trente mille cartouches au moins à ramener. Voilà pour le matériel d'Irun. Il y aura ensuite celui de Pasajes.

Jeudi 16 décembre.

Très tard. Consternation au centre des Cagoulards de Saint-Sébastien. Ce soir en rentrant d'Irun où nous avons, Léon et moi, terminé le travail d'emballage des armes, nous avons appris par les journaux que le « 14 », le grand dépôt du boulevard de Picpus, avait été perquisitionné et les armes qu'il renfermait saisies. C'est un gros malheur ajouté à bien d'autres. Ce dépôt contenait, aux dires de la police, *sept* tonnes d'armes (six en réalité). C'est le plus important qui ait été saisi. Il faut dire tout de suite qu'il a été « donné » par ce misérable Vasselin qui a été interrogé lundi et qui, pour des raisons encore inconnues, a révélé son existence à la police. De toute évidence, celle-ci s'y est rendue les yeux fermés car le dépôt était si bien camouflé qu'il était absolument impossible qu'il fût découvert.

Quand nous sommes arrivés à la maison avec cette

excellente nouvelle, nos amis n'étaient pas encore rentrés de Salamanque. Ils avaient du retard. Nous les attendîmes jusqu'à huit heures, heure à laquelle nous nous mîmes à table. Ils n'arrivèrent qu'à neuf. Partis de Burgos à quatre heures, ils avaient, tout le long du chemin, été très gênés par la neige. Ils furent plongés dans la consternation en apprenant la fâcheuse nouvelle et Corrèze tout particulièrement puisqu'il s'agissait d'un des dépôts qu'il avait mis le plus de soin à monter et à camoufler. Malheureusement, si ce Vasselin était un habile ouvrier, c'était en revanche un bien pauvre homme qui n'a pas existé cinq minutes dans la main du juge d'instruction. Sans doute, après tout ce que nous avons déjà éprouvé, cette perte nouvelle n'est absolument pas une catastrophe. Ces armes, n'est-ce pas, iront à Vincennes comme les autres et c'est là que nous les y retrouverons. Tout de même, c'était le dépôt le mieux organisé. On y a trouvé, de surcroît, le reste des mitrailleuses de Laon, des caisses de grenades, des fusils de guerre, des Beretta, des Schmeisser, des fusils de chasse et un nombre incroyable de cartouches. Il n'est pas étonnant que les enquêteurs considèrent leur prise d'importance au point que le ministre de l'Intérieur, Dormoy, vint s'en rendre compte sur place. D'après les enquêteurs, l'identité des armes et approvisionnement divers découverts dans les différents dépôts, « trahit l'existence d'un chef unique, d'une organisation cohérente disposant de grands moyens et de larges approvisionnements... tout se passe comme s'il s'agissait d'armes réparties à l'avance et destinées à des formations correspondant approximativement aux groupes de combat de l'infanterie française ».

Samedi 18 décembre.

Nouvelles perquisitions, nouvelles arrestations. Proust a été arrêté, et Durieux et Jeanniot et Fautré. Beau tableau de chasse. On a encore trouvé du matériel, des explosifs, des grenades et sept cent quarante-cinq vestes de cuir et les pantalons kaki correspondants. Ceci chez Dauval qui a été livré par Jeanniot. Celui-ci a parlé, dix fois, cent fois trop parlé. Certes, il a été interrogé pendant un très grand nombre d'heures et Dieu sait dans quelles conditions. Mais il a dit une foule de choses qu'il n'avait pas à dire et sans doute qu'on ne lui demandait pas. Il a livré Corrèze – une fois de plus sur la sellette – il a même dit que « le patron » (sic) était venu deux fois avec Jacques Corrèze visiter le dépôt. Il a donné Jacques comme étant « Labûche », c'est ainsi qu'il avait été dénommé puisqu'il avait été vendeur « Au Bûcheron ». Mais l'identification a été rapide. Enfin il est à l'abri. Comment se fait-il que Jeanniot n'ait pu s'y mettre? Ce nous aurait rendu un fier service.

Dimanche 19 décembre.

Ce matin, Corrèze et Gabès ont quelque peu travaillé. Le premier s'est occupé de la gestion financière de notre « ambassade » d'Espagne. Le second s'est attelé à la réorganisation de nos affaires. J'eusse volontiers collaboré à cette réorganistion. J'aurais certainement eu là-dessus quelques idées. Mais en premier lieu je n'y ai pas été invité, au moins expressément et, en second lieu, Gabès discutant ce difficile problème hier avec moi dit à un certain moment :

« Si tu as une idée intéressante, je la reprendrai pour mon compte! »

Grand merci. Je n'aime pas beaucoup cela d'autant que son expression n'allait pas sans quelque suffisance. J'ai toujours soutenu que Gabès était un garçon intelligent. Je le maintiens toujours. Mais j'ai très vite vu les limites de cette intelligence. D'autre part, je le reconnais très volontiers bien plus habile négociateur que moi et surtout bien plus habile aussi à mettre en relief ses qualités et à se pousser toujours en avant. Il vaut mieux avoir peu de choses et savoir bien en tirer parti, que d'en avoir beaucoup et être malhabile à le faire valoir.

Lundi 20 décembre, minuit trente.

Journée de découragement. La lecture des nouvelles y a grandement contribué. Ce n'est pas que, à la vérité, il soit survenu une nouvelle catastrophe, mais le détail et le récit des récentes perquisitions est, en effet, décourageant au suprême degré. Prenons le « 14 ». Voilà un dépôt auquel on a donné les plus grands soins et les plus minutieux. Il est introuvable. Les assises de la maison sont telles que les plans ne permettent pas de le déceler. Par elle-même, la police est tout à fait impuissante à rien découvrir. Et d'ailleurs on le voit bien à chaque endroit elle arrive, et se rend presque sans hésiter à la cachette. A tel point que *Le Jour,* relatant les derniers faits, paraît écœuré par l'attitude de quelques-uns des derniers arrêtés :

« L'association du C.S.A.R., demande-t-il, comprendrait-elle des membres donneurs? »

J'ai eu quarante-deux ans hier. Je suis effrayé de cet entassement des années sur ma tête. Heureusement, je n'ai guère le temps d'y songer.

Mardi 21 décembre, minuit quarante-cinq.

Comme il se doit, nous reprenons du poil de la bête. Nous ne pouvons pas ne pas en reprendre. Certes, la période actuelle est pour nous extrêmement difficile et pénible. Nous en avons eu ce matin de nouveaux aspects. C'est ainsi que Paloc a été dévoilé et en quelque sorte dénoncé. Une valise a été saisie chez Percheron, je crois, où se trouvait toute une correspondance où il est question du rôle que Paloc a joué ici, en Espagne, et dans le pays basque. On y voit avec plus ou moins de précision passer tout le recrutement et l'acheminement des volontaires pour l'Espagne nationale. Naturellement, le nom de Bernardet y apparaît çà et là. C'est lui qui nous a appris ces petits événements ce matin. Paloc est donc surveillé, pour le moins et, avec lui, Orain. Il est temps que celui-ci veille au grain s'il veut conserver sa liberté. Gabès lui a écrit une lettre dans ce sens, mais une lettre fort dépourvue de lyrisme à l'encontre de celle qu'Orain lui avait envoyée il y a quelques jours. De surcroît, nous lui avons fait dire qu'il ait à venir ici dans le délai le plus court. Il doit justement descendre sur Bordeaux vers la fin de la semaine. Ce sera une excellente occasion.

Nous sommes, en effet, en train de remettre sur pied une nouvelle organisation qui fonctionnera hors de France, au moins si notre plan est accepté. Je reparlerai plus tard de ce plan dans ses détails, mais ce soir nous nous donnions les raisons que nous avions de poursuivre notre entreprise alors qu'hier nous nous complaisions à énumérer celles que nous avions de tout abandonner. Il y a dix-huit mois nous sommes partis de zéro et cependant nous avons failli réussir. Corrèze répète sans cesse que notre mobilisation du 15 au 16 novembre a été magnifique (il s'agit de Paris). Il n'y avait pas 5 % de déchet. Tous les hommes étaient prêts en uniformes et en armes. A minuit et demi, les rues étaient vides et le champ libre.

Il y a dix-huit mois nous étions quarante et nous n'avions rien. Aujourd'hui nous avons des adhérents en grand nombre dans toute la France, nous avons des stocks d'armes importants en dépit de nos pertes bientôt réparées. Nous avons hors des frontières d'autres armes en plus grand nombre encore, qu'il ne faut que faire rentrer. Opération rendue il est vrai plus délicate depuis les derniers événements. Et nous avons le moyen d'en avoir beaucoup d'autres. Aujourd'hui, en effet, toutes les relations avec les marchands d'armes sont établies et il ne faut pas oublier que l'établissement de ces relations fut une des choses les plus difficiles que nous ayons eues. Les affaires de Belgique et tout ce qui en est découlé le prouvent surabondamment. Enfin nous avons pu aussi fixer des points de contact avec les gouvernements des pays voisins : Espagne, Italie, Allemagne, pour ne rien dire des multiples complicités que nous avons trouvées chez les Belges. Et je n'ai rien dit des cadres de l'état-major, ni des rapports avec l'armée, constants et sûrs. Par conséquent, la remise en état de notre affaire, tout de même un peu ébranlée, peut être faite en très peu de temps. En outre, nous allons profiter de l'expérience acquise. Nous savons que l'un de nos plus grands obstacles c'est le temps. Il faut que nous agissions vite : c'est la condition de la réussite. Nous ne nous le répéterons jamais assez que nous devons avoir réussi dans quelques mois. Nous avons fixé le mois de mai, nous devons nous y tenir. Enfin, surtout, nous avons les contacts pour avoir de l'argent, agent capital. C'est le manque d'argent qui fut un des facteurs de notre échec ou plutôt de notre impossibilité de réussir. Il semble donc que, en multipliant les précautions, en allant vite, en gardant par-dessus tout le maximum de secret, nous devons réussir. Nous avons déjà quelques atouts, et de bons, dans notre jeu. Il ne faut plus qu'y mettre les autres.

Maman a reçu ce matin une lettre de tante Louise qui lui donne quelques renseignements sur la perquisition faite à la maison. C'est Hélène qui avait les clefs, en conséquence, on dut faire ouvrir la porte. Tout a été fouillé, on n'a rien trouvé. Il paraît cependant que l'on aurait découvert dans la cave un certain petit cahier où, paraît-il, il – c'est-à-dire moi – consignait ses « secrets ». Il n'y avait certainement rien de tel dans la cave. Mais il est certain, il m'en souvient à présent, que j'avais quelques notes très secrètes mais très peu dangereuses et même point du tout, dans une ancienne boîte à lettres de mon tiroir droit. C'est là que j'avais aussi rangé les lettres de Courtois. Est-ce qu'ils ont trouvé? En tout cas il est bien certain qu'il n'y avait rien d'autre. Les terribles carnets avaient été depuis longtemps évacués et ceux qui ont été envoyés dans la chambre de bonne n'étaient absolument pas compromettants puisqu'ils étaient antérieurs à 1929 et, du reste, les enquêteurs ne sont pas allés là.

Vendredi 24 décembre.

J'ai « tapé » ce matin le papier de Jacques Corrèze écrit en charabia, langue je le reconnais comprise partout aujourd'hui. On y discerne cependant quelques idées applicables.

Demain Noël. Il n'y paraît guère. Mais il y paraît moins à nos amis qui sont à la Santé.

Samedi 25 décembre.

Quand nous nous sommes réveillés ce matin, il y avait une brume à couper au couteau. La promenade projetée était finie. Et heureusement puisque peu après huit heures, il arrivait un émissaire de Paris : Dekequer. Si incroyable que cela puisse paraître, je ne sais à peu près rien de ce qu'il a pu apporter ni comme nouvelles ni comme instructions. Avec une inqualifiable goujaterie, Gabès et Corrèze se sont enfermés *à clef* en conclave, avec l'envoyé parisien et ils ne m'ont point ouvert. C'est là une chose que je ne leur pardonnerai pas. Nous sommes ici tous trois sur un pied de parfaite égalité. Tous trois nous appartenons à la couche la plus ancienne, à la couche primitive de l'organisation et même ai-je encore sur eux la priorité comme, heureusement, ces notes en font foi. De surcroît, nous nous trouvons ici dans des conditions vraiment singulières, qui devaient nous faire nous rapprocher et nous entendre. Il n'en est absolument rien. Quelles raisons les poussent à agir ainsi? Ils connaissent ma discrétion, tandis que la prétendue autorité qu'ils ont ici, ils se la sont arrogée. *Quia nominor leo.* Mais qui donc de ces deux loups est le lion? Je ne vois pas bien. Gabès, un malade, ne peut souffrir près de lui la moindre supériorité, ni même une légère contradiction. Il est de caractère difficile. Jacques, en dépit de tout ce que j'ai pu dire de lui ou penser, est le mufle fait homme. Et il est encore pire que cela. Je tiens à noter ces aspects qui resteront et que je retrouverai plus tard. Je crois que le principal mobile qui les a poussés est la suffisance. L'on a tellement dit que Jacques Corrèze était ceci et cela, et j'ai contribué pour ma part à cette réputation, que Gabès était plus intelligent que Jupiter, que le corbeau de la fable lui-même n'est pas leur cousin. Ces pauvres types ont confondu des qualités aussi réelles que moyennes avec une supériorité universelle. Jacques, ignare par vocation, en arrive à considérer toute culture comme une insupportable dégénérescence. Cela donne une riche idée du degré d'élévation du personnage. Donc, ils se sont enfermés « avec la clef ». Cela ne m'a tout de même pas tout à fait empêché de savoir une bonne partie de ce qu'ils ont dit. Ils ont discuté longuement les papiers en cours d'achèvement. Gabès a dit pour quelles raisons il fallait continuer en changeant et dans quel sens changer. Pourquoi il ne fallait pas constituer un grand parti officiel, vieille idée de Lagé; l'on s'attend, paraît-il, à la fin prochaine de De La

Rocque et du P.S.F. Toutes ces troupes vont se trouver disponibles et la grande idée serait de les embrigader. Mais les vues de Gabès sur ce point me paraissent d'autant plus justes que ce sont précisément les miennes. Danger d'un grand parti noyauté par la police, éparpillement des forces et dispersion des hommes, impossibilité du secret, donc impossibilité de s'armer.

Dimanche 26 décembre.

Corrèze et Gabès ont fait quelques courses hâtives. Ils ont annoncé aussi leur prochain départ pour l'Italie et la Suisse. Ce départ aurait lieu de Saint-Sébastien mercredi matin et de Cadix samedi. Léon les mènerait en voiture jusqu'à ce dernier port d'où ils prendraient l'avion pour Rome. Gabès rentrerait à Saint-Sébastien dans une quinzaine. Quant à Jacques, il ne reviendra pas. Tels sont au moins leurs desseins et les décisions qu'ils ont prises. Sans doute faut-il qu'ils soient approuvés et ils attendent, je crois, une réponse. Ils ont également décidé, au moins me l'ont-ils dit, que je demeurerais ici. Cela est bel et bien. Mais je ne l'entends point du tout de cette oreille. Je voudrais au moins occuper un secrétariat soit à Lausanne, soit à Bruxelles. D'ailleurs j'en référerai directement à Orain car les raisons qu'ils m'ont données sont proprement dérisoires. Au besoin, je partirai. Il n'y a vraiment que l'argent qui me manque. Rester ici à ne rien faire pendant que les autres s'emploieraient de toutes leurs forces ailleurs, c'est me moquer. Ils prétendent que mon affaire de listes empêche qu'on m'utilise désormais. C'est proprement absurde. Cette affaire de listes est plutôt que tout autre chose une fatalité. J'y ai pensé cent fois depuis ce jour néfaste. J'ai certes une part de responsabilité dans cette infortune, mais elle ne saurait être suffisante pour m'écraser. Aussi bien, Jacques et Gabès le savent et leurs raisons sont fort différentes de celles qu'ils me donnent. J'ai appris ce soir que Royer-Collard avait été interrogé il y a quelques jours et qu'il avait absolument tout donné. C'est certainement à la suite de cette audience que la police est venue perquisitionner chez moi et que je suis recherché. Je savais bien que ce type était la dernière des poules mouillées. Je l'avais cent fois signalé. Cependant Royer-Collard était le poulain de Gabès. C'est lui qui l'avait fait entrer chez nous, c'est lui qui l'avait patronné et protégé. C'est encore lui qui, sans que je sache rien, et contre mon gré, le fit augmenter en août dernier. Augmentation qui ne devint effective qu'en septembre tant je la jugeais peu en rapport avec le rendement du bonhomme. Je n'ai pas manqué de le dire ce soir. Mais Léon a lu dans *Le Petit Journal* que Grosset avait été longuement interrogé et qu'il a déclaré ne rien connaître des dossiers trouvés rue de Provence. C'est, a-t-il dit, Dagore qui les connaissait, qui les tenait à jour, qui recherchait les renseignements et se les procurait. Plus que jamais l'on va se demander qui est Dagore. A moins que déjà, ou par Royer-Collard, ou par Mme Juchereau ou quelque autre, l'égalité Dag = Corre n'ait été établie.

Il paraît que les grèves continuent de s'étendre en France. Tout y passe. Tous ces troubles ne prendront fin qu'avec notre arrivée. Je viens d'écrire assez longuement à Hélène et à Marie de Massolles. Je leur donne mon adresse avec l'espoir qu'elles me répondront. Je leur dis même qu'elles devraient venir me voir. Bien entendu, elles n'en feront rien. Ce me ferait cependant le plus grand plaisir si Hélène venait passer ici deux semaines. Il est très tard, je vais aller y rêver. Si Gabès et Jacques partent mercredi, les mauvais bridges prendront fin et j'aurai le temps d'ouvrir ces notes plus tôt et plus longuement. J'ai beaucoup de choses en retard.

Lundi 27 décembre, minuit quarante.

J'ai écrit une lettre à A. Nabat où je lui parle en termes voilés de notre affaire. J'ajoute que nous avons besoin d'argent et je lui demande s'il ne connaît pas de Français compréhensifs et d'ailleurs avisés pour devenir actionnaires de notre entreprise. Je voudrais absolument, mais ceci n'est du tout facile, me constituer une sorte de fonds d'avance qui, à l'égard de l'organisation, me placerait sur un pied d'indépendance d'abord et ensuite ne manquerait pas de me donner un certain lustre. J'ai écrit à Krank Ketcham dans ce sens aussi. Je lui dis que la somme que je voudrais est vraiment minimum pour l'Amérique : cinquante mille dollars. Est-ce possible? Telle est la question que je lui pose en lui envoyant mes vœux au nom de notre amitié vieille de vingt ans.

Mardi 28 décembre, minuit dix.

Ils sont partis cet après-midi à quatorze heures cinquante. Ils n'avaient pas leur permis ni les papiers nécessaires à leur voyage, ils allaient les chercher à Burgos. Mais rien ne leur garantissait qu'ils les auraient eus plus vite là-bas qu'ici. Ils envisageaient même leur retour éventuel d'ici quarante-huit heures, mais ce n'était dans leur esprit qu'une boutade. Ils sont si sûrs d'eux! Léon les accompagnait naturellement puisqu'il doit ramener la voiture. Ils comptent, je l'ai dit, faire un crochet; et quel crochet, vers Tolède. Pendant un certain nombre de kilomètres, la route longe le front à bonne distance il est vrai (15 à 20 kilomètres). Aussi se sont-ils munis d'un parabellum que Mériond leur a confié. Il avait même été question qu'ils emportassent un Schmeisser. Finalement ce projet fut abandonné.

Me voici donc provisoirement chargé de la « base » espagnole. Je dis provisoirement car je compte absolument ne pas me laisser faire. Déjà je l'ai laissé très nettement entendre à Jacques ce matin. Ils doivent rencontrer Orain à Lausanne le 4 janvier. C'est donc peu après cette date que les décisions définitives seront prises. J'écrirai alors à Orain et je lui exposerai très nettement et avec une grande décision ma manière de voir. Je ne me cache pas que mes moyens de pression sont faibles et que c'est surtout par la persuasion que je dois agir et comme l'on dit essayer d'emporter le morceau.

Je suis en effet ici à l'entière merci de l'organisation. Je n'ai pas de passeport, je suis, ou au moins je peux l'être, sous la dépendance des autorités espagnoles. C'est assurément un cas extrême mais cependant possible. Je ne peux donc pas partir comme je le voudrais si je le décidais. Enfin et surtout je n'ai pas d'argent. Si je disposais même de dix mille francs, je pourrais me retourner où au moins voir venir, mais actuellement je suis réduit à la plus extrême impuissance. Et, de surcroît, j'oubliais de dire que je ne peux m'en aller sans quasiment déserter. Il n'y a personne d'autre que moi ici. J'ai actuellement qualité pour agir dans un sens ou dans l'autre. Les autorités espagnoles ont été averties qu'elles peuvent toujours s'adresser à nous pour quelque motif que ce soit. S'il n'y avait personne, si je partais sans crier gare, ce serait sans aucun doute un manquement grave dont je devrais rendre compte. Et d'autre part, il y a les armes que je ne peux abandonner et dont on peut avoir besoin en France subitement. Nous venons d'avoir deux preuves de l'étroite collaboration qui existe entre les autorités espagnoles et nous. Il y a environ deux mois, Iché, capitaine au long cours de Port-Vendres et un de nos meilleurs abonnés de la région de Perpignan, allait installer à Majorque un poste de T.S.F. qui devait entrer en contact avec un poste clandestin situé en France, dans la région précitée. Le fonctionnement devait commencer le 27 novembre sur une longueur d'ondes déterminée, en l'occurrence 49 mètres. Que s'est-il passé? Nous ne le savons. Le certain c'est que la Comandancia d'Irun nous a fait appeler hier pour nous communiquer une note du chef d'état-major de la marine signalant que le contact n'avait pas été pris. Le poste de Palma avait constamment envoyé des messages sur la longueur d'onde prévue mais il n'avait capté aucune réponse. L'on nous priait donc, en conséquence, de nous informer des raisons de cette carence, ce que nous fîmes incontinent. Aussitôt que la réponse me sera parvenue, je la transmettrai à Irun. Il en fut de même aujourd'hui. Il y avait tout juste une heure que Gabès et Jacques étaient partis que quelqu'un se présentait de la part de la Comandancia et demandait un certain Gautier. Je m'expliquai et dis qu'il n'y avait pas de Gautier ici. Moi j'étais Meunier et Gabès, connu également à la Comandancia, était parti pour Burgos. Le messager était précis et il insistait sur Gautier. Il voulut se faire confirmer ce nom par téléphone mais comme il ne put y parvenir il m'emmena. Arrivé à Irun, je fus presque aussitôt introduit auprès d'Ibanez qui avait l'air ennuyé. Il m'expliqua que, par l'intermédiaire de Bernardet, il passait, depuis quelque temps, beaucoup de monde par la montagne. Et en particulier tout récemment il était passé quelqu'un. Je reconnus que c'était exact. Il me demanda le nom du voyageur clandestin. C'est Dekequer, fis-je. Il parut surpris : ce n'est pas Gautier? rétorqua-t-il. Et je lui expliquai que Dekequer était un envoyé de Fernandez et un de ses secrétaires. Fernandez devait venir mais en ayant été empêché, il avait envoyé quelqu'un. Je lui montrai ainsi que notre passant était un homme de toute confiance. Il en parut tout soulagé et il me confia que le Gautier en question devait être un espion rouge car il avait, ou il recherchait, de la « documentation » sur les requetés. Je renouvelai à Ibanez toutes les assurances que nous avions déjà données. Je lui dis entre autres que nous garantissions tous les gens que nous passions et que nous en prenions la responsabilité. J'ajoutai que d'ailleurs nous ne faisions jamais rien d'important sans leur en faire part. Il fut tout à fait rassuré et je terminai en lui disant que nous étions en rapports constants avec le capitaine de Caviedes, chef de la S.I.M. à Saint-Sébastien. Il me chargea alors d'avertir celui-ci de la présence de Gautier à Saint-Sébastien, de lui dire qu'il fréquentait le bar basque et que, comme il était probablement un agent rouge, qu'il ait à l'arrêter et à l'interroger.

J'ai fait affaire aujourd'hui avec un professeur qui va m'enseigner l'espagnol. Ce professeur est une femme, une Française qui peut avoir de trente à trente-cinq ans, qui n'est ni belle ni désagréable mais qui a de fort vilaines dents. Corrèze a déclaré qu'elle était « comestible ». Ce n'est pas faux et sans doute m'exercerai-je à la manger. Il y faut cependant aller prudemment car c'est une femme tout à fait inconnue. Elle vient demain me donner ma première leçon à seize heures. J'en prendrai trois par semaine, et il en coûtera à l'organisation cinquante pesetas par mois seulement. Pour les leçons d'amour, je devrais plutôt dire d'équitation, nous verrons sur quel budget il faudra les porter.

Mercredi 29 décembre, 23 h 40.

Mon professeur d'espagnol est venue à seize heures comme il était convenu. C'est vraiment une femme plus agréable qu'elle ne m'avait paru au premier abord. Elle ne doit pas avoir beaucoup plus de trente ans et je suis disposé à la regarder de plus près. Enfin, il ne semble pas y avoir de raison pour qu'elle soit extraordinairement rébarbative. Elle reviendra vendredi et dès ce jour il conviendra de commencer à poser des jalons.

Vendredi 31 décembre.

L'année vient donc de s'achever, je ne vais pas, en cet instant, entreprendre son examen. Mon regard se tourne vers celle qui vient de commencer. Je ne forme qu'un seul vœu c'est que, à un instant quelconque de cette année, nous accomplissions notre action rédemptrice et nous la réussissions. Ma pensée va vers ceux qui sont en prison et pour leur souhaiter une très prochaine libération, libération qui ne peut venir que de nous. Il ne nous faut vraiment plus que travailler avec ardeur et en silence.

Dimanche 2 janvier, 23 h 25.

Léon que nous n'attendions pas avant demain soir est rentré à treize heures trente. Il était parti hier vers une heure de l'après-midi de Séville et il a roulé sans interruption.

Cet après-midi, à quatre heures, j'étais appelé au café de « La Marina ». Qu'y avait-il? Les hypothèses examinées, je conclus que ce devait être une lettre de France. Les demoiselles Lafargue, en effet, en avaient reçu une qu'elles avaient tout spécialement apportée chez Hautreux. Cette dernière lettre est catégorique :

« Différez votre départ, dit-elle. Le séjour en Suisse est dangereux, notre actuel gouvernement de Front Populaire peut faire sur ce pays une « immense pression » et l'extradition pourrait être demandée avec d'autant plus d'aisance que le chef d'accusation : « association de malfaiteurs », quoique faux, serait évoqué. »

Tout cela est naturellement dit en termes admirablement voilés. Mais le conseil est répété sans cesse : « Attendez, attendez, attendez », est-il dit à la lettre. Et l'on ajoute, de surcroît :

« Si vous venez en Suisse, n'y demeurez que juste le temps nécessaire et retournez d'où vous venez. »

On donne de bonnes nouvelles d'Eugène qui, du moins je le pense, est celui que l'on désigne sous le vocable « votre père ». Il est fait allusion à sa déclaration de l'autre jour « qui a été excellente à la grande consternation du corps médical ». Il y a des passages obscurs comme celui relatif à une « visite au père de son infirmier ». Je pense que « infirmier », ici, signifie avocat. En revanche, il semble bien que le rapport soit entre les mains d'Eugène. La lettre, en effet, s'exprime ainsi :

« Je pense qu'il a reçu maintenant ce que vous lui avez envoyé pour son jour de l'an... »

Après la lecture de cette lettre, je n'ai pas hésité un seul instant, j'ai télégraphié à Cadix :

« Différez départ » et j'annonçai l'envoi des lettres.

C'est à eux donc qu'il appartiendra de prendre les décisions que la situation comporte. Je ne crois pas qu'ils remettent leur voyage. Gabès doit se rendre en Autriche où il rencontrera son frère à qui il va demander de l'argent pour l'organisation.

Lundi 3 janvier, minuit cinq.

Mes leçons d'espagnol vont fort bien. Non seulement j'apprends la langue sans me donner aucune peine, mais je me mets de mieux en mieux avec mon professeur avec qui j'espère bientôt être au bien absolu. Dans ce dessein je l'ai priée qu'elle vînt mercredi après-midi de telle sorte que nous puissions faire ensemble une promenade nocturne. Nous verrons ce qu'il en adviendra.

Mercredi 5 janvier, minuit cinquante-cinq.

Vasselin, le traître qui a dénoncé plusieurs dépôts et plusieurs personnes et parmi les dépôts le « 14 », Vasselin a reçu son salaire. Il a été mis en liberté provisoire. L'on marque d'ailleurs nettement les relations de cause à effet :

« Il avait fait des révélations, lit-on dans *Le Journal* et, à la suite de l'interrogatoire, son défenseur, maître Charles Colin, déposa entre les mains de M. Béteille une demande de mise en liberté provisoire. »

Et voilà sans plus de pudeur, l'affaire expliquée. J'espère bien qu'on lui fera rapidement son affaire par des moyens détournés sans doute, mais au plus tôt c'est la seule chose qui importe. J'ai aujourd'hui perdu mon temps en allées et venues à Irun. Je l'ai d'autant plus perdu que je serai forcé d'y retourner sans même être assuré d'obtenir ce que je demande. Chez les Espagnols, la perte de temps est véritablement devenue une institution. Ce matin, Saint-Sébastien s'est réveillée sous la neige. C'était un beau spectacle et rare à ce qu'on dit et à ce que je crois.

Vendredi 7 janvier.

J'ai fait une petite visite à Merino ce soir vers six heures et demie à l'issue de ma leçon d'espagnol. Mon charmant professeur est venue avec un peu de retard et la leçon a duré fort longtemps. Nous sommes allés ensuite prendre ensemble quelque chose de chaud, un chocolat espagnol, au café de Madrid, en face de chez Merino.

Eh bien! à propos de cette leçon d'espagnol, voilà que les difficultés avec maman recommencent. C'est clair, chaque fois que je suis en rapport avec une femme automatiquement et *quelles que soient les circonstances,* les querelles reparaissent. J'ai trouvé le même visage, la même aigreur, les mêmes griefs sous une autre forme que ceux que j'avais vus ou subis depuis plus d'un an, à chaque visite d'Hélène et d'ailleurs à toute occasion. Cette fois, c'est sur la longueur des leçons que maman trouve à redire. Elle n'a jamais vu de professeur donner plus de temps qu'il n'était convenu. De toute façon, cette femme prolonge cette durée par intérêt. C'est une espionne d'Hautreux, etc. Telle est la force des arguments exposés.

Samedi 8 janvier.

Les interrogatoires du patron se poursuivent. Il en est question presque tous les jours. Le général Dufieux et Lebecq ont entièrement confirmé ses dépositions quant au coup de force communiste. Dufieux : « J'avais cru devoir mettre au courant, étant donné la gravité de ces déclarations, mon chef, le général Gamelin... Le 12 (novembre), je l'avais mis verbalement au courant et, le 13, je lui ai donné la note dactylographiée en question... »

Pour nous, la déposition de Lebecq est fort amusante. Il dit :

« Je connais peu M. Deloncle que j'ai rencontré une fois dans un restaurant (ceci est piquant pour qui sait que nous faisions, une fois par semaine au moins, nos liaisons du soir rue d'Ulm, dans le cabinet même de Lebecq). Il est exact que, dans la soirée du 12 novembre, j'ai vu le général Duseigneur, que je connais, qui m'a mis au courant de la probabilité imminente d'un coup de force communiste... » Il ajoute : « J'ai considéré comme de mon devoir de citoyen de faire remettre à M. le Ministre de la Guerre des renseignements qui m'avaient été ainsi fournis, puisqu'ils concernaient la sécurité du pays. » Il termine en disant : « Par un sentiment de discrétion que vous comprendrez, j'estime préférable de ne pas dévoiler la haute personnalité militaire dont j'ai parlé, laissant à M. le ministre de la Guerre le soin de vous donner son nom s'il le juge opportun. »

Voilà le juge servi. Si, après cela, Daladier n'est pas dans le bain, il n'y sera jamais. Mercier, interrogé à son tour, répond dans le même sens et conclut : « Je confirme toute les déclarations de M. Deloncle. » D'autre part, le nom du colonel de Bellefond est cité. Eugène « a déposé entre les mains du juge » le petit livre sur l'insurrection communiste que nous connaissions bien et qui fut, je crois, imprimé par l'armée. Enfin, à la communication de Moitessier démentant l'existence d'un projet de coup communiste, Eugène a objecté qu'il existait une circulaire du directeur aux préfets, circulaire secrète, portant le numéro 541 et annonçant l'arrivée prochaine en France d'agents du Komintern chargés de provoquer la désorganisation révolutionnaire dans notre pays.

Je vois d'ici Eugène lançant sa réplique. Le juge a dû en être éberlué.

Lundi 10 janvier, minuit vingt.

Je n'ai pas ce soir un entrain fou. Je suis même assez déprimé. J'ai fait entre six et sept heures une assez longue promenade avec Renée Bradol, mon professeur d'espagnol, sur le boulevard marin. Il faisait nuit, il pleuvait par moments et nous étions seuls devant la mer. De toute évidence, ainsi m'a-t-il paru, des tendresses auraient été bien accueillies par elle. A peine cependant en ai-je ébauché par cette espèce d'inhibition qui me prend trop souvent dans de semblables conjonctures. Nous avons prolongé notre promenade, nous avons pris le long du monte Urgull le chemin qui domine le port dans une ombre profonde et complice. Je n'ai pu sortir de mon état d'impuissance. Pourquoi, pourquoi? La promenade a pourtant encore duré. Nous avons suivi Concha et quand j'ai proposé que nous descendions sur la plage, elle a accepté aussitôt avec entrain. Là nous étions seuls et, quoique du haut de la promenade les lampadaires rayonnaient, il y avait de nombreux et complices coins d'ombre. Mais j'étais dans mes très mauvais jours. Si elle a attendu, comme je le crois, quelques avances de ma part, la pauvre, elle a été déçue. C'était pourtant si facile et de lui faire un petit compliment, d'ailleurs justifié, et après lui avoir dit : « Nos lèvres sont pleines de sel », d'ajouter : « Faites voir! » Cette promenade n'était pas prévue et malgré mon insondable sottise rien n'est évidemment perdu. Demain nous allons faire une autre promenade encore au monte Urgull, à quatre heures. J'aurai, je l'espère, recouvré mes moyens qui ont, sur ce terrain d'ailleurs comme sur tant d'autres, toujours été petits et limités. Il faut que je me rachète.

Mardi 11 janvier, 22 h 26.

Nous avons retrouvé ce soir l'atmosphère d'inquiétude des graves jours de novembre. J'ai noté l'autre jour la réplique d'Eugène au juge d'instruction, réplique au cours de laquelle il dénonçait Thomas Bourdier comme agent provocateur. J'avais trouvé qu'il y avait peut-être quelque danger à agir ainsi. Puisque, malheureusement, Thomas Bourdier n'avait pas encore été exécuté, et ceci à quelque prix que ce fût, il n'était peut-être pas très indiqué de le remettre dans le circuit. Sans aucun doute l'on pouvait penser que notre homme avait dit à la police tout ce qu'il pouvait savoir. En le mettant directement en cause, il n'apporterait donc aucun élément nouveau à l'instruction. En outre, et mieux que personne, le patron savait exactement ce qu'il faisait et il avait en main les éléments d'appréciation. A la lumière des premiers faits que l'on trouve dans les journaux français de ce soir, je ne suis malgré tout pas sûr qu'une erreur n'ait été commise. Se considérant délié de son serment, Thomas Bourdier, qui avait été convoqué par Roches, dit absolument, et officiellement, tout ce qu'il savait de l'organisation. C'étaient des formations paramilitaires parfaitement agencées qui avaient été mises sur pied. Il y avait à la base des cellules. Ces cellules étaient de deux sortes : la lourde et la légère. Celle-ci comprenait dix hommes et était armée de fusils mitrailleurs. L'autre en comportait treize et était armée d'une mitrailleuse. Vint la description de l'ensemble de l'organisation : trois cellules forment une unité, etc. Il donne même le détail des grades et des galons. Thomas Bourdier reconnaît avoir été chargé du plan de mobilisation des véhicules automobiles. Il reconnaît aussi avoir prêté serment et il en donne une formule approchée. Il paraît qu'à la suite de ces déclarations, la police a recommencé à pédaler et à faire des perquisitions. L'on aperçoit le danger qu'il y a à laisser courir un individu déjà convaincu de trahison et susceptible d'aggraver encore le préjudice causé. Il aurait fallu abattre cet homme au lendemain de sa forfaiture.

Mais il y a beaucoup plus grave et Thomas Bourdier en a dit bien plus. En effet, nous l'avons su par Bardane. L'on connaissait désormais l'homme qui avait fait les dépôts. Il avait filé à Nancy où il avait passé quelque temps puis on l'avait ensuite envoyé dare-dare à Saint-Sébastien où il est présentement. Et ceci : c'est du reste cet homme qui a été déposer le 11 septembre les fameuses caisses qui firent sauter les immeubles du patronat rue de Presbourg et rue Boissière. Nous ne savions que trop que Thomas Bourdier était au courant d'une foule de choses qu'il n'aurait jamais dû savoir. Nous savons aussi par qui il les connaît. C'est Méténier qui lui a tout raconté, Méténier le léger, l'inconsidéré. Méténier tenait Thomas Bourdier en grande estime, je l'ai dit. Il va maintenant en mesurer la grandeur. Car Thomas Bourdier ne s'arrêtera pas en si beau chemin. C'est une fripouille, il va nous mener la vie dure. Et encore ne sais-je pas tout ce qui a pu être dit, les journaux, demain, nous l'apprendront. Il va de soi que l'accusation de Thomas Bourdier, accusé lui-même, ne peut tenir. Il n'est pas possible qu'elle soit prouvée, mais nous n'avions vraiment pas besoin de ce tabouret dans les jambes. La presse de gauche va exulter, elle dira qu'elle l'avait toujours dit, qu'elle avait raison, etc. Enfin et secondairement, la position de Léon est très compromise. Il ne craint assurément rien ici mais il n'est jamais bien plaisant d'être traqué. Sa femme et lui étaient plutôt excités ce soir et ils se lançaient dans des conjectures d'autant qu'il a été cité nommément : Jean Macon, et que l'on a dénoncé son domicile à Aulnay-sous-Bois où il habite chez ses beaux-parents. Nul doute que ces braves gens ne reçoivent sous peu, que dis-je ils ont déjà reçu, la visite des policiers. Il y a un autre côté furieux de cette affaire. Primitivement, Léon avait été arrêté avec Michel. Puis il fut relâché. Quand la flicaille se rendra compte qu'elle a tenu dans ses mains pendant quelques heures celui qu'elle recherche vainement aujourd'hui, elle éprouvera un sentiment mélangé.

J'ai fait, en fin d'après-midi, une excellente promenade avec Renée Bradol, au monte Urgull. Presque tout de suite, hélas, nous avons été surpris par la pluie. Nous n'en avons pas moins continué et il n'était pas loin de sept heures lorsque je l'ai quittée. Nos rapports sont vraiment excellents et ils ne peuvent que s'améliorer. Le phénomène fâcheux d'inhibition que je notais hier a disparu. Plus justement je crois qu'il n'existait pas et que j'avais souhaité la réalisation d'une chose qui ne peut se produire que lentement.

Mercredi 12 janvier.

De nouveau, hélas! nous occupons la première page des journaux, sous des titres de catastrophe on publie des nouvelles sensationnelles :

« Nous tenons les auteurs des attentats de l'Etoile », proclament le ministre de l'Intérieur et la Sûreté. Ailleurs on lit :

« Les sensationnels aveux de l'ingénieur-chimiste Locuty qui s'accuse d'être l'un des auteurs du double attentat de l'Etoile. »

On a certainement affaire à un esprit faible ou à un fou, mais ce dérangé accuse Méténier et Moreau qui, d'ailleurs, nient avec la plus grande vigueur. Quant à l'autre accusé, c'est Léon lui-même. Les colonnes des journaux sont pleines de cette affaire visiblement montée par la police pour pouvoir jeter sur nous le discrédit, faute de pouvoir trouver autre chose. Ce Locuty, employé chez Michelin, connaît Méténier. Il donne une foule de détails sur la manière dont l'opération a été préparée et exécutée. Ses explications sont véritablement interminables. Ces révélations font un bruit de tous les diables et comme l'on assure que le fameux « Léon » est à Saint-Sébastien, Mérino m'en a parlé ce soir. Je lui ai dit ce qu'il fallait en penser. Malgré la sensation, les journaux n'accueillent ces bruits qu'avec une grande réserve. Ils se défient du tam-tam Dormoy. D'ailleurs les concierges des deux immeubles à qui l'on a montré la photographie des deux « dynamiteurs » n'ont reconnu ni l'un ni l'autre. Locuty dit que c'est lui-même qui, sur l'ordre de Méténier, a été porter la caisse après qu'il l'eut confectionnée. On n'est pas plus idiot. Et c'est par là que pêche le système policier. Personne ne se laissera prendre à cette rocambolesque histoire. Il faut relever cette phrase de Locuty qui peut ouvrir un jour spécial sur cette affaire :

« On m'a entraîné dans une sale histoire. Je paierai, mais les autres aussi. »

C'est *Le Matin,* daté de ce jour, troisième page, troisième colonne, qui rapporte cet étrange et très suspect propos. Il me paraît certain que nous n'aurons aucun mal à nous tirer de ce mauvais pas. Il faut dire que, sans d'ailleurs nous ménager, Pujo est le premier à nous y aider. Il en va de même du *Jour,* ce qui n'est fait pour surprendre personne. Du reste, tous les journaux restent méfiants. Je ne parle pas, bien entendu, des journaux de gauche que nous ne lisons pas ici. Tout cela est fort ennuyeux. C'est un grain, une bourrasque qui bouche le temps, retarde notre route mais qui n'empêche pas que nous pensions au but à atteindre qui est de jeter cette racaille par-dessus bord et à nettoyer la France. Nous y parviendrons.

D'autre part, l'on signale que le patron et le général Duseigneur sont venus en Espagne nationale en janvier 1937. A ce propos, il est aussi question d'un certain « Orain » (parfois orthographié Aurin) qui les accompagnait. Je ne sais trop quoi faire pour Léon. Je n'ai pas de liaison avec Paris et je ne vais certes pas écrire maintenant. C'est que Léon est tout à fait brûlé. L'on s'est rendu à Aulnay-sous-Bois où habitent les parents de sa femme. A la vérité, je ne vois pas ce que l'on peut faire, nous sommes ici en sécurité, du moins je le crois. Cependant, je ne suis pas sûr que nous ne soyons pas surveillés. Ainsi cet après-midi autour de trois heures trente, j'ai nettement entendu un coup d'avertisseur familier, le ta-titi de l'organisation. D'abord mal formé, il fut repris très clairement une seconde fois. Je croyais vraiment que c'était une voiture qui nous appelait. Je me suis précipité à la fenêtre, je n'ai rien vu, ni maman en bas, ni Mme Léon. Qu'était-ce? Une coïncidence ou, comme j'en ai émis tout de suite l'hypothèse, des vérificateurs passant sous nos fenêtres et faisant le signal pour voir si quelqu'un apparaîtrait à cet appel? Ce n'est pas impossible. L'autre jour, pendant que nous étions absents, maman et Mme Léon ont vu très nettement deux individus qui photographiaient la maison ont-elles dit. Est-ce sûr? Je ne sais mais au moins sur la hauteur voisine, ils prenaient des vues dans la direction de notre villa. Et il y eut Gautier. Celui-là n'était pas un rêve. Il faut nous tenir sur nos gardes. Nul doute qu'il n'y ait des policiers français plus ou moins camouflés, nul doute qu'ils ne se rendent à « La Marina » et peut-être même à la pêche derrière Léon. Il ne faut pas se laisser prendre. Ce n'est pas le moment.

Jeudi 13 janvier.

L'affaire suit son cours. Les deux ingénieurs dénoncés par cet abruti de Locuty, Vogel et Vauclard, avouent eux aussi avec une sottise déconcertante. Ils avouent même ce qu'on ne leur demande pas et ce qu'on ne saurait songer à leur demander. C'est ainsi que, d'une part, Vogel[1] a confirmé après quelques vagues réticences, qu'il avait transmis à Locuty le message téléphonique que, prétendument, Méténier lui avait envoyé. Il fit plus, il révéla que la bonne de Mété était venue tout spécialement à Clermont, le 18 septembre, pour recommander à Locuty d'être discret. C'est une chose qu'on ne lui demandait pas. Vauclard, de son côté, a avoué ou reconnu qu'il avait transmis à Locuty la commission de Méténier que Vogel l'avait chargé de transmettre. Comme on ne lui demandait rien, il reconnut qu'il avait fait du trafic d'armes dans les environs de Chambéry où il rencontra un « inconnu ». Il raconte cette expédition. Faut-il que les gens soient idiots?

Dans tout cela la machination policière apparaît de plus en plus. *Candide* le dit sans ambages. Nul doute que demain *Gringoire,* encore plus virulent, le criera. D'ailleurs, en dépit des efforts, les concierges n'ont pas reconnu Locuty. Où le scandale devient honteux, c'est quand on voit les bourriques récompensées. Une promotion exceptionnelle dans la légion d'honneur distribue rosettes et croix. Mondamel, le Jobard et une autre bourrique sont ainsi distingués. Il arrivera aussi un jour où nous les distinguerons.

1. C'est un Juif, il convient de le noter.

Le Matin peut écrire « le réseau policier se resserre autour des membres multiples de la plus extraordinaire conspiration du siècle », et ajouter que l'activité de la Sûreté « fait présager de nouveaux développements sensationnels », ici et ailleurs nous nous préparons car tout le monde, il s'en faut, n'est pas en « tôle ». Mais je me demande si, en effet, quelque chose de sensationnel n'est pas dans l'air. D'après Bardane, la T.S.F. aurait annoncé hier soir que l'ingénieur serait revenu sur ses aveux et l'on aurait terminé en disant que ce ne serait pas lui le véritable coupable mais un autre qui serait en Algérie. Je ne sais ce que vaut ce canard ni comment il a été transmis. Ne s'agit-il pas d'autre chose? L'on disait que les exécuteurs des frères Rosselli étaient connus et identifiés, deux d'entre eux étant même incarcérés. Les journaux de ce soir annoncent seulement que quelques personnes sur qui pèsent de graves soupçons, ont été longuement interrogées rue des Saussaies. S'agit-il d'André? C'est peu probable car depuis déjà quelque temps il se dérobe et il n'avait pas répondu à plusieurs convocations. Il faut donc attendre des précisions. Mais nous avons notre part d'émois et d'inquiétudes.

J'ai fait ce soir une délicieuse promenade avec Renée Bradol au Monte Urgull. Le temps était magnifique et presque printanier. Cette promenade, que nous recommencerons, a été plus sentimentale que les autres. Les choses avancent lentement, mais Renée ne m'a-t-elle pas dit qu'elle était « sauvage ». Elle est aussi bretonne, originaire de Quimper. Mais elle se flatte aussi d'être Espagnole et même Arabe.

Samedi 15 janvier, minuit quarante-cinq.

Ce criminel de Locuty continue de dénoncer les inconséquents bavardages de Méténier. C'est l'affaire Navachine qui est maintenant en vedette. Locuty dit que le franc-maçon bolchevique a été exécuté par nous. L'on dit même que c'est Filliol qui l'exécuta, on lui mit aussi sur la conscience le meurtre de Laetitia Tourneaux. J'ignore tout du secret de cette dernière affaire qui n'a pas, à ma connaissance, été traitée par nous.

Amené à Dompont, Jakubiez a tout nié de sa participation dans l'assassinat des frères Rosselli. Il en est de même de Robert Purieux. D'autre part, on a présenté à Mlle Besneux, l'unique témoin de l'affaire, diverses photographies parmi lesquelles elle a formellement reconnu André Terraille. Or, celui-ci n'est jamais allé à Bagnoles pour cette circonstance ni avant, ni le jour de l'opération. Il ne peut y avoir aucun doute à ce sujet. Malheureusement c'est une chose qu'il sera à peu près impossible de prouver. Mlle Besneux avait reçu une lettre d'Algérie l'invitant au silence sur ce qu'elle avait pu voir et lui recommandant de ne se mêler en rien à cette affaire, mais cette petite imprudente a cru devoir agir différemment. Enfin l'on donne Filliol comme réfugié à Saint-Sébastien. Son frère aurait reçu de lui une lettre de cette ville datée du 9 décembre 1937. Corrèze en a-t-il mis une ici à son arrivée le 13? Il n'en a en tout cas rien dit. J'avais oublié de dire que notre ami Roidot a aussi la police à ses trousses. Heureusement il est en fuite. Un nouveau « donneur » est venu spontanément raconter à la police qu'il existait au « C.S.A.R. » un service des empoisonnements et il raconte l'affaire Sallé dans tous ses détails. Il expliqua aussi que chargé d'exécuter ce traître, il n'accomplit pas sa mission. Il vendit Billecocq qui, d'ailleurs, se montra le plus complaisant des inculpés et Roidot, chez qui l'on perquisitionna. On y trouva tout le matériel que nous y avions mis. Notre ami avait pu heureusement s'enfuir.

L'AFFAIRE DES POISONS

Avec le cas « Roidot », la réalité dépasse la fiction.

Rattaché au 2e Bureau d'Aristide Corre, un « laboratoire » était chargé de mettre au point un certain nombre de « traitements spéciaux » permettant de liquider traîtres et condamnés à mort « sans laisser de traces ». L'homme de ces « actions particulières » est un centralien de trente-cinq ans, Henri Philippe Roidot. Ami de Jacques Corrèze, il a d'abord servi l'O.S.A.R. en instruisant les jeunes recrues. Ses travaux pratiques (tir à la mitraillette et

au F.M.) au stand du Ru-de-Montfort et au fin fond de la carrière de Garde-Neige sont cités en exemple à la première Assemblée générale de La Cagoule. Mais Corre lui réserve une autre affectation et le beau centralien se retrouve étudiant en bactériologie, stagiaire à l'Institut Pasteur. Roidot, passé maître dans l'art de doser l'arsenic, le curare, la strychnine, ne s'estimera satisfait que lorsqu'il aura élevé et maîtrisé les deux souches de base de toute guerre bactériologique : bacilles tétaniques, bacilles botuliques. Les voler à l'Institut Pasteur s'avère trop dangereux. Aristide Corre prépare alors des faux bons de commande portant l'en-tête de l'hôpital de La Pitié et expédie Royer-Collard à l'Institut Pasteur. Le 10 mars 1937, Roidot reçoit sa première souche de bacilles tétaniques. Le 16 mars, le « faux bon » portant commande de bacilles botuliques intrigue le service des chercheurs Legroux et Lominsky. Conversation téléphonique avec La Pitié. Surprise! Colère. Le commissaire patiente et emporte enfin une souche inoffensive. Une heure plus tard, la police ouvre l'enquête. Le soir même, Roidot quitte Paris. Dans son appartement, policiers et médecins découvriront un laboratoire parfaitement installé dont les « réserves en produits traditionnels » auraient permis d'empoisonner plusieurs milliers de personnes. Quant aux souches, nul ne saura jamais quelle destination leur réservait La Cagoule.

Autant que l'on sache, ce laboratoire Roidot ne fut utilisé qu'une fois avant sa découverte. Sallé, condamné à mort pour manquement au serment prêté, devait être empoisonné par un certain Billecocq. Mais l'exécuteur n'ose pas verser le poison confié par Roidot dans la nourriture de sa victime. Sallé sera traité la semaine suivante... à l'arme blanche, dans la forêt de Rambouillet.

Dimanche 16 janvier, 23 h 25.

C'est Blum que le larmoyant Lebrun a chargé de former le nouveau cabinet. Chautemps et Sarraut avaient été auparavant conseiller le chef de l'Etat. Blum? C'est un cabinet à participation communiste. C'est tout dire. Voilà à quel degré d'abjection le malheureux peuple français est tombé. L'on dit bien ce qui n'est du reste pas pour nous une compensation, que ce cabinet ira de Paul Reynaud à Thorez. Paul Reynaud, fripouille, est le piège à modérés. Les grands mots, les grands mots d'une stupidité certifiée, sont ressortis : crise du franc, péril extérieur, patrie en danger, rien ne manque.

L'on a encore arrêté des gens à Clermont-Ferrand où l'on avait hier saisi des armes. C'est un véritable désastre pour nous là-bas. L'étendue des fautes de Méténier est incroyable. Je note aussi, en passant, que Locuty prétend m'avoir reconnu d'après une photographie. C'est absurde, j'enverrai sous peu une rectification que, afin de dérouter la police, je ferai expédier des Etats-Unis. Roidot n'est toujours pas arrêté. Je souhaite qu'il se cache bien. Mais sa femme apparut d'une criante stupidité. Elle dit que son mari était parti le mardi précédent, qu'il lui avait fait certaines recommandations comme celle de jeter le contenu d'un certain nombre d'éprouvettes. On n'est pas plus bête.

Lundi 17 janvier, minuit dix.

C'est toujours un crève-cœur pour nous que de voir, dans les journaux, les photographies des armes que la police nous a prises. Ils sont là bien alignés, les fusils mitrailleurs, les fusils de guerre, les fusils de chasse, les mitrailleuses, les grenades et tout le reste. On y voit derrière la grosse figure épanouie de Rocher content de son exploit de policier. Nous avons beau nous dire que toutes ces armes vont à Vincennes et que, de ce chef, elles ne sont pas à vrai dire perdues, nous ne pouvons pas ne pas nous dire qu'elles ne sont plus aussi librement à nous, que leur récupération est conditionnelle, qu'un revirement ou même qu'un changement est toujours possible. Il y avait là rue Saint-Lazare, l'armement entier d'une brigade. Que vont dire nos gens qui se voient ainsi dépouillés petit à petit? Ne vont-ils pas se décourager tout à fait? Voilà pourtant un dépôt qui a tenu deux mois. Il y en a d'autres qui tiennent encore. Du côté d'Amiens, on a aussi trouvé des mitrailleuses et quelques armes abandonnées. Il y aura beaucoup à reprendre chez nous. A propos d'armes, mes Espagnols sont enfin venus cet après-midi. J'ai donc vu le commandant Rubis. La question de nos armes est enfin réglée. Nous n'irons pas à Pasajes faire les colis. Contrairement à ce que nous étions convenus d'abord, les armes qui sont à Pasajes devront être transférées ici. Nous avons ce soir aménagé le garage pour les recevoir. Il y a soixante-trois caisses de fusils mitrailleurs et près de quatre cents caisses de munitions. C'est un travail énorme que d'emballer tout ce matériel après l'avoir tiré des caisses. De plus, nous allons recevoir la semaine prochaine deux cents fusils de guerre Lebel. C'est le premier lot d'un total de quatre mille cinq cents environ, qui nous seront donnés. Lorsque ces deux premiers cents auront été évacués sur la France, nous en recevrons un second lot d'égale quantité et ainsi de suite. Malheureusement nous n'aurons que très peu de cartouches. Il nous sera relativement facile de nous en procurer en France.

Une fois de plus maman, aujourd'hui, a été reprise de sa rage. Comme Renée Bradol arrivait pour me donner ma leçon et que je la faisais monter l'escalier devant moi, maman me fit de son fauteuil du salon un geste vague et équivoque de jeter un baiser. Plus tard, dans la soirée, je lui demandais ce que signifiait cette grimace. Elle eut l'infernal toupet de me répondre que j'avais embrassé Renée Bradol dans l'escalier. Cela me mit dans une rage intense et je dis à maman avec la plus grande vivacité ce que je pensais d'aussi fausses insinuations. Plus que personne, elle savait que ce qu'elle avançait était faux. J'ai repris la question au moment de la quitter tout à l'heure et je lui ai dit que je ne tolérerai plus de sa part la moindre incartade ou réflexion de cet ordre. C'est un sujet qui ne la regarde pas. Qu'elle s'occupe de ses affaires et rien de plus. Que réelles ou supposées, elle n'ait point de souci de mes embrassades. Ce n'est pas son fait. Comme d'ordinaire, elle a ergoté, elle a répondu à côté, en dehors. Si on lui dit :

« Les bords du vase sont tranchants. »

Elle répond : « Pourtant il est bleu. »

Il est effrayant que chaque fois que j'ai eu des rapports avec une femme et quels d'ailleurs qu'ils fussent, maman s'est efforcée de se jeter en travers, de les brouiller, de les casser et devant l'inutilité répétée, constante, automatique de ces efforts, s'est acharnée contre moi avec une véhémence, une mauvaise foi, une obstination qu'elle eût mieux fait de garder pour un meilleur usage.

J'avais tout à fait oublié de dire que Locuty avait enfin été reconnu par le concierge de la rue de Presbourg. Reconnu? Je plaisante. C'est lui, Locuty, qui a reconnu le concierge. Il l'a pris par la manche et lui a raconté par le menu comment il était venu :

« Vous savez bien, j'avais ce chapeau, ce vêtement, ces lunettes. Rappelez-vous il y avait sur la caisse une étiquette tapée à la machine sur laquelle on avait écrit le mot « tissus ». »

Il insista encore sur maints détails comme si lui, Locuty, priait et suppliait l'homme de se rappeler une circonstance qui consisterait à fournir un alibi à un homme qui va être convaincu d'un crime. Jamais on n'aura vu de coupable aussi idiot. Pour en finir, le concierge a vaguement acquiescé :

« Ce pourrait bien être lui, après tout. »

Voilà au moins une reconnaissance qui vient du cœur. Demain il fera reconnaître par le concierge de la rue Boissière le pseudo-Léon dont il donnera un signalement exact. Ce Locuty est un enragé de la pire espèce.

J'ai un petit rhume, ce qui ne m'arrive jamais. Mais il fait déjà ici un temps de printemps.

Mardi 18 janvier.

Aujourd'hui, journée d'accomplissement. Avec émotion, ce soir, après six heures, j'ai surveillé à Pasajes l'embarquement de nos quelque quarante tonnes de matériel sur dix camions militaires.

A quatre heures, Léon et moi nous attendions l'arrivée du commandant. Flanqué de Baal il arriva avec un léger retard. Il était accompagné d'un seul camion et du sergent qui sera là-bas notre truchement. Je lui marquai ma surprise de ne voir là qu'un camion.

« Il y a près de quarante tonnes de matériel », lui dis-je.

Il tomba des nues. Il n'en croyait vraiment pas ses oreilles. Cependant je lui avais donné hier tout le détail de ce qui nous appartenait. Après avoir discuté avec le commandant de la marine de Saint-Sébastien, qui était venu avec lui, et le commandant de Pasajes, il fut convenu que l'on tâcherait de trouver un nombre de camions suffisant à ce transport. Il partit. Vers dix-huit heures trente, je vis arriver les premiers camions. Le sergent nous annonça qu'il y en avait neuf et le premier qui, entre-temps était venu ici avec Léon et Baal, pour charger le matériel que nous avions naguère rapporté d'Irun. Cette file de camions d'artillerie qui venait prendre nos armes me mit en joie. Il faut dire que c'est le plus heureux des hasards qui fit cette aubaine. Il y avait justement dix camions militaires qui devaient précisément remonter sur Pampelune. Les hommes de la base maritime de Pasajes se « tapèrent », selon l'expression des nôtres, nos caisses d'armes. Ce fut une dure corvée et peu à peu les camions, peu chargés en apparence, allaient se ranger en file. J'ai envoyé Léon à Pampelune, le commandant ayant besoin de l'un de nous pour surveiller l'emballage et surtout pour que les choses soient faites comme nous voulons. Il est parti à dix heures avec le commandant qui est venu le prendre. Nous allons surveiller cela de très près. Nous irons souvent à Pampelune voir où en sont les choses de manière qu'on ne s'endorme pas. Quand nous aurons la voiture, c'est-à-dire pour la fin de cette semaine, nous irons chercher à Eibar les quarante fusils de chasse que nous y avons et nous les rapporterons également à Pampelune. Tout, de la sorte, y sera concentré. Nous en préparons l'envol avec soin. J'ai justement reçu une lettre de Gabès ce matin qui me demande où en sont les choses. Je lui en parlerai prochainement.

Il paraît que c'est à la suite d'une effarante confrontation... radiophonique que le malheureux petit Bouvyer a avoué sa participation à l'affaire Rosselli. La Sûreté établit la communication radiophonique entre Paris et sa succursale de Constantine. Alors Bouvyer fut invité à se mettre à l'écoute et la confrontation verbale entre lui et Terraille commença. Comme Bouvyer semblait cependant manifester quelque méfiance, Terraille insista pour lui enlever tout doute possible. Il se fit connaître par les caractéristiques de sa voix, citant des noms, apportant des indications telles que Bouvyer, désemparé, n'eut plus qu'une ressource : avouer. C'est alors qu'il fit sa confession sensationnelle sur le drame de Bagnoles. Naturellement Moitessier de la Sûreté dément cet extravagant récit. Mais l'on sait ce que vaut la parole d'un flic. D'autre part, si on n'avait rien su de Bouvyer, l'on n'aurait certainement pas été le chercher entre mille autres. Il fallait donc qu'on eût quelques indices et, de toute façon, il s'est laissé prendre. Il fallait être plus malin. On ne risque jamais rien en niant éperdument.

Mercredi 19 janvier.

Je me disposais à me rendre à Irun ce matin quand j'y fus appelé. Les demoiselles Lafargue avaient pour moi une lettre de Gabès. Cette lettre était intéressante à plus d'un titre. C'est ainsi qu'elle m'apprenait que, après un voyage long et difficile, nos amis étaient parvenus en Suisse. Ils n'y restèrent pas longtemps. Ils furent contraints de quitter précipitamment ce pays, à cause dit la lettre « des indiscrétions faites à Paris sans doute ». Oui, mais il me paraît certain que leur présence dans une grande ville suisse fut signalée automatiquement sans que des indiscrétions parisiennes fussent nécessaires. D'autre part, il paraît que Filliol et le toubib doivent venir ici sous peu. Gabès pense même qu'ils y sont déjà. Les a-t-il vus? Est-ce seulement un « on dit » qu'il a recueilli? Je ne sais, la lettre n'est pas explicite. Pour le reste, il demande des informations sur les problèmes en cours. J'ai répondu à tout. J'avais oublié de noter hier qu'une lettre de Gabès m'était aussi venue. Il demandait que je lui fisse envoyer d'urgence les 1000 francs qu'il avait fort imprudemment laissés dans une poche de pantalon. Ce fut un des motifs de mon voyage à Irun. Tout ce problème donc est épuisé. Je lui ai également signalé, mais seulement en termes généraux, le transfert du matériel à Pampelune. De la sorte, il aura en main quelques éléments d'information. Je lui ai fait connaître notre situation financière précaire. J'ai en effet dû aller emprunter mille pesetas à Mérino qui me rend ce service de grand cœur. Nous sommes, il est vrai, en compte avec lui.

Nos pauvres affaires continuent de défrayer la chronique. Le marchand de parapluies de Corrèze a été arrêté. L'on se demande avec angoisse où ces choses s'arrêteront. Il y a jusqu'à présent quarante-trois arrestations. Robert Puireux a été inculpté hier d'assassinat. Mais il a continué de nier avec une grande énergie. Il a officiellement protesté auprès du juge contre les mauvais traitements qu'il a subis à la Sûreté. Il y a enfin une importante déclaration du général Duseigneur. Il se défend avec énergie d'être un agent de l'étranger ainsi que d'être le chef d'une organisation armée. Il prend en revanche toute la responsabilité de l'U.C.A.D. Il n'en reste pas moins en « tôle ».

Jeudi 20 janvier, minuit vingt.

Comment a-t-on pu permettre qu'un Locuty continue de raconter ses histoires – vraies ou fausses? Il ne fallait pas tolérer que cet homme, qui est de toute façon un traître, arrivât à Paris. Pendant son transfert il devait être relativement facile de l'atteindre et de le frapper. Il en est de même de Bouvyer. Celui-ci va sûrement continuer à parler et, par conséquent, à nous mettre davantage dedans. On attend au parquet et ailleurs son arrivée avec une fébrile impatience. Il va pouvoir dénoncer, parler, préciser, confirmer. Si cela est un peu difficile au début, l'on se chargera de l'aider. Eh bien! voilà encore une chose en travers de laquelle nous devrions nous mettre. De Constantine à Paris le trajet est long. A un moment de ce long voyage, ses gardiens, des gendarmes sans doute, relâcheront quelque peu leur surveillance. C'est alors que des hommes résolus peuvent et doivent agir. Une équipe spéciale entraînée et ultra secrète devrait exister et fonctionner pour ces besognes nécessaires.

Samedi 22 janvier.

Le docteur Martin nous donne un peu d'inquiétude. Où est-il? Que fait-il? Est-il demeuré en France? On a saisi chez M. de Mattrarel toutes les archives secrètes du S.R. C'étaient là pour nous des documents très précieux et irremplaçables, le fruit de nombreuses années de travail, de patientes recherches, de filatures de toute sorte et d'informations venant de mille sources. Tous les dossiers étaient au complet et ce que l'on a trouvé rue de Provence n'était qu'un extrait, en quelque sorte, de cette remarquable mine. Je ne pense pas que des révélations gênantes pour l'organisation en puissent sortir, mais à présent tous nos moyens de renseignements nous sont ôtés.

Enfin il y a une longue histoire sur la voiture du toubib. Un inconnu serait venu demander qu'on y fît des réparations nécessaires en présentant au garagiste une lettre du docteur, et un autre inconnu est venu prendre la voiture ainsi que les deux lettres qu'il lui avait envoyées. Ceci prouve que l'organisation continue de fonctionner, ce qui est bien, mais peut-être aussi que le docteur, activement recherché par la police, est moins loin de Paris que nous le pensons. Surtout qu'il ne recommence pas la faute d'Eugène en se faisant pincer. A quoi sert le patron en prison? Sommes-nous là pour avoir un beau procès?

Bouvyer est arrivé en France. Il doit être même arrivé à Paris. Il y est attendu avec une fébrile impatience par la police. Nul doute que les plus remarquables bourriques sont prêtes à le questionner avec ferveur. Nul doute qu'il doive « dérouiller » pour me servir d'un terme de métier. Nul doute, enfin, qu'il ne parle et abondamment. On lui fera dire tout ce qu'on supposera qu'il sait. Avant huit jours l'affaire Navachine et peut-être d'autres seront connues de l'univers. Il fera comme Locuty. Et personne dans l'organisation n'a su donner un ordre pour parer à cet affreux danger.

Bouvyer cependant n'était accompagné que de deux gendarmes que suivait un inspecteur. Assurément l'assassinat du bolchevique et franc-maçon Navachine ne peut nous faire grand tort. Mais d'autres camarades peuvent être mis dans le bain! Jacquet par exemple.

Ce soir j'ai fait une tendre promenade avec Renée Bradol. Nous avons scellé sur le Monte Urgull aux premiers moments de la nuit un pacte d'amitié. J'y reviendrai demain. Tout à l'heure un coq chantait. Sa montre n'était pas à l'heure.

Dimanche 23 janvier, 16 h 50.

Je n'ai parlé hier, que très sommairement, de la très agréable promenade que nous avons faite, Renée Bradol et moi, nous sommes allés au Monte Urgull à la nuit tombante et nous avons gravi, dans une discrète obscurité, de charmants petits chemins coupant des bosquets de pins. Cette promenade revêtit une intimité très douce. Nous nous arrêtâmes longuement au sommet. Nous y reprîmes une conversation sentimentale entamée depuis déjà plusieurs jours. Quand venant de la plage en passant devant le port on arrive au Monte Urgull, on trouve au haut des quelque soixante-dix marches qui y arrivent une très vieille porte, vestige sans doute d'anciens remparts. Cette porte est très basse et Gabès ne peut la franchir sans se courber. C'est là que, depuis quelques fois déjà, nous étions accoutumés, Renée Bradol et moi, à nous faire nos adieux après quoi nous rentrions ensemble dans la ville et je la reconduisais à sa porte avant que je prisse le train du Monte Igueldo. J'avais proposé que nous donnions un nom à cette porte, et un nom qui répondît à l'idée que nous nous en faisions. Je lui proposai : porte des adieux. Mais ce mot lui fit horreur : adieux, séparation, fin, éternité... Non, c'était insupportable. Successivement je proposai : porte des tendresses perdues, des tendresses refusées, données. Rien de cela ne lui plut. Triturant mon imagination, je proposai encore : porte des caprices. Le mot est poétique, dit-elle, il est joli mais il ne correspond pas à la réalité, il est faux. J'en ai trouvé un en trois syllabes qui convient, selon moi, parfaitement : cherchez, il est simple. Vous ne pouvez pas ne pas le trouver à votre tour. J'ai refait le tour des possibilités mais quoi, un mot en trois syllabes? Il y en a dix mille dans notre langue. Porte de l'espérance! Porte du souvenir!... Ce n'était pas cela. Hier soir, donc, elle me confia que c'était la porte de l'amitié. C'était très significatif. Elle dit pourquoi l'amitié peut être une chose qui dure, tandis que le reste! C'est vrai mais, lui répliquai-je, pourquoi l'amitié n'inclurait-elle point la tendresse? Elle n'eut pas à cette objection, à cette remarque plutôt, de réplique décisive. Et de fait, nous échangeâmes quelques tendresses auxquelles elle fit à peine mine de se dérober. Enfin nous scellâmes, hier soir vers dix heures trente, un pacte d'amitié, appuyés sur le parapet du Monte Urgull. Je rendrai cette amitié amoureuse. Renée Bradol semble langoureuse et je la conduirai doucement et délicieusement jusqu'à la suprême tendresse. Demain elle vient, naturellement, me donner ma leçon après quoi nous irons peut-être ensemble voir un film américain que nous avons remarqué.

La journée a été marquée, à son début, par une sorte d'inquiétude. De bonne heure Léon était parti à la pêche. Vers neuf heures, sa femme aperçut un homme vêtu d'une sorte de gabardine vert clair et d'un chapeau mou qui paraissait rôder autour de lui. Il n'en fallut pas davantage pour que l'homme fût considéré comme une bourrique. C'était exagéré, mais il n'y a pas d'exemple qu'un raisonnement ait triomphé d'une croyance, que dire alors d'un entêtement? Mme Léon s'excita, ragea et nous fûmes entraînés à regarder l'homme et Léon de la fenêtre. Enfin la conversation finit par s'engager entre eux et elle dura assez longtemps. Au retour de Léon, nous apprîmes qu'il avait bel et bien été interrogé par l'homme à la gabardine verte. C'était tout juste l'hypothèse que j'avais émise. Je ne doutais pas en effet que la police française n'eût ici des « mouches » directement ou indirectement à ses gages.

Nul doute que Paris ne cherche à se renseigner sur ce que nous faisons ici, et nul doute aussi qu'il a les moyens d'y parvenir. Il suffit d'envoyer un pseudo-journaliste de droite et le tour est joué. Il y a justement ici un journaliste belge qui, déjà depuis plusieurs semaines, doit partir au front, mais il ne part pas. Il attend toujours ses papiers de Salamanque. Nous avons eu justement à déjeuner, à midi, le sergent Arnux, homme du meilleur monde de Barcelone, échappé à la révolution en Catalogne le 2 août 1936. C'est, comme je l'ai dit, l'adjoint du commandant Rubis à qui nous aurons uniquement à faire à Pampelune. Je lui ai posé la question :

« Si nous parvenons à découvrir ici un policier, que devons-nous faire? »

« Nous le signaler, m'a-t-il dit, et nous le considérerons comme un espion rouge. »

C'est bien tôt dit, mais c'est manifestement insuffisant. En effet quel est l'homme qui, pour nous, est condamnable sans appel? Ce serait celui que nous rencontrerions ayant dans ses poches les photographies de ceux d'entre nous qui sont en fuite et que la police recherche. On ne peut pas douter qu'un poulet à notre recherche n'ait sur lui les photographies de ceux qu'il serait chargé d'identifier. Mais à aucun titre ces documents ne peuvent condamner l'homme aux yeux des autorités espagnoles. Bien mieux, aucune charge ne pourra être relevée contre lui. Il aura ses papiers parfaitement en règle, c'est le propre des espions. Il pourra agir en toute liberté, il sera un personnage tabou. Seulement ce sera nous qui lui ferons son affaire. Je l'ai indiqué au sergent Arnux. Car lui me parlait de le faire refouler, sans plus. Avec les renseignements contre nous, et par ricochet contre vous lui dis-je? Vous n'y pensez pas. La question va être posée et nous aurons une réponse, mais le certain c'est que nous nous réservons d'agir au mieux des intérêts de l'organisation.

L'O.S.A.R. ET 1937

L'examen de l'organisation en 1937 sera l'histoire de son apogée et de son échec. L'O.S.A.R. de juin 1936, la vieille O.S.A.R. est morte aujourd'hui. Je vais brièvement retracer les principales étapes de cette ascension et de ce déclin et voir ce qui en demeure.

A l'aube de 1937, l'organisation est déjà sortie de ses premiers balbutiements. Un nombre important d'armes ont été achetées mais sont, malheureusement, bloquées en Belgique par la trahison et la malhonnêteté de quelques-uns. De nouvelles liaisons pour les achats d'armes ont été établies et des marchés sont en cours. Il faudra, hélas! de longs mois avant que leur réalisation ne soit accomplie et la politique de non-intervention dans les affaires d'Espagne va nous causer des difficultés presque insurmontables, tant pour l'acquisition des armes elles-mêmes, en Suisse ou en Belgique, que pour leur transfert en France. Déjà d'ailleurs, nous nous étions tournés vers l'Allemagne. L'aide que nous avons apportée aux nationaux espagnols allait grandement faciliter nos opérations d'achat. C'est sous le couvert de l'Espagne que nous pûmes d'abord acquérir en Allemagne les premiers lots de fusils mitrailleurs. Les Allemands ne se montraient pas tout de suite disposés à nous vendre des armes. On fut donc les trouver et le langage suivant leur fut tenu :

« Nous sommes un groupe d'industriels français désireux d'aider les nationaux espagnols. Mais nous ne voulons avoir affaire avec aucun intermédiaire. Nous nous adressons donc directement à vous fabricants d'armes. Nous mettons à votre disposition une somme de deux millions à charge à vous de livrer ces armes en Espagne nationale. »

L'affaire fut ainsi conclue et les armes acheminées sur Vigo où elles arrivèrent dans le courant de juillet. Ce problème ainsi résolu, la question du transport demeurait entière. Il fallait la résoudre. En effet, ce transport ne put se faire et cette impuissance fut la cause fondamentale de notre échec. Si nous avions eu nos armes, nous aurions pu agir et sans doute réussir.

Aux premiers jours de l'année donc, notre grande activité commence. L'affaire N. (Navachine) la marque. Elle demeure mystérieuse et rien n'est découvert. Cette affaire à peine terminée, nous en mettons aussitôt une autre sur le chantier. Dès le 6 février, nous avions commencé de nous occuper avec beaucoup d'ardeur d'un personnage considérable et dangereux, Finaly, mais l'affaire ne fut pas menée jusqu'au bout pour d'incertaines raisons d'opportunité. Le 12 du même mois, c'est l'affaire de Montesson qui est, malheureusement, infructueuse. Le pseudo-dépôt d'armes communistes du château d'eau est vide. Fut-il seulement jamais plein? Rien d'ailleurs n'a été plus décevant que cette quête des armes communistes. Elle ne nous a, presque toujours, valu que des échecs, au moins si l'on entend la quête proprement dite dans un lieu précis et déterminé. Ceci, toutefois, n'a jamais été qu'un à côté de l'activité de l'organisation.

Dès février, le remaniement général des groupements d'action était en cours. Les anciens régiments étaient fondus et réformés. L'ancienne AMSAN (Association des milices secrètes d'action) était supprimée et définitivement incorporée dans l'O.S.A.R. Le 15 mars, cette organisation nouvelle entrait en vigueur. Six brigades étaient créées : Paisseau prenait la première, Tonuy en titre, puis Gautier en fait la deuxième, Pélissier la troisième, Méténier la quatrième, Fleury la cinquième, de la Vérone la sixième. L'O.D.N.S., sous la conduite de Richard anciennement de l'Action Française, formait la septième. Il incorporait dans ses troupes les éléments de grande banlieue seulement. Parallèlement les dépôts se constituaient. C'est l'époque où, après le « 3 » et différents autres essais, le « 8 » se créait. Avant peu, celui-ci devait contenir un très grand nombre d'armes. Il était situé au 38 boulevard Flandrin. C'était un petit hôtel particulier loué par moi sous le nom de Weil, Juif imaginaire, qui voyageait en Egypte et que nous avions abonné au *Populaire*. Le « 8 » avait des qualités exceptionnelles. Il était composé de deux immeubles. Celui en façade, sur le boulevard et des communs donnant sur la rue de Montévidéo. Un petit jardin séparait les deux maisons mais, sous le jardin, un assez long couloir souterrain les reliait. C'est ce couloir qui fut aménagé en dépôt. L'extrémité donnant dans l'édifice principal fut close. L'autre fut très habilement camouflée. Un certain nombre de marches y accédait. La moitié supérieure de l'ouverture fut masquée tandis qu'une très lourde porte, elle pesait près de 400 kilos, fermait la partie inférieure. Cette porte était en réalité un mur mobile glissant sur des galets qu'un système secret permettait d'ouvrir. Le tout était dissimulé derrière un inoffensif placard renfermant du matériel de nettoyage et des vieux vêtements. Il était pratiquement impossible qu'on le découvrît si les enquêteurs n'étaient pas avertis de sa présence. Toutefois l'état des lieux mentionnait la présence de ce couloir. Le « 8 » fut le mieux réussi des dépôts constitués alors et cependant dès le mois de juillet il fallut l'abandonner. Il était surveillé depuis déjà quelque temps. C'est donc un peu plus tard que furent constitués, avec quelles difficultés et quels retards, les dépôts de brigade, le « 12 », le « 13 », le « 13 bis », le « 14 », etc. Cette question des dépôts et de l'armement je ne la connais que du dehors, ce n'était pas, comme on dit, mon rayon. Toutefois puisque je suis sur ce chapitre, je peux dire que quelques opérations ont été envisagées et tentées sur des dépôts militaires. Celle qui réussit le mieux et en fut le type, fut l'affaire de Laon où, en dépit de quelques émotions, tout se passa bien. D'autres furent mises sur pied mais ne furent point exécutées pour des questions de convenances et aussi parce que l'utilité n'en paraissait pas toujours nécessaire. Enfin il ne faut pas dissimuler que les risques en étaient considérables.

Pendant que tous ces efforts souterrains étaient poursuivis, l'activité diplomatique de notre affaire s'établissait. Le 20 janvier, « Marie », Eugène Deloncle, partait pour l'Espagne où il nouait les liens qu'Orain avait déjà préparés. Il était accompagné du général[1]. Un peu plus tard il se rendait en Italie où les choses n'avancèrent pas, à beaucoup près aussi vite. D'assez bonne heure, cependant, sans que je puisse fixer une date précise, une entente avait été conclue pour la livraison des fusils mitrailleurs Beretta et des grenades d'un modèle fait exclusivement pour nous. Le 27 mars, Eugène se rendait à Bruxelles accompagné encore de Duseigneur.

A l'intérieur, l'activité était encore plus grande. Le 10 mars, accompagné de Cachier, Eugène rencontrait le général Prételat, alors commandant de la région de Paris. Les choses, naturellement, n'allèrent pas d'abord avec une grande rapidité. Cependant elles étaient déjà assez avancées en juin pour que, au moment de la période troublée de la deuxième quinzaine de ce mois, un samedi où la situation paraissait critique, le général Prételat mandât d'urgence Eugène à Paris pour lui demander l'appui de son organisation. Eugène était alors en tournée en Touraine. Le 8 avril, de mon côté, je fis rencontrer, chez Hélène, le général d'Humières, oncle de celle-ci, et commandant la 3e division de cavalerie à Paris, avec le général Duseigneur. Malheureusement, celui-ci ne fut pas aussi décisif qu'il eût fallu et si, cependant, le général d'Humières tomba d'accord sur le principe, les choses restèrent en suspens pendant plusieurs mois. Après les vacances, je fis en sorte qu'une entrevue fût ménagée entre le général d'Humières et Eugène directement. Mais bientôt les choses prirent une tournure inattendue et je ne sais si l'entrevue eut lieu en effet. Mon dernier effort de coordination fut de mettre en contact Eugène et la comtesse de Monteynard que j'avais fait récemment abonner. Par elle, Eugène devait rencontrer le colonel de Bellefond (de la maison du président de la République) à qui l'on prêtait les meilleurs sentiments et qui avait pour nous d'être fort bien placé.

Cette évolution de l'O.S.A.R. pendant l'année 1937 se prête assez mal à un tableau d'ensemble. C'est une foule de détails, souvent sans liens apparents entre

1. Duseigneur.

eux, ce sont des efforts obscurs ne faisant pas date. Certes, il y eut plusieurs affaires intéressantes et retentissantes que, malgré les révélations qui en ont été faites les unes d'ailleurs fantaisistes si d'autres sont vraies, je ne veux pas évoquer ici.

Le 2 juillet, j'organisais au château de Nandy, chez feu de Brichambaut, le premier congrès de l'O.S.A.R. L'on y faisait le point de l'activité provinciale et même générale de l'organisation. Les chefs de toutes nos régions et un certain nombre de leurs adjoints étaient présents. Toutes les questions y furent traitées : organisation locale, armement et répartition des armes, liaisons, chiffres, etc. Puis des entretiens particuliers entre le patron et chaque chef provincial eurent lieu pour compléter les mises au point. Déjà l'on était entré dans la période des vacances qui devaient être calmes et entrecoupées de quelques visites d'Eugène à Paris et de quelques tournées en province.

Avant que les vacances ne fussent finies, notre organisation devait recevoir un très redoutable avertissement dont, je le crains, il ne fut pas tenu assez compte. A la suite des attentats de l'Etoile, des perquisitions générales furent faites et, naturellement, en raison de nos antécédents politiques, incidents d'Action Française, affaire du P.N.R., etc. et des autres renseignements que la police avait recueillis sur nous, un assez grand nombre des nôtres reçurent la visite des policiers. A première vue, les résultats obtenus par la police furent minces. L'on saisit chez moi quelques papiers et surtout quelques listes qui, tout incomplètes qu'elles fussent, n'en étaient pas moins, pour la police, des indications précieuses pouvant servir à d'utiles recoupements. Toutefois chez Michel H. on saisissait des caisses de grenades en chargement.

C'est à cette époque que la police sut que nous avions des armes : trois cents fusils mitrailleurs. Une enquête fut ouverte en Belgique, mais nous pûmes nous arranger pour qu'elle ne donnât rien. De temps en temps Corrèze était convoqué à la Sûreté par le sinistre commissaire Jobard qui était chargé de l'affaire. De surcroît notre dossier s'était gonflé des mouchardages de l'Action Française. Ils ont eu leur importance. Il y en eut d'officiels dans le journal, il y en eut de pires dans les coulisses. L'on parla de l'affaire Navachine. L'on désigna celui que l'on regardait comme l'exécuteur. Et c'est ainsi que, au lendemain des attentats de l'Etoile, la police allait frapper à certaines portes où elle pensait trouver quelque chose. Ce n'était qu'un premier coup de sonde.

Un long mois devait encore s'écouler. Mais le ver était dans le fruit. Thomas Bourdier, depuis quelque temps déjà, avait accédé à son poste de traître. Peu de jours avant son arrestation, Jakubiez était allé en Suisse avec l'ancienne Ford du patron, la 6189 RK 2, revendue et qui avait subi d'importantes modifications et truquages. Quelques jours plus tard, Chambéry devait en prendre livraison. Thomas Bourdier avait été au courant de ce voyage. Il en avait averti ses compères. Mais, sur de précises indications de Gabès, Jaker (Jakubiez), devait passer par deux endroits peu connus où les policiers ne pouvaient exercer leur surveillance. De son côté, la police cherchait à brusquer les choses et à atteindre Gabès par Jakubiez. L'on savait que celui-ci était allé avec lui en Belgique et en Suisse. Cependant Jakubiez revenait tranquillement à Paris avec son chargement de cartouches qui ne furent pas, bien entendu, semées sur la route comme la police l'a plus tard prétendu. Thomas Bourdier, naturellement, apprit ce retour dans le temps qu'il était surpris de ne pas voir se faire l'arrestation. Il alla voir ses chefs et leur dit :

« Comment? Je vous préviens que Jakubiez va en Suisse, je vous indique les jours et il revient tranquillement à Paris, sans que vous ayez été capables de l'arrêter? »

C'est alors que la police précipita les choses et décida l'arrestation de Jakubiez à Paris facilitée ou même rendue possible par son imprudence. Il circulait encore dans la voiture qu'il devait livrer au colonel Dumont de Chambéry. Celui-ci devait venir à Paris chercher cette voiture qui lui avait été vendue régulièrement par le garage Scheffer. Pour des raisons secondaires, danger ou confusion dans la correspondance, le colonel arriva à Paris avec vingt-quatre heures de retard. Comme il craignait de conduire dans Paris, il avait été convenu que Jakubiez viendrait lui livrer la voiture à un point déterminé de la banlieue immédiate. Qu'arriva-t-il au juste? Je ne sais, le certain c'est que Jakubiez flâna avec la voiture cependant partout signalée et, suprême imprudence, il retourna chez lui laissant la voiture-signal devant sa porte. Des bourriques surveillaient quand il voulut repartir et il fut « épinglé ». Qui sait? Peut-être sans le retard du colonel les choses eussent-elles pris un autre cours.

Cette arrestation contenait tout le reste en puissance. Il est infiniment navrant et dommage que tant d'efforts, immenses et répétés, tant d'ingéniosité, tant de travail et de patience aient été, pour une grande part, perdus. Tout est à reprendre et il n'est pas du tout certain que les bases que nous avons jetées ici soient les bonnes ou que bonnes elles soient utilisables, ou que même utilisables elles soient acceptées. Il va donc falloir reconstruire en ne recommençant pas les graves erreurs passées. Il faut réduire considérablement le personnel de l'état-major. Il faut surtout en être absolument sûr. Il nous faudra plus de vigueur, plus d'énergie et une discipline très sensiblement renforcée. Il faut aussi donner à tous une confiance renouvelée dans notre affaire et dans sa réussite. Il faut enfin faire l'éducation de la troupe un peu mieux qu'elle ne le fut jusqu'à présent. Tels sont les fastes, hauts et bas, de notre organisation pendant cette année frémissante.

Pour moi, de la première à la dernière minute, elle a été toute ma vie. Je suis d'ores et déjà persuadé que je considérai cette période comme une des plus belles que j'aie vécues. J'ai vraiment tout donné à cette affaire, tout sacrifié, lectures, écrits, tranquillité, repos. On a pu venir chez moi jour et nuit en toute occasion, pour toutes les corvées, toutes les courses à toute heure, même ennuyé, même fatigué on m'y a toujours trouvé, toujours prêt à répondre, à agir, à courir, à partir. J'aurais fait encore davantage si on me l'eût demandé. Je peux me flatter de n'avoir jamais dit non à quelque besogne que ce fût. Eugène, Grosset, Corrèze, Filliol, cent autres en témoigneraient. J'y ai mis toute mon âme et tout mon cœur. Ce fut ma chose plus que celle de beaucoup d'autres. Il y avait des années que j'y rêvais. Et maintenant que les dés sont jetés, je continuerai avec plus d'ardeur et de courage que jamais. Je crois pouvoir dire, sans me vanter, que je lui ai consacré plus d'énergie et de patience qu'à aucune autre chose que j'aie entreprise. Cette année donc, j'ai vécu à plein comme je ne l'avais fait depuis longtemps et comme j'avais grand besoin de le faire. 1937 fut vraiment pour moi une belle année.

Lundi 24 janvier

Bouvyer a renouvelé ses aveux et il a mis Filliol, Jakubiez et Puireux dans le bain. Comme par bonheur il ne connaissait pas le nom du quatrième, celui-ci a toutes chances de s'en tirer. Les confrontations auront lieu sous peu à Dompont. Une pareille attitude de la part de Bouvyer est inconcevable. Sa culpabilité à nos yeux est d'autant plus grande qu'il a été un agent du 2e Bureau. Pour ce qui est de l'affaire Navachine, c'en sera, en passant, demain l'anniversaire, la police a publié un démenti ou une mise au point. Rien, dit-elle avec sans doute une feinte loyauté, ne permet d'imputer au C.S.A.R. le meurtre de Navachine. On n'a que de faibles indices comme la découverte de baïonnettes coupées en deux et aussi un pistolet de calibre 5,5 très rare en France. Mais l'on fera parler Bouvyer. Ce ne sera pas difficile.

Nous avons fait ce soir, Renée Bradol et moi, une bien délicieuse promenade. Nous avons enfin échangé nos véritables premières tendresses. Elles se sont prolongées quelque temps là-haut, loin des bruits, sous les pins et le soir tombé. Renée Bradol était demeurée un peu craintive. Elle me rappelait le serment d'amitié de samedi. Il n'exclut pas la tendresse, ai-je réparti. Il ne l'a pas exclue en effet.

Mardi 25 janvier, minuit vingt.

Voyage à Pampelune. Course plutôt. Nous sommes partis, Léon et moi, un peu avant huit heures par un temps brumeux qui s'éclaircit peu à peu. Nous eûmes bientôt même un soleil qui n'était presque plus hivernal. Mais les routes étaient trempées de rosée et des nuages s'étalaient paresseusement au fond des ravins ou des vallées. Nous arrivâmes néanmoins à l'heure annoncée. Peu après nous nous rendîmes au parc où nous prîmes nos dispositions pour l'emballage de nos armes. Ceci fait, quatre requetés nous furent envoyés à qui nous avons montré comment faire. Ces braves gens ne savent naturellement pas pour qui ils travaillent et il nous a été recommandé de parler français aussi peu que possible. C'est qu'il y a partout en Espagne nationale des susceptibilités à ménager et que notre pays y est fort mal vu. Nos Navarrais donc ont emballé nos fusils mitrailleurs selon les meilleurs méthodes, récemment mises au point par Léon : deux fusils par paquet, huit chargeurs, deux « pompes » et deux tournevis.

Nous avons déjeuné à l'hôtel « La Perla » avec le sergent Arnux qui nous a dit le peu de bien qu'il pensait des Italiens. Ils sont venus en Espagne pour ne rien faire. Leur armée de théâtre (sic) qui disparaît en face d'une action. C'est peu flatteur mais telle est l'opinion ou mieux la constatation générale en Espagne.

Mercredi 26 janvier.

Une formidable explosion a eu lieu ce matin, neuf heures quarante-cinq, au laboratoire municipal de Villejuif. Ce sont nos grenades qui ont, ou auraient sauté. Il y a dix morts et un grand nombre de blessés. La première explosion fut suivie d'une série d'autres moins fortes. Les vitres de toutes les maisons environnantes ont volé en éclat et celles-ci ont, de surcroît, souffert d'importants dégâts. Nous nous sommes tout de suite demandé, ce qui s'était passé. Les grenades pouvaient-elles ainsi éclater spontanément? Léon répond : non. Il les connaît bien pour en avoir pas mal chargé. Et puis nous avons, pour notre part, deux précédents. Une première fois dans un atelier de chargement, nous avons eu l'explosion d'une grenade. Un de nos hommes fut blessé assez peu gravement à la main tandis que cinq autres l'étaient légèrement, une douzaine de grenades ayant explosé tour à tour. L'alerte passée et les hommes soignés, le travail reprit. Il y avait là cependant des centaines de grenades dont une partie était chargée tandis que la poudre en vrac attendait. Rien de comparable donc à l'explosion de Villejuif. Deuxième exemple : au moment des grandes perquisitions de novembre, il fallait déménager un camion chargé de caisses de grenades. A la suite de circonstances inconnues, une caisse de grenades fit explosion et tout s'arrêta là. L'on peut donc en conclure qu'à Villejuif il y eut autre chose. Est-ce un accident? est-ce une opération que nous aurions montée? Ou bien parmi les caisses de grenades se serait-il glissé une caisse pleine d'explosifs? Il faut attendre des éclaircissements. Sans jeu de mot, l'affaire fera grand bruit. L'on ne peut que déplorer que des innocents aient payé pour des coupables.

Le général Duseigneur, malade, a dû être transporté à l'infirmerie de Fresnes. L'on parle d'hémorragie intestinale. Dans une prison républicaine il faut toujours craindre l'empoisonnement. Il est d'autre part question d'interrogatoire du patron qui proteste avec une grande énergie contre la procédure qui le frappe. Nous n'avons sur tout cela que des informations sporadiques. Aujourd'hui, de nouveau, Gautier est revenu sur l'eau. Indirectement, par Bardane, à qui Bernardet en avait parlé, nous avons appris que notre homme était à Saint-Sébastien et même à l'hôtel Continental. Nous avons ce soir même exercé une surveillance, le 2e Bureau renaît, et nous l'avons effectivement reconnu. C'est-à-dire moi car Léon ne le connaissait pas. Toutefois, comme il était assez loin et qu'il m'a semblé avoir maigri, j'ai besoin d'une confirmation. Bouvrain qui est de retour à Saint-Sébastien a été amené à l'observatoire de l'hôtel Continental et il nous a assuré qu'il l'avait bien reconnu. Par Renée Bradol, demain, j'aurai tous les compléments d'information nécessaires. Je saurai sous quel nom il est descendu à l'hôtel, depuis quand il est là, quel est le numéro de sa chambre. Que vient faire ici Gautier? Il nous surveille sans doute. Il serait venu ici avec une lettre du général Duseigneur. C'est une lettre ancienne certainement et il s'en sert pour renseigner la police. J'aurais bien voulu que Paris me donnât des explications sur ce point car j'ai maintenant Gautier sous la main et je ne sais qu'en faire.

Vendredi 28 janvier, 23 h 40.

C'est sous son nom que Gautier est descendu au Continental, ce qui n'est pas tellement surprenant puisqu'il se réclamait d'une protection du général Duseigneur. Il n'avait pas à se cacher. Il pouvait opérer ici à coup sûr. D'après le portier de l'hôtel il serait ici de passage. Ceci confirme évidemment ce que je pouvais savoir. Mais il s'ensuit que mon oiseau peut être envolé demain. Ai-je le temps, dans ces conditions, d'envoyer quelqu'un à Paris? Je suis très perplexe. J'ai posé la question à Renée Bradol :

« Pouvez-vous aller, pour moi, en mission secrète à Paris? »

Elle n'a pas du tout paru surprise à cette question cependant étrange à première vue. Elle m'a répondu qu'elle était prête à faire ce que je lui demanderais comme elle me l'avait déjà dit. Elle ne posait qu'une seule condition : qu'elle pût rentrer en Espagne. Je l'assurai que je me faisais fort de garantir ce retour. D'ailleurs cette mission ne durerait que deux ou trois jours. Cependant à la réflexion, réflexion d'ailleurs répétée, retournée, reprise, je me fais une foule d'objections. Jusqu'à présent je connais très peu Renée Bradol. Voilà un mois aujourd'hui que je l'ai rencontrée. C'est bien peu. Elle est certes, extrêmement sympathique, elle paraît sincère et franche. De surcroît elle a éprouvé l'horreur du Front Populaire déchaîné. Ses meilleurs amis ont été très durement touchés. En revanche, elle aurait exactement les mêmes sentiments si elle voulait nous vendre. Elle serait zélée, spontanée, prête naturellement à agir au mieux de nos désirs, bref elle saurait être parfaite. Je le lui ai dit hier soir, elle fut presque fâchée que je l'eusse pensé. Enfin « last but not least », il me faudra trouver mille francs pour son voyage. C'est-à-dire que je devrai donner les malheureux mille francs qui me restent. En outre, que trouvera-t-elle demain soir à Biriatou une fois la Bidassoa passée? Y aura-t-il une voiture prête à l'emmener à Bayonne ou même à Bordeaux pour qu'elle soit à Paris dimanche? Qui croira que Bernardet, par moi averti demain, fasse et veuille faire le nécessaire? Enfin, il reste à s'arranger avec la Comandancia ce qui, il est vrai, doit être très facile. Tel est l'état de la question. Combien les choses eussent-elles été plus aisées si j'avais eu une liaison rapide et sûre avec Paris. Car il ne suffit encore pas d'envoyer là-bas quelqu'un. Dans l'état actuel des choses, comment Pélissier va-t-il recevoir cet émissaire complètement inconnu et non assermenté? Il aura de la défiance et malgré des indices certains (je demanderai en même temps des instructions pour Bruchet et Bouvrain), il peut fort bien se refuser à sortir de sa réserve.

Les journaux annoncent l'arrestation de De Bernonville qui avait remplacé Puisseaux, à la première brigade. A la suite de quelles manœuvres a-t-il été arrêté? On ne le dit pas. Les autres nouvelles sont minces. Le jeune Bouvyer parle. Il parlera jusqu'à ce qu'il ait dit tout ce qu'il sait. Et c'est un ancien agent du 2e Bureau et il est encore en vie! En revanche, Puireux continue de se défendre avec une magnifique énergie. Il nie avec vigueur et en bloc. Il ne connaît pas Bouvyer mais il reconnaît avoir eu des relations avec Filliol. Nul doute que, avant longtemps, Bouvyer ne me dévoile et dise que j'étais l'organisateur des opérations du B.B.

Samedi 29 janvier, minuit.

La journée s'est passée à préparer le voyage de Renée Bradol. Ce matin je suis allé à Irun où j'ai vu longuement Ibanez. C'est d'abord de Gautier qu'il a été question. Après avoir attiré leur suspicion au point que les autorités espagnoles l'ont maintenu trois jours enfermé, Gautier leur fournit de telles garanties de civisme qu'ils lui redonnèrent sa liberté. Il dit qu'il était le fils de... qui... etc. Il avait des lettres du général Duseigneur dont il était le secrétaire, il venait ici traiter de marchés d'armes pour nous et enfin il avait trois mille pesetas. J'ai démoli tout cela et démasqué l'homme. A la vérité, je ne sais ce qu'il est venu faire ici au moins avec précision, mais je sais qu'il n'y est pas venu faire ce qu'il prétend. A la suite de cet entretien les précautions ont été prises : Gautier ne sera pas autorisé à refranchir la frontière jusqu'à ce que j'aie reçu à son sujet des instructions de Paris. Ces instructions, dis-je à Ibanez, je les fais demander par un agent secret que je vais envoyer immédiatement en France. Et j'ai demandé le passage pour Renée Bradol ce soir, mais Ibanez a manifesté le désir que ce fût plutôt lundi. Du moment que Gautier ne pourra repartir, je veux consentir à ce retard.

Restait à résoudre le difficile problème de la reconnaissance par Pélissier. Voici le stratagème auquel je me suis arrêté. M'étant procuré un échantillon de drap, je vais le découper en deux. J'en ferai parvenir la moitié à Pélissier tandis que Renée Bradol conservera le complément. En recevant cet échantillon et mon mot, Pélissier ne comprendra rien, mais il attendra le représentant que ce mot lui annoncera. J'espère que sa défiance ne sera pas telle qu'elle empêche toute possibilité de liaison. Dès que l'échange de vues sera terminé, Renée Bradol m'en télégraphiera le résultat par les demoiselles Lafargue. Le télégramme d'ailleurs sera très anodin, comme il sied. Positif, il dira : « Liquidez marchandise », négatif : « Renvoyez marchandise. » Dans ce second cas toute liberté sera rendue à Gautier. Le télégramme sera signé Saron qui sont les initiales de l'organisation. Il semble que ce scénario doive se dérouler sans heurts et sans difficultés. Le point délicat, le passage, a été effectué tant de fois qu'il n'y a pas de raisons d'échec.

Les journaux nous apprennent que c'est Wiart qui, spontanément, est allé vendre de Bernonville. Il en a profité pour donner une foule d'explications sur l'organisation, sur la mobilisation secrète du 15 novembre et pour dénoncer Filliol. Il ne faudrait tout de même pas que tous ces crimes restassent impunis. Je n'aurais pas cru Wiart d'une espèce aussi basse. Mais ce ne peut être que dans les épreuves que nous traversons que l'on mesure la trempe des âmes. De son côté Fauran a redit son histoire, il vaudrait mieux dire sa version de l'affaire Rosselli. Encore un qui devrait être pendu.

Dimanche 30 janvier.

Pour le moment je veux que Renée devienne agent

secret, rigoureusement inconnu. Je lui ai dit ce qu'était très sommairement l'organisation en faisant la justice qui convenait sur les accusations dont on nous accablait. Avant de partir, elle prêtera le serment d'usage bien entendu.

Lundi 31 janvier, minuit vingt.

Renée Bradol, Daguy dans l'intimité, a passé ce soir en France, vers huit heures. Ce fut pour nous deux, Léon et moi, un grand moment d'émotion. Ce matin, nous avons fait une première course à Irun pour avertir Ibanez du passage. Et ce soir nous avons amené Daguy à sept heures à la Comandancia. Nous n'avons guère attendu qu'une demi-heure et les rapides démarches ont été faites. Mais une assez vive déception nous attendait. Ce faillit être un contretemps. Tandis que j'étais persuadé que le passage se ferait par Biriatou, nous apprîmes au moment de partir qu'il aurait lieu en aval du pont de Béhobie, en face à peu près d'Hendaye. Les choses se passèrent fort bien quoique nous attendîmes assez longtemps le retour de la barque, ce qui me fit craindre que ceux qui la montaient ne se fussent fait cueillir au moment qu'ils débarquaient la messagère. Il n'en devait pas être ainsi et même le phalangiste qui la passa, habitué de ces courses, ayant pris part à de nombreuses expéditions, n'hésita pas à lui faire un bout de conduite en terre française et il en rapporta même un peu à ses bottes. Daguy a donc, sans encombre, gagné la France.

Mercredi 2 février.

Le hasard m'a fait rencontrer Bernardet chez Bardane, cet après-midi. Ce fut naturellement l'occasion d'une explication. Amèrement Bernardet se plaignit. Depuis longtemps, il n'avait plus aucune liaison avec Paris, il prit donc un air catastrophique pour me parler des deux mille pesetas que, par l'intermédiaire de Bardane, j'avais emprunté sur ses réserves à Saint-Sébastien. Il avait un besoin urgent de cet argent. Il avait des règlements à faire dont il n'avait pas le premier sou. Je dus donc entendre les doléances les plus accusées. Ce qui, d'ailleurs, ne servit à rien puisque je me trouvais dans l'impossibilité de lui rendre sur-le-champ l'argent ainsi emprunté pour le compte de l'organisation. D'après lui, Paris se désintéresserait de l'Espagne. Il aurait même reçu un télégramme, quoiqu'il assurât ne plus avoir de liaison, lui enjoignant de suspendre tous payements de quelle nature qu'ils fussent. C'était au moment de la réparation de la voiture. Il me souvient d'autre part que, à Paris, l'on s'était plaint qu'il fît un certain profit sur le change des pesetas. Il nous les cédait à 2 francs tandis que Paris les pouvait obtenir à 1,80 et quelquefois moins. En répondant à côté de la question, Bernardet se défendit de faire le moindre profit. Et il se répandit en lamentations sur la noire ingratitude qu'on lui montrait, lui qui donnait 500 pesetas pour 1000 francs, tandis que la Comandancia en donnait à peine 300. De toute évidence, le problème n'était pas là.

La question Gautier vint aussi sur le terrain. Bernardet m'affirma que Gautier avait fait passer ce matin en France une femme blonde qui se trouvait à la Comandancia quand il y passait. Voilà qui est extrêmement fâcheux. Il essaya, assez faiblement d'ailleurs, de défendre Gautier. Sur ce point, il est bon de rappeler que c'est Bernardet qui fit passer Gautier, selon les déclarations même d'Ibanez à la fin de décembre. Bernardet essaya bien ensuite de dire qu'Ibanez n'avait pas bien compris, il n'est pas parvenu à me convaincre. Il l'est d'autant moins que les nouvelles explications qu'il donna de la retenue en France de Pélissier ne brillaient point par la netteté. A qui fera-t-on croire, en effet, que l'organisation qui, aux dires de Bernardet, ordonne de ne plus rien donner à l'Espagne, envoie dans le même temps avec 3000 pesetas dans sa poche un homme aussi suspect que Gautier sur qui d'ailleurs, moins d'un mois plus tôt, elle faisait de telles réserves qu'elle jugea bon d'envoyer quelqu'un spécialement nous prévenir d'avoir l'œil ouvert. Cela ne tient guère debout. C'est en vain que Bernardet vient me dire qu'il est passé en Espagne des gens très bien de l'organisation, qu'il n'a pas voulu me citer, sans que j'en susse rien alors que Gabès avant de partir m'a passé tous les services et que je suis le seul à avoir des rapports avec l'autorité au sujet de nos armes. Bernardet ne m'inspire aucune confiance et plus que jamais je me suis félicité de n'avoir pas eu recours à lui pour faire une liaison à Paris.

Je signale très rapidement l'arrestation des deux lieutenants-colonels de nos amis : Cachier et Benoît. Jamais le premier au moins de ces deux membres de l'état-major n'eût dû être arrêté. Cachier est un homme que nous ne remplacerons pas facilement. Comment ne l'a-t-on pas compris?

Jeudi 3 février, 10 h 40.

Nous venons de recevoir l'avis téléphoné du funiculaire du Monte Igueldo et transmis par messager, que Daguy rentrait ce soir. Les demoiselles ont donc reçu le message attendu. Nous l'allons immédiatement chercher et prévenir en même temps la Comandancia qu'il y aura ce soir un passage de France.

18 h 05.

Notre course à Irun a été profitable. Nous y avons eu d'abord le télégramme annoncé de Daguy qui ne parle que de son retour, ce soir vers vingt et une heures. Heure d'ailleurs théorique. Puis je me suis rendu à la Comandancia pour avertir Ibanez. Dans son bureau, il y avait notre Bernardet. Quand celui-ci m'aperçut, il me tendit un papier. C'était une petite note dactylographiée et signée d'un paraphe émanant, directement ou indirectement, du général Duseigneur. Paloc était accouru exprès de Paris pour le transmettre. Elle s'exprimait ainsi :

« Cher ami, le bonhomme dont nous avons parlé tout récemment, peut être très dangereux. Il sera facile de savoir s'il est suspect en l'abouchant avec un de ceux qui sont déjà là-bas : l'un de ceux-là (moi) connaît parfaitement un autre type, franc comme l'or, qui porte le nom dont se serait servi notre homme. »

Je pense qu'il doit s'agir de son frère. Ibanez s'est montré très frappé de cette communication et je lui fis remarquer combien j'avais eu raison. Dans le même temps il me demandait s'il n'y avait rien de nouveau en présence de Bernardet, je répondis non. Mais quand nous fûmes sortis ensemble, celui-ci et moi, je rentrai un instant dans le bureau d'Ibanez pour lui annoncer que mon messager rentrait ce soir. En tout cas Ibanez s'est montré extrêmement catégorique : un mot de vous, m'a-t-il dit, et je le fais mettre en prison tout de suite. Le plus curieux dans tout cela fut l'attitude de Bernardet tout sucre, tout miel, attentif, aimable, ne parlant plus de ses 2000 pesetas. Il nous a annoncé l'arrivée de Legrand pour dimanche ainsi que le retour de Corrèze qui, encore plus fou qu'imprudent, passera par la France. Le docteur et Filliol sont en Italie.

Jeudi 3 février, fin.

Nous n'avons pas ramené Renée Bradol. Qu'en est-il advenu? Je n'en sais rien. Nous avions été rappelés à Irun justement pour être avertis que le passage par Biriatou était impossible, la Bidassoa étant absolument impraticable. Devant cet état de fait, Léon fit ce qu'il fallait qu'on fît. Il ordonna que la passante vînt à son point de départ de lundi à vingt et une heures quinze et l'on viendrait l'y prendre. A vingt et une heures nos gens passèrent et nous attendîmes plus d'une longue et mortelle heure, guettant l'eau noire dans la nuit froide. A dix heures vingt seulement, ils reparurent sans Daguy.

Léon m'a rapporté une lettre de Gabès. Elle annonce la venue de Jacques Corrèze qui prendrait la direction ici. Ceci je ne l'accepterai pas. L'autorité extravagante de Jacques Corrèze n'est pas de celles que l'on accepte sans réserve et que l'on admet naturellement. Jacques n'a pas vingt-six ans et son insensé voyage par la France, son départ en coup de tête il y a un mois, et mille autres motifs ne le qualifient précisément pas pour un poste de direction comme celui-ci. Je saurai dire à Orain ce que j'en pense. Le reste de la lettre de Gabès est satisfaisant. Les choses vont bien. La question financière est réglée « pour le moment du moins », précise la lettre. L'esprit est bon et les espoirs sont permis.

On a assassiné à Angers un chauffeur de taxi dans la voiture duquel on a trouvé un avertissement : « Le C.S.A.R. sait se débarrasser des traîtres... » Il ne paraît pas cependant que nous ayons de part dans cette affaire. Bouvyer, d'autre part, se regonfle de plus en plus. Confronté avec Puireux, il n'a pas reconnu celui-ci et réciproquement, bien entendu Puireux ne l'a pas reconnu. Interrogé sur l'affaire Navachine il n'a rien dit. Espérons que, enseigné ou averti, il maintienne son attitude résolument négative.

Samedi 5 février, minuit quarante.

Cette chère Daguy est arrivée inopinément fatiguée et meurtrie à midi, au moment que nous nous mettions à table. Ma surprise fut extrême. Je vais rapporter brièvement son odyssée, qui fut presque dramatique. Les indications que lui donna Arteche, le phalangiste qui la passa lundi soir, étaient assez inexactes. C'est ainsi que, après avoir parcouru quelques dizaines de mètres à peine sur la berge, elle se heurta à une guérite où elle entendit deux hommes qui devisaient. Le chemin qu'elle avait emprunté franchissait un bras de la Bidassoa sur un petit pont et c'était sur ce pont même que se trouvait la guérite. Il était donc parfaitement impossible de s'y aventurer. Très courageusement, Daguy traversa à pied le petit cours d'eau et elle s'y mouilla copieusement. Elle arriva à Hendaye vers dix heures et littéralement couverte de boue, encore qu'elle eût pris soin, avant que d'aborder la ville, de se laver au mieux qu'elle put, robe et manteau non exceptés, dans le petit ruisseau. Puis elle demanda son chemin, fort heureusement, car le hasard, dans ce pays qu'elle ne connaissait pas, la ramenait vers le pont international d'Irun. Elle fut remise dans le droit chemin et, après quelques crochets et plusieurs incertitudes, elle atteignit enfin la gare. Elle se rendit à Biarritz où elle passa la nuit dans un hôtel... à se laver et à se donner figure humaine.

Le matin elle prenait le train pour Paris et le soir elle arrivait vers dix heures chez Pélissier qui la reçut très bien et l'attendait. Il avait en effet reçu mon mot le matin même et le morceau de drap introducteur. Pélissier était très ennuyé car il s'attendait qu'il soit arrêté dès le lendemain. Il ne paraît pas qu'il l'ait encore été. Sur toutes les questions agitées, il répondait qu'elles étaient en voie de solution et que nous en recevrions avis sous peu. Toutefois, il lui donna rendez-vous pour le lendemain. Mystérieusement, elle rencontra donc le jour suivant Jacquet, reconnu au signalement qu'elle m'en a donné, un second agent dont le signalement ne correspond pour moi à aucune personne connue, et enfin Genet de qui, assez imprudemment d'ailleurs, Pélissier lui donna le nom et l'adresse. Après s'être entretenue avec les uns et les autres et avoir reçu et donné des nouvelles, elle reprit le train pour le midi. Chose vraiment étonnante, Genet, je crois, savait qu'elle était mon professeur d'espagnol. C'est ici que les affaires prennent une tournure plus rapide et moins paisible. Renée Bradol partie de Paris mercredi à minuit arrive dans la matinée à Bordeaux et le soir, vers dix heures, à Saint-Jean-de-Luz. Elle se fait conduire aussitôt en taxi à Biriatou, lieu de passage. Le courant trop rapide force à remettre l'opération. Mais les Bonnet assurent à Daguy qu'elle sera là parfaitement tranquille. Le gendarme est justement passé la veille et il ne reviendra pas d'ici un mois! Elle dort tranquille en effet. Mais au jour les choses changent d'aspect. Le pays est agité, les gendarmes arrivent à l'auberge. On recherche une jeune femme qui est débarquée la veille à Saint-Jean-de-Luz et qui s'est fait conduire à Biriatou. Emoi, craintes. A l'auberge on déclare qu'on n'a rien vu ou que, si une personne est arrivée peut-être la veille elle est repartie avec un groupe. Mal convaincus, les gendarmes partent à regret. Ils ne vont pas tarder à revenir. Entre-temps l'on s'occupe à dissimuler la fugitive. On l'envoie en hâte dans une ferme voisine tenue par des contrebandiers, gendres ou filles des Bonnet. Là aussi les gendarmes viennent mais ils se contentent des réponses négatives qui leur sont faites. Cependant l'on fouille tout le pays. Les rondes se multiplient et le cours de la rivière est singulièrement surveillé. Il apparaît de plus en plus que la situation devient difficile.

A six heures on abandonne le projet de passage par la Bidassoa. L'on prendra le chemin plus long et plus pénible de la montagne. Avec les guides l'on part à dix-neuf heures trente. Plus de quatre heures et demie de route par une nuit d'une pureté et d'une clarté redoutables. Course coupée d'arrêts. Pendant plus d'une très longue heure l'on franchit un terrain à découvert d'où l'on peut être vu de partout. L'on s'arrête à une maison éloignée avant que d'arriver au poste des douaniers espagnols. Car l'on craint que ceux-ci ne tirent sur des inconnus qui se présentent ainsi, sans qu'ils soient annoncés. Enfin l'hôte (un Sud-Américain) de la maison solitaire, redoutant la visite d'un garde mobile, n'hésite pas, tandis que ses chiens hurlent, à se rendre jusqu'au poste douanier. Daguy, après une mortelle attente, y est aussi conduite. Elle est sauvée mais ce n'est pas fini.

Non avertis les Espagnols accueillent la nouvelle venue avec une suspicion infinie. On va réveiller une matrone horrible, dit Daguy, pour la fouiller. Jamais elle ne fut ainsi fouillée. Elle est, après une nouvelle et longue attente, enfin amenée à Irun, il est plus de trois heures du matin. Elle vient à la Comandancia de bonne heure mais Ibanez n'y paraît qu'après onze heures. A midi quinze, sa randonnée mouvementée s'achève ici.

Mercredi 9 février, minuit cinquante.

Cette journée a été marquée par une surprise, la découverte de Baillet. Nous étions allés ce matin à Irun afin que je remisse à Ibanez le petit rapport sur Gautier. Incidemment, Daguy nous accompagnait. Tout cela ne demande que fort peu de temps. Nous fîmes ensuite une petite exploration sur la route d'Irun à Pampelune qui longe la Bidassoa-frontière et le hasard nous conduisit même jusqu'à Véra. Renée Bradol voulait voir Arteche, aussi nous rendîmes-nous au centre des phalanges à Irun. Au cours de la conversation, Arteche se rappela soudain qu'un Français avait passé la Bidassoa quelques jours en çà, qu'on l'avait incarcéré et qu'il se réclamait de moi. Arteche me donnait le signalement suivant : très grand, blond, rasé, visage maigre. Corrèze? pensâmes-nous, Léon et moi. Cela paraissait impossible. Un autre indice nous fut donné : l'homme portait des lunettes. Corrèze aussi dans son premier déguisement. Je dis qu'on le fît chercher. On l'amena : c'était Baillet qui, de noir, était, comme Corrèze, devenu blond. Sa joie fut grande de me retrouver et il nous expliqua comment il se trouvait là retenu ou détenu depuis dix jours.

Interrogé à Paris, puis traqué, abandonné par l'organisation presque entièrement démolie dans ce terrible mois de janvier, Baillet, après avoir essayé de voir les uns et les autres, et avoir pris conseil de Pierre Fraisse, s'était résolu à fuir. Il fit le voyage à petites journées, s'arrangea pour passer la rivière et entra en Espagne où il se fit cueillir. On l'avait gardé à vue et, depuis deux ou trois jours, on avait tenté de communiquer avec moi par téléphone. C'est donc le hasard seul qui a fait que nous soyons entrés en rapport avec Baillet. En un tournemain j'obtins une facile levée d'écrou et je ramenais Baillet à Saint-Sébastien. Il était dans une joie frénétique. Il était aussi intarissable. Il n'y a à peu près rien à retenir de tout ce qu'il a dit, sauf quelques points relatifs à l'arrestation de Jakubiez qui a été surtout victime de son imprudence et aux moments difficiles que Filliol, revenu bien légèrement à Paris, dut traverser lors des grandes révélations du mois dernier. Bref, beaucoup de fragments de grandes histoires connues. Baillet ne fut pas longtemps à s'installer. Il a pris mon ancienne chambre.

Jeudi 10 février, minuit.

Surprise, inquiétude, émoi, détente. Telles furent les sinuosités inattendues de la journée. Il est tout près de midi quand nous arrivons à la Comandancia. Baillet nous accompagne. Nous traversons la grande salle du bas où se délivrent les passeports, sauf-conduits et papiers de toute sorte, pour aller voir Ibanez et, au pied de l'escalier, dans ce grand vestibule carré qui sert de salle d'attente, la première personne que nous apercevons c'est Pierre Fraisse. Surprise, joie, étonnement. Il est là souriant comme toujours, revêtu d'un chandail gris, d'un pantalon de cheval et de bottes à lacets. Il n'y a pas une demi-heure qu'il est arrivé. Il a passé la Bidassoa la nuit dernière à la nage par endroits. L'eau n'était pas chaude certes, et les risques étaient grands. Mais il y avait par derrière les gardes mobiles et la prétendue justice républicaine. Parti le 8 au soir de Paris, il est arrivé sans guide, il a dû abandonner dans la randonnée une partie des vêtements qu'il portait, son pistolet et son bagage, tout mince qu'il était. Enfin il est là. Il a justement été accueilli par le sous-lieutenant que nous avons vu hier et les phalangistes à qui Léon a offert un verre. Il est arrivé transi. On lui a fait sécher son linge et il a pu boire une tasse de café. Il ne peut exprimer sa joie de me voir et nous nous étreignons longuement. Après la surprise, l'inquiétude.

Ibanez nous dit son mécontentement que Renée Bradol ait été raconter « à Saint-Sébastien » qu'elle était l'amie du capitaine Ibanez, qu'elle était un agent de Franco, qu'elle venait de faire un voyage en France. Je suis extrêmement ennuyé de cet incident et j'ai peine à croire que Renée Bradol ait été raconter partout des choses aussi insensées. Mais enfin je dois m'incliner devant ce qui paraît être l'évidence. Nous rentrons en ramenant, bien entendu, Pierre Fraisse qui, au moins, n'aura pas moisi en prison. Nous n'arrivons pas à la maison que nous savons déjà qu'un autre souci nous y attend. Mme Léon a le visage consterné. Son mari l'invite à dire ce qu'elle a. Elle regarde Pierre Fraisse, on la rassure, elle dit :

« La police est venue faire une enquête au sujet de la « senorita ». »

Mon ennui redouble, la chose paraît grave. Qu'y a-t-il au juste? Maman a reçu les deux policiers qui sont revenus à deux reprises. Elle s'est refusée à tout et même à dire son nom. Elle a chapitré Jesusa, la petite bonne, effrayée à la vue de la police et qui s'est tue sur l'adjonction de maman. Léon, agité, ne cesse de répéter :

« Voyez un peu dans quel cas qu'elle nous a mis. »

Il réclame sa mise en jugement et des menaces et

sanctions. Baillet l'appuie. Je calme un peu tous ces émois. Nous verrons, l'affaire sera jugée, publiquement.

A trois heures et demie nous partons. Je m'arrête en passant chez Renée Bradol. Elle m'apprend que la police est venue la chercher, qu'on lui a demandé différentes choses et qu'on lui a reproché de circuler sans sauf-conduit. Je la convoque pour quatre heures et demie. Elle aura à s'expliquer sur ces choses. Mais j'ai entrevu la vérité. La police me la montrera tout entière. On me dit que Renée Bradol a circulé sans sauf-conduit. C'est de là que vient tout le mal. Tout ce bruit absurde, toute cette histoire sans fond est due à l'étonnante conception des choses ici, à cette dualité entre les autorités de Saint-Sébastien et la Comandancia. Celle-ci fait passer quelqu'un en France clandestinement, mais elle ne peut s'y prendre de telle sorte que, pour ce service secret, une autorité civile que l'affaire ne concerne pas ne soit pas au courant. C'est une chose qui paraît incroyable. Enfin l'affaire s'arrange très bien. Que la « senorita » ait un sauf-conduit. Au retour, nous emmenons Renée Bradol et elle est invitée par moi à s'expliquer devant nous quatre. J'expose brièvement les faits. Elle se défend très vivement d'avoir jamais été raconter ce qu'on lui reproche. Elle n'a parlé à quiconque. La police était avertie, elle l'a questionnée, il a bien fallu qu'elle répondît. Il y a eu, selon l'expression de Pierre, « quelques imprudences de novice ». En revanche, il n'y a pas eu bavardage. J'insiste très vivement sur le fait que, quelle que soit la forme que prenne une indiscrétion ou quelle que soit sa raison, elle ne saurait jamais être excusable. L'imprudence doit être absolument bannie. Je donne l'exemple de nos amis qui sont là et singulièrement de celui qui a traversé cette nuit la rivière. De toute évidence, il n'y a pas, dans cette ridicule affaire, de quoi fouetter un chat. Tout le monde en tombe d'accord. Mais ce doit être une leçon. Renée est visiblement émue. Dans la voiture, pilotée par Léon, je la ramène dans le centre. Nous allons prendre paisiblement une tasse de thé au « Madrid ». C'est l'heureuse détente et l'épilogue de cet invraisemblable incident. Mais l'effet sur Daguy en a été fort sensible. Je lui ai dit qu'elle était ma situation ici et ma responsabilité non seulement à l'endroit des camarades mais encore de l'organisation tout entière.

Vendredi 11 février, minuit trente-cinq.

Le calme après la tempête. J'ai fait une petite promenade avec Pierre Fraisse le long du front de mer à la fin de la matinée. Cet après-midi, j'ai fait de l'espagnol seul jusqu'à l'arrivée de Daguy, ensuite avec elle. C'est vraiment une personne charmante. La tendre intimité qui est née entre nous croît tous les jours. Elle a encore marqué aujourd'hui, après la leçon, de délicieux progrès. Ensuite nous avons fait ensemble une courte promenade. Nous sommes descendus sous les arcades de la plage et nous avons pu là bavarder quelque temps. A un moment de notre entretien, elle m'a dit, faisant allusion à nos effusions :

« J'ai peur que vous me méprisiez! »

Je lui ai tout de suite et vivement répondu que cette crainte n'était pas justifiée et qu'elle était vaine. J'ai profondément compris son scrupule. En substance, il équivalait à ceci :

« Si je deviens votre maîtresse, vous n'aurez plus pour moi aucune considération et cela je ne pourrai le supporter. »

Heureusement c'est un sentiment que, dans ce sens, j'ignore. Il est à cent mille lieues de mon esprit et il m'est entièrement étranger. Je ne suis ni un Corrèze ni un Gabès. Je l'ai dit en cet instant à Daguy mais ce n'était guère qu'une affirmation. J'ai songé aux moyens que je pouvais avoir pour écarter, de son esprit, cette obsession. Je n'ai encore trouvé que celui-ci :

« Je pourrais être votre amant et je le serais, en effet, avec la plus grande joie. Mais si, à cause de ce sentiment que vous racontiez, vous préfériez que je ne le fusse point, alors je ne tenterais plus de le devenir par ruse ou par tout autre moyen. Mais en ce cas, nous allons nous priver de gaieté de cœur d'heures délicieuses et tendres qui seraient demeurées des rayons de lumière et des traits de félicité dans notre pauvre vie d'humains. »

A vrai dire, ceci est assurément un peu romantique et je crois que la satisfaction de cette pseudo-pureté est surtout une duperie contre nous-mêmes. Je lui parlerai de tout cela demain soir. Je dois la rencontrer comme d'ordinaire à quatre heures et demie.

Daudet signale dans *l'Action Française* un livre fulminant de Céline contre les Juifs, intitulé *Bagatelle pour un massacre.* C'est un livre que nous devons répandre partout à profusion. J'espère qu'on y songera à Paris. Il faudra extirper cette racaille de notre patrie qu'ils souillent et qu'ils sucent, et il faudra se partager leurs dépouilles fruits de leurs rapines. « Une bande de rats vociféroces (sic), intraitables, implacables ennemis... », écrit Céline.

Dimanche 13 février, minuit trente-cinq.

Je viens d'écrire à Daguy un petit mot passablement enflammé pour lui dire comment je pense à elle. C'est un travers dans lequel je tombe trop souvent. Il se peut que je ne le lui donne pas cependant.

Lundi 14 février.

La course à Irun a été double en ce sens qu'un coup de téléphone nous y rappelait dès ce matin. Il s'agissait d'une lettre pour Corrèze. Les nouvelles qu'elle apportait étaient ahurissantes, encore que la possibilité de ce dont elles parlent avait effleuré mon esprit. Voici en effet leur objet. La police française faisait des démarches auprès des autorités espagnoles nationales pour obtenir la livraison de Gabès et de Corrèze en échange de la remise en liberté du colonel Troncoso. Et quel était l'émissaire qui se chargeait de cette besogne policière entre toutes? Ce n'était autre que Maxime. Il ne me paraît pas possible de tomber plus bas dans l'ignominie et je ne trouve pas les qualificatifs convenant à une telle action. Ces nouvelles de Paris, c'est Mme Deloncle qui les envoie. Bien entendu, elle conseille d'agir de toute urgence auprès des autorités de ce pays et de faire en même temps le nécessaire pour que les entremetteurs de cette louche affaire reçoivent presque sans délai leur récompense.

Maman et Mme Berger ayant profité du départ des autres pour se rendre au cinéma, je me suis trouvé seul à la maison quand Daguy est venue me donner ma leçon d'espagnol. La leçon prise, nous échangeâmes quelques chaudes effusions[1] qui se prolongèrent assez bien.

Pélissier a été arrêté. Il est vraiment stupéfiant de se laisser prendre avec une telle facilité. Je sais qu'il est toujours hasardeux de critiquer à distance des choses que l'on connaît mal. Cependant, quand Daguy s'est rendue chez lui, déjà Pélissier s'attendait à être arrêté. C'était le 1er février. Il était donc averti. Il pouvait prendre une première série de précautions. En place de cela, il se fait coffrer. Il est bien plus avancé et nous avec, d'imaginer comme il l'a fait probablement, qu'il allait pouvoir continuer ses affaires, c'était un leurre. Pierre Fraisse, Baillet, Roidot et d'autres ont bien fait de filer. Moi à Paris, à moins d'une surprise, je ne me

1. Note du 19 mai 1939. Quoi! Deux mots seulement pour ces chaudes étreintes dont, après dix-huit mois, j'ai gardé le plus vif, le plus ardent souvenir et surtout l'immense regret de n'avoir pas tout extrait de ces effusions quand, après deux heures de baisers et caresses, seuls tous deux dans la maison, tout était possible! A ce moment je couchais encore dans le bureau et Daguy, sans beaucoup de peine, la nuit finissant de tomber, s'était laissée étendre sur le lit. J'étais étendu auprès d'elle et, bientôt, sur elle au milieu des plus débordantes tendresses. A cet instant il semblait bien qu'il n'y eût plus qu'un geste à faire pour que, dans un délicieux enlacement, nous devenions amants. Je crois que ce geste Daguy l'eût bien accueilli, car notre intimité était grande et je lui prodiguais les plus chaudes caresses. Mes mains, librement, erraient sous sa jupe, je palpais longuement ses cuisses que nulle étoffe ne défendait. Et cependant Daguy était trop vêtue. Elle portait une gaine et des jarretelles. Grave obstacle! La gaine masquait l'entrée du sanctuaire fort en retrait sous l'étoffe rigide et tendue. Mais il y avait pire. Sous cette gaine Daguy portait, ce n'est guère l'usage, un cache-sexe. Loin d'être flottant et engageant, ce cerbère était fort serré contre l'entre-cuisses et alors le pauvre petit sanctuaire était là, derrière, inaccessible. Et je n'ai pas osé, ce soir-là pourquoi? pourquoi? Ecarter cet obstacle cependant bien léger. Que ce m'eût été facile, il me semble. Exciter encore Daguy déjà grisée de baisers, la libérer tout à fait en défaisant délicatement ses jarretelles, glisser tendrement mon phallus entre ses cuisses nues, relever la gaine maintenant libre, détendre d'un doigt résolu l'étreinte du cache-sexe, et, d'un chaud et vif élan, la pénétrer. Tout cela eût été un jeu. Ah! pourquoi, pourquoi ne l'ai-je point fait? Vains regrets. J'y ai rêvé mille fois depuis lors, mais à quoi sert le pauvre rêve?

serais pas laissé pincer. Pélissier avait les moyens de s'enfuir. Que n'en a-t-il usé?

Mardi 15 février, minuit cinquante.

J'ai naturellement vu Daguy aujourd'hui. Elle était venue pour donner une leçon à Corrèze. Elle est restée ici près d'une heure, après quoi nous sommes sortis ensemble. Nous avons été prendre un thé dans une excellente pâtisserie du vieux Saint-Sébastien où nous nous rendons quelquefois. Daguy m'a raconté qu'elle avait été mariée à dix-sept ans, qu'à dix-huit ans et demi elle s'était enfuie à mille lieues de ce mari qui est mort fou il y a six mois et que c'est à cette époque qu'elle vint en Espagne pour la première fois. Il y aurait dix à onze ans que ces événements se seraient produits. En conséquence elle aurait à présent environ trente ans. Cependant, l'autre jour, elle m'avait dit qu'elle était venue en Espagne il y a dix ans, en 1928, elle a même donné un détail qui est différent de ce qu'elle dit aujourd'hui. Le chef de gare de Bordeaux la prenait, me dit-elle, pour une jeune fille de dix-huit ans, mais elle était plus âgée. Ceci ne cadre pas avec le récit de tantôt. Il y a toujours de petites inexactitudes dans les récits que font les femmes des affaires les concernant.

Mercredi 16 février, minuit vingt-cinq.

J'ai eu ma leçon d'espagnol comme à l'ordinaire. Comme à l'ordinaire aussi je suis sorti avec Renée Bradol, nous avons fait une promenade assez courte et le Monte Urgull nous a revus.

Jeudi 17 février, minuit cinquante.

Il y a aujourd'hui vingt années que j'arrivais à Dakar. Quelle immensité! Quel océan de jours. Il y a là un long fragment de la courbe de ma vie. Il n'est pas question, malheureusement, que je l'examine un peu. Cette époque est véritablement peu propre aux méditations de cet ordre. Je suis cependant passé depuis ce jour lointain et ensoleillé de ma jeunesse à ma maturité. Et vraiment je ne sais si je dois me réjouir ou pleurer de ce qu'il est advenu depuis lors de ce que je suis devenu. Il ne convient pas, évidemment, de refaire l'absurde vœu de la forme « si j'avais su ». Si j'étais placé dans cette impossible position d'avoir brusquement vingt ans de moins et de me retrouver en 1919 avec l'expérience des années que je n'aurais pas vécues, je serais assurément fort embarrassé. Il est, certes, un certain nombre de choses que je ne referais pas. Mais les autres, mais l'inévitable, je veux dire le fond de ma nature, ne me conduirait-il pas à faire des choses toutes semblables ou très voisines de celles que je considère comme m'ayant été les moins favorables? Jeux vains, puérils regrets, peuvent-ils servir, un seul instant, à rendre moins stupides les vingt prochaines années? C'est probablement assez douteux. Car je discerne, uniquement, à l'origine des déboires ou des ennuis qui ont émaillé ce ruban de vie les défauts propres à ma nature elle-même. Dès lors si cette nature n'est pas changée, à quoi bon souhaiter changer les incidentes qui n'en sont que le reflet? Ce soir, il est vrai, je suis peu enclin à l'indulgence et singulièrement en ce qui me concerne.

J'ai vu Daguy, peu de temps, à peine une heure. Je lui avais donné hier soir l'incroyable petit mot de dimanche soir. Il était pour le moins « intimely » pour me servir d'un excellent mot anglais. Cette page écrite dans un moment de stupide excitation pour ne pas dire pis, n'aurait jamais dû survivre à cet instant. Ce n'était pas pour qu'elle fût envoyée, comme cela, à la destinataire présumée. C'est à dessein que je dis « présumée » car si c'est Daguy qui l'a reçue, cette manifestation d'imagination déplacée aurait pu être envoyée à la première venue. Il vaut mieux que je n'insiste pas car j'écrirais là-dessus les choses les plus désobligeantes pour moi. Le certain de cette affaire c'est que, à travers les termes voilés et les précautions oratoires, marques d'ailleurs évidentes de considération, Daguy se dérobe et refuse. Et peut-être agit-elle ainsi justement à cause de cette lettre insensée. Demain je tâcherai de la voir plus longuement et de mettre un peu les choses au point. J'en étais, ce soir, incapable.

Bernardet est enfin venu nous voir aujourd'hui. Il nous a d'abord appris qu'il était sous le coup d'une arrestation. Il ne devait pas rentrer en France sans avoir au moins été prendre des nouvelles au poste frontière. Il avait dit qu'il serait revenu, nous ne l'avons pas revu. Nous avions bien raison de supposer qu'il n'était pas net. Son permis de circulation en Espagne lui a été supprimé il y a environ quinze jours. Il ne lui fut rendu que parce qu'il avait des papiers importants d'Espagnols nationaux actuellement en France à transmettre. Une autre chose intéressante, nous allons toucher 11 100 pesetas précisément de Bernardet à la suite d'un arrangement avec Orain.

Vendredi 18 février, minuit trente.

Bernardet a décidé qu'il rentrerait en France, Nous l'avons vu un moment ce matin près du pont international. C'est demain qu'il se doit rendre chez le juge d'instruction. Trois individus l'ont dénoncé comme ayant ordonné et dirigé l'expédition d'armes en France. Nous lui avons indiqué le sens dans lequel il devait répondre. Jacques pensait que s'il s'y tenait, il ne devait pas être arrêté. C'est, je crois, une vue un peu optimiste de la question. Nous verrons bien. En le quittant, Jacques lui a dit plaisamment, en signe d'adieu : « Alors, à dans dix ans...! » Du reste si, après son premier interrogatoire, il voit que les choses ne vont pas bien pour lui, il passera la frontière sans délai.

J'ai revu naturellement Daguy aujourd'hui. Les choses ont été mises au point et les malentendus ou froissements légers que ma lettre stupide avaient fait naître ont été dissipés. Nous avons fait ce soir une promenade qui, quoique courte, a été agréable.

Mercredi 23 février.

Nous avons, Jacques Corrèze et moi, travaillé ce soir. Nous préparons la venue d'Orain qui aura lieu vraisemblablement samedi. Une foule de questions devront être résolues dont une n'est autre que le transport en France des armes que nous avons ici. Quelques notes des plus importantes, c'est-à-dire des plus secrètes devront être traduites en espagnol et nous aurons pour cela recours aux lumières de Daguy.

Jeudi 24 février.

Nous avons beaucoup travaillé. Déjà nous avons ici un véritable nid de paperasses. Et nous en faisons tous les jours davantage : lettres, notes, rapports, états, comptes. Orain sera ici dans quelques jours, il faut donc préparer sa venue. Cet après-midi Daguy est venue donner sa leçon. En effet elle est arrivée vers quatre heures moins le quart et elle n'en est repartie qu'à... huit heures et demie. Il y avait à faire la traduction d'un rapport sur Gautier pour Ibanèz. Et ce n'est pas fini. Demain il faudra traduire le projet de transport et passage des armes en France. C'est encore un beau morceau.

Samedi 26 février.

Nous avons reçu hier des nouvelles d'Italie. C'est Gabès qui écrit et qui donne de bonnes nouvelles de tout le monde. Desso est arrivé le 16 avec les deux enfants du toubib. « La maison est pleine, si bien que Desso couche en ville. » Et chacun sait que Gabès et Desso n'ont jamais fait bon ménage. Mais évidemment, le temps n'est plus aux querelles. D'autre part il annonce que les affaires « JujuBe »[1] (il s'exprime autrement), viennent d'être réglées au mieux. Il faudra sans doute encore un certain nombre de papiers ici (contrat d'engagement, carnet de commission, etc.), après quoi ce sera parfait. Pour notre part nous travaillons beaucoup ici. Corrèze fait parvenir une note à Salamanque, qu'il donnera au commandant Ruiz Ojeda, sur l'échange prévu de prisonniers. Quand je dis « prévu »

1. Juif et Jean-Baptiste.

c'est par dérision. Dans cette affaire il se donne un beau rôle un peu bien facilement. Quand il vient dire que « Jeantet et Corrèze se tenaient à (la) disposition (du généralissime) » pour cet échange désiré, il a vraiment la partie belle et je trouve, pour ma part, qu'il va un peu fort quand il écrit que « notre organisation décidait que Corrèze (au vu de cette nouvelle) viendrait immédiatement en Espagne » pour se mettre avec Jeantet à la disposition de Franco, il semble qu'il doive y avoir peu de personnes, même chez les Espagnols, pour prendre ces déclarations à la lettre. Elles font cependant bon effet, mais c'est un effet facile. Corrèze savait très bien que les Espagnols ne l'auraient pas livré; quant à Gabès, il est en Italie. C'est un peu abuser de la crédulité des gens que de dire qu'il accourrait se livrer aux autorités espagnoles qui, à leur tour, le repasseraient au Front Populaire pour obtenir la libération de Troncoso et du marquis de Portago.

Lundi 28 février, 23 h 55.

Dans *l'Action Française* il y a le compte rendu détaillé de la reconstitution nouvelle, il y en a déjà eu plusieurs, de l'affaire de Bagnoles. Le pauvre Terraille impliqué je ne sais comment dans cette affaire, a été formellement reconnu par cette petite idiote de Mlle Besneux, seul témoin de l'affaire. C'est raide. Jamais Terraille n'a fourré les pieds à Bagnoles pour cette affaire. A aucun degré, ni à aucun titre, il n'a surveillé Rosselli là-bas. Encore bien moins y était-il le 9 juin. Il est vraiment tragique de ne pouvoir rien dire. Je sais assez que c'est une indirecte rançon que nous payons, mais il est dommage que la Besneux n'ait pas été mieux avertie.

Mercredi 2 mars.

Je me sens peu disposé à cette heure à parler de Daguy avec qui je me suis promené ce soir comme à l'accoutumée. Avant peu il faudra cesser d'exister. Ce ne sera sans doute pas plus mal.

Jeudi 3 mars.

Maman a reçu ce matin une lettre, à première vue, étrange. Elle est bien adressée à Senora Nunez mais sous le prénom de Margarita, qui indique une lettre pour maman. Les autres lettres, il est vrai sont adressées à senorita Magdalena (pour moi), Maria (pour les Berger), Francesca (pour Baillet). En dehors des lettres à maman, il n'en est jamais arrivé pour Magdalena ou Maria. Donc celle adressée à senorita Nunez a été écrite à la machine, elle porte le cachet de la poste de Bellevue, Seine-et-Oise, du 28 février. A l'intérieur elle porte la mention : « Tours, le 23 février 1938. » La lettre a été tapée à la machine par quelqu'un de tout à fait inexpérimenté. Elle a cependant peu de fautes, mais des erreurs de frappe et d'espacement. La disposition en est gauche et les lignes finissent mal. Les accents graves manquent souvent et les circonflexes sont mal placés. Quand une lettre est supprimée, elle l'est avec la barre inclinée au lieu de l'x dont on se sert ordinairement. Il y a deux retouches à la plume. La signature est contrefaite et peu lisible. Elle ne correspond à rien. L'identification de la provenance n'en a pas moins été facile. Elle comportait deux références absolument indiscutables. J'y reviendrai tout à l'heure. Voici la teneur intégrale de cette missive mystérieuse :

« Tours, le 23 février 1938. Chère madame, en réponse à votre récente lettre, je regrette de vous annoncer que vos adversaires ont déjà tenté de nous créer des complications au sujet de l'affaire en cours. Arrêtez donc absolument toute correspondance qui ne ferait que compliquer ces embarras. Malgré vos ennuis, ne visez qu'à l'essentiel. Je vous donnerai même le conseil pour ne pas démasquer vos intentions, de ne vous fier dans vos relations à qui que ce soit. Ne cédez donc, je vous en prie, à aucune sollicitation même apparemment amicale, pour venir en France arranger vos intérêts vous-même. Vous seriez assurée de tout perdre alors que dans un délai encore inconnu les choses peuvent changer de face. Je vous aviserai d'ailleurs au moment opportun. Gardez uniquement ce conseil pour vous et votre fils à l'exclusion de toute autre personne. Je vous aiderai pourtant très volontiers et ceci à l'insu de ma femme, en souvenir d'Emma, et de notre lointaine amie Mme Buré. Avec mes hommages, recevez, je vous prie, chère madame, l'expression de mes sentiments tout dévoués. »

L'identification est facile. La lettre provient de toute évidence des Guinard. Le « souvenir d'Emma » et la « lointaine amie Mme Buré » en sont la preuve. Seule la tante Louise a pu donner ces indiscutables références. Le membre de phrase « à l'insu de ma femme » signifie qu'il s'agit de Jean. C'est donc lui qui a écrit et lui qui s'occupe. Il apparaît donc qu'ils ont, eux aussi, été inquiétés et vraisemblablement interrogés. Il n'est pas douteux que Jean ait répondu convenablement. J'ai oublié de dire que c'est à dessein que je n'ai pas transcrit les fautes d'accents et même de lettres. Il faut aussi noter que la lettre a été ouverte par la censure espagnole ce qui explique que la doublure de l'enveloppe ait été arrachée. A part cette incursion la lettre n'a pas été ouverte. Cette lettre explique le silence des Guinard dont maman commençait à s'inquiéter. D'autre part, je pense beaucoup à Jeanne — qui détient mes redoutables notes. Ce m'est aussi un sujet d'inquiétude. D'autant qu'elle a failli mourir dernièrement d'une piqûre faite par un dentiste. Il convient donc que de ce côté j'aie une liaison sans tarder. J'en chargerai le père Armand lors d'un prochain voyage à Paris. Pour l'instant je ne vois pas où je pourrais faire transférer ces notes. Elles sont certainement très bien là et il n'y a aucune chance pour que l'on vienne les y chercher. La police ne fouille bien que là où on lui dit qu'il y a quelque chose à trouver. Et il n'y a que Jeanne, maman et moi dans le secret. Encore Jeanne B. ne sait-elle guère ce que contient le paquet que, dans notre style convenu, nous appelons le travail de Jacqueline.

Samedi 5 mars, minuit dix.

Orain est arrivé et ce matin il y a eu conférence ici sur les affaires en cours : armes et le reste. L'on demandera aux Espagnols le maximum. On a demandé aux Italiens 3000 fusils mitrailleurs à ce que nous a dit

Orain. Les affaires en France ne sont pas brillantes. Il s'agit des affaires du pays, bien entendu. Orain est pessimiste, les gens ne comprennent rien et ne veulent rien comprendre. La faillite générale est certaine et proche, assure-t-il.

Pour ce qui est de l'organisation , les choses suivent leur cours. Il faudra bien que le procès devienne complot contre la sûreté de l'État. A ce moment Daladier sera mis dans le bain car la conspiration militaire sera alors dévoilée. Mais l'on recule le plus qu'on peut cette échéance que le gouvernement redoute. L'on remonte peu à peu la terrible pente où, au début de janvier, nous avions roulé. Les affaires de l'Etoile ont été véritablement catastrophiques. Si l'on n'arrivait pas à faire modifier le chef d'accusation, quatre têtes, selon les avocats, seraient sûrement perdues : Deloncle, Moreau de La Meuse, Méténier et Locuty. Cela me paraît non seulement un cas extrême mais même une véritable impossibilité. Pour le moment je me contente d'enregistrer ces curieux pronostics. En revanche, la réorganisation se fait partout. Mais Orain craint que nous ne soyons poussés par les événements et qu'une irruption communiste ait lieu brusquement. Il y a tout de même bien longtemps qu'on nous la promet. Il faut malgré tout admettre qu'elle n'est pas exclue. Si, cependant, elle ne manquerait pas d'être une bonne purge pour un grand nombre de nos compatriotes, c'est une expérience si redoutable que l'on ne doit pas souhaiter qu'elle ait lieu. La reconquête d'ailleurs en serait d'autant plus difficile, plus cruelle et plus coûteuse. Il est stupéfiant que l'exemple espagnol ne serve pas en France.

Lundi 7 mars.

Pozzo a été remis en liberté ainsi que de P... qui est d'ailleurs assez malade. *L'Action Française* se réjouit par la plume de Pujo, de la mise en liberté de Pozzo qui « a tout ignoré, assure Pupu, des liens qui auraient existé entre cette organisation (l'U.C.A.D.) et le groupement secret auquel l'instruction reproche des délits et des crimes. » Pupu est bien renseigné comme l'on voit.

Mardi 8 mars.

Jacques Corrèze, Léon et moi avons été reconduire Orain à la frontière. Il a quitté Zungarramurdi à cheval. Nous l'avons vu partir à la manière de don Quichotte, à l'angle d'une vieille rue espagnole. Il y avait une brume très dense au fond de la vallée et dans la nuit fraîchement tombée, on eût dit une mer étrange et inhumaine. Théoriquement il en avait pour une heure, mais le brouillard, la nuit et la montagne ont toujours fait plus d'une heure dans tous les comptes d'arrivée.

C'est Jacques qui, à son tour, vendredi fera le même trajet.

Jeudi 10 mars.

Depuis ce matin dix heures trente, le cabinet Chautemps est démissionnaire.

Vendredi 11 mars.

Pendant que nos ignobles crabes se débattent dans leurs querelles ridicules, pendant que le juif Blum, chargé par l'incroyable Lebrun de donner un gouvernement à la France, se présente devant les groupes et les sous-groupes, écrit aux radicaux et propose d'achever la ruine de la France, pendant que ce malheureux pays s'occupe de ses plaisirs et de ses affaires sans regarder l'univers, il se passe en Europe centrale des événements qui n'ont leur précédent qu'aux premiers jours d'août 1914. En apprenant la décision du chancelier fédéral Schuschnigg de provoquer dimanche un plébiscite, Hitler a pris une décision extrême; un ultimatum a été envoyé à l'Autriche par lequel le chancelier autrichien était invité à se démettre immédiatement, faute de quoi, sans délai aussi, les troupes allemandes massées à la frontière, pénétreraient en Autriche. Devant l'impossibilité de résister et reculant devant la redoutable responsabilité de faire couler le sang allemand, le chancelier Schuschnigg était démissionnaire à dix-sept heures trente. Mais le président fédéral Miklan, héroïque à la manière des Belges de 1914, refusait cette démission. La conséquence fut immédiate. Les troupes allemandes franchirent la frontière autrichienne et pénétrèrent dans le pays.

Que va-t-il sortir de tout cela? La guerre? Tout est vraiment à craindre.

Dimanche 13 mars, 10 h 40.

Les Allemands pénètrent partout en Autriche avec une précision et une méthode qui impliquent une longue et minutieuse préparation. A plusieurs reprises hier soir, la radio nous a transmis les réactions de la foule viennoise, ou autrichienne, car nous ne pouvons identifier avec sûreté l'origine de ces manifestations. C'est comme un immense bruit de la mer où les cris individuels fondus et malaxés dans l'ensemble ne se discernent plus. Par moments, un rythme naît. Sur un seul ton on entend répéter un seul cri : Hit-ler, Hit-ler, Hit-ler! A quelques instants que l'on ouvrît sur ces cataractes d'enthousiasme, les vannes secrètes des ondes et de l'air, l'immense bruit était là, pareil à lui-même, égal en hauteur et en intensité.

Même jour, minuit cinquante-cinq.

J'ai noté fort brièvement le départ de Corrèze. Il va en Italie et en Suisse et, contrairement aux plus sages avis, il passe par la France. Il faut que ce besoin de déplacement soit bien impérieux pour qu'un tel risque soit couru. Il va voir Mme Deloncle, je ne veux pas écrire avec certitude, dont il est l'amant, mais je sais que Filliol est sur ce point aussi catégorique que désapprobateur. En tout cas pareil voyage sans véritable besoin pour nos propres affaires, ne peut que grandement renforcer cette hypothèse.

Lundi 14 mars, minuit cinquante-cinq.

Notre nouveau gouvernement n'a que trente-six

membres. Ce n'est pas trop si l'on veut bien considérer la hausse générale de toute chose. Il y a, il est vrai, cinq ministres inutiles, dits ministres d'Etat. Pourquoi d'ailleurs reprendre et examiner? Il est entendu que cela ne saurait être autrement que ce que c'est.

Lundi 21 mars, minuit cinquante-cinq.

C'est Paloc qui nous est arrivé ce soir par Biriatou. Sa situation en France était de plus en plus compromise et c'est presque miracle qu'il n'ait pas déjà été arrêté. Il paraît qu'il en est tout de même pour Orain qui avait même donné rendez-vous à Paloc pour passer ce soir avec lui la Bidassoa. Corrèze devait aussi rentrer en Espagne. Telles sont les très sommaires nouvelles que Paloc nous a apportées. Il juge assez sévèrement le voyage en France de Corrèze qui risque de se faire prendre. Paloc craint qu'il ne se soit rendu à Paris. Pour moi je ne crois pas que Corrèze ait fait cette imprudence d'autant qu'il ne devait pas avoir besoin de faire ce voyage.

Jeudi 24 mars, 11 heures.

Hier nous sommes allés, tous les trois, Léon, Baillet, moi, tirer au fusil mitrailleur. Il y avait fort longtemps que nous voulions faire cet essai. Le « Schmeisser » est une arme magnifique de précision. Elle n'a point de recul et groupe admirablement ses coups dans le tir-rafale.

Dimanche 27 mars.

Journée raccourcie. L'heure de l'été a, en effet, été mise en vigueur aujourd'hui. Daguy me dit que c'est la première fois qu'on l'applique en Espagne. Les nouvelles de la guerre sont meilleures que jamais. Les troupes nationales ont avancé hier de plus de 32 kilomètres en profondeur dans un secteur. L'on se demande encore s'il y a une résistance rouge. Sans doute y aura-t-il des sursauts mais la fin est proche et cela se sent bien chez tous les rouges.

Lundi 28 mars.

Ce soir le colonel de Bonanarda a téléphoné. Il voulait voir Corrèze. Je vais au rendez-vous qu'il fixe à vingt et une heures à « La Marina ». Le colonel demande que l'on fasse venir d'extrême urgence les cartes d'état-major du centre de l'Espagne dont il a donné les numéros à Farran. Dès les premières réflexions, la lettre s'exclut comme moyen de transmission. Reste donc l'agent. Je peux envoyer Daguy à Perpignan ou je peux m'adresser à Simpson.

Mardi 29 mars, minuit vingt-cinq.

A neuf heures et quart nous étions au poste de la montagne. Corrèze nous y attendait depuis moins d'un quart d'heure. Il nous apportait quelques nouvelles. Filliol, en opposition, et même en lutte ouverte en Italie, viendrait en Espagne vers le 11 du prochain mois. En Italie la police avait reçu une demande d'extradition dûment motivée et concernant Filliol, Gabès et moi. Il fut aisément prouvé à la police française, qui, d'ailleurs, donnait des précisions fausses, que nul de ces trois personnages ne se trouvait en Italie. L'évasion du patron se prépare pour le 25 environ d'avril. Partout le moral est bon et en Italie déjà nos amis ont reçu d'importants lots d'armes neuves et de grenades.

Mercredi 30 mars.

Nous avons longuement, Corrèze et moi, examiné l'épineux problème de la venue à Saint-Sébastien de Fifi. Il quitte l'Italie le 5 avril et il sera à Séville le 11 où nous devrons l'aller chercher. J'aurais voulu m'étendre un peu sur cette fâcheuse affaire. Filliol qui s'est rendu impossible partout ne le sera pas moins ici. Il faut cependant le loger et Alice qu'il traîne à sa suite. Nous comptons le caser dans la chambre du deuxième étage qu'il partagera avec le ménage Baillet (Mme Baillet doit arriver ces jours-ci). Les deux B. coucheront dans leur ancienne chambre à leur retour de Pampelune. Enfin nous ferons descendre Pierre Fraisse dans notre chambre, je veux dire celle où Corrèze et moi couchons. La villa sera vraiment surpeuplée.

D'après Corrèze, Filliol est entièrement dégoûté et « dégonflé ». Il ne veut plus entendre parler de rien, il est excessivement monté contre Gabès qui l'a évincé. Maintenant il ne me paraît pas du tout certain que cet état d'esprit soit définitif. Le naturel finira, tôt ou tard, par reprendre le dessus, comme on dit. Derechef Filliol voudra commander et agir et il sera fort difficile de l'en empêcher. Il en sera de même pour le reste et il voudra aussi fourrer son nez partout. La vie ici finira par devenir pénible. Mais quoi? Il faudra bien s'y résigner en attendant de trouver un accommodement.

J'ai eu, cet après-midi, vers le soir, exactement à six heures moins vingt, une peine assez sensible. Corrèze prenait sa leçon d'espagnol avec Daguy. J'ai eu tout d'un coup comme le pressentiment que quelque chose se passait ici, dans le bureau. Comme nous devions téléphoner à Burgos à six heures, j'ai pris ce prétexte pour venir et frapper. Il ne me fut point répondu immédiatement, mais après un petit temps, j'entendis la voix de Corrèze qui disait précipitamment : « Si, si. » J'entrai. Ils étaient tous deux debout l'un près de l'autre et j'arrivais en plein dans l'effusion que je venais d'interrompre. Corrèze d'ordinaire cependant si maître de soi, bafouilla, se rassit, remua des papiers, s'embrouilla dans des paroles mal venues et surtout pour me dissimuler son trouble, évita tout à fait de me regarder, ce qui est assurément fort peu de son fait. Quant à Daguy elle me parut moins troublée. Je lui ai lancé un regard plein de muet reproche qu'elle a certainement compris. J'ai été très peiné qu'elle donnât à Corrèze les mêmes effusions qu'elle me donnait, surtout après qu'elle se fut exprimée comme elle l'avait fait si souvent, invoquant l'amitié, la confiance et « la faisant au sentiment ». Je lui dirai là-dessus les paroles convenables. Comme il est près de trois heures, je ne m'attarderai pas davantage. Cependant je dois dire que, depuis déjà quelque temps, je soupçonnais que quelque chose entre eux se passait. Ainsi Corrèze avait eu mal à la gorge et elle lui avait apporté des pastilles qu'il avait, selon sa manière, traitées par le mépris :

« C'est la souris qui a apporté cela. »

Ensuite Daguy m'avait donné rendez-vous plusieurs fois à la poste et elle était arrivée fort en retard, quand elle était venue, elle s'attardait dans les bras de Corrèze. Enfin il ne s'est pas passé un jour qu'elle ne me demandât « des nouvelles de Burgos ». Corrèze, en effet, lui avait dit qu'il était à Burgos. Tous ces indices ne m'avaient pas échappé. Ils viennent de trouver ce soir une indéniable confirmation.

Jeudi 31 mars, minuit cinquante-cinq.

C'est en vain que je m'étais, hier, si profondément alarmé. Daguy fut aujourd'hui la première à m'expliquer ce qui s'était passé. D'ailleurs elle s'était réjouie de ma peine. Cette peine, en effet, lui montrait mon attachement pour elle. Donc, au moment où, hier soir, je pénétrais dans le bureau, il s'en fallait de tout que Jacques et elle vinssent de dénouer leur étreinte. Il s'était simplement passé ceci. Au moment de partir, Jacques avait voulu lui ôter son chapeau, ce qu'elle n'avait pas permis d'où ces positions respectives et ces attitudes qui pouvaient, en effet, paraître être la résultante et les mouvements de retraite d'une dernière série de gestes antérieurs. Daguy m'a dit cela avec un tel accent de sincérité qu'il semble que l'on ne puisse douter qu'elle dit vrai.

Dimanche 3 avril.

Nous avons reçu aujourd'hui fort inopinément la femme de Baillet. Quoique nous eussions eu, hier, un entretien téléphonique avec Simpson, rien ne laissait prévoir cette arrivée. C'est moi qui avais pris la communication et, ni de près ni de loin, il n'avait laissé entendre que Mme Baillet devait passer le soir même en Espagne. Mais vers la fin de la matinée nous eûmes la visite du policier qui était déjà venu enquêter pour la ridicule affaire de Renée Bradol. Il me reconnut tout de suite et il m'expliqua qu'il venait se renseigner sur une certaine Mme Baillet. Satisfaction lui fut donnée et après quelques coups de téléphone, nous apprîmes que Mme Baillet était effectivement en Espagne depuis hier soir. Nous nous perdions en conjectures pour savoir comment elle était passée, puisque, au moins théoriquement, personne de ce côté-ci n'avait été averti de son passage. Et bien entendu l'on ne se fit point faute de dire que je n'avais rien compris à ce qu'avait dit Simpson. Ils se rendirent à Irun tandis que de son côté Mme Baillet venait à Saint-Sébastien par le train. Ils allèrent l'attendre à la gare où ils la trouvèrent. L'explication cherchée était donnée. Mme Baillet était passée par ses propres moyens, faute d'avoir pu ou su trouver la personne dont elle avait l'adresse. Elle arriva donc tard chez les Bonnet à Biriatou, tard et chargée de colis, mallettes ou valises. Et vers minuit on la passa. Elle assure que, arrivée sur la berge espagnole, on lui tira dessus à plusieurs reprises.

Lundi 4 avril.

Corrèze et moi nous avons longuement bavardé ici, ce qui m'a d'ailleurs mis si en retard. Il m'a parlé de l'évasion du patron dont le projet est tout à fait mis au point. Cette évasion n'aura pas lieu comme nous l'avions un instant imaginé, il y a quelque temps, pour la bonne raison que Gaudiot est lui aussi en prison aujourd'hui. Il a donc fallu trouver autre chose. Voici ce à quoi l'on s'est arrêté. L'affaire est compliquée mais elle doit réussir, elle est, en principe, fixée aux environs du 25 du courant. Enfin, selon Corrèze, elle a toutes chances d'être couronnée de succès. Le patron se fait autoriser par Béteille à aller se faire soigner dans une clinique où toutes les complicités sont acquises. Il s'évade de la salle d'opérations et monte dans une voiture militaire qui l'attend. Cette voiture est naturellement fausse et faux le soldat-conducteur qui est au volant. Ce soldat-conducteur sera d'ailleurs Corrèze lui-même. A partir du moment où il aura mis le pied dans cette voiture, le patron devient général. Ce sera, bien entendu, un général en civil mais qui aura ses papiers et les apparences de son grade. En quelques minutes, la voiture sera sortie de Paris. En trente-cinq ou quarante-cinq minutes elle aura gagné un terrain d'aviation privé où attendra un appareil qui prendra, dans l'instant même, son vol pour la Suisse. Arrivé en Suisse, une voiture officielle italienne attendra l'évadé qui filera immédiatement le chemin de la frontière. Il paraît que tout est si bien combiné que l'affaire ne peut pas rater, même, m'a dit Corrèze, si les deux bourriques qui seront à la porte de la salle d'opérations voient le patron s'en aller par la fenêtre.

Vendredi 8 avril.

L'événement capital du jour prévu, escompté, attendu, inévitable, c'est le départ du cabinet Blum sur un vote hostile du Sénat.

Dimanche 10 avril, minuit trente.

Le cabinet Daladier est constitué. Il est naturellement tout pareil à un quelconque cabinet Daladier, Chautemps, Flandin ou Fripouillard.

Mardi 12 avril, minuit cinquante-cinq.

J'ai reçu ce matin un mot de Gabès qui m'annonce l'arrivée de Filliol avec un autre individu que je ne connais pas. Voilà donc déjà un ennui supplémentaire. J'ai dû faire monter un autre lit dans notre chambre où nous serons dorénavant quatre à dormir. Mais ce n'est là qu'un détail. Il y a bien pis. En effet, il apparaît clair comme le jour que, pour parvenir à se débarrasser de Filliol, Gabès a dû jeter du lest et il lui a donné en même temps que des lettres d'introduction pour les uns et les autres ici, le commandement et la direction des affaires en Espagne. Si jamais cette direction devenait effective, il ne faudrait que fort peu de temps pour que fût démolie notre situation en Espagne nationale. Brouillon, désordre, touche à tout, déplorable à tous les sens du mot, Filliol saura tout bouleverser et, pis encore, nous aliéner toutes les bonnes volontés.

Mercredi 13 avril.

Ce matin encore nous avons eu la visite du commandant Rubis, qui attend à Saint-Sébastien l'arrivée des cartes, Corrèze lui a dit qu'il se rendait en France pour s'en occuper. Ce qui était plus vrai encore qu'il ne croyait puisqu'un mot venu cet après-midi à Irun lui apprenait que l'opération de sortie du patron était remise. Il maintenait néanmoins son départ fixé à demain midi. Il irait régler certaines affaires à Paris et s'occuper des cartes. Le commandant, un peu timidement et sous le sceau du plus grand secret, nous demanda s'il ne serait pas possible que nous fissions en France une commission. Il s'agissait d'acheter deux ou trois boîtes de poudre et deux bâtons de rouge pour la femme du généralissime. Bien entendu, c'est avec empressement que nous nous sommes chargés de ce devoir et c'est à Lascabes, parti cet après-midi pour la France, que nous avons demandé de le remplir.

Jeudi 14 avril.

Nous sommes allés Léon et moi conduire Corrèze à la frontière ce matin. A peine avions-nous quitté la maison que Filliol y arrivait. Nous ne rentrâmes à notre tour qu'à quatorze heures. Après déjeuner, j'eus avec Filliol une longue conversation sur les affaires en cours. D'après lui la question financière aurait été réglée, c'est au moins ce que Gabès lui a laissé entendre, ce qui est faux. Il faut extrêmement se défier de Gabès qui joue les gens les uns contre les autres. Je sais mieux que personne que cette question d'argent n'a pas été réglée comme Filliol le croit. J'ai la lettre de Gabès où il dit que les 100000 francs (120000 selon Filliol) qu'il a reçus ne sont pas destinés à faire fonctionner les bases. Il a donc systématiquement induit

Filliol en erreur en lui disant que Corrèze recevrait l'argent nécessaire ou l'avait reçu. Lors de son récent voyage, Corrèze a rapporté en tout et pour tout 1000 francs suisses qui ont donné près de 4100 pesetas. J'ignore d'autre part quel argent Filliol apporte avec soi. Je lui ai dit que j'avais ordre de le réquisitionner. Il a naturellement gardé le silence, mais je rouvrirai le débat.

Mardi 19 avril, minuit dix.

A l'improviste, Alice nous est arrivée aujourd'hui.

Mardi 3 mai.

Nous apprenons que Maurras est arrivé à Saint-Sébastien, venant d'Irun, vers midi quinze. On lui fait à « La Marina », une petite réception et nous apprenons qu'il ne passera en Espagne que peu de jours, trois ou quatre, et qu'il se rend aussitôt à Burgos. Il est descendu au « Maria-Cristina » et il semble qu'on ait mis deux gardes civils pour le garder. De surcroît, il ne fera pas ici de conférences. Alors que vient-il faire en Espagne nationale? Voir Franco simplement? Ou bien serait-il chargé d'une mission secrète pour le gouvernement? C'est ce que je vais tâcher d'élucider.

Vendredi 6 mai.

J'ai reçu ce soir une lettre de Corrèze. Naturellement il croit que je n'ai pas su lire ses messages, tandis qu'il s'est bel et bien trompé dans ses réactifs. Il me dit encore que l'argent m'a été envoyé et pour le loyer et pour le mois. Je n'ai rien vu. Qui le garde? Il faudra bien que je le sache. Enfin il annonce sa venue dans une dizaine de jours. Il ne me dit rien de l'évasion du patron, mais puisqu'il reste encore un certain temps à Paris c'est sans doute que l'opération n'a été que différée. D'autant qu'il me dit qu'il a de bonnes nouvelles. D'un autre côté, la question des cartes est réglée par...

la négative. Il est définitivement impossible de se les procurer. Je n'en saisis pas le pourquoi[1]. Justement le commandant qui n'avait pu venir hier m'a téléphoné ce matin :

J'ai exprimé, sur ce point, tous mes regrets, mais enfin ce n'est là qu'une creuse formule.

Mardi 10 mai.

Aujourd'hui enfin, j'ai touché de l'argent : 4100 pesetas qui sont d'ailleurs plus qu'aux trois quarts dépensées puisque j'en dois 3000 au propriétaire comme entrée de jeu, si je puis dire. Quant au reste, il est déjà engagé dans les dépenses du ménage. Mon tout premier souci sera donc que j'en obtienne d'autres au plus tôt, car je ne dois pas oublier que je dois payer le reliquat du loyer, 3000 nouvelles pesetas au 1er juin. Ce n'est donc là qu'un trou fort sommairement bouché.

Samedi 28 mai.

J'ai reçu, par la voie diplomatique, des informations venant du toubib. Je devrais dire que cette voie diplomatique c'est le bureau du 12 avenida (la S.I.M.). Il y a dans ces papiers beaucoup de renseignements intéressants sur les Brigades Internationales. J'en grouperai les plus intéressants et surtout les plus récents pour Burgos.

Vendredi 3 juin, minuit quarante.

Nous pouvons dire que nous sommes entrés dans une période de restrictions. L'argent n'arrive pas et rien ne laisse prévoir qu'il doive venir demain ou quelque autre jour. Ce soir, nous avons mangé fort légèrement : un potage, une salade, du fromage et un

1. Pour l'excellente raison qu'elles n'existaient pas. Le gouvernement républicain espagnol ne les ayant jamais tirées.

gâteau de pain. Dimanche, contrairement à une habitude déjà bien établie, il n'y aura pas de gigot. C'est qu'il faut nourrir douze personnes. Ce n'est pas rien.

Dimanche 12 juin.

Nous avons eu, aujourd'hui, une visite bien inattendue : Orain. Il nous a ramené la voiture de Burgos d'un côté assez fatiguée et maltraitée, de l'autre montée de pneus neufs et de quelques bonnes pièces qui lui manquaient. Certes nous ne gagnons guère mais nous ne devons pas perdre non plus. Orain n'est pas arrivé aujourd'hui en Espagne, il y a déjà huit ou dix jours qu'il s'y promène pour régler des affaires qui ne touchent l'organisation qu'indirectement. Cependant, elles seraient susceptibles, à ce qu'il paraît, de nous procurer de l'argent. Il convient donc que nous nous y intéressions. C'est à ce propos qu'Orain compte, dès demain, nous fournir quelques milliers de pesetas. A la vérité il nous faut beaucoup de milliers. Mes emprunts successifs et les 3000 pesetas de loyer atteignent déjà à près de 6000 pesetas, et nous devons de l'argent à Mérino depuis longtemps. Les nouvelles qu'apporte Orain ne sont ni récentes ni nombreuses. Comme Filliol, il se plaint d'avoir été écarté de tout et de n'être pratiquement plus rien dans l'organisation. C'est Gabès qui est l'artisan de cette sorte de mise à l'écart. Gabès aidé par Corrèze.

Lundi 27 juin.

Daguy est partie peu après midi. Il devait être midi vingt quand elle a franchi, en compagnie de Mlle Lafargue, le pont international. Bien entendu il a fallu des *si* et des *mais* pour ce passage. On lui a interdit de sortir des pesetas ce qui, à la rigueur, peut se comprendre dans un pays en guerre. Mais on lui a également interdit d'emporter des francs avec elle. En sorte qu'elle a dû sortir d'Espagne *sans un sou.* Voilà qui est d'une absurdité sans mesure. Sans doute avais-je pris mes précautions et les demoiselles étaient chargées de donner à ma voyageuse tout l'argent dont elle aurait besoin. Donc tout alla bien de ce côté, après toutefois que diverses démarches eurent été faites à la Comandancia et que Daguy eut été consciencieusement fouillée. Ce qui n'empêcha point qu'elle ait passé des lettres qu'il n'était pas utile que la censure vît. Il y avait trois lettres de Filliol ayant trait à l'organisation (une seule seulement était destinée à son frère). De plus, Daguy est chargée d'entrer en relation avec le marquis de Bausset, à qui elle doit remettre la lettre de Filliol qui a exclusivement trait à notre situation financière toujours en suspens. Ensuite elle doit donner les informations reçues par les Del Moral. Elle doit reparler de Gautier et transmettre ce que je lui ai dit sur Paloc. Enfin, comme le capitaine Fungarino me montrait Thur ce matin, paradant à la Comandancia, et me disant qu'il était suspect, je chargeai Daguy de prendre des informations sur lui et sur son activité ici. Je me suis trouvé seul et tout triste ce soir, de cinq à huit. Je viens de le dire à Daguy dans un petit mot.

Samedi 2 juillet.

Corrèze s'est fait arrêter hier matin à Paris. C'était fatal. C'était même la chose du monde le plus inévitable. L'on est malin, l'on est débrouillard comme personne ne l'est. L'on est plus fort que tous les autres. Et cependant l'on se retrouve un beau soir dans une cellule de la Santé. C'est à six heures du matin, dans un hôtel de la rue de Wagram, au 34, le « Ceramic Hôtel », aux dires de Bruchet, qu'eut lieu cette opération. Tout le monde ici a condamné sans réserves une telle légèreté, toute pareille à celle de Méténier. Dans cette lamentable affaire, nous avons beaucoup pensé au patron pour qui cet événement a dû être un coup très dur.

Jeudi 7 juillet.

Doriot est arrivé hier soir à Irun[1]. A l'instar de Maurras, il vient faire sa tournée espagnole. On le reçoit ici avec des fleurs, ce qui s'explique.

Lundi 11 juillet.

Je ne reçois pas souvent de lettres de Daguy. Voilà cependant et déjà quinze jours aujourd'hui qu'elle est partie. Très volontiers je lui écrirais des lettres amoureuses mais la censure m'interdit tout épanchement car j'ai fort peu le souci de faire lire de pareilles lettres par des tiers. Je lui rappellerais le petit bois de pins d'Hernani et l'extrême intimité dans laquelle nous fûmes ce jour-là. Je lui exprimerais mes regrets infinis que cette intimité n'ait point tourné en amour encore que ma chair ait été au seuil de sa chair et qu'elle l'ait accueillie avec faveur. Je lui rappellerais que sa « carapace » – c'est ainsi que dans des vers[2] que je lui fis, j'avais appelé la gaine qui enserre ses hanches – avait été le grand obstacle à nos effusions et que son cache-sexe, si petit qu'il eût été, n'avait point facilité les choses. Sans doute répliquait-elle déjà qu'elle était fort peu vêtue et elle ne portait, en effet, sous sa jupe, qu'une mince combinaison. Au haut de ses bas il y

1. A son arrivée, ce petit incident typique de l'état d'esprit espagnol s'est produit : les formalités en usage exigeaient que, comme tout le monde, Doriot passât au service anthropométrique et que, en même temps que sa photographie, les empreintes de ses dix doigts fussent prises. Il se refusa à cette opération. Devant sa protestation, on lui dit poliment qu'il ne saurait y avoir d'exception. Il menaça de repasser la frontière. Comme tout en regrettant on insistait, il pria son secrétaire d'aller dans ses bagages lui chercher son revolver et il ajouta : « Puisqu'on n'a pas confiance en moi, je prends mes précautions. » Devant cette attitude un peu farouche, le rigide système consentit de se plier.

2. *Est-ce d'ailleurs dans l'immense espace,*
Que, sous ton déshabillé bleu,
Je trouverai sans carapace
Ton corps tremblant peut-être un peu.

Daguy n'aimait, du reste, ce mot de « carapace ». Qu'à cela ne tienne, lui avais-je dit. Otez-le ou mieux, ôtons-le ensemble. Quand il aura été ôté, rien ne sera plus facile que de changer le vers. Mais les choses en restèrent là.

avait bien ses cuisses nues et son maudit cache-sexe n'avait que la largeur de deux doigts, mais Dieu! qu'il était serré. Et il y avait les jarretelles, deux au moins pour chaque bas. Quel savant réseau d'obstacles! Pourtant elle ne pensait pas que c'en fût un et c'en fût un en effet, et l'affaire fut manquée car mon ardeur était si grande qu'elle s'échappa toute avant même que ma chair virile eût atteint les abords de son sexe aussi peu accessible. Et cependant elle m'attendait, elle me souhaitait et me désirait. Je lui avais dit déjà :

« Quittez cette carapace. Ne mettez point de bas. D'abord c'est l'été et ensuite la plupart des femmes ici n'en portent point. »

Tout alors eût été simple. Plus de bas, plus de carapace, une croupe libre sous une robe légère. Le cache-sexe, petit « slip » que curieusement Daguy portait sous sa gaine n'aurait plus été arrêté et retenu par les jarretelles. D'un geste rapide mes doigts eussent fait glisser son élastique jusqu'aux chevilles et dès lors, des genoux aux seins et aux aisselles, j'aurais trouvé ma petite Daguy nue sous sa robe. Au lieu de retrouver, avec délices certes, de brèves surfaces de cuisses nues, sous de grands obstacles rigides, je l'aurais découverte tout entière. Longuement j'aurais palpé ses cuisses, sa croupe encore inconnue, son ventre à peine effleuré. J'aurais, par cette voie nouvelle, rejoint ses seins souvent caressés. Relevant bien haut sa robe, ma bouche aurait fait mieux que de baiser ses cuisses dans le court espace que me laissaient les bas et la carapace. Lorsque, faisant un suprême effort je parvins à faire descendre son « slip » plus bas que la carapace, ce ne fut que pour apercevoir furtivement l'extrême bout de son ventre auquel mes lèvres mêmes ne purent atteindre. Voilà peut-être ce que j'aurais dit à Daguy. Mais trois heures viennent de sonner. Il est donc fort tard et je vais terminer dans le sommeil ces rêves inachevés.

Jeudi 14 juillet, minuit trente.

Un certain nombre des inculpés du « C.S.A.R. » sont mis au régime politique. Michel, Renne, Laromiguière-Lafont, Mauler, Gaudiot, Parent, Juchereau et plusieurs autres encore sont du nombre. Mais le patron, ni son frère, non plus que tous ceux qui sont impliqués dans les affaires de l'Étoile ou dans l'affaire Rosselli ne bénéficient de cette mesure. Et dire que depuis huit mois nous prenons toute sorte de gants, nous nous gardons de faire ceci ou cela, d'agir de telle ou telle manière de peur que le régime politique soit refusé au patron! Nous sommes de fichus révolutionnaires qui nous laissons arrêter par de si absurdes scrupules. Il aurait au contraire, dédaignant ces entraves, fallu frapper fort, souvent et vite. Or, depuis tout ce temps, nous en sommes encore à notre première réaction. C'est à peine croyable.

Lundi 18 juillet.

Ce jour s'est terminé par l'arrivée inattendue d'Orain. Les nouvelles qu'il nous donne de la France ne sont pas extrêmement brillantes. La vie y est plus difficile que jamais. L'on s'attend à une nouvelle chute du franc au lendemain de la visite des souverains anglais qui commence demain. A propos de cette visite nos malheureux gouvernants vivent dans une terreur de tous les instants. Ils redoutent le pire. On les a, paraît-il, avertis que cinquante-deux terroristes étaient rentrés en France et ils n'ont pas pu mettre la main dessus. D'autre part, nos bons amis, au nombre d'une vingtaine, ont cru bon d'envoyer des lettres qui, au président de la République lui-même, qui à Sarraut, à Daladier ou à quelques autres personnages en les avertissant que si les nationaux qui étaient actuellement détenus n'étaient pas mis au régime politique, il y aurait un attentat contre le roi d'Angleterre. Ces lettres étaient dûment signées : « Un Cagoulard ». De ce chef la police a été sur les dents et d'ailleurs assez sérieusement inquiète. L'on suppose justement que c'est cette recrudescence des recherches qui a amené l'arrestation de Corrèze due, d'autre part, à son imprudence et à sa simplicité. En effet, Corrèze changeait d'hôtel tous les jours et il était le seul à savoir dans quel hôtel il se rendrait. Il remplissait chaque jour une fiche au nom de Guérin, industriel, mais en négligeant de se donner un état civil constant. C'est ainsi qu'un jour il se faisait naître en 1904 et à Sedan, puis en 1908 mais à Nevers, etc. Comme la police se faisait communiquer tous les jours toutes les fiches d'hôtel pour surveiller les allées et venues avant le voyage des souverains anglais, elle fut intriguée des déplacements de ce suspect Guérin. L'ayant noté comme séjournant deux jours de suite au « Céramic », elle alla l'arrêter. D'ailleurs Corrèze a été traité avec beaucoup d'égards et on le laissa même détruire les papiers fort compromettants qu'il portait sur soi.

Dimanche 24 juillet.

Le passage de maman s'est fait, ce soir, dans de bonnes conditions. Elle était naturellement assez émue. Nous ne savions pas si le guide serait là. Aussi Riquet traversa-t-il d'abord seul puis, quand il nous eut averti qu'il avait traversé sans encombre, Filliol, Jean, maman et moi nous apprêtâmes. C'est Filliol qui voulut passer maman sur son dos. A vrai dire c'était là une tâche qui m'incombait mais maman est assez lourde et lorsque Filliol insista pour la transporter, je ne l'ai pas trop combattu. Il partit donc, Mimi suivant. La traversée se fit bien et lentement, Riquet guidant de l'autre côté. Filliol cueillit une poignée de fleurs de France qu'il nous rapporta.

Mercredi 27 juillet.

Voilà aujourd'hui un mois que Daguy est partie pour la France. Je lui ai écrit, cet après-midi, un petit mot très officiel pour lui rappeler cette date. Hier après que j'eus clos ce carnet, je suis resté lui écrire longuement et chaudement. Mais cette lettre, trop amoureuse, ne sera pas expédiée, au moins maintenant : « espeligrose », écrivait-elle dans sa dernière lettre. Il faudra encore attendre deux longs mois avant qu'elle ne revienne, deux longs mois au moins avant que nous soyons amants. Nous aurions dû l'être avant son départ car ce dernier dimanche de juin, elle en avait envie autant au moins que je l'avais moi-même. Nous avons longuement cherché un lieu convenable et discret, à plusieurs reprises nous nous sommes installés dans l'herbe. Une première fois nous en avons été chassés par les fourmis qui lui mordaient les bras et les cuisses qu'elle avait nus. Une seconde fois nous pénétrâmes dans un magnifique parc abandonné et vraiment plein d'endroits charmants et discrets à souhait. Mais elle eut peur. Une troisième fois nous entrâmes dans le creux d'un champ derrière une haie épaisse. Le champ montait et les herbes hautes nous dérobaient à toute vue. Il y avait un autre couple à quelque distance mais il était plus occupé de soi que de nous. Aussi les effusions commencèrent tout de suite. Daguy était grisée, elle attendait l'amour. Nul doute qu'elle ne l'eût reçu là même avec ivresse. Elle n'eût point dit : « Espéligrose » quoique ce le fût en effet. Tout de suite aussi, je lui prodiguai les plus chaudes caresses, j'avais relevé sa jupe et commencé de lui baiser les cuisses. Malheureusement ses dessous étaient terriblement encombrés : jarretelles, gaine, cache-sexe. Un vrai réseau d'obstacles. Je fus découragé. Il aurait fallu tout ôter et singulièrement ce cache-sexe noir, comme elle en porte toujours, si serré contre son sexe que je me demande comment elle peut le supporter. Ah! si des genoux aux seins son corps eût été libre, si au lieu de petits bouts de cuisses ses jambes, son ventre, sa croupe eussent été nus, alors même là j'aurais pu multiplier les caresses, l'explorer, la préparer, l'aimer. C'eût été un jeu. Une femme est toujours habillée même si elle n'a sur soi qu'une simple robe. Je le lui avais dit. Otez votre carapace qui nous gêne. Ici, en été, plus de soixante-dix pour cent des femmes ne portent pas de bas. Même alors le cache-sexe, certes inutile, aurait glissé d'un coup de doigt le long de ses jambes et je l'eusse trouvée libre et offerte. Il n'en devait pas être ainsi. Espérons-en des jours meilleurs mais que d'heures heureuses perdues à jamais.

Mercredi 3 août.

Les nouvelles générales de l'organisation sont très

bonnes. Partout le moral est bon si l'attente est souvent pénible. Jakubiez, depuis déjà plus de dix jours, fait la grève de la faim. Les Puireux ont été admirables. Robert a été odieusement traité au moment de son arrestation. Il a eu de graves blessures, le visage tailladé, une entaille très profonde à la cuisse, jusqu'à l'os, et partout sur le reste du corps les marques multipliées de la brutalité de la racaille policière. On lui a fourré dans la bouche les gants ensanglantés de Rosselli jusqu'à ce qu'il n'en pût plus. Il faudra que tout cela se paye et combien chèrement. Enfin quelques nouvelles relatives aux amis. Le patron a un moral magnifique, ce qui ne peut pas nous surprendre. Là-dessus d'ailleurs, j'aurai d'autres choses à consigner. Grosset est lui, au contraire, méconnaissable. Il est abattu et, physiquement, il est extrêmement réduit. Corrèze est très nerveux. Il est probable qu'il doit faire quelques profitables retours sur soi et que sa superbe a subi des atteintes.

Lundi 8 août.

J'ai reçu aujourd'hui une lettre de maman qui m'attendait à Irun. Elle apporte des nouvelles fort décevantes. D'abord la question de la pension de maman n'a pas fait un pas, et il n'y a plus que dix jours de délai. Passé ce temps, maman sera définitivement rayée des contrôles et perdra tous ses droits. Pour ce qui est de notre maison, les choses ne vont pas mieux, il s'en faut. J'avais su, par Mimi, que notre appartement avait été vidé et nos meubles descendus au rez-de-chaussée. Mais j'ignorais qu'il y avait eu un jugement de saisie et que toutes nos affaires allaient être vendues. Le gérant avait dû payer quelque deux mille francs pour obtenir la levée des scellés. On réclame naturellement, le payement de cette somme et aussi de trois trimestres de loyer. Lorsque ces quelque huit ou neuf mille francs auront été payés, alors les meubles seront rendus. J'avais aussi appris que, contrairement à mes instructions, on avait joint les bagages de la chambre du huitième au reste. Et tout est pêle-mêle dans le magasin du rez-de-chaussée. J'ai immédiatement répondu à maman, dès mon retour : je lui dis qu'il faut qu'elle aille trouver A. Nabat qui regorge d'argent. Il faut qu'il lui avance la douzaine de mille francs nécessaires, avec des frais, emballage, transport et le reste, à la récupération de nos affaires. A. Nabat ne doit pas se dérober. C'est d'abord une question d'aide dans la famille. Il faut qu'il le comprenne. Ensuite il y a une autre raison : ce que j'ai fait doit être mis en avant. Moi, comme tous les amis, j'ai sacrifié tout à cette tentative de relèvement de notre patrie dont tout ce qu'il y a de Nabat et de Guinard en France profiteront si nous réussissons, sans qu'ils aient, de leur côté, levé le petit doigt pour aider à ce relèvement.

Mardi 9 août.

J'ai reçu ce matin une nouvelle lettre de maman, infiniment plus rassurante que celle d'hier. Les choses vont mieux. Après qu'elle se fut démenée, elle a enfin obtenu qu'une de ses pensions pourra lui être payée. Pour l'autre il faudra encore attendre le bon vouloir d'une administration stupide : maman m'assure que dans toutes ces démarches et marches, de neuf heures du matin à cinq heures, à travers les bureaux et les guichets, elle prend toutes les précautions : C'est Louise, m'écrit-elle, qui se charge de toutes les explications... Je ne ferai rien pour moi-même, écrit-elle encore, plus loin. Louise trotte et je l'accompagne, mais je ne fais pas acte de présence. » C'est bien ainsi. Quant aux meubles et aux affaires, la situation est bonne. Le gérant gardera tout tant qu'on le voudra. Le tout pourra être libéré en octobre à condition qu'on ait l'argent.

Vendredi 12 août.

Nous avons fini par savoir pourquoi Méténier avait eu, l'autre jour, les honneurs de la radio. L'on aurait prétendument découvert des explosifs enfouis dans le jardin de sa villa à Chamalières. Deux lettres anonymes auraient indiqué, avec plan à l'appui, l'existence de ces explosifs que les recherches immédiatement effectuées ont permis de découvrir, naturellement. Tout cela sent la machination policière à plein nez. Il n'est pas qu'à cette remarque qui ne la souligne :

« On pense que la cachette a été faite il y a plusieurs mois... »

Les malins! Méténier a été arrêté en décembre. Ce ne serait donc pas lui qui aurait dans son jardin enterré cette cheddite. Une telle manœuvre ne peut avoir de portée car, bien entendu, « il y a plusieurs mois » aussi que le jardin de Méténier a été fouillé de fond en comble. La police chercherait donc si mal.

Lundi jour de l'Assomption.

Les préparatifs militaires de l'Allemagne causent de l'inquiétude partout en Europe. L'Angleterre s'enquiert même sur place de ce qui se prépare, ce à quoi d'ailleurs l'Allemagne répond ce qu'elle veut. Néanmoins, comme on le fait remarquer un peu partout, il serait incompréhensible que des préparatifs de cette envergure fussent faits pour rien et il ne me paraît pas suffisant de dire que l'Allemagne veut faire une politique d'intimidation.

Samedi 20 août.

Nous avons appris ce matin l'arrestation de Bruchet. Notre jeune ami s'est fait arrêter au Havre. Pourquoi au Havre? C'est ce que nous ne saurions dire. Mais il y a à peine un mois, demain soir exactement, qu'il est passé en France. Il y a une note dans la presse à son sujet qui paraît dictée par la police. Henri a expliqué qu'il est venu en Espagne nationale comme volontaire, qu'il a été nommé sous-lieutenant et que fatigué de la guerre ici, il est rentré en France. On le fait même passer pour déserteur alors que la raison de son retour en France, raison qu'il n'a pas manqué de faire valoir, était de se présenter aux autorités militaires françaises pour répondre à sa convocation de jeune soldat.

Dimanche 21 août, minuit cinquante-cinq.

L'arrestation d'Henri que nos amis ont apprise seulement ce matin, puisque Filliol a voulu en faire mystère, n'a pas causé beaucoup de surprise. Elle fut, naturellement, déplorée : « Encore un qui regrettera " Brisas del Mar ". Mais chacun savait Henri vantard et bavard. L'on se contente de souhaiter généralement qu'il se taise et surtout qu'il ne s'avise pas de parler du dépôt de Pampelune sur lequel d'ailleurs il n'a aucune raison de rien dire. A propos de cette arrestation, j'ai fait hier réflexion sur l'extrême légèreté, pour le moins, de Orain. Lors d'un de ses derniers voyages ici, il voulait faire rentrer en France presque tous ceux qui le désiraient. Il avait même parlé du retour de François. On ne craint plus rien, disait-il en substance, Béteille ne veut plus d'arrestation, on va libérer nos amis petit à petit, etc.

Mardi 23 août, 9 h 50.

Je jouis en cet instant des délices d'une solitude presque complète, aussi vais-je en profiter. Les uns Pierre, Jean-François sont partis de bonne heure à la cueillette des champignons; Léon est à la pêche, il y a le marché, Fernand a rendez-vous avec sa fiancée, Raymond va à la plage où il doit retrouver quelques belles. Il ne reste guère que la mère Léon qui fait ses chambres.

Lundi 5 septembre.

« La mobilisation n'est pas la guerre », s'est écrié Raymond Poincaré dans une affiche demeurée célèbre. Espérons que cette affirmation se vérifie cette fois-ci. Car la mobilisation, une mobilisation partielle heureusement, a eu lieu aujourd'hui en France. L'affaire a été présentée avec toutes les précautions imaginables. Elle correspond exactement aux graves mesures qui avaient été prises le 27 ou le 28 juillet 1914. Aujourd'hui, une classe est rappelée : celle qui avait été libérée il y a...

huit jours à peine! Prévoyance républicaine. Une partie des officiers de réserve est appelée également sous les drapeaux. Tous les réservistes des régions de l'Est et dont le poste est dans les fortifications de la Ligne Maginot, doivent rejoindre ainsi que tous les officiers et soldats permissionnaires. Pendant que d'aussi redoutables dangers nous menacent partout en France, les conflits dits « sociaux » s'étendent, se multiplient, s'aggravent. A Lorient, à Perpignan, partout il n'est question que de grèves nouvelles, de désordres, de réunions de protestation où l'on ne pense qu'à défendre les pseudo-conquêtes de 1936. Et la faiblesse gouvernementale est à son comble. Il ne saurait en être autrement. Le dollar qui, seul actuellement, monte est à 36,95, la livre baisse avec le franc, ce qui permettra de tromper un peu les imbéciles. L'or quitte la Grande-Bretagne à un rythme accéléré : 100 millions de dollars dans les deux ou trois dernières semaines.

Mercredi 7 septembre, minuit vingt.

Une fois de plus il n'y a plus un sou dans la maison. Une fois de plus je suis allé quêter, emprunter. J'ai revu Bardane qui me donnera 500 pesetas demain matin. Nous nous enfonçons terriblement, chaque jour davantage. Nous sommes criblés de dettes, de tous côtés. C'est « je suis » que je devrais dire car ces dettes c'est moi qui les fais. Jusqu'à présent c'est toujours moi qui suis allé faire ces détestables démarches. Je commence à en avoir plein le dos, si je puis dire.

Dimanche 11 septembre, 17 h 15.

Ce matin, Filliol et moi avons longuement causé. Il était pessimiste et assez découragé. L'inaction à laquelle il est contraint, et nous tous, lui pèse :

« J'ai besoin d'action et de mouvement, me disait-il, il faut que je me remue, que j'aille, que je vienne. C'est un besoin physique, il faut que je vive. J'ai aussi besoin de femmes. Ma femme ne m'intéresse que lorsque j'en ai connu d'autres. Je suis comme ça. Donc l'organisation est morte. Elle n'a plus le sou et ses principaux membres, avec ses chefs, sont ou en prison, ou en fuite à l'étranger, ou terrés en France. A l'heure actuelle, au moins dans l'état présent des choses, nous ne pouvons plus rien faire. Et il n'est pas possible d'envisager le moment où nous pourrons faire quelque chose. Dans ces conditions, je t'assure que si je n'étais pas tenu par deux ou trois liens sentimentaux, je m'en irais tout de suite, je m'engagerais à la Légion espagnole, et j'irais faire la guerre. Malheureusement, je ne peux le faire. Il faudrait que j'avertisse Eugène et ce serait pour lui un coup très dur si je m'en allais. Il dirait : « Lui aussi abandonne. » Moralement je ne peux pas. En second lieu il y a Alice qui est maintenant liée à moi, qui a sacrifié sa vie pour moi et à qui, moralement, je suis attaché définitivement. C'est une bonne fille que j'aime bien et je ne peux l'abandonner. Si je partais, je me marierais avec elle, mais ce n'est pas là non plus une perspective car, comme je me connais, à la Légion je ne resterais pas derrière et il y aurait bien des chances pour que je sois mort avant six mois. Enfin il y aura encore d'autres considérations secondaires, ma famille par exemple, à qui j'ai déjà causé bien du souci... »

Il parla ainsi longuement, insistant sur un point, puis sur un autre, et puis il en arriva à rappeler ses souvenirs de l'an dernier et là il s'exprima avec une profonde amertume :

« Tout le monde était dégonflé. Tout le monde avait disparu. Ce n'était pas beau à voir. Personne ne voulait plus de moi. J'étais pestiféré. Traqué par la police, c'est tout juste si l'on ne me fermait pas toutes les portes au nez, en tout cas nulle part l'on ne pouvait me garder et l'on trouvait pour m'éconduire les meilleurs prétextes. C'est encore moi qui, dans ces circonstances tragiques, remontais le moral aux uns et aux autres. Plus d'une fois j'ai eu l'envie d'aller me livrer à la police et de crier à toutes ses bourriques :

« – Oui, c'est moi qui ai fait ceci ou cela. Oui c'est moi qui me suis levé contre les salauds, les lâches, les veules, les Juifs, les maçons...

« J'aurais aimé leur dire tout ce que j'avais sur le cœur de dégoût et d'amertume. C'est cependant une femme, c'est Pierrette Chardon qui m'a recueilli à cette époque difficile. Mais il fallait voir dans quel état ils étaient son mari et elle. Ils avaient une peur de tous les instants. Chaque coup de sonnette retentissait comme un coup de tonnerre. Là encore, j'ai dû remonter le moral. Je suis resté ainsi près d'un mois sans sortir. Pas même le soir. On ne voulait absolument pas que je mette le pied dehors. Dans les débuts, j'avais continué de voir les uns et les autres, de faire les liaisons, de rassurer, de réconforter, de maintenir. Mais ensuite je n'ai plus pu le faire. Pendant toute cette période, il n'y a qu'un seul type qui, au moins en apparence, ne s'est pas dégonflé, qui a continué de venir me voir et de me tenir au courant de ce qui se passait. C'est le seul qui semble avoir toujours gardé son sang-froid : c'est Orain. Il faisait régulièrement la liaison avec moi, il m'avertissait des démarches de la police[1]. Mais quand il s'est agi de partir, ce fut pis encore. Il me fut impossible de trouver une voiture. J'avais prévenu Orain que je partirais tel jour. J'ai une voiture, celle de Lasalle, qui me conduira. C'est à ce moment le seul que j'aie trouvé. On avait beaucoup médit de lui. L'organisation l'avait plus ou moins laissé tomber. Je suis allé le voir et je lui ai dit :

« – Vous savez comment je suis recherché. Il faut que je me rende en province, à 400 kilomètres de Paris. Est-ce que vous pouvez m'emmener?

« Il m'a répondu : « oui ». Il avait une voiture puissante (une La Salle par une curieuse coïncidence). Nous convînmes d'un jour. Je prévins Orain, il me dit :

« – C'est impossible, vous serez arrêté aussitôt, Lasalle c'est la police. Je vais vous trouver quelqu'un. J'ai trois ou quatre voitures sous la main.

« – Moi j'ai confiance en Lasalle, lui ai-je répondu.

« J'ai attendu. La veille du jour fixé pour le départ, Orain vient me voir et me dit :

1. Il est bon de noter que les Chardon devaient servir d'alibi à un autre membre de l'organisation. A partir de ce moment, du reste, le départ de Filliol était décidé. Il quitta Paris le 26 ou 28 décembre. Il y revint contre l'avis de tous le 6 janvier et il fut obligé de quitter la capitale fort précipitamment vers le 15 du même mois. C'est au cours de ce bref séjour que, plus recherché que jamais, il fut promené tout un dimanche et toute une nuit dans une voiture.

« — Il faut retarder votre départ de quelques jours, je n'ai pas trouvé de voiture.

« J'ai répondu : « Non, je partirai demain. »

« — Avec Lasalle, c'est impossible.

« — Est-ce que vous en avez un autre?

« Orain n'a rien répondu. Je suis parti le lendemain matin. C'était le moment où toutes les sorties de Paris étaient gardées, il faisait un temps affreux, froid, neige à demi fondue, routes détestables. Aucune fuite n'aurait été possible ni, il est vrai, aucune poursuite. Il m'a mené à bon port sans le moindre incident et jamais la police n'est venue me chercher où j'étais. A ce moment, ce fut le seul, il n'y en avait pas un seul autre qui se soit trouvé pour m'emmener. Plus tard, quand il a été arrêté il a dit des âneries et il a parlé comme un galopin.

« — Je prends mes responsabilités, a-t-il dit à la police, que M. Deloncle prenne les siennes.

« C'était idiot. »

Alors Filliol s'étendit en longues considérations sur tous ceux (presque tous, hélas!) qui avaient parlé et, dans la plupart des cas, sans qu'on leur demandât rien. Il les a énumérés les uns après les autres et nous avons été témoins, par les journaux, de leur faconde criminelle.

« Il n'y en a que deux, a-t-il ajouté, qui, dans ces circonstances, ont été vraiment admirables. Ce furent Robert Puireux et la bonne de Méténier. Et ce n'était ni le plus intelligent, ni celle qui avait reçu la meilleure éducation, ni certes ceux sur lesquels ici ou là, on comptait le plus. »

La conversation a ensuite dévié sur notre situation ici et le caractère tragique qu'elle prendrait si une guerre générale éclatait. A tout cela j'ai répliqué à Filliol que, en effet, à l'heure actuelle, toutes les apparences étaient contre nous. Mais il faut savoir s'armer d'une grande Patience. Tous ceux qui entreprirent une tâche comme celle que nous avons commencée ont passé par de graves vicissitudes. Hitler n'a pas attendu moins de dix années entre son coup de Munich et son accession au pouvoir. Mussolini lui-même, dut attendre plus de trois ans après la formation des faisceaux. Les révolutionnaires russes ont lutté pendant quarante ans et plus, entrecoupés de sanglantes tentatives, pour réaliser leur idéal, au demeurant catastrophique. Nous traversons une période d'épreuve et d'attente, période dure, âpre. Que durera-t-elle? Nul ne le pourrait dire. Peut-être dix ans, dis-je.

« S'il en était ainsi, je n'existerais plus », a-t-il conclu.

Mardi 13 septembre, midi quarante.

En dernière heure ce soir, les nouvelles sont préoccupantes. Il vaudrait même mieux dire : franchement alarmantes. Voici succinctement les faits. A la suite du discours d'Hitler prononcé hier, généralement considéré comme laissant la situation en l'état, ni pire ni meilleure, de graves incidents se sont produits dans la région des Sudètes. De bonne heure les ondes annonçaient des morts et des blessés et vers midi le gouvernement de Prague proclamait la loi martiale. Grande effervescence chez les Sudètes, protestations, réunions, tumulte.

Mercredi 14 septembre.

Les événements tchèques continuent de distraire l'univers. Il s'est produit un coup de théâtre. Le Premier ministre anglais, a pris une initiative inattendue et destinée à un grand retentissement. Après avoir consulté Daladier, il a fait demander à Hitler de le recevoir afin que cette terrible question des Sudètes pût recevoir une solution pacifique. Bien entendu, Hitler s'est empressé de déférer à ce désir et, en conséquence, M. Neville Chamberlain quittera Londres demain matin, en avion, pour Munich. De là il se rendra en voiture à Berchtesgaden où réside actuellement le Führer. Cette démarche appelle plusieurs réflexions et en premier lieu il est évident qu'elle constitue, pour Hitler, un grand succès et un énorme accroissement de prestige avant toute prise de contact.

Vendredi 16 septembre.

Voilà donc un an que ce pauvre Michel est en prison, un an que la police est venue chez moi et que, par une incroyable malchance, elle a trouvé des papiers qu'elle n'aurait pas dû trouver. Je reverrais ces démarches policières dans notre appartement même si je vivais mille ans. Sans aucun doute on a grossi les conséquences de cette trouvaille qui, si elle a certainement fourni des indications à la police, n'a point du tout démoli l'organisation. Certes encore il a été très fâcheux qu'un trop grand nombre de ceux qui figuraient sur ces listes aient été perquisitionnés. Mais, ne serait-ce que ce jour fatidique, donc avant que l'on découvrît mes papiers, de nombreuses perquisitions avaient été faites chez nos amis. Et l'A.F. et le P.S.F. ne s'étaient point fait faute, les misérables, de communiquer à la police de longues listes de ceux qu'ils pensaient être chez nous. Bref, j'ai passé là de bien mauvaises heures.

Lundi 19 septembre.

Il est encore une heure impossible, mais maman est rentrée ce soir, porteuse de nouvelles décevantes pour ne pas dire catastrophiques. D'abord nos affaires. Elle a tout trouvé dans un état indescriptible. Nos malheureux meubles et tout ce qu'ils contenaient avaient été transportés dans le réduit du rez-de-chaussée. Là, tout était dans le plus affolant désordre, malles cassées, objets répandus sur le sol, livres abîmés et déchirés, bref un objet de douleur, de scandale et de révolte. Tout était dispersé, ce qui n'était pas dispersé était volé, ce qui n'avait pas été volé était perdu ou cassé.

Mardi 20 septembre.

J'ai pensé tout le jour, avec une profonde tristesse, à mes pauvres affaires souillées, détruites, anéanties par des mains impies.

Jeudi 29 septembre.

Munich est évidemment aujourd'hui le centre du monde. Chacun le dit, tous le répètent, on l'imprime, on le clame et l'on a raison. Les choses y vont d'ailleurs fort bien. L'un après l'autre les chefs de gouvernement sont arrivés. Daladier le premier, à onze heures quinze, a atterri au camp d'aviation de Munich. Il y a été reçu par M. Von Ribbentrop, ministre des Affaires étrangères du Reich. La foule lui a réservé une chaleureuse ovation. Il est descendu à l'hôtel des Quatre-Saisons où était également descendu le maréchal Gœring. Presque tout de suite, celui-ci s'est rencontré avec le président du conseil qui avait eu, dès son arrivée, un entretien avec l'ambassadeur de France à Berlin. Ensuite de quoi, accompagné de Gœring, le pâle Daladier est allé voir le chancelier Hitler. L'homme du serment du 14 juillet 1935, l'homme qui avait tendu le poing à la Bastille entre Thorez et Blum, l'homme qui a été le complice, sinon l'artisan de toutes nos décadences comme de toutes nos capitulations était là, devant le fondateur de la Grande Allemagne. Il a été reçu avec la plus grande cordialité. Mussolini, venu par le train, est arrivé peu après huit heures à la gare frontière du Brenner. Hitler est allé à sa rencontre et Mussolini, étant monté dans le train du Führer, ils sont arrivés à Munich à onze heures. Enfin, à onze heures quarante-cinq, c'était M. Chamberlain qui arrivait à son tour. L'on fit, dans le palais où avaient lieu les entretiens, une sorte de premier déjeuner et à douze heures quarante-cinq la conférence s'ouvrait. Elle dura jusqu'à trois heures. A cette heure, chacun alla déjeuner de son côté, Hitler ayant invité Mussolini et Daladier et les siens déjeunant à une table voisine de celle de Gœring.

A seize heures trente la conférence reprenait. Déjà l'on était d'accord sur la question de principe. La conférence se prolongea, elle fut interrompue pour le dîner et reprit vers vingt et une heures trente ou vingt-deux heures. Il était prévu qu'elle durerait tard et qu'elle reprendrait demain matin, pour aboutir à un accord. Aux dernières nouvelles, voici ce que l'on dit. L'accord est fait dans ses grandes lignes tout au moins, mais les pays « démocratiques » essayaient d'obtenir que la question des minorités polonaise et hongroise ne fût pas liée à celle des Sudètes. Mussolini déploya toute son énergie à faire prévaloir les vues de la Hongrie. L'affaire était en cours à la dernière heure. Il semble que l'on soit tombé d'accord sur les dates suivantes. Évacuation pour le 10 octobre par les Tchèques des districts où la population sudète est en très grande majorité. Pour le reste, la date est fixée au 25 novembre. Il n'y aura pas de plébiscite, une commission internationale décidant. A la radio anglaise on donnait deux autres dates, 31 octobre et 15 décembre. Serait-ce le dernier état de la conférence? Je ne saurais dire. L'annonce de la conférence avait paru déjà de si bon augure que la bourse de Paris prenait un autre visage.

Vendredi 30 septembre, 23 h 25.

Joie dans le monde. Enfin la paix est assurée. Jamais donc l'Europe n'a été en même temps si heureuse ensemble. A Paris, à Rome, à Berlin, à Londres et à... Munich, ce ne sont que des explosions de joie et des manifestations délirantes d'enthousiasme, de bonheur. L'Europe sort du cauchemar et elle a entrevu le gouffre où elle allait se précipiter. C'est par une foule immense, animée de transports inouïs, que M. Chamberlain a été reçu en Angleterre, à Londres. Tous les ministres l'attendaient au camp d'aviation d'Easton et ils ont entonné avec la population, le vieux chant :

« Pack up your troubles in your old sea bag and smile, smile, smile... »

En arrivant, il s'est rendu au palais de Buckingham où une foule immense l'attendait et l'a salué d'interminables « hourras! ». Il a paru au balcon accompagné du roi et de la reine et les acclamations et les vivats ont redoublé quand, ensuite, il s'est rendu au « number 10 » comme on dit à Londres; sa voiture n'a pu bientôt avancer. La foule ici aussi le réclame en criant : « We thank you! » Il a répondu par quelques mots qui se sont terminés par cette phrase :

« Ce soir vous pouvez aller vous coucher tranquilles. » Mêmes transports à Berlin où la nouvelle des accords a été accueillie avec un indicible soulagement. La ville est pavoisée, la joie est partout. A Rome, même tableau. Mussolini a été accueilli par le roi à Florence.

A partir de demain, les troupes allemandes pénétreront dans les districts allemands de la Tchécoslovaquie et comme le 1er octobre commençait à minuit, il est possible que ces opérations d'occupation aient déjà commencé. En France, il faudra voir de près la manière dont le pays se remet de ces graves émotions. Il ne faudrait pas se faire des illusions, on oubliera vite et il est à craindre que le Français, un peu trop ami de sa tranquillité et heureux de s'en être tiré à si bon compte, ne s'abandonne de nouveau.

Mercredi 12 octobre, midi quinze.

Il y a un an j'étais dans le train qui m'emmenait vers Bordeaux et l'Espagne, je n'avais pas beaucoup de gaieté dans le cœur, mais je comptais que cet exil ne durerait pas longtemps tandis que j'avais une indicible intuition qu'il durerait plus que je ne feignais de le croire. Aujourd'hui c'est encore jour de fête en Espagne. C'est la fête de la race[1]. Tous les magasins sont consciencieusement fermés, comme ils le furent le 1er, fête du « Caudillo », c'est-à-dire jour anniversaire de son élévation à la direction suprême de l'Etat et de la Guerre. Avec tant de vacances, car samedi ce sera la fête de sainte Thérèse, il ne faut pas être surpris que, après vingt-sept mois, leur guerre ne soit point encore finie.

Il faut noter les nouveaux modes de bombardement effectués par l'aviation nationale. Il y a quelques jours, un certain nombre de ces avions ont jeté sur Madrid 170000 pains qui, je pense, ont dû être bien accueillis par la population. L'on assure que les rouges ont rendu la politesse[2] en venant bombarder Saragosse avec des

1. Fête de la Nuestra Senora del Pilar, Patrona de Espana.

2. Ils l'ont renouvelée en bombardant hier ou avant-hier (le 12 ou le 13) Valladolid avec des bas de soie. Les bas de soie et les autres sont aussi rares que les grains de riz. Mais jusqu'où iront ces accès de courtoisie.

sacs de riz, denrée presque introuvable en Espagne nationale, et des cigarettes. Mais la presse s'est gardée de mentionner ce fait. Bien entendu, ce nouveau procédé ne fait pas de tort à l'ancien et hier Carthagène a été copieusement bombardée avec de beaux engins destructeurs.

Jeudi 13 octobre.

Tout d'abord je retiendrai notre rencontre avec le lieutenant-colonel Troncoso, ce soir, chez Mérino. J'ai dit il y a quelques jours que le colonel Troncoso, ayant manifesté le désir d'avoir un fusil mitrailleur, nous en avions immédiatement mis un à sa disposition et j'avais fait part de cette décision à Mérino. Ce matin, un coup de téléphone de celui-ci nous prévenait que le colonel passerait chez lui prendre l'arme à dix-neuf heures trente et que rendez-vous avait été pris avec lui afin que nous le rencontrions. A 7 heures 15, quand j'arrivais, le colonel était là depuis quelques instants. Mérino me présenta car je ne connaissais pas le colonel qui s'attendait à voir quelqu'un qu'il connaissait. La cordialité n'en fut pas moins immédiate. Le colonel est un homme franc, ouvert, loyal et ce fut tout de suite comme si nous nous fussions connus depuis longtemps. La conversation roula d'abord sur les indignes aventures que le colonel, alors commandant, dut subir dans notre pays du chef du Front Populaire alors au pouvoir. Cet officier supérieur étranger subit les rigueurs de la prison, du droit commun accentuées par la haine d'ignobles partisans. Ces gens ne craignirent point de faire honte à la France pour assouvir leurs rancunes. Le commissaire Chennevières, une vieille connaissance, répudiant tout honneur ou mieux encore ignorant ce sentiment supérieur, osa proposer au colonel Troncoso, un abominable marché : si vous voulez bien signer un papier, que voici et où il est stipulé que c'est sur ordre du généralissime Franco que vous avez passé des armes en France à destination des « Cagoulards », vous serez immédiatement remis en liberté et même l'on vous remettra 500000 francs si vous désignez les Français avec qui vous avez traité.

Cette démarche fut reçue comme il convenait et c'est avec une suprême hauteur que le commandant Troncoso répondit qu'il était officier espagnol et que cette qualité répondait de son honneur. Il faudra qu'un jour, publiquement en France, le colonel Troncoso obtienne réparation pour cette ignominie. Ses compagnons furent soumis à un traitement non moins ignoble et l'un d'eux, qui était son chauffeur, mais qui porte un grand nom espagnol, le marquis de..., a été traité avec la dernière grossièreté. Tout le temps de sa détention il a eu dans sa cellule les chaînes aux pieds et les menottes aux mains. Il est beau que des fripouilles au pouvoir puissent ainsi prendre la liberté de ravaler ainsi la France et de commettre en son nom, et sans qu'elle puisse rien dire, d'aussi dégradantes horreurs.

Troncoso nous a parlé d'Orain et il nous a dit comment et pourquoi il en était venu à avoir une certaine suspicion à son endroit. Pourquoi, compromis comme il l'était, ne fut-il pas arrêté? A cela nous ne pûmes faire de réponse, je ne crois pas qu'il y en ait. Filliol s'est contenté de répondre vaguement que, à son avis, il n'y avait rien qui pût permettre de suspecter Orain. Le colonel s'étonna encore que, ayant à Bordeaux un appartement d'apparence modeste, il se soit au contraire installé à Paris dans un appartement presque luxueux. J'ai fait part au colonel de la noble démarche que Maxime, commis voyageur de Dormoy, fit officieusement auprès des autorités espagnoles. Le colonel, qui avait encore quelques illusions sur l'Action Française, fut édifié. Nous nous quittâmes excellents amis et non sans que nous eussions été invités à lui venir rendre visite à Lerida. Ce serait avec le plus grand des plaisirs, mais il nous manque le meilleur.

Lundi 17 octobre.

L'Europe est troublée. A pas de géant l'Allemagne poursuit et réalise ses visées. Elle a convoqué à Berlin les ministres de l'Economie des puissances danubiennes : Yougoslavie, Bulgarie, Roumanie et même Turquie. Ceux-ci ont accepté, ils vont accourir chez le Fort et le Puissant. Jamais le « drang nach osten » n'a tant brillé.

Jeudi 20 octobre, 11 h 40.

Le comte de Santa Lucia est un Espagnol de Carthagène. C'est aussi un aventurier. Il a quarante-cinq ans environ. Il a eu des démêlés avec différentes polices et il a fait de la prison un peu partout et davantage pour délit d'espionnage que pour délit politique. Il a été expulsé de France, il a aussi été en prison à Bilbao du temps que les rouges régnaient sur cette ville. Le grand-père de notre homme aurait fondé, en 1848, « l'Urbaine » en Espagne. Cette information est donnée par lui et les dates semblent un peu étirées. Quoi qu'il en soit, en juillet 1936, Santa Lucia se trouve à Salamanque. Il se joint à la colonne des volontaires composée par les éléments des partis d'ordre : carlistes, phalangistes. Il est détaché à la direction du service sanitaire. Blessé cependant le 31 juillet et le 4 août, il se met, le 14 de ce mois, déjà guéri, à la disposition du commandant de frontière de la Bidassoa. Il est envoyé en mission en France. Il réussit, à ce qu'il prétend, à faire dérailler un train de munitions et d'armes contenant, entre autres deux cents mitrailleuses. Ce train était dirigé sur Irun encore aux mains des rouges. Il rentre en Espagne, part pour la Belgique, gagne la Hollande et s'y fait arrêter et inculper d'espionnage à Amsterdam. Expulsé il s'embarque sur un cargo allemand se rendant à Lisbonne. Ce navire est arrêté et arraisonné dans la mer Cantabrique par la marine espagnole des rouges. Pris à bord, Santa Lucia est amené à Bilbao et emprisonné. Soumis à des interrogatoires multiples, brutalisé il parvient à dissimuler son identité. Vraisemblablement libéré par les nationaux lors de la prise de Bilbao, il gagne la province de Guipuzcoa. Il se met ou se remet à la disposition du commandant Troncoso. D'après un légionnaire hongrois, ordonnance du lieutenant Prod'homme, de la « bandera Jeanne d'Arc », il aurait participé à la prise manquée du sous-marin C.2. Envoyé en France (à quel moment?) il se rend à Paris et habite dans un hôtel boulevard

Latour-Maubourg, où il se fait bientôt arrêter sous l'inculpation de fausse identité, port illégal de décoration. Le ministre du Portugal à Paris lui avait fictivement conféré, afin de le couvrir, la plus haute distinction d'un ordre portugais correspondant à notre Légion d'honneur. Il joignait à cela le délit d'espionnage. Incarcéré à la Santé, Santa Lucia s'y est trouvé, dit-il, en contact avec des inculpés du C.S.A.R. Relâché après huit jours, il fait l'objet d'un arrêté d'expulsion[1]. Conduit au pont international d'Irun, il est remis aux autorités espagnoles nationales. Il est déjà considéré par elles comme suspect et le capitaine de Caviedes nous dira qu'il aurait dû être fusillé et que lui, personnellement, avait tout fait pour cela. Mais si nous ne savons les raisons de cette suspicion, la suite de cette aventure nous éclairera. Donc il ne fut point jeté en prison, il n'est soumis qu'à un régime de liberté surveillée... à l'espagnole.

Cependant Radio-Salamanque et un journal de Bilbao ont mis en garde les Espagnols contre les agissements d'un certain comte de Santa Lucia « qui ne serait qu'un imposteur ». Son étoile pâlit. Il n'a pas d'argent. Il habite la pension de l'Alameda, au-dessus du café de « La Marina », où il est, si je puis dire, mal noté. Il prend ses repas à l'auxilio social. Il connaît beaucoup de monde à Saint-Sébastien et élargit tous les jours le cercle de ses connaissances. C'est ainsi qu'il est entré en rapport avec Fernand qu'il a rencontré dans un bar. Il l'a aussitôt harponné. Il aurait, dit-il, besoin d'un Français pour lui rendre de menus services. Il s'occupe pour sa part de renseignements et il serait heureux de mettre la main sur quelqu'un de sûr qui voulût bien l'aider. Il est peu prudent. D'abord Fernand qui est de naturel dissimulé, se dérobe et ce n'est qu'après que nous eûmes pris le premier contact avec l'Avenida que Fernand fut chargé de renouer les relations avec Santa Lucia. C'était au début de septembre. Nous apprîmes de la sorte que Santa Lucia était en rapport avec deux personnages que je connaissais bien pour ma part – la comtesse de Kimsone et l'abbé de

1. D'autre part, la S.I.P.M. nous a assuré, par l'organe de Caviedes, que c'était elle qui avait provoqué cette expulsion.

Moor. J'avais eu sur eux, à plusieurs reprises, au temps du 2e Bureau de l'organisation, des renseignements assez suspects. La première était une sorte d'illuminée très riche, Belge, elle subventionnait des œuvres catholiques et donnait à ce qu'on dit, des grosses sommes. Elle avait un revenu de trois millions. L'abbé de Moor était assurait-on, son amant et les renseignements recueillis ici semblent tout à fait confirmer ces vues. Cet abbé ne sort jamais qu'en civil, naturellement. Ils étaient venus à Saint-Sébastien dans le courant août. Ils étaient prétendument porteurs de renseignements de la plus haute importance pour le gouvernement de Burgos. Revenant de l'Espagne rouge, ils s'étaient procuré, comment? un plan sur lequel étaient précisément figurés les établissements militaires, politiques et tous objectifs susceptibles d'être atteints par les bombardements aériens. La comtesse de Kimsone avait déjà donné à Burgos de précieuses informations. Que voulaient-ils au juste? Nous ne l'avons pas su. Mais nous avons appris que l'abbé, Anglais, était inscrit au rôle de l'Intelligence Service sous le nom de lieutenant Marcel. Je vais reprendre dans leur ordre la suite de ces événements.

Les relations avec ce personnage prennent une nouvelle tournure. Hier il a vu Filliol. Il lui a dit qu'il avait une chose extrêmement importante à lui demander. Il désirait entrer en relations avec le 2e Bureau français et il voulait savoir s'il était en mesure de l'introduire auprès d'un agent responsable. Ce qu'il avait à communiquer était un renseignement du plus haut intérêt, aussi fallait-il qu'on l'adressât à quelqu'un ayant qualité. Filliol feignit de ne point s'intéresser à l'affaire :

« Moi, vous savez, lui dit-il, je ne m'occupe pas de ces choses-là et le 2e Bureau ce n'est pas mon rayon. Si je peux vous rendre service, je vous le dirai. »

Et rendez-vous fut pris pour ce matin dix heures. Filliol se demandait s'il ne s'agissait pas là d'un piège ou d'une épreuve, aussi voulut-il en avoir le cœur net. Il fut donc convenu que, avant qu'il ne se rendît au lieu fixé, Fernand passerait devant le « Café del Rhin » de manière qu'il se fît voir de Santa Lucia attendant Filliol. S'il l'appelait et le mettait au courant de l'affaire, Fernand se prêterait naturellement à tout ce qu'il lui serait demandé. Entre-temps, nous convenions que nous mettrions Raffoux au courant : il recevrait les documents ou les renseignements que Santa Lucia avait à donner. Nous préparâmes deux lettres pour Raffoux à Bayonne, l'une accréditant la personne à qui Santa Lucia confierait les papiers, l'autre l'avertissant qu'il ne devait se fier en rien à cette personne. Cette dernière lettre devant parvenir à Raffoux avant l'autre, bien entendu, afin qu'il n'y ait ni confusion ni méprise. Les choses se passèrent donc comme il avait été prévu. Apercevant Fernand, Santa Lucia l'interpelle et lui pose la même question qu'à Filliol. Celui-ci répondit avec plus de précision et lui donna plus d'espoir : il croyait connaître quelqu'un, il réfléchirait, il chercherait, il lui ferait part de ses trouvailles. Fernand quitta Santa Lucia et passa prévenir Filliol, comme il était convenu, que l'affaire marchait. Il n'y avait donc pas piège. Filliol serait alors au rendez-vous de Santa Lucia.

Voici qu'elle était l'affaire : pour gagner de l'argent d'abord, pour se réhabiliter d'autre part aux yeux des autorités françaises qui l'avaient expulsé. A ce propos, il convient de noter que Santa Lucia était allé proposer son affaire à M. Boghaert, vice-consul de France à Saint-Sébastien. Celui-ci, par négligence, par prudence ou par ordre, s'est refusé à l'écouter :

« Une affaire d'espionnage? lui aurait-il dit. Je ne m'occupe pas de ces choses-là. »

Santa Lucia est allé trouver M. Peretti, chancelier audit consulat pour la même raison. Il a été aussi bien reçu :

« Je vous défends de me parler de cela », lui fut-il sèchement répondu.

Il en a encore entretenu le très suspect lieutenant Prod'homme. Enfin il a essayé d'entrer en contact avec le colonel Harriet qui n'est pas sans liens avec le 2e Bureau français. On reconnaîtra que Santa Lucia, traitant d'affaires secrètes, a peu de souci de la prudence et de respect de la discrétion. Si le Dalaï Lama eût résidé à Saint-Sébastien, nul doute qu'il ne le fût allé voir. Ainsi donc pour rentrer en grâce auprès des autorités françaises, Santa Lucia était disposé à avertir le 2e Bureau français de ceci : un agent secret allemand allait passer en France par la montagne. Il se rendait à Pau et à Toulouse. Là, pour exécuter une affaire dont nous ne connaissons pas, pour l'instant, les mobiles, il rencontrerait le chef de la Gestapo à Pau et celui de Toulouse et, sans doute, aussi le chef de l'espionnage allemand de cette région. Il était donc extrêmement intéressant pour notre 2e Bureau d'être averti de ces passages et de ces rendez-vous, et Santa Lucia voulait, au premier chef, avoir la gloire ou plutôt l'avantage de cette dénonciation. Mais cette information nous met dans un grand embarras. Nous avions d'abord pensé que cet Allemand se rendait en France avec une mission du gouvernement espagnol puisque, aussi bien, le gouvernement prenait la peine et la responsabilité de le faire passer par la montagne. Dans ces conditions nous nous trouvions dans la situation suivante : sachant qu'un ou des agents germano-espagnols entraient en France pour y faire au moins de l'espionnage, il nous était extrêmement difficile de ne pas prévenir nos compatriotes de ce danger, surtout en en ayant le moyen. Mais d'autre part, si nous avertissions notre 2e Bureau nous courions le grand risque de contrarier les desseins des Espagnols et, par conséquent, non seulement nous manquions à nos engagements vis-à-vis d'eux, mais nous avions chance d'avoir des ennuis directs et peut-être immédiats si cette sorte de trahison renversée venait à être décelée. Or, en renseignant le 2e Bureau français, nous rendions service au gouvernement de Front Populaire que nous combattons et qui, ignorant notre manœuvre, n'aurait pu, de toute façon, nous en savoir gré. En desservant plus ou moins les Espagnols, nous courions outre les risques que je viens de dire, celui, extrême sans doute, de nous voir confisquer les armes qui sont à Pampelune et, par là, ruiner notre organisation de tout espoir de relèvement de la France, seul but auquel nous tendons. Nous avons longuement discuté et débattu ce problème. Heureusement la suite de ces événements nous prouva qu'il était vain.

Nanti donc des renseignements qu'il venait de recueillir, Filliol alla voir Caviedes qui se montra extrêmement intéressé par cette affaire. Comme nous jouons, avec les Espagnols, le jeu le plus franc, il lui a été facile, après qu'il l'eut ainsi renseigné, de lui exprimer sa pensée et de lui dire combien il était soucieux, tout en servant l'Espagne, de ne point desservir son pays. Nous étions tombés d'accord sur ce qu'il y avait à dire là-dessus et j'avais, pour ma part, insisté pour que Filliol fît bien ressortir et développer cette manière de voir. Non seulement il était parfaitement naturel que nous agissions ainsi, mais nous ne pouvions que nous faire déconsidérer en agissant autrement. Caviedes entra du reste de lui-même, et en apparence, dans ces vues et il voulut bien nous dire que les Espagnols n'étaient absolument pas au courant du voyage des Allemands en France. Bien mieux, Caviedes fut tout heureux d'apprendre que Santa Lucia, sous le nom de David May (il convient de le noter), se disposait aussi à franchir la frontière. « Il ne passera pas », dit Caviedes à Filliol. Les choses en sont là. Fernand est parti revoir Santa Lucia tandis que Filliol a rendez-vous avec Caviedes à dix-huit heures. La lettre pour Raffoux a dû partir en sorte qu'il sera prêt à recevoir l'émissaire. Mais il me vient à l'idée que cet émissaire pourrait fort bien n'être personne d'autre que Santa Lucia lui-même, auquel cas les choses ne se passeraient plus comme nous espérions puisque Santa Lucia sera retenu au passage. Mais il est inutile d'anticiper.

Nouveau contact de Fernand avec Santa Lucia. Celui-ci a tout particulièrement insisté pour qu'il allât voir le colonel Harriet[1]. A la vérité, ce colonel ne fait aucunement partie du 2e Bureau. C'est un colonel français de réserve, grand ami de Caviedes et qui, déjà, sur les conseils de ce dernier, a refusé de recevoir Santa Lucia. Il n'est que trop évident que notre homme fait tous ses efforts pour retourner en France et que, tous les prétextes comme toutes les raisons lui paraissent bons. Aussi mon hypothèse d'hier semble se vérifier de plus en plus. Santa Lucia n'a d'autre but véritable que de rentrer en France, attendu qu'il est ici très menacé. Les affaires d'espionnage, très réelles sans doute, dont il essaie de se servir ne sont qu'un moyen de se faire introduire auprès de personnalités du 1er Bureau, vague

1. Mort prématurément à la fin de janvier 1939. Il était le frère du docteur Harriet d'Hendaye.

paravent pour obtenir une garantie d'abord, et pour résider en France ensuite.

Voici d'ailleurs l'essentiel de cette mission ainsi que le nom des personnages qui s'en occupent. Le chef allemand de la « Gestapo » à Saint-Sébastien est le lieutenant-colonel Bornn, qui réside à l'hôtel Maria-Cristina. Santa Lucia doit se mettre en rapport avec le chef de l'espionnage allemand en France qui réside à Saint-Jean-de-Luz. Nous ne savons pas encore son nom. Le lieutenant-colonel Bornn doit lui donner les instructions et aussi les papiers l'accréditant auprès des agents allemands à Saint-Jean-de-Luz, Pau et Toulouse. But du voyage :

1. faire une enquête sur les dispositifs de sécurité pris par la défense nationale française sur la frontière espagnole;

2. tâcher de relever les prototypes des appareils divers, tant terrestres qu'aériens en service dans cette région. A signaler : IMAS, directeur de l'hôtel de ce nom à Hendaye, serait selon Santa Lucia un agent du 2e Bureau et sûrement chef du service d'espionnage espagnol dans le sud de la France[1].

L'affaire est stationnaire. Santa Lucia compte toujours passer en France, tandis que nous savons bien que les Espagnols s'opposent à son départ d'Espagne. Mais voici un autre aspect de l'affaire. Santa Lucia est d'abord extrêmement curieux et, de plus, fort diligent et habile pour connaître ce qu'il veut savoir. Il s'est mis justement en tête de savoir qui était Deschamps, nom sous lequel Filliol s'est présenté à lui. Il a chargé les Allemands, dont le quartier général est à l'hôtel Maria-Cristina de cette enquête et le colonel Bornn a plus spécialement désigné le capitaine Dümke de la mener à bien. Il faut préciser que tous les Allemands d'ici font partie de la « Gestapo ». Filliol s'était donné à Santa Lucia assez maladroitement d'ailleurs, comme habitant l'hôtel Argentino. L'enquête menée par les Allemands a facilement établi que Deschamps n'y allait jamais, ni qu'il n'y prenait jamais ses repas, ni qu'il y vécut de quelque manière. Elle a été beaucoup plus loin. Ils sont

1. Ceci m'a été partiellement confirmé par Troncoso qui m'a dit : « C'est un homme à nous. »

parvenus à savoir que Deschamps avait une voiture dont le matricule était GE (Santa Lucia croit que c'est une voiture immatriculée en France et voici la cause de cette erreur. La plaque de la voiture a été récemment arrachée dans un accrochage et remplacée par une plaque provisoire portant des numéros blancs sur fond noir, comme en France, tandis que les numéros d'immatriculation espagnols sont des numéros noirs sur fond blanc). Ils ont alors découvert que cette voiture se rendait vers la Concha en quittant le centre de Saint-Sébastien. Le lendemain ils donnaient Ondarreta comme point de direction et le troisième jour ils assurèrent qu'elle s'arrêtait à l'une des premières villas du camino de Igueldo. Preuve d'une filature bien faite (nous n'avons pas agi différemment avec Bourret, Finaly et dix autres) mais singulièrement facilitée par l'incurable imprudence de Filliol.

Le voilà donc repéré. Je ne crois pas d'ailleurs que ceci puisse mener très loin, mais il y aura lieu de prendre d'élémentaires précautions. Un mauvais hasard peut servir Santa Lucia. Il est toujours dans les principaux cafés de l'avenida et singulièrement à la terrasse du Rhin d'où il surveille le mieux du monde l'entrée du 12 en diagonale en face, d'où la S.I.P.M. a ses bureaux et où Filliol pénètre dix fois par jour sans qu'il prenne garde à quoi que ce soit. De là Santa Lucia interpelle et interroge tout ce qu'il y a de Français à Saint-Sébastien. Pris de suspicion il interpellera un jour un Gagnaire qui boit et dont je parlerai, Gagnaire qui, à moitié ivre, rencontre Jean dans les cafés de l'avenue et lui crie à tue-tête en lui donnant de grandes tapes dans le dos :

« Alors mon vieux Filliol, qu'est-ce que tu racontes?... »

Un Infernet qui connaît aussi Filliol ou quelque autre et il leur demandera en désignant Deschamps :

« Qui est-ce ce monsieur que vous voyez là? C'est un Français, le connaissez-vous? »

Et je n'ai pas besoin de dire que toutes les précautions ne sont pas prises, il s'en faut.

L'affaire Santa Lucia se poursuit. Fernand a rencontré le personnage aujourd'hui. Celui-ci, avec une étonnante légèreté de la part d'un agent soi-disant secret, lui a fait part de ses projets immédiats et Fernand a réussi à se faire dicter par lui un court rapport destiné au 2e Bureau français et au ministère des Affaires étrangères de Paris. Voici le résumé de ce rapport qui est moins précis que ce que nous savions déjà mais qui donne au contraire en grand détail comment notre homme doit être aidé par le 2e Bureau français : qu'il soit mis en rapport avec quelqu'un de ce service qui viendrait le soir à Saint-Sébastien. Le poste frontière devra être averti de son passage. Cet agent français devra apporter un faux passeport qui sera montré aux Allemands avec qui il veut se mettre en confiance, le S.R. français devra lui-même fournir les réponses au questionnaire allemand dont il a été question. Le S.R. français devra fournir lettre nomination de Santa Lucia comme agent compagnie d'assurance au nom de sa fausse identité toujours pour inspirer confiance aux Allemands. Il demande une réhabilitation officielle, une carte de libre circulation sur tout le réseau français, de la sorte, pense-t-il, le S.R. allemand se persuadera qu'il a de hautes relations en France sans préjudice du « petit bénéfice » ainsi obtenu. Enfin le S.R. français donnera, par écrit à Santa Lucia, l'assurance qu'il pourra circuler librement en France et sans qu'il lui soit causé aucun préjudice. Tout ceci en échange des services à rendre. Ensuite de quoi notre homme a confié ingénument à notre amie qu'il « donnerait » aux Allemands, pour s'en faire bien voir et se justifier auprès d'eux, l'envoyé du B.B. français à Saint-Sébastien, envoyé qu'il a lui-même demandé.

Voici du reste le plan complet de Santa Lucia, la manière dont il compte le mettre en place et comment nous l'avons déjoué. Santa Lucia, qui remue ciel et terre pour retourner en France, a découvert une nouvelle planche de salut. Elle se présente sous la forme d'un avocat qui a défendu Troncoso et Resalto impliqués dans l'affaire du sous-marin C.2. Cet avocat qui est, je crois, du barreau de Bordeaux, mais qui a plaidé à Paris, se nomme Dauzat. C'est un ami de Caviedes avec qui Filliol, par un hasard qui devait nous servir, l'a précisément vu l'autre jour. Pour Santa Lucia donc, l'affaire est simple. Le rapport, dactylographié par nos soins et remis à lui par Fernand, serait confié à Dauzat que Santa Lucia considère comme un homme absolument sûr. Celui-ci passerait la frontière sans encombre avec ce pli assez compromettant certes, mais aussi avec d'autant plus de facilité que, transportant des dossiers espagnols, il serait de ce fait débarrassé de la formalité de la censure. Arrivé en France, Dauzat muni de ma lettre à Raffoux, entrait en contact avec celui-ci et, toujours dans l'esprit de Santa Lucia, l'affaire suivait son cours. C'est ce cours que nous avons fait dévier. Pour nous il fallait, d'une part, avertir Caviedes du passage de ce rapport et du désir de Santa Lucia de rentrer en France. De l'autre, ne pas néanmoins frustrer notre B.B. de cette information. D'abord nous avons essayé de détacher Santa Lucia de Dauzat afin que nous fussions les seuls à être en possession du rapport. A cet effet, Fernand ayant revu Santa Lucia, commença à tresser quelques doutes sur l'avocat. Puis il lui dit qu'on l'avait vu avec un capitaine et il donnait le signalement précis de Caviedes. Mais Santa Lucia demeura inébranlable. Il paraissait que sa confiance en Dauzat fût inattaquable. Il persista donc dans ses vues et le rendez-vous fixé pour le lundi matin avec lui fut maintenu. Au cours de cette entrevue, Santa Lucia, muni du rapport que Fernand allait lui remettre, transmettait à Dauzat le compromettant papier. A son tour, celui-ci, avec le maximum de sécurité, l'emporterait en France. Il convenait donc que, si l'intention de Dauzat était de montrer ce rapport à Caviedes, nous l'eussions devancé. Dès dix heures et demie, c'est-à-dire précisément dans le temps que Fernand voyait Santa Lucia et Dauzat, Filliol rencontrait Caviedes. Habilement dosée, l'histoire mit Caviedes en appétit. « Mais il faut avoir ce rapport! » s'écria-t-il. A ce moment, Filliol l'extrayait de sa poche. Il expliqua, en présentant adroitement les choses, comment notre agent était parvenu à se faire confier le rapport en persuadant Santa Lucia qu'il valait mieux qu'il fût dactylographié et en s'offrant à faire lui-même ce travail. Caviedes rayonnait et Filliol cueillit les lauriers de cette affaire. Il fut d'abord convenu que Santa Lucia ne serait pas arrêté. Quant à Dauzat, voici comment il devait être interpellé. C'était Caviedes lui-même, qui, accompagnant

Dauzat[1], devait lui demander le rapport que Santa Lucia lui avait confié. Fernand devait apprendre que, afin d'obtenir les papiers demandés dans le rapport, Santa Lucia avait fourni à Dauzat deux photographies et, écrit de sa main, son signalement et son état civil. Enfin il avait encore la lettre d'introduction à Raffoux. On aurait tout de suite fait comprendre à Dauzat, à qui au surplus l'on doit ici de l'argent, qu'il n'eût jamais plus, et pour son plus grand bien, à s'occuper de cette affaire et bien entendu qu'il n'entrât pas davantage en rapport avec Santa Lucia pour lui faire part de ce qui s'était produit. Cependant les choses se sont précipitées. Santa Lucia, qui ne devait pas être inquiété pour l'instant, a été arrêté par les gens du S.I.P.M., précisément dans ce café de l'Avenida qui était son poste d'observation, tard dans la soirée du 28 septembre. Le colonel Ungria, sur le rapport qui lui a été fait de l'affaire, en a décidé ainsi. Santa Lucia a été conduit à la prison d'Ondarreta que nous voyons de nos fenêtres[2]. Les autorités de son pays régleront son sort comme il leur paraîtra bon.

Mardi 25 octobre, 11 h 30.

L'anarchie, fille de la faiblesse, étend à la ville ses désordres. Depuis hier déjà, Mme Léon se prétendant malade, a refusé d'aller accompagner maman au marché. Réellement, Françoise est elle-même assez souffrante, c'est elle qui, depuis le départ de la cuisinière, accomplissait ce rite. Maman a très vivement et très justement protesté. Elle n'est pas ici pour servir, en effet, de domestique au ménage Léon qui ne fait absolument plus rien dans la maison. Maman est donc partie avec Jesusa. Après son départ, Filliol est, malgré lui et la main forcée, intervenu. Une vive altercation s'est ensuivie dont j'ai vaguement entendu les échos de la salle de bains où j'étais. La mère Léon qui pleure

1. En effet, ce fut le colonel Ungria en personne qui interpella Dauzat au pont d'Irun et lui demanda le rapport que l'autre, ahuri, dut lui remettre.
2. Il a, depuis, été transféré à Salamanque.

comme une Madeleine, qu'elle est, y est allée de sa petite larme, son mari est intervenu et tout cela est parfaitement sans le moindre intérêt. Ce qui ne l'est point, c'est le résultat que j'ai connu après. Filliol me l'a annoncé comme un succès : les Léon ne prendront plus leurs repas à table. Ce qui ne veut pas dire qu'ils ne les prendront pas à la maison. Filliol m'a présenté cette nouvelle comme un succès heureux. De notre point de vue personnel, il est en effet fort agréable de n'avoir plus devant soi le ménage Léon et ses mines. L'allure des repas ne peut que gagner en agrément. Mais du point de vue, supérieur, de la tenue et de la discipline, des gens dont nous sommes responsables ici, il en va tout autrement. D'abord d'où vient l'argent? Est-ce la pêche? Et en ce cas, ce que j'ai toujours cru pour ma part, Léon en tirait donc déjà assez d'argent pour subvenir aux besoins de son ménage? Nous avons donc été dupés et tandis que moi j'allais engager mon crédit personnel pour emprunter, l'autre allait passer des journées au bistrot et tandis que nous manquions ici du nécessaire, madame allait se faire friser et se payer des fantaisies dont nous n'eûmes que des échos? Et ni l'un ni l'autre n'eussent bougé une paille dans la maison. Quoique tout à fait intolérable, Filliol supportait tout cela allègrement et mes représentations se heurtaient à sa faiblesse. Et nous avons le droit et même le devoir d'être renseignés sur ce que font et peuvent faire et dire des gens aussi dangereux. Et cependant Filliol admet, il trouve même que c'est une victoire, qu'ils décident, tout en demeurant ici comme dans un hôtel, qu'ils prendront leurs repas où il leur plaira. Déjà à plusieurs reprises ils se sont refusés à faire les choses élémentaires qu'il faut bien faire dans une maison et auxquelles chacun contribue. Peu de temps avant le départ des Baillet, on a pu voir cette chose scandaleuse : François ayant volé des châtaignes je ne sais où, n'a pas craint de se les préparer pour lui et sa femme, de la faire se servir et de se servir tout seul à table devant les neuf autres convives, sans que cela fût relevé. J'ai eu sur les lèvres de dire :

« Dorénavant, puisqu'il en est ainsi, chacun mangera ce qu'il apportera. Ceux qui apportent les châtaignes les mangeront, ceux qui apportent le poisson le mangeront, et ceux qui apportent l'argent le mangeront aussi. »

Mais une fois de plus j'ai jugé plus à propos de ne pas davantage saper l'autorité plus que chancelante de Filliol. Je me suis toujours strictement conformé à ce principe. Aussi les choses en sont-elles où elles sont. Tout dernièrement encore, j'ai demandé à Léon qu'il voulût bien nettoyer le garage devenu son fief et qui est une véritable poissonnerie. C'est assez dire que l'odeur qui s'en dégage est infecte. Il a refusé. Filliol est intervenu car il faut, paraît-il, prendre des gants et s'adresser à ces gens avec douceur. Le garage n'a pas été nettoyé. On y a jeté quelques seaux d'eau pour la forme. Je promettais d'obtenir des résultats. Je donnais vingt-quatre heures. Faute d'avoir exécuté l'ordre, je requérais le jardinier et je lui faisais jeter à la rue tout ce qui avait trait à la pêche. Après quoi je prenais les clefs du garage dans ma poche. On aurait alors bien vu si le Léon n'aurait pas filé doux. Il en était ainsi avant que Filliol fût institué, fin juillet, chef de la base. Bien entendu de si beaux exemples ne sont pas restés sans effet. Hubert, qui se vantait cependant souvent d'être d'une autre extraction que les Léon ou les Baillet, a suivi ce beau mouvement. Il a refusé, par omission, puis délibérément, d'aider à la cuisine Pierre et Raymond, et il vient de déclarer ce matin que désormais il ne prendrait plus ses repas ici, lui non plus. Vit-il aux crochets de sa fiancée? Et sinon, d'où vient l'argent?

Mercredi 26 octobre, minuit quarante-cinq.

Daguy est arrivée hier soir à Irun et m'a donné, vers quatre heures, un coup de téléphone. Elle m'a fait un tableau sommaire de l'état des esprits en France. Tout le monde attend[1] quelqu'un, une sorte de sauveur pourrait-on dire.

1. Par une curieuse coïncidence, *l'Action Française* du 25, qui est arrivée ce soir même, porte en manchette ce passage d'une chronique d'Emile Henriot, publiée dans *Le Temps :* « Non, la France n'est pas à refaire; elle est seulement à délivrer. A délivrer des deux mainmises qui la menacent et de leurs propagandes sans arrêt... »

Jeudi 27 octobre.

Le mois s'avance. Daguy est venue prendre le thé en fin d'après-midi. A peine maman eut-elle appris le retour de Daguy, que sa bile a recommencé à fonctionner. Comme si elle n'était instruite par aucune expérience, son acrimonie, aussi injuste qu'imbécile, a retrouvé une vigueur et une agressivité que j'eusse souhaité moins virulentes. Une fois de plus il en va de Daguy comme de toutes les femmes que j'ai connues ou fréquentées. L'on se demande quel démon pousse cette malheureuse femme. Car il ne faut pas me venir expliquer que c'est l'amour. L'amour qui pousse à rendre malheureux et à persécuter ceux qu'on aime, je déclare tout net que je n'en ai cure. Car hier maman a été jusqu'à dire, au sujet de d'Alton, que je lui avais laissé les 650 francs[1] destinés au payement de mon costume ce qui est une fausseté doublée d'une absurdité. J'ai fait, naturellement, à Hélène quelques menus cadeaux, je ne lui ai jamais donné un centime dont elle n'aurait, au demeurant, jamais voulu, Ceci prouve et démontre la force et la justesse des sentiments que maman peut avoir sur ce chapitre en même temps que la direction qu'ils impriment à ses réactions. L'arrivée de Daguy lui a été, sans que j'eusse même ouvert la bouche, l'occasion d'une provocation toute gratuite où l'absurdité le dispute à la méchanceté. Ceci est d'autant plus dérisoire que les relations avec Daguy, renouées hier, semblent devoir suivre exactement le même chemin que l'année dernière. Elle a repris la même chambre où elle ne peut vraiment, ou ne veut, me recevoir. Il semble que nous n'ayons d'autres ressources que de nous promener de six à huit heures dans les rues, ce qui est proprement horrible surtout quand il fait, comme aujourd'hui, un temps affreux. C'est navrant. A quoi servent des protestations verbales qui n'ont comme effet qu'un refus obstiné? Dans ces conditions j'eusse préféré que Daguy fût définitivement perdue et ne revînt pas en Espagne. Il faut dire les choses comme elles sont.

1. Une lettre postérieure de tante Louise nous annonça qu'ils avaient été récupérés ainsi que trois cents autres également laissés à d'Alton.

Dimanche 6 novembre, 12 h 10.

Par Magescas, revenu hier, nous avons enfin eu du courrier. Une lettre du patron, une lettre du secrétariat et une lettre de Mercédès[1] pour Filliol. La lettre du patron n'est pas gaie. Pendant près de cinq mois, assure-t-il, il est resté sans nouvelles de nous, ce qui l'inquiétait fort. Où sont donc passées les lettres que Filliol a écrites? Enfin Magescas lui a apporté de nos nouvelles et selon sa propre expression, il a poussé un soupir de soulagement. Sa situation est « très médiocre », dit-il. On lui refuse systématiquement le régime politique, cependant amis et avocats se remuent beaucoup. Il donne l'ordre impératif que personne absolument ne bouge d'ici, car naturellement la police nous guette. D'autre part, la trahison d'Orain ne paraît plus faire doute. Il est curieux qu'il n'ait jamais inspiré confiance à maman qui a beaucoup d'intuition.

Dimanche 13 novembre.

Journée morose. Sans doute, cependant j'ai rencontré Daguy cet après-midi. Hier elle avait bien voulu me donner rendez-vous pour tantôt. Elle voulait aller au cinéma, nous y allâmes et y vîmes un détestable film. Après quoi nous fîmes une assez longue promenade au cours de laquelle il ne s'échangea point trop de paroles. C'est que la Daguy de novembre n'est pas la Daguy de juin, il y a une notable différence. Est-ce la saison? Je ne saurais dire. Le certain c'est que Daguy d'aujourd'hui est renfermée, réticente, farouche et qu'il ne semble plus y avoir trace de notre intimité d'il y a quelques mois. Tout paraît à reprendre et encore est-ce là une mauvaise expression. Que s'est-il passé pendant cette longue absence? Je ne sais, toutefois il paraît certain que quelques-unes de mes lettres ne lui ont pas plu. Daguy est fantasque, capricieuse, sauvage de son propre aveu. Aime-t-elle l'amour? Je n'en sais rien, mais il

1. Mme Deloncle.

n'y paraît guère. Comme l'année dernière elle s'est systématiquement refusée à ce que j'aille la voir chez elle. Je ne dis pas que ce soit chose facile, mais il faut voir là, la marque de l'absence complète d'empressement.

Mardi 15 novembre, 11 h 25.

C'est cette nuit le premier anniversaire de notre essai. Je ne peux rien dire ni de notre tentative ni de notre échec. Il y a un an, à Paris du moins, toutes nos forces étaient rassemblées et sur le point de partir, c'était une heure avant la catastrophe. Le patron, mal servi et mal entouré, n'a pas cru devoir donner le signal du départ. Il avait beaucoup d'atouts en main, il ne les avait pas tous. La province n'avait pas ses armes qui sont toujours ici et que le hâbleur Orain n'avait pas su faire passer en France, la province encore, ne disposait que de peu de monde. C'était peut-être suffisant mais il y avait un doute. Enfin à Paris, c'était Billotte, salopard, qui venait d'être nommé commandant de la place de Paris, alors que nous y attendions Prételat. Il faut dire que la face des choses en était changée. D'autre part le complot communiste, certain celui-là, nous était un magnifique tremplin. Il semble bien que, de ce côté, le patron ait eu peur : il a craint très nettement de ne pas être en état de faire face aux hordes de Moscou : c'est qu'il a considéré que les communistes déclencheraient leur affaire. *Ce fut là l'erreur.* Pour moi j'ai toujours été intimement persuadé que les rouges étaient incapables de jamais rien faire. Il eût fallu partir toujours de cette hypothèse, tout en feignant de croire le contraire, et alors on avait beau jeu, le lendemain, de faire voir au peuple français de quel danger on l'avait sauvé. Nous avons laissé ce soin à d'autres. Faute capitale et nous avons alerté les journaux au premier rang desquels *l'Action Française,* notre pire ennemie. En dépit de toutes les réserves que je viens de faire, ce fut là, et là seulement, que le patron n'a pas bien vu les choses. Filliol ne m'a rien dit, mais je suis persuadé que, sur ce point, lui qui a vu les choses de très près, il pense exactement comme moi.

Dimanche 20 novembre.

Demain, toute l'Espagne nationale célébrera avec ferveur le deuxième anniversaire de la mort de José Antonio Primo de Rivera, marquis d'Estella, Grand d'Espagne et Caballero de Santiago. Il était le fondateur de la phalange (1933). Il a été condamné à mort et exécuté par les rouges, il avait trente-trois ans.

Dimanche 27 novembre, 23 h 35.

Histoire Léon. Elle montre que j'avais grand-raison de me montrer pessimiste et de redouter, de la part de ce couple imbécile, quelques incartades. Léon, poussé par sa femme d'une idiotie éprouvée, a écrit à Paris, au patron. Nous ne connaissons naturellement pas la teneur de cette lettre, mais nous savons qu'il s'y répandait en plaintes amères sur la manière dont il avait été traité ici. Qu'il ait écrit, qu'il ait eu tous les torts de le faire, qu'il mérite qu'on le fasse flanquer en « tôle » pour lui apprendre à vivre. C'est une chose et très certaine. Mais que de Paris, le patron ait répondu, la lettre est signée « André » et à l'adresse que Léon donnait, voilà qui passe l'imagination et qui fait que l'on se demande sérieusement si l'on a encore conservé là-bas tout son bon sens et sa lucidité d'esprit. Quoi? Alors qu'il a mis ici quelqu'un qui a toute sa confiance, quelqu'un qui est chargé des missions les plus délicates, quelqu'un qui a la responsabilité de l'organisation en Espagne, le patron accueille, le patron écoute les doléances fondées ou fantaisistes d'un Léon. Bien mieux, ou bien pis, il y répond après les avoir prises unilatéralement en considération et il fait écrire à l'adresse donnée sans se soucier, sans chercher à savoir même si ce n'est pas un piège qui est tendu. Ma parole, ils ont perdu le sens car il est difficile d'agir avec plus de légèreté.

Il fait presque froid et nous n'avons de feu que dans la cuisinière, car nous attendons encore le prix du bois. Il faudra ensuite absorber les délais de livraison de sorte que, dans cette villa faite pour la résidence d'été, il n'est pas bon que le froid vienne trop tôt. Pour ma part d'ailleurs, je ne suis pas frileux. Mais l'on pouvait voir l'autre après-midi Filliol normalement vêtu, emmitouflé dans son épaisse robe de chambre, le bas du corps entièrement enroulé dans une lourde couverture et confortablement enfoncé dans un fauteuil. Il avait froid : vieillard de trente ans!

Lundi 28 novembre.

Daguy m'a appris ce soir que l'ex-photographe de l'Avenida, Mauvais, avait été fusillé avant-hier. Il avait été emprisonné il y a environ un mois pour le motif de trafic de « devises ». On n'est pas fusillé pour ce délit. D'après les informations de Daguy, Mauvais aurait été un espion et des pires. Je n'ai jamais eu l'occasion de parler de lui ici. Je l'ai connu dès mon arrivée en Espagne puisqu'il logeait alors à l'hôtel de Paris où nous étions descendus. J'avais, avec maman, été me faire faire une photographie chez lui. Il était soi-disant « Croix de Feu » et il était jusqu'à son incarcération parleur officiel au poste de radiodiffusion de Saint-Sébastien où il était chargé de l'émission française. C'est dire qu'il était connu des autorités. A-t-il profité de cette situation pour renseigner les rouges? A la suite de ses émissions, il rendait compte à des correspondants en France des lettres qu'il avait reçues d'eux. Il les remerciait en donnant, ce qui pouvait sembler à la fois naturel et suspect, leurs initiales ou des indications de ce genre. Il disait qu'il avait bien reçu les coupures de journaux, ou les livres, ou les timbres. Il rendait compte des démarches qu'il avait faites pour satisfaire à quelque demande. S'agissait-il d'un code secret? Je ne saurais évidemment le dire. Enfin c'était un ami du père Armand et les demoiselles Lafargue le connaissaient fort bien. Il convient donc d'être extrêmement prudent et ces carnets me donnent bien souvent de l'inquiétude encore qu'ils ne contiennent rien qui, de près ou de loin, puisse porter le plus petit tort à l'Espagne nationale.

Lundi 19 décembre.

Nos affaires viennent d'avoir un regain d'actualité. Joseph Darnand a été libéré. Ce nous a été une grande joie et nous avons aisément imaginé ce que cette joie avait pu être à Nice et comment Marcel, Victor, Félix et les autres l'ont manifestée. Eugène Deloncle a subi de nouvelles questions. Ces interrogatoires ont trait à nos liaisons avec les militaires, liaisons qui étaient officiellement destinées à soutenir l'armée en cas d'insurrection[1] communiste.

Samedi 31 décembre.

Le nouvel an vient d'arriver. 1938 s'est achevé comme nous avions prévu. Daguy est venue dîner et ce dîner copieux fut tout à fait bon, aux vins près. Ces vins espagnols, et de bonne qualité, ne nous ont pas plu. A minuit nous avons, selon la coutume du pays, mangé un grain de raisin de Malaga à chacun des douze coups de l'horloge. Ensuite de quoi je suis allé reconduire Daguy chez elle. Et je rentre. Je ne vais pas bien entendu regarder en arrière à cette heure. Je le ferai tout à loisir. J'ai déjà formulé quelques vœux qu'il appartiendrait à cette nouvelle année de réaliser : notre affaire sur le plan général, un peu plus de tendresse de la part de Daguy sur le plan personnel. La journée a été plutôt remuante à cause des innombrables préparations culinaires. Elle a été sans soleil comme sans pluie. Maintenant au pied de cette année nouvelle, il fait très beau. Là-dessus, je ferme, je regrette de n'avoir pu faire mon examen de conscience le soir du 31 décembre, comme autrefois.

1. Je ne sais pourquoi les snobs et les imbéciles disent « putsch ».

1939

Lundi 2 janvier.

Nous avons appris que le jeune Infernet, qui n'a pas encore vingt ans, a été blessé de telle sorte qu'il a dû être amputé d'une jambe au-dessous du genou. Ce tout jeune garçon, que j'ai rencontré ici il y a quelques mois, s'était engagé dans la Légion étrangère espagnole. Ses parents habitent mon quartier à Paris. Je l'ai connu en 1935. A cette époque, il avait voulu entrer à l'Action Française, mais Filliol ne l'avait pas admis à l'équipe parce qu'il était trop jeune d'une part, autant qu'il m'en souvient, il ne devait pas avoir alors plus de quinze ans, et d'autre part, notre départ imminent nous avait fait suspendre tout recrutement. Nous avons aussi appris la mort récente de Gagnaire, tué sur le front de l'Ebre, également venu de l'Action Française. Il était le cousin de Gagnaire de notre équipe. Il avait déjà été grièvement blessé et avait été renvoyé au front. Celui-ci, en revanche, était un sujet assez peu recommandable, ivrogne, mauvaise tête, assez intraitable et qui avait eu ici quelques histoires. Filliol, qui le connaissait pour l'avoir vu souvent au « bloc », avait redouté qu'il ne fît quelque éclat. C'est tout de même du beau sang français qui s'en va.

Mercredi 11 janvier.

L'Humanité, Le Populaire, toute l'extrême-gauche, exultent devant le succès du pâtissier Duclos qui va maintenant en habit dîner avec les rois à l'Elysée. On démontre, par cette élection, l'existence du Front Populaire que l'on proclamait mort comme on prouve le mouvement en marchant. Je voudrais bien savoir ce que pensent les dindonnés de droite de cette affaire : ils donneront demain leurs voix à Daladier pour lui permettre de ravitailler les judéo-marxistes de Barcelone. M. Chamberlain et son ministre sont arrivés ce matin à Gênes et ce soir à Rome. Les peuples passant comme des enfants d'un extrême à l'autre, toute l'Italie applaudit aujourd'hui M. Chamberlain et l'Angleterre qu'elle avait en exécration il y a bien moins de trois ans. Ce qui montre assez en quel mépris et dédain il faut tenir la prétendue opinion publique de toute nation grande ou petite. Ce voyage anglais suscite partout des commentaires et des conjectures. C'est ainsi que l'on parle de la création d'un Etat juif dont le projet aurait été dressé par Mussolini. Cet Etat serait taillé dans l'Abyssinie, pour une part l'Italie cédant le Harrar et le littoral correspondant, la France Djibouti et l'Angleterre Ceila en Somalie britannique. Il va sans dire que cette nouvelle manière de nous faire perdre Djibouti dont l'Italie ne paraît plus tout d'un coup avoir besoin doit être absolument rejetée. On essaye de nous avoir par la bande. C'est évidemment inacceptable. Il faut le dire, le proclamer, le répéter à satiété. Il serait parfaitement inique et inconvenant que nous nous dépouillassions pour les Juifs. Cela doit être su et connu de tout l'univers.

Vendredi 13 janvier.

Journée mouvementée et agitée. Nos pauvres petits chiens qui ont souffert le martyre et qui, d'ailleurs geignent encore, en ont occupé toutes les heures. C'était une grande pitié que de voir ces malheureuses petites bêtes se tordre et se rouler. Nous avons téléphoné à un vétérinaire qui ne pourra venir que demain. Filliol a téléphoné même à un docteur de ses amis qui a conseillé de leur placer des suppositoires dont l'effet qui devait être sensible dans le quart d'heure ne s'est pas montré. Auparavant, Françoise leur avait fait des lavements à l'huile. Seuls les massages du ventre les soulageaient visiblement. On ne manqua point de leur donner aussi de l'aspirine, mais aux cris déchirants que j'entends, celle que nous avons donnée tout à l'heure ne paraît pas avoir agi. Nous avons cette nuit laissé leur mère auprès d'eux, quant au petit frère bien portant, il couche heureux et replet dans un panier dans la chambre de maman. Ce spectacle de la douleur est affreux et affligeant et ferait irrémédiablement douter de la divinité s'il y avait encore place au doute.

Samedi 14 janvier.

Nos pauvres petits chiens sont morts. C'est-à-dire que nous avons dû les sacrifier. Après la terrible nuit qu'elles avaient passée, les malheureuses bêtes dormaient anéanties et ne tenant plus sur leurs jambes. Néanmoins un peu plus tard, elles purent se jeter avec avidité sur une assiette de lait. A dix heures, heure inattendue, le vétérinaire vint. Il examina les petites loques gémissantes et épuisées et presque tout de suite il déclara : ce ne sont point les vers, c'est la moelle qui est atteinte, et nous montra le lamentable mouvement de l'arrière-train, les pattes sans force et fléchissantes. On lui fit voir le pauvre « pequeno gris » littéralement anéanti. Il nota ses mouvements de tête et compléta son diagnostic que, chose curieuse, maman avait pressenti : la méningite. Mauvaise hérédité, conclut-il. Il y avait peu de chance de les sauver. Je crois qu'ils mourront, dit-il à plusieurs reprises. Il donna cependant une ordonnance en ajoutant que si ses prescriptions demeuraient sans effet, il vaudrait mieux les sacrifier. C'est, à la réflexion et pour leur épargner tout de suite des souffrances prolongées et répétées, que nous prîmes ce parti. A onze heures, Raymond, Pierre et moi nous nous rendîmes avec ces pauvres petites bêtes au bout de la corniche amorcée au pied d'Igueldo. Nous n'y rencontrâmes personne et la mer était haute. La corde, une pierre, un bruit sourd dans l'eau glauque. C'était fini! Le « pequeno gris » passa le premier, docile et geignant, et le petit Boby ensuite tendit lui-même son frêle petit cou.

Dimanche 15 janvier.

C'est une magnifique et considérable victoire que l'Espagne a remportée aujourd'hui. A quinze heures trente, cet après-midi, les colonnes navarraises ont fait leur entrée à Tarragone.

Irun, 20 janvier, 22 h 55 (transcrit).

Me voici, assez curieusement, à Irun, à cet hôtel Terminus où j'ai passé ma première nuit en Espagne il y a plus de quinze mois. Comme alors j'ai les pieds mouillés quoique je n'aie point passé la Bidassoa. C'est le départ rapide de Daguy pour la France qui est à l'origine de cette manière d'aventure. Je l'ai vue à midi et elle m'a fait part des nouvelles vraiment alarmantes qu'elle avait reçues. Sa grand-mère était plus mal et c'était une lettre de sa mère qui l'appelait. Elle nous demanda que nous la fissions passer ce soir même. A Filliol comme à moi, cela nous parut, dès l'abord, impossible. J'ai téléphoné à Fungarino et j'ai obtenu un rendez-vous pour le commencement de l'après-midi : c'est-à-dire pour quinze heures trente. Après quelques explications, d'ailleurs rapides, l'autorisation fut accordée.

Mardi 24 janvier, 22 h 10.

Un coup de téléphone de Filliol qui n'est pas rentré dîner, nous apprend que les troupes nationales ne sont plus qu'à deux kilomètres de Barcelone qui est entièrement encerclée. La joie est grande en ville. Nous y allons. Si tout cela est confirmé, ce sera aujourd'hui un bien grand et bien beau jour pour l'Espagne!

Mercredi 25 janvier, minuit cinq.

Nous avons eu toute la journée des nouvelles diverses sur Barcelone. Ce matin peu après onze heures et demie Jean téléphonait et nous annonçait que les troupes nationales avaient fait leur entrée dans Barcelone et il ajoutait : « Pavoisez! » Ce que nous fîmes, les premiers sans doute de Saint-Sébastien.

En France l'on est prêt à recevoir les réfugiés qui se présenteront aux points de passages. Des gardes mobiles sont partout à pied d'œuvre et la troupe est prête aussi à intervenir en cas de besoin. Des camps de concentration sont prêts à l'intérieur, sur lesquels les soldats rouges désarmés seront acheminés. Le plan est prêt depuis longtemps et tout se passera dans le plus grand ordre affirme, selon *Unidad,* le préfet des Pyrénées orientales. Enfin il paraît que les Italiens ont massé soixante mille hommes de troupe dans les environs de Gênes. Ces troupes alertées et mobilisées sont prêtes à intervenir à tout instant et à s'embarquer pour l'Espagne si des troupes françaises viennent au secours des rouges. De plus, certaines mobilisations ont été effectuées sous couleurs de manœuvres.

Jeudi 26 janvier, minuit quarante.

Barcelone a été occupée par l'armée nationale à midi quinze. Ou plus exactement c'est à cette heure-là que les troupes ont fait leur entrée dans la ville par le nord et par l'ouest. Nous sortîmes de bonne heure, les uns après les autres. La ville était pavoisée et il y avait dehors, malgré le mauvais temps, une foule animée. Mais c'est surtout à partir de six heures, la pluie ayant cessé pour un temps, que la foule crût. Tous les magasins devaient fermer entre six et huit et bientôt dans l'Avenida, il y eut une foule dense et compacte animée du plus fort enthousiasme. Fol et spontané : en petit, le jour de l'armistice. Danses, rondes autour des lampadaires entre soldats, officiers, civils, jeunes filles, chansons, embrassades. Il y avait des militaires qui, armés d'une bouteille de fine en offraient à la ronde aux femmes particulièrement, sans, bien entendu, qu'ils s'oubliassent eux-mêmes. Incessamment, follement le nom de Franco était acclamé par la foule qui répétait par trois fois, sans se lasser : Franco, Franco, Franco!

Vendredi 27 janvier.

Les choses ne vont pas bien. La situation est grave, on a l'impression d'être sur un volcan. Certes, il n'y a pas aujourd'hui plus qu'hier ou les jours précédents un fait nouveau qui vient, tout d'un coup, d'aggraver la situation. Mais l'on a l'impression que l'on s'enfonce un peu plus davantage, que l'on marche, sinon que l'on court vers une catastrophe que l'on ne sait comment éviter.

En attendant, la petite vie monotone et triste continue. J'ai écrit cet après-midi un mot à Daguy que j'allais conduire au pont il y a huit jours. C'est déjà loin. Dans les journaux il y a des nouvelles de nos affaires. Le patron a été interrogé au sujet de l'affaire Jean-Baptiste et de celle des mitrailleuses de Laon. Les papiers ont été produits et ont fait le meilleur effet. La presse tout entière rapporte les faits que nous connaissons pour les avoir préparés. Armes volées par les communistes expédiées en Espagne, prises aux rouges et revendues par Mérino à des nationaux français par le canal d'un M. Delattre de Bordeaux. Certificats, factures, lettre et principalement la pièce émanant du « Service de récupération militaire espagnol » qui a eu son beau succès. Quant à l'affaire Jean-Baptiste seule la lettre du journal a été produite, les autres pièces sont tenues en réserve. *L'Action Française* présente tout cela de manière assez amphigourique. *Le Populaire* met tout en doute, ce qui n'empêche que les papiers fassent foi irrévocablement.

Samedi 28 janvier.

Il nous a été donné aujourd'hui d'avoir une grande joie. Une lettre de Charbonneaux nous a appris que, depuis huit jours, Eugène et son frère ont été mis au régime politique. Enfin. Il y a fort longtemps que cette mesure était due[1]. L'on peut supposer que les témoi-

1. Récemment a paru, dans *Le Matin* je crois (c'est Filliol qui a lu cette information et il n'a pris bien entendu aucune référence), un entrefilet qui disait en substance : M. Eugène Deloncle a demandé acte

gnages récents et peut-être aussi nos papiers d'Espagne ont contribué à cette tardive réparation. La même lettre annonçait l'arrivée pour demain soir de Charbonneaux qui vient nous rendre visite. Nous avons pris nos mesures pour qu'il puisse passer vers 21 heures. Mais Charbonneaux n'est pas très grand et il aura de l'eau jusqu'aux aisselles peut-être, et le temps n'est ni clément ni chaud. Il est à souhaiter que Charbonneaux prendra la précaution de dîner deux ou trois bonnes heures avant son passage.

Lundi 30 janvier.

Charbonneaux est passé et il est passé si tôt que Sopena nous a téléphoné de Béhobie pour nous avertir, en sorte que nous n'eûmes point à l'attendre. Il nous a donné en bloc des nouvelles de tous. Il y avait une foule de choses que nous ne savions pas. Corrèze est lui aussi au régime politique, et depuis au moins un mois. Bruchet est sorti de prison, mais il a écopé de huit jours de prison pour avoir frappé le jour même de sa libération, un gardien qui voulait lui passer les menottes, d'ailleurs indûment. Cet acte a été unanimement apprécié. Je reparlerai demain d'une foule d'autres choses. Le séjour de Charbonneaux ici sera bref.

Ce soir avait lieu le grand discours d'Hitler auquel on fait beaucoup plus de publicité qu'il n'en mérite. Ce sont les démocraties qui, par leurs sottises et leur imbécillité, ont fait pour plus des trois quarts, la gloire et la fortune d'Hitler. Pourquoi un discours de ce personnage aux Allemands devrait-il suspendre ou notre digestion, ou nos affaires?

Mardi 31 janvier, minuit cinquante.

La radio est pleine du drame catalan. Je veux dire du

qu'il n'est pas poursuivi au sujet de l'attentat de l'Etoile, ni de l'assassinat des Rosselli, ni des affaires Juif et Jean-Baptiste. Le juge a reconnu n'avoir reçu à propos de ces diverses affaires, aucune réquisition contre Deloncle qui est inculpé seulement d'association de malfaiteurs, d'importation frauduleuse et de détention d'armes de guerre.

drame dont le sud de la France est le théâtre. Jusqu'à présent c'est plus de 78000 réfugiés, selon la radio anglaise et 50000 selon la nôtre qui sont passés en France. Tous ces gens, enfants, femmes, vieillards fuient l'arrivée des troupes de Franco. Cependant, comme le fait remarquer *Le Matin,* dans un article intitulé : « Pas de chantage à la pitié, partout où arrivent les troupes nationales, la population qui mourait de faim est ravitaillée et l'ordre et la paix sont rétablis. » Mais le marxisme et ses tenants ont besoin pour leur propagande et leur publicité, que des milliers de malheureux sales, mal vêtus, transis de froid et torturés par la faim se présentent en ce lamentable état à la frontière française : victimes du fascisme dit-on. Et à voir ces foules espagnoles déshéritées et misérables, il n'est pas un militant de gauche et d'au-delà dont le cœur ne bondisse d'indignation, car ce n'est pas souvent que travaille la tête d'un militant d'extrême-gauche.

Je suis toujours sans nouvelle de cette petite peste de Daguy à qui je pense plus que je ne devrais. Il y a un an tout juste je venais d'aller la conduire à la Bidassoa et elle avait passé en France. Il me souvient que dans la voiture qui nous emmenait à Irun et que Léon conduisait, je la pressais intimement sans qu'elle esquissât, loin de là, le moindre geste de défense. J'avais glissé ma main dans son manteau, sous ses propres mains, et je pressais tendrement à travers l'étoffe légère de sa robe le renflement de son pubis. Ce délicieux attouchement dura tout le long du trajet et ma main suivant la courbe des cahots de la voiture, glissait toujours plus au creux du chaud confluent de ses cuisses. Pauvre Daguy, nous sommes bien loin de cette douce intimité.

Cet après-midi, avec Boissière jovial, gros, rond, bon vivant, nous avons examiné les comptes et fixé nos besoins qui se montent à 7500 francs par mois, compte tenu des amortissements divers. Il semble que cette somme puisse nous être dorénavant fournie. Divers projets de liaison ont été agités et discutés. Demain, lui et Filliol partent avec Bernardet. Ils vont à Bilbao. Boissière est un vieil habitué de l'Espagne qu'il connaît bien, il a voyagé un peu partout avant le mouvement national. Il nous a parlé de la veulerie des gens en

France et de la peur physique que l'approche de la guerre en septembre avait partout causée. Il faudra un bien grand effort et un bien grand sacrifice pour que ce pays soit régénéré. Je parlais tantôt de « catharsis » mais c'est certainement le mot qui convient.

Lundi 6 février.

La fin de la campagne du Nord, en Catalogne, est virtuelle. L'ordre d'évacuation a été donné aux troupes et depuis hier soir, la frontière française leur est intégralement ouverte. De la sorte, les troupes officielles et en armes étaient autorisées à passer en France. C'est à quatre heures trente-cinq ce matin que le premier détachement de troupes républicaines s'est présenté à la frontière. Il s'agissait d'un peloton de cavalerie au service de sécurité. Un service fuyant. Ce détachement a immédiatement été suivi d'autres et le défilé a suivi sans aucune interruption à la cadence de 4000 à 5000 hommes à l'heure. Les troupes sont immédiatement désarmées. Les armes individuelles et les grenades sont déposées sur le côté droit de la route, les autres sur l'autre, selon les cas. De surcroît, les miliciens sont fouillés afin qu'ils ne conservent pas pardevers eux des armes de l'une ou de l'autre nature.

Samedi 11 février, minuit quarante-cinq.

Il s'est produit ce soir un petit incident assez plaisant qui relève, à vrai dire, davantage du roman chez la postière que de ces chroniques. Cependant, je dédaigne si peu de le noter que j'ai le dessein, à l'occasion, de m'attarder à examiner les rapports de Filliol et de Françoise. D'une manière plus générale d'ailleurs, il sera bon que je fasse un portrait des gens qui sont encore ici. Il ne serait peut-être pas inutile de retrouver plus tard ces croquis. Ils seront au moins des souvenirs et des parcelles de ma vie. Nous dînons le soir, à vingt heures quarante-cinq. Comme pour le déjeuner qui a lieu à treize heures quarante-cinq. Filliol n'est jamais là, exception faite des jours où il ne sort pas. Il arrive toujours après deux heures et il ne vient le soir que vers neuf heures et demie et souvent plus tard. Etant sorti le midi, puis le soir avant dîner, il sort à peu près tous les jours après dîner et il ne rentre que fort tard ainsi que j'ai eu souvent à le noter. A neuf heures et demie donc, Filliol rentrait ce soir. Pour la bonne intelligence du récit et surtout pour garder le souvenir de notre vie ici, voici comment est disposée la table. Aux deux bouts, il y a Françoise et moi nous faisant face de loin. Françoise dans le fond du côté de la petite fenêtre qui donne sur la terrasse et moi tournant le dos au salon. J'ai à ma droite Pierre, puis celui-ci a à sa droite Raymond qui est lui-même à la gauche de Françoise. Raymond et Pierre sont du côté du buffet. Leur faisant face et tournant le dos à la fenêtre, maman à droite de Françoise et Filliol à la droite de maman, et par conséquent à ma gauche. Au moment que Filliol se mettait à table, Raymond lui dit :

« Tiens, tu as du sang sur ton col! »

On y voyait, en effet, une large tache rouge, mais pâle. Ce n'était pas du sang, c'était du rouge à lèvres. Et c'était sur le côté droit du col.

« Fais voir », dit Françoise intriguée et peut-être alarmée.

De sa place elle ne pouvait voir. Elle se leva, examina rapidement le col et dit :

« Ce n'est pas du sang, c'est du rouge à lèvres! »

Ceci fut prononcé du ton sec dont les femmes dépitées ont le secret et elle retourna à sa place, nous avions d'ailleurs fini, pour notre part, de dîner. Filliol essaya de tenir le coup, de « crâner » comme l'on dit, d'ergoter. Françoise gardait sa dignité en prononçant les paroles d'usage :

« Ce n'est pas la première fois, je le sais bien, c'est l'habitude. »

Et quelques autres tirées du même répertoire. Filliol ayant, comme d'ordinaire, dîné rapidement, Françoise voulut constater officiellement et publiquement le délit. C'est en vain qu'il tenta de se défiler. Non seulement il y avait du rouge sur le col mais il y en avait aussi, et plus longuement, sur la chemise. Filliol avait beau dire et répéter :

« Je m'en f... de ça, moi, je m'en f... »

Il lui fallut subir les invectives de Françoise qui sait, d'ailleurs depuis longtemps à quoi s'en tenir. Il n'y a pas si longtemps déjà que du rouge de même nature devait être publiquement découvert sur le pardessus de Filliol. Là encore, les dénégations n'avaient pas servi. Seulement, les menaces de Françoise sont absolument nulles. Filliol est d'un égoïsme parfait, il se fait servir de la plus tyrannique façon. Françoise montera les deux étages pour aller chercher un journal ou les cachets, elle suspendra immédiatement ce qu'elle fait pour le service de Filliol à quel moment que ce soit. Elle dit malheureusement, pour elle :

« Aller te faire ton bicarbonate, vas-y toi-même! »

C'est énergique, mais la minute suivante, docile et résignée, elle vient apporter à son maître le médicament. Aussi l'assurance de Filliol est-elle grande. Ce soir, Françoise fit remarquer que ce rouge était bien payé par quelqu'un et que, pendant qu'elle se privait... on voit la suite du thème. Rien n'est plus exact et Filliol dépense ici assez d'argent, relativement à ce que nous avons. Il s'est fait ainsi des relations ici. Relations utiles pour nous? C'est à voir. Relations agréables pour lui, c'est certain. Mais je pourrais en utilisant la voiture tous ces jours et en dépensant, au bas mot, 400 pesetas par mois, me faire aussi de belles relations. Belles? Durables? Ce n'est certainement ni sa distinction ni sa culture qui peuvent beaucoup attirer. Mais il a une certaine manière franche d'aborder les gens qui peut plaire quand il n'y a pas lieu d'aller au-delà.

Dimanche 12 février, minuit vingt.

Filliol est déjà couché. Le drame amorcé hier s'est poursuivi aujourd'hui et s'est épanoui ce soir un peu avant six heures dans une crise aiguë. C'est, à la vérité, un faux drame. Le scénario en est bien connu des familiers du pseudo-ménage Filliol (ici Deschamps). Après le constat du délit, comme il arriva hier, la colère de Françoise est rentrée mais c'est pour mieux sortir ensuite. La seconde phase, ce sont les pleurs. Cela dure quelques heures puis apparaissent bientôt les symptômes de la troisième phase. C'est alors la grande scène classique. Ce soir, elle a pris une ampleur particulière.

J'en noterai les points principaux. Sur un ton en apparence mesuré, Françoise me demanda si j'avais son papier. Surprise de ma part car, en effet, je ne comprenais pas, mais elle me mit rapidement au fait. Il s'agissait de son sauf-conduit que je conserve dans le bureau. Je répondis aussitôt affirmativement.

« Vous allez me le donner », dit-elle avec vivacité.

« Bien volontiers », fis-je, sans bouger.

Filliol était là. Il demanda pourquoi elle voulait ce papier. Eclatement, cris, pleurs, reproches, fureur :

« Je veux f... le camp, je veux m'en aller. Je ne resterai pas ici plus longtemps. Tu es un salaud... »

Je ne saurais épuiser la litanie. Cependant il est à noter qu'elle promit d'aller chez le consul pour se faire rapatrier en France :

« Comme ça on saura où tu es. »

Filliol se défendit très mal. Il n'avait aucune contenance, il ne savait que dire :

« Tu me fais rigoler. Tu l'auras ton papier. On ne t'a pas dit qu'on ne te le donnerait pas, etc. »

Papier d'ailleurs fort inutile, qu'en aurait-elle pu faire? Exactement rien. Elle ne peut sortir d'Espagne sans une démarche précise de Filliol ou de moi. Et de surcroît, comme Filliol le lui a fait remarquer, d'ailleurs maladroitement, elle n'a pas d'argent. Ce à quoi elle n'a point manqué de répliquer que bien sûr l'argent c'était lui qui l'avait et qui s'en servait pour entretenir des petites poules. Après cela, comme elle a de la suite dans les idées, elle prit le pardessus de Filliol et menaça de le déchirer si elle n'obtenait pas son papier. Filliol répondit d'un ton faussement goguenard :

« Qu'est-ce que tu veux que ça me f... »

Il ne pense pas d'ailleurs qu'il soit utile de varier ses réponses. Il était visiblement fort ennuyé de l'algarade qui devait, au demeurant, durer depuis le matin et dont il ne nous fut donné de n'entendre que la queue. Le dialogue prit fin cependant après encore un certain nombre de répliques dont la dernière fut :

« Tu ne veux pas me le donner? Eh bien! c'est bien. »

Elle monta dans sa chambre. Peu après Filliol sortit. Il s'écoula un peu de temps puis Françoise descendit et d'un pas décidé elle sortit à son tour sans nous dire un mot.

« Où va-t-elle? » demanda maman qui avait conçu de cette affaire un bien inutile mal de tête.

« Pas bien loin! » répliquai-je.

La quatrième phase était commencée. La quatrième phase c'est la sortie. Elle dure environ une heure. La cinquième phase enfin c'est le retour. Il subsiste naturellement des traces de tout ceci. Ainsi quand Filliol a demandé à Françoise de venir avec elle au cinéma, ce soir, elle a refusé. Malheureusement elle a dit que c'était parce qu'elle était fatiguée.

« Voilà six ans que ça dure! » dit-elle chaque fois.

L'on ne dira pas qu'il n'y a point constance de part et d'autre.

Aujourd'hui, dimanche, il n'y a pas de nouvelles. L'on a toutefois appris que le gouvernement français mardi et l'anglais mercredi, nommeraient un ambassadeur à Burgos et reconnaîtraient « de jure » le gouvernement du général Franco. Ces ambassadeurs rejoindraient leur poste dès jeudi. Espérons que ni les criailleries italiennes ni les rages allemandes n'altéreront ces bonnes intentions. De toute façon, M. Léon Bérard revient en Espagne après-demain. Pour ce qui concerne les réfugiés il en est passé plus de 33800 par Bayonne depuis dimanche et je crois que ce chiffre comprend exclusivement des anciens miliciens rouges. Aujourd'hui, du reste, par ordre supérieur, leur entrée en Espagne nationale par Irun a été suspendue. En sorte que le flot arrivé à Hendaye doit y rester. L'écoulement reprendra mardi à la cadence de six mille personnes par jour. Cette interruption ne frappe ni les femmes, ni les enfants. Elle n'affecte pas davantage les prisonniers de guerre nationaux délivrés et rentrant en Espagne nationale. Ce n'est d'ailleurs qu'une mesure administrative. Il faut permettre l'écoulement et la répartition de tous ces gens. Du reste, je crois que le transfert par la frontière catalane pourra commencer sous peu. Les républicains prétendent qu'ils tiennent encore dans un coin du nord de la Catalogne. Ils veulent, paraît-il, permettre l'évacuation de tout un matériel important et des troupes restant. Cela durera deux jours. L'on a arrêté à Perpignan un commandant, je crois, de l'armée rouge qui était porteur d'une volumineuse valise contenant une grande quantité de bijoux, plus d'une centaine de bagues, des diamants, des montures de platine, des montres en quantité, mille autres choses encore et un million de pesetas en billets. L'homme a expliqué que, chargé de faire sauter le château de Figueras, il y avait trouvé toutes ces choses et que, avant d'accomplir sa mission, il avait prélevé ces bijoux, afin de pouvoir vivre en France après s'y être réfugié. Un médecin au courant du fait et qui l'accompagnait a été également arrêté. L'homme sera poursuivi pour s'être introduit en France illégalement et pour y avoir illégalement aussi importé des objets précieux. Admettons qu'il sera condamné à trois semaines de prison avec sursis.

Lundi 13 février, minuit cinquante-cinq.

L'optimisme dont je faisais preuve hier à l'endroit du ménage Filliol était pleinement justifié. Tout est pour le mieux dans le meilleur des pseudo-ménages. Filliol souffrant toujours beaucoup de la main est resté couché presque tout le jour. Françoise est restée près de lui. Après cela, comme avant du reste, il aurait tort, mais tout à fait tort, de se gêner. On se fait des mamours, on se donne des « bizes », c'est la lune de miel renouvelée par le procédé dit « à la trempe ». Maman avait grand tort de prêter quelque attention à ces éclats et d'y contracter une migraine. Filliol continue de souffrir beaucoup de l'inflammation de sa main. Il se refuse à voir un docteur et moi je refuse à l'y engager. La leçon de l'an pénultième m'a servi. En revanche, il demande à l'aspirine ce qu'il ne veut point demander au docteur. Depuis hier soir il n'a pas absorbé moins de onze tablettes. Du reste, en temps normal, il absorbe pour deux à trois pesetas par jour de cette drogue. Cela fait cher à la fin du mois. Et Françoise de son côté, en use aussi.

Nous sommes à la veille de la reconnaissance du gouvernement de Franco par la France et l'Angleterre. Mais les salopards de tout poil, au moins en France, ont juré jusqu'au dernier moment de s'opposer de mille manières à cette évidente, et juste, nécessité.

Dimanche 19 février, 23 h 15.

De nouveau monsieur a sorti madame. Il faut bien que l'on se fasse pardonner ses escapades et que monsieur paye à madame le droit de la tromper. Madame s'en fait d'ailleurs parfaitement bien la complice. Cette fois on est allé prendre le café avec Kiki (Magescas). Nul doute qu'on y traite encore de questions de service comme dans les récentes courses à Bilbao et à Burgos où l'on a si peu regardé à la dépense qu'un des jours où l'on a dîné, ou déjeuné, à Vitoria, on a eu pour 26,75 pesetas de cigares sur une note de 82,55 pour trois personnes[1] (Filliol, Bernardet, Boissière). Il faut ajouter à cela café, liqueurs et le reste. Quand on a d'importantes affaires à traiter, il faut savoir faire les choses. Il n'a pas été un instant question ce soir, que moi ou l'un de nous les accompagnât ce soir. Filliol a toujours trop peur de la concurrence pour jamais admettre quelqu'un avec soi. Mais c'est que cette crainte n'est pas sans fondements. C'est que point n'est d'être ni un haut seigneur, ni un grand clerc pour porter ombrage à la rusticité et à l'ignorance de Filliol. J'ai déjà dit suffisamment tout au long de ces notes, depuis cinq années que je le connais, tout ce que j'en pensais. Mais j'ai appris, depuis, le sentiment de Françoise sur le même sujet. Eh bien! Françoise nourrit des ambitions. Elle les trouve naturelles et justifiées, souvent elle dit à Filliol, comme si elle feignait de n'y point croire :

« Quand tu seras ministre de l'Intérieur ou président du Conseil. »

Mais il y a dans sa voix une pointe de sérieux religieux qui marque bien son espoir. C'est un espoir au second degré même. Car le premier degré et le premier pas à franchir est le mariage qui n'est point encore consommé, quoiqu'on souhaite. Certes, il y a eu plus étonnant que de voir un Filliol devenir un jour ministre ou roi, par exemple, mais je n'aurais pas, pour ma part, une haute opinion du monarque qui s'arrêterait à

1. J'ai les factures qu'il m'a lui-même données comme pièces justificatives pour les comptes.

un tel choix. Pour ce qui est des apparences, il ne semble pas, à première vue, que les ambitions de Filliol lui-même se développent de ce côté, mais il est assez intelligent, malgré tout, pour ne point clamer ce qu'il espère. En revanche, il dit librement ce qu'il aimerait faire. Tout récemment, par exemple, il déclarait qu'il serait satisfait s'il lui était donné après notre réussite de pouvoir exécuter de sa main cent Juifs tous les jours pendant dix ans. « Moi, ça m'irait », dit-il volontiers. C'est une besogne à laquelle il se donnerait tout entier. C'est un goût qu'il ne serait pas de bon goût de discuter. Je ne manquerai pas de fournir cette chère chronique de tous les éléments sur le personnage qui pourront l'enrichir.

Mardi 21 février, quinze heures.

Filliol m'a parlé de projets d'avenir pour ce qui nous concerne. Nous ne pourrons rester indéfiniment ici dans les conditions actuelles. Il faudra donc s'occuper et gagner de l'argent. Nul doute que l'après-guerre en Espagne ne soit une période profitable, il s'agira de savoir en tirer parti. Notre ami de Decquer, qui est apparenté à d'importants industriels, pense à se fixer en Espagne pour un temps. Il y est venu combattre dans les rangs de la légion presque à l'origine du mouvement national. Il a reçu quatorze blessures, c'est dire qu'il a des titres de gloire. Nous avons de notre côté, des relations intéressantes ici. En faisant jouer convenablement tous les facteurs, l'on devrait être en mesure de mettre sur pied quelque chose d'aussi solide que de profitable. De Decquer, à qui Filliol a parlé de nous pour une affaire éventuelle, serait heureux de s'entourer de gens de confiance pour diriger et organiser les affaires qu'il monterait. Naturellement, Filliol se taillera la part du lion dans cette affaire. Pour ma part, je verrai ce que l'on m'offrira éventuellement, mais je prendrais bien, par exemple, le poste de secrétaire général d'une entreprise importante et même de plusieurs. Il faudra voir.

Samedi 25 février.

Ce matin, la jeune Jesusa exprimait librement sa pensée sur la politique de son pays. A vrai dire, cette pensée ne prétendait point à embrasser l'ensemble de cette politique, mais seulement certains aspects. Celui qu'elle mettait le plus en relief touchait la question de l'amnistie. Certes, il faut pardonner : tel est l'enseignement éternel de N.S. Jésus-Christ. C'est assurément une référence. Ce n'est pas la seule, Jesusa n'est pas en peine. Elle cite aussi son chef de phalange qui dit la même chose que Jésus-Christ : il faut pardonner. Il le dit, il le fait dire, il invite les gens à le dire avec lui et à le dire sans lui. Il propose que tout le monde le dise et l'idée fait son chemin petit à petit dans les cervelles, les grandes comme les petites. C'est une admirable propagande et Jésus-Christ, dans cette nouvelle croisade, est porteur de pancarte et colporteur de « slogans ».

Lundi 27 février.

Aujourd'hui fut une journée mémorable. En effet, les gouvernements français et anglais ont, simultanément et officiellement, reconnu le gouvernement de l'Espagne nationale. C'est bien tardif, mais enfin c'est fait. Dans le même temps, ces gouvernements (l'anglais tout au moins), cessaient de reconnaître le gouvernement républicain qui, en droit, n'existe plus.

Jeudi 9 mars, 19 h 25.

Il est temps que, après huit jours, je note que le cardinal Pacelli ait été élu pape. Il a pris, comme l'univers le sut une demi-heure après, le nom de Pie XII. Les deux caractères de cette élection sont d'abord la rapidité avec laquelle elle s'est faite et, en second lieu, l'espèce d'entorse, le mot est peut-être forcé, faite à la tradition qui veut que ne soit pas désigné comme son successeur le secrétaire d'Etat du pontife défunt. Le premier cri qui a suivi cette élection fut peut-être de considérer le nouveau pape comme un pape antifasciste, ou démocrate, un chrétien rouge ou pire. Ici parmi les plus excités profascistes et prohitlériens, je veux dire Pierre et Raymond, Pacelli était tout unanimement le pape salopard. C'était un point de vue absurde, sommaire, primaire. C'est en revenant de Burgos que nous apprîmes à Miranda l'élévation du cardinal Pacelli au pontificat. Je pus donc avoir le sentiment du père Armand sur cette élection. Le père Armand est un prêtre d'esprit ouvert, acquis entièrement et totalement à nos idées, peut-être même se force-t-il un peu parfois au moins par rapport à sa fonction. J'estimais donc que son avis en cette occurrence me donnerait une juste idée de ce grand événement humain. Jamais, en effet, de notre temps au moins, il ne semble qu'une élection de pape n'ait eu un tel retentissement. En Angleterre, en Amérique, pays aussi peu « papiste » qu'il soit, d'innombrables manifestations de satisfaction et même de joie ont spontanément éclaté. Il est certain que, à première vue, l'on pouvait penser que les sentiments que l'on prêtait à tort ou à raison au nouveau souverain pontife en étaient la cause première. J'ai donc posé au père Armand la question en termes nets. Nos amis, lui ai-je dit, un peu absolus divisent, si j'ose m'exprimer ainsi, les cardinaux en deux catégories : les fascistes et les antifascistes. Pour eux, le cardinal Pacelli appartenait à cette seconde catégorie et même il en serait le champion et l'enseigne. Ils considèrent donc comme une sorte de calamité son élection.

Le père Armand fut catégorique. L'on ne pouvait et l'on ne devait avoir aucune crainte, ni aucune appréhension sur l'orientation possible du catholicisme. Certes le cardinal Pacelli n'était pas un ami à tout prix des pays totalitaires et ceux-ci pouvaient regarder comme un échec son élection (Pacelli était le candidat officiel de la France, de l'Angleterre, des Etats-Unis et il paraît que, au premier tour, il avait obtenu toutes les voix des cardinaux étrangers et de quelques cardinaux italiens). Cependant, disait le père Armand, ses deux derniers discours publics, celui de Lisieux tout particulièrement, marquaient l'évolution de son esprit qui avait pour une bonne part abandonné la religion libéralo-démocratique. Un autre aspect de l'esprit du cardinal élu était sa grande piété et sa haute spiritualité. Elles étaient l'une et l'autre un sûr garant qu'il n'y aurait pas à redouter de la part de l'Eglise un dangereux glissement vers une démocratie chrétienne fortement teintée de démagogie. Tel était en substance l'opinion du père Armand tandis que nous roulions vers Saint-Sébastien entre Miranda et Tolosa dans ces premières heures du premier jour du nouveau pontificat. Il sera intéressant de voir comment l'avenir ratifiera ces vues et dans quelle mesure.

Mardi 14 mars.

Les événements, toute la journée, se sont précipités et aggravés. La diète ayant été réunie, la Slovaquie a proclamé son indépendance aux applaudissements délirants de la foule, pauvre foule! Et quelle dérision! Quelle indépendance peut avoir un peuple de deux millions et demi d'habitants, dont le cinquième, d'ailleurs, est composé d'éléments hétérogènes. Une nation n'ayant aucun débouché sur la mer, ne possédant pas d'industries clefs, ni de grandes richesses minières. Il ne peut pas ne pas tomber en moins de rien dans les puissantes griffes allemandes. En attendant, Mgr Tiso, évêque et chef de l'Etat, peut s'enorgueillir et dire que cette indépendance avait été obtenue sans qu'il en coûtât une goutte de sang. Il me souvient justement qu'il y a huit ans moins un mois, le soir du 14 avril 1931, on avait pompeusement fait ici, en Espagne, la même déclaration. Depuis, assurément, l'on s'est rattrapé.

Mercredi 15 mars, 19 h 45.

Il n'y a plus de Tchécoslovaquie. Le président Hacha, qui s'était rendu à Berlin avec M. Chvalkowski son ministre des Affaires étrangères, a eu une entrevue avec Hitler. Il en est ressorti ayant bel et bien remis son pays aux mains du maître du IIIe Reich. A trois heures du matin, les troupes allemandes pénétraient en masse en Tchécoslovaquie où les principales villes étaient immédiatement occupées. La capitale, Prague, voyait arriver de bonne heure les légions motorisées allemandes. On avait même annoncé que l'occupation de cette ville devait se faire par huit bataillons de parachutistes que des escadrilles d'avions devaient déposer. Mais le vent et la neige empêchèrent cette manœuvre.

Jeudi 16 mars.

Le peuple tchécoslovaque commence à être sous la botte. Les arrestations sont opérées en masse et il a été proclamé que quiconque n'accomplira pas régulièrement son travail quotidien, sera passible de punition pour sabotage.

Vendredi 17 mars, 12 h 05.

Je voudrais relater brièvement l'arrivée, au pont d'Irun, du maréchal Pétain. Nous étions sur place, Raymond et moi, à huit heures moins cinq. Il faisait un temps splendide, le soleil cependant se voilait par instants à l'arrivée de bancs de nuages venus de la mer. Nous pûmes facilement parvenir à la barrière du pont, il était encore trop tôt et nous nous promenâmes un peu sur la route. Soudain nous entendîmes retentir en France la sonnerie « Au Drapeau ». Nous fîmes aussitôt demi-tour et remontâmes vers le pont. Mais je fis réflexion qu'il était huit heures et que dans une caserne voisine on hissait les couleurs. Cette seconde fois, pour franchir la barrière qui est en avant du pont, je dus parlementer avec le garde civil et lui montrer mon papier officiel qui le confondit aussitôt. Quelques officiers espagnols commençaient d'arriver, je vis ainsi Sopena, son petit sous-lieutenant, le lieutenant de requeté du poste de Dancharinea près de Zugaramundi. Puis un petit détachement de requetés en armes arriva. Je m'attendais à voir de la troupe mais il n'en vint pas du tout. De l'autre côté du pont il y avait déjà affluence : gardes mobiles, douaniers, officiers, monde. La barrière était levée depuis longtemps et toutes les maisons que l'on pouvait voir, pavoisées. Sur la route qui monte en tournant à droite, les gardes mobiles espacés prenaient place. Nous apprîmes que le Maréchal devait entrer en Espagne à huit heures et demie. Du côté espagnol, des officiers arrivaient de plus en plus nombreux et de grade de plus en plus haut à mesure que l'heure avançait. Mais quelle fâcheuse idée pour un Maréchal d'arriver à une pareille heure qui est si peu espagnole. Vers neuf heures moins vingt il y eut un grand mouvement sur la route d'Hendaye. Puis au milieu d'une foule immense, et comme portée par elle, une, puis deux, puis trois voitures apparurent. Ce petit coin d'ordinaire si tranquille était plein d'une ardente multitude. A l'entrée française du pont, sans doute car je ne le vis point, le Maréchal descendit de voiture. Je m'attendais à le voir en tenue mais il était en civil. Il ne venait, il est vrai, en Espagne que comme ambassadeur et non comme militaire. Il arriva au bout du pont et salua d'un geste large de son chapeau melon. C'est un homme magnifique, grand, droit, ne portant pas plus de soixante-dix à soixante-douze ans.

Mardi 21 mars.

Nous nous retrouvons au point où nous étions en 1913 avec la terrible menace allemande de nouveau suspendue sur nos têtes. Menace infiniment plus grave qu'alors car l'Allemagne d'aujourd'hui, plus ramassée et sensiblement plus prête et plus redoutable qu'alors, a repris ses mêmes ambitions.

Mercredi 22 mars.

Ce soir je suis libre et sans crainte. Filliol est parti ce matin à Bilbao pour aller voir Orain. Il est parti seul naturellement, il se serait gardé, comme de la peste, de m'emmener avec lui. Il a toujours agi seul, il a toujours éliminé ceux qui seraient susceptibles de lui porter le moindre ombrage, tant il a le souci de les conserver dans sa dépendance et pour mieux se prévaloir de son inexistante supériorité. Il est surtout remarquable par son insuffisance généralisée et sa grossièreté universelle. Et cette grossièreté, il s'ingénie à la faire ressortir, à la monter en épingle dirai-je. Il parle à un personnage ou à une femme comme il parlait naguère au dernier de ses camelots. Mais il est servi par une audace sans égale et un manque d'égards absolu. Ce sont là de précieuses qualités dont il faut reconnaître qu'il se sert bien. C'est ce qui explique cet allant dès l'abord indéfinissable et que Françoise ne craint pas de prendre pour du génie. J'y ai été pris moi-même au début et dans cet été de 1935, lorsque nous avons polémiqué avec Maurras. Pour donner une assez bonne idée, quoique succincte de ses vues, je dirai qu'il traite Maurras de « vieux jeton » et je l'ai entendu qualifier, devant les Espagnols, ces derniers jours, le maréchal Pétain de « vieille baderne ». Tous ses jugements sont de cette force, et encore n'ai-je fait état que de ses meilleurs afin de rester toujours équitable. Ceci dit, je n'avais aucun désir de voir Orain pour qui j'ai peu de sympathie et que je tiens pour suspect, malgré le satisfecit que lui a donné le patron. Et pour en terminer avec Filliol, j'ai oublié de dire que ce qui m'avait attiré chez lui, au début, c'est cette apparence d'autorité qui m'avait fait, un court instant, croire qu'il y avait chez lui une certaine étoffe de chef. J'ai pu ici me donner la confirmation que cette autorité est complètement inexistante.

Vendredi 24 mars.

Filliol est malade. Cette fois c'est une angine qu'il a cueillie pendant le voyage à Bilbao. Aussi bicarbonate, aspirine, sulfate de soude, quinine, clamine, idiotine, tous les produits de « Bayer » et d'ailleurs, cachets, comprimés, compresses et bouteilles d'eau chaude, Françoise fait toute la matinée, c'est-à-dire à partir de dix heures, le voyage de sa chambre à la cuisine, monte et remonte. Filliol a mal à la tête, Filliol a mal à l'estomac. Il ne faut pas qu'il mange de mets à l'huile alors qu'il n'y a point de beurre, ni même de graisse. Leur chambre est une véritable pharmacie : flacons, fioles, sachets, seringues, ampoules en foule s'y pressent. Et j'ai oublié les poudres spéciales et l'huile de paraffine et mille autres ingrédients que l'on est, ma foi, tout surpris de rencontrer chez un homme qui professe une méfiance résolue et insolente envers les médecins et qui passe sa vie à se droguer.

Dimanche 26 mars, 23 h 10.

Daladier dictateur vient de signer un décret-loi interdisant les menées antisémites dans la presse et ailleurs. Voici donc l'antisémitisme rangé parmi les crimes d'Etat. Sont-ce les somptueuses réceptions de Londres que nous payons? Quels marchandages cet ignoble politicien du vingtième ordre qu'est Daladier a-t-il faits? Quels gages a-t-il dû donner? L'argent lui manquant pour la Défense nationale, les banquiers juifs de la cité en ont-ils promis en échange d'un asservissement encore plus étroit de la France? Les Juifs cependant chez nous tenaient le haut du pavé, ils étaient, ils sont partout, ils commandent tout, ils dominent tout, ils nous feront faire la guerre pour eux. Et l'infâme Daladier prétend relever le pays en protégeant officiellement ses destructeurs.

Le Juif est l'ennemi qu'il faut abattre parce qu'il est d'abord l'armature du régime et parce que c'est le Juif. Et nous avons de nouveau et longuement discuté l'éternelle question, celle pour laquelle nous sommes ici, en exil, depuis bientôt dix-huit mois : la destruction de l'immonde république. Parce qu'il faut bien voir les choses comme elles sont, les Juifs vont devenir en France les maîtres absolus. Ils avaient déjà les coudées franches pour le vol. Désormais, ils ne se sentiront plus d'aise. Il n'est même point du tout assuré que leurs excès les perdent tant s'est avili le peuple français.

Mardi 28 mars.

L'Espagne vit de nouveau ses grandes heures. Madrid s'est rendue ce matin. C'est à une heure quinze de l'après-midi que les troupes nationales commencèrent à entrer dans la ville au milieu de l'enthousiasme le plus délirant de la population.

Vendredi 31 mars.

Cette fois l'Angleterre n'attend pas le 5 août pour se prononcer. Cet après-midi, en effet, M. Chamberlain a fait aux Communes des déclarations absolument extraordinaires. Il a déclaré, de la façon la plus nette, que si jamais la Pologne venait à être attaquée par le Reich, de telle sorte qu'elle eût à employer ses armes contre l'envahisseur, l'Angleterre serait immédiatement et entièrement à ses côtés. M. Chamberlain a pu ajouter qu'il avait obtenu, en cette conjecture, l'accord et l'appui sans réserve du gouvernement français. Voilà donc l'homme de Berlin averti et dûment averti. Il sait comment il peut déclencher la guerre.

Dimanche 2 avril, 19 h 30.

Les choses se passent toujours de manière inattendue. Ce n'est qu'après dix heures et demie et après plusieurs rappels téléphoniques que j'ai reçu avis de l'arrivée de Boissière. Je n'avais plus de train et c'est en vain que je téléphonais pour un taxi. Je me résignais donc à en aller quérir un quand, en sortant, je vis la voiture : Filliol était là. Avant qu'il eût fait une manœuvre pour rentrer au garage, je lui criai : Nous allons à Irun chercher Boissière. » Cinq minutes plus tard, nous étions en route. Filliol me raconta brièvement qu'il était allé à Madrid avec Magescas et deux amies de celui-ci prises ou rencontrées à Burgos, je crois. Ils eurent le premier jour, la nuit plutôt, un incident de route assez grave entre Vitoria et Burgos. Une roue leur manqua. Il y a des semaines que je dis à Filliol que ses boulons sont entièrement mangés. L'impression sommaire que Filliol donne de la capitale est assez vague. Tout le monde y meurt de faim, les magasins sont fermés, la ville est remplie de miliciens rouges qui attendent qu'on statue sur leur sort. Les quartiers extérieurs de l'ouest sont entièrement détruits, le centre de la ville est à peu près indemne. Bernardet va à Madrid, peut-être l'y accompagnerai-je. Boissière est bien arrivé. Il nous attendait à la « Comandancia ». Il nous apporte de bonnes nouvelles en général. Il vient pour essayer de traiter des affaires.

Lundi 3 avril.

L'instruction sur notre affaire est close et les juges ont remis leurs conclusions qui sont transmises à la Chambre des mises en accusation. Justement, au cours de sa séance de vendredi, le Sénat a entendu une vive protestation du colonel Sosse, Cagoulard, contre la détention de nos amis. Le ministre s'est, bien entendu, dérobé. Cependant Boissière est optimiste. Il n'y a que deux ou trois incarcérés qui soient en mauvaise posture, ce qui signifie qu'ils sont susceptibles d'être condamnés à quatre ou cinq ans de prison ferme. Cela dépendra de l'imbécillité de Locuty. Il y a aussi Bouvyer, mais lui s'est nettement et vivement rétracté. Il a eu, au début, un accès de faiblesse contre lequel je me suis certes élevé avec vigueur, mais il n'avait qu'une vingtaine d'années alors et il s'est laissé « avoir » par la police. Il n'a jamais rien dit de tout ce qu'il savait d'autre et cependant il pouvait beaucoup parler, quand l'on songe par exemple à Royer-Collard, protégé de Gabès. Enfin la responsabilité même de Bouvyer est très largement atténuée.

Jeudi saint, 6 avril.

J'ai vu cet après-midi, vers sept heures, l'extravagante procession du jeudi saint à laquelle prennent part, officiellement, les troupes et les autorités civiles et militaires. Ce grotesque défilé de groupes de plâtre montés sur des chars est vraiment inénarrable. Il est fort long et chacun des chars, traîné par des hommes revêtus de costumes d'un autre temps, est entouré d'un piquet d'hommes en armes : requetés, phalangistes, gardes civils, infanterie, génie et même marins. Ces troupes portent la crosse en l'air et en avant sous le bras, en signe de deuil. Les groupes de plâtre sont ceux que l'on rencontre fréquemment dans les églises espagnoles. Ils représentent des scènes, sinon toutes les scènes de la passion. Certains personnages sont richement habillés. Il y a un Christ portant sa croix qui a une somptueuse robe de chambre violette avec des ornements d'or et une ceinture avec de beaux glands d'or aussi. Il y a une vierge sous un dais magnifique et la foule salue à la romaine. Il y a les gens déguisés qui font le cortège et les musiques militaires qui scandent la marche. On nous en promet pour demain un autre plus beau.

Vendredi saint, 7 avril.

L'Italie vient d'apporter aujourd'hui à l'Albanie « la paix, l'ordre et la sécurité » ainsi que Virgilio Gayda le dit à ses lecteurs. Mais pour se faire une juste idée du cadeau que l'Italie vient faire, il vaut mieux rapporter les faits. Ce matin, à quatre heures trente, les troupes italiennes ont débarqué de vive force en Albanie. Cent soixante-sept navires, appuyés de navires de guerre et de quatre cents avions de bombardement, ont déversé une centaine de mille hommes sur l'Albanie. Mais l'Albanie, nouvelle Belgique, ne veut pas les recevoir. Partout les Italiens sont accueillis à coups de fusil. Déjà hier, à l'unanimité, le gouvernement albanais et la chambre albanaise ont repoussé l'ultimatum italien. A plusieurs reprises dans la journée, le roi et le gouvernement lancent des manifestes et des proclamations pour protester avec énergie contre l'agression dont ils sont l'objet. Ils défendront leur indépendance malgré l'inégalité des forces et l'on annonce que le petit peuple de douze cent mille habitants luttera contre la grande nation de quarante-quatre millions qui les attaque. Il va sans dire que les nouvelles sont contradictoires. De Rome l'agence Stefani proclame que les troupes italiennes ont débarqué sans encombre et poursuivent, à l'intérieur du pays, leur marche victorieuse. Puis l'on parle d'accord ou au moins de pourparlers entre le roi et le chef du corps expéditionnnaire italien. Les Albanais, de leur côté, annoncent que le débarquement italien est repoussé partout et que les Italiens subissent des pertes importantes. Aussi usent-ils de représailles. Les avions qui avaient d'abord lancé des tracts, lancent bientôt des bombes. De nombreuses villes de la côte, Durazzo, Vlona et d'autres sont atteintes, on dit même détruites, ce qui paraît exagéré. C'est à douze heures trente que la protestation indignée du roi est publiée. Il fait appel aux grandes puissances démocratiques. Il annonce que son peuple luttera jusqu'à la mort plutôt que de se laisser asservir. Et j'ai l'idée que l'on doit pouvoir résister longtemps dans les montagnes albanaises.

Mardi 11 avril.

Dans la stérile discussion de la nuit dernière, la seule chose que j'aie vraiment apprise c'est que Filliol est résolu à déserter en cas de guerre et aussi Raymond l'hitlérien. Ils font l'un et l'autre valoir que ceux d'entre nous qui rentreraient, seraient immédiatement coffrés, sinon exécutés et que de toute façon on ne pourrait servir la France. Mais même si par un incroyable miracle nous étions traités comme tous les autres, nous courrions le risque d'avoir à rendre les honneurs à un Blum, à un Mandel ou pis encore, à un Marty. Enfin il faudrait d'abord et surtout défendre le régime pourri et ses ignobles profiteurs. Ce sont des arguments qui ne sont pas sans valeur. En septembre, j'ai examiné longuement la question. En cas de danger, j'aviserais et sans doute ferais-je une démarche à l'ambassadeur de France.

Mardi 18 avril.

Filliol, demain, renouvelle sa promenade à Madrid. On ne dira pas que celui-là ne profite pas au maximum de tout ce qui se présente. Ce nouveau voyage à Madrid fait certainement partie de ces « souffrances » dont parlait Eugène, il y a quelques mois dans une lettre. Il a feint, hypocritement, de laisser entendre que ce voyage serait plus ou moins destiné à préparer l'avenir pour les uns et pour les autres ici. Rien n'est évidemment plus faux. Ce voyage sert uniquement à promener Filliol qui a seulement su intriguer et jouer des coudes pour en être. Il s'y rend avec un ami de Magescas qui est directeur d'un grand journal de Madrid, *La Epoca,* je crois, qui va reparaître bientôt.

Mardi 2 mai.

La tension polono-allemande ne baisse pas. Ce n'est pas à dire que l'on doive redouter le pire, au moins pour l'instant, mais le ton des polémiques de presse devient chaque jour moins amène. D'autre part, il est absolument hors de question que Hitler paraisse reculer ou se dérober. L'Allemagne donnerait à la Pologne quinze jours pour accepter ses propositions. Berlin déclare que la question polono-allemande peut se régler sans guerre. Nous l'espérons bien. Mais cette affirmation a une allure fort suspecte. L'Allemagne disant que pour sa part elle ne fera point de guerre pour prendre à la Pologne ce que celle-ci ne veut pas lui céder, cela peut fort bien laisser entendre que si la guerre éclate cependant, c'est que les ennemis de la pauvre Allemagne l'auront voulu. Et voilà ce que l'Allemagne désire. C'est évidemment la garantie anglaise qui fortifie la Pologne dans son intransigeance, donc la garantie anglaise sera à l'origine de la guerre que l'Allemagne abhorre comme chacun sait. Par où l'on voit que les nuages et les orages ne s'apprêtent pas à quitter le ciel européen.

Jeudi 4 mai, 23 h 50.

Ennuis en perspective. Lavaca est venu nous donner notre congé. Théoriquement, le 1er juin, nous devrons avoir quitté « Brisas del Mar ». J'en ai un bien grand regret comme il arrive toujours lorsque je quitte un lieu où j'ai, quelque temps, vécu. Nous étions extrêmement bien ici, air, lumière, soleil, jardin petit mais fleuri, adossé à la route qui monte, belle terrasse, belle et même magnifique vue sur la mer, sur les montagnes lointaines, sur la ville. La maison est spacieuse, bien meublée, confortable en dépit de quelques menus ennuis. Enfin le bureau m'est extrêmement précieux.

Toutes mes affaires y sont, je veux dire les journaux, les papiers et mon sac de voyage avec mes notes. Que trouverai-je où nous irons? Et où irons-nous?

Mercredi 10 mai.

Jean Filliol est rentré ce soir vers onze heures, je ne dirai pas inopinément puisque Françoise, du moins, l'attendait tous les jours. Je mentionnerai impartialement, comme toujours, les nouvelles qu'il rapporte. D'abord il a trouvé là-bas des affaires intéressantes qui, même, nous rapporteraient de l'argent si elles se vérifiaient et si elles étaient convenablement menées. Filliol assure en tout cas que leurs possibilités sont presque illimitées.

Il a rapporté à chacun de menus cadeaux. A chacun des hommes une cravate, aux dames des mouchoirs. Pour moi je ne veux considérer dans tout cela qu'une chose : la possibilité de gagner de l'argent. Le temps est décidément fini de végéter. L'âge avance rapidement et j'ai trop horriblement souffert du manque d'argent depuis toujours pour ne me point jeter à corps perdu dans les occasions qui se présenteront. Je ne ferai pas la petite bouche, ni le difficile, ni le malin. Filliol trouve des affaires mais il aura besoin de moi; je tâcherai en toute circonstance d'être roulé le moins possible. Si les opérations dont Filliol m'a très succinctement parlé deviennent possibles, il serait tout à fait naturel que je sois appelé à me rendre à Londres ou à Amsterdam, quoiqu'il n'ait rien dit de tel. Il faudra en conséquence, et au plus tôt, obtenir que nous ayons nos coudées franches et que nous puissions circuler et sortir aisément d'Espagne.

Jeudi 11 mai, minuit cinquante.

Des amis, plus exactement des gens que Filliol a rencontrés, disposent d'environ huit millions de pesetas en devises étrangères déposées dans les banques de Paris, de Londres et de Genève. D'autre part, un banquier rencontré par lui au cours de ses randonnées à

Madrid a, à sa disposition, des comptes de pesetas bloqués. Ces comptes ont leurs détenteurs hors d'Espagne. Dès lors, les opérations apparaissent possibles avec une grande netteté. Ceux, Espagnols, qui possèdent des comptes livres, dollars, francs sont très vivement désireux d'obtenir à un taux qui ne soit ni dérisoire ni catastrophique, c'est-à-dire aussi éloigné que possible de l'absurde taux officiel de 24 ou 26 pesetas pour 100 francs, d'obtenir donc des pesetas en Espagne. Un simple virement d'un compte à l'autre accomplira cette opération. Bien entendu, les opérateurs toucheront une commission, elle sera double, c'est-à-dire que les détenteurs de pesetas la payeront comme les détenteurs de francs, livres, dollars ou florins. Elle sera double et elle ne sera pas mince pour autant : 30 %! C'est-à-dire que le cours officiel de la Bourse de Paris étant pris pour base, l'on paiera les pesetas à ce taux réduit de 30 %. Exemple : le taux actuel des 100 pesetas est de 150 francs, la commission sera de 45 francs, on créditera donc 100 pesetas : 105 francs, ce qui n'empêche pas que Filliol écrive dans son mémorandum « taux honnête », eu égard assurément à celui que l'on pratique ici officiellement. Toutefois, cette énorme commission n'est point celle que Filliol touchera. C'est celle qui reviendra aux banquiers. Lui se contentera sans doute de 10 %. Mais, et c'est ici que l'affaire devient tout à fait intéressante, Filliol n'a pas la moindre intention de nous associer à ces profits. Il tâchera de nous trouver pour se défaire de nous, et comme par raccroc, une situation à 500 ou 800 pesetas par mois, tandis qu'il trouvera naturel de gagner 50000 ou 100000 pesetas par an! Il m'a annoncé qu'il avait une affaire en cours qui doit aboutir dans une semaine et qui lui rapportera 50000 pesetas, peut-être 100000. Qu'est-ce? Il n'a point voulu dire. Cet argent lui servira de base de départ, excellente base en vérité, étayée par la petite affaire ci-dessus. J'étais absolument persuadé qu'on allait nous inviter à prendre part, en donnant bien entendu notre part de peine. Mais Filliol ayant dit qu'il trouverait une situation à Pierre à Barcelone, je lui ai fait part ici, dans le bureau, de mon étonnement. Un peu embarrassé, il m'annonça qu'il s'apprêtait à s'installer à Madrid, aussitôt « gagnées » les premières

50 000 pesetas. D'abord ces premiers fonds serviraient à faire marcher la maison, puis la prospérité montant, on prendrait du personnel. C'est alors que nous pourrions être invités. L'on voit à quel titre. Comme cynisme et goujaterie c'est assurément ce que l'on peut faire de mieux. Je ferai l'impossible pour me passer des services de ce manant. Il veut, dit-il, dégager Paris de l'obligation de nous venir en aide s'il parvient à décrocher la timbale. Il nous prendrait les uns et les autres provisoirement à sa charge mais ce n'est pas la charité que je veux; cette manière d'agir est d'autant plus ignoble qu'il nous a toujours systématiquement et rigoureusement écartés de toutes les affaires qu'il a pu traiter comme de tous les gens qu'il a pu rencontrer. Cela se comprend. Tout comme lui nous eussions été capables de gagner 50 000 pesetas à ne rien faire et même tout aussi capables d'aider à les gagner en travaillant. Mais outre sa tournure d'esprit, il y a son conseil féminin, la Françoise, tout hostile, tout agrippée à l'argent et qui fût entrée en transes si l'un seul d'entre nous avait été invité à se venir asseoir à la table des dieux. Cette personne vulgaire, sans éducation, sans savoir-vivre, sans tact, parfaite chipie, ayant gardé l'exact état d'esprit de la petite couturière dont la principale occupation est de se tirer les cartes à longueur de journée va pouvoir trôner du haut des 50 000 pesetas dont notre part légitime nous aura été frustrée.

Samedi 13 mai.

Jean Filliol s'est rendu aujourd'hui à Bilbao. Il en est rentré ce soir pour le dîner. C'est un autre aspect de mon homme qui m'a été révélé aujourd'hui. « Révélé » est d'ailleurs assez inexact. Cet aspect je le connaissais déjà. Je savais que Filliol était joueur. Il l'avait dit, du reste, sans ambages. Tous les soirs, pendant de longues années, il avait joué au baccarat à Paris. Il lui arriva ce qui arrive à tous les joueurs. Il finit par cesser de jouer à cause d'une part du manque de temps et d'autre part parce que, à *l'Action Française* je pense, des représentations lui furent faites. Ici il a le temps et il n'a plus *l'Action Française.* Il va donc fréquemment au

« fronton » où se jouent des tournois de pelote et où s'engagent des paris souvent élevés, comme aux courses. C'est Jesusa qui attesta sa fréquente présence en ce lieu où elle a quelqu'un. Est-ce là qu'il a « gagné » 2000 pesetas?

Il avait un autre défaut qu'il a aussi confessé sans qu'on lui demandât rien. De seize à vingt ans, ou jusqu'à son service militaire, il rentrait ivre, plus ou moins mort, à peu près tous les jours. Il a perdu cette heureuse habitude et il est d'ailleurs extrêmement douteux que son état de santé lui permît aujourd'hui ces libertés. Il est revenu de Bilbao fort enrhumé. Il repartira pour Madrid dans les premiers jours de la semaine. C'est la semaine où vont être célébrées dans la capitale les fêtes et le grand défilé de la victoire. Il ne les manquera pas comme je l'ai déjà indiqué. J'ai d'autre part oublié de noter qu'il a certainement vendu les pneus neufs qu'il avait « trouvés » lors de son premier voyage à Madrid, trois pneus au prix où sont les choses font facilement 500 et peut-être 600 pesetas. Il ne serait pas raisonnable de penser qu'un partage de ces petits profits puisse avoir lieu.

Christiane

III – LA GUERRE

« On n'écrit plus de mémoires intimes »

Pierre Gaxotte.
« *La terreur rose* », 12 mai 1939.

Dimanche 21 mai, 23 h 45.

Il y eut hier quatre mois que Daguy est partie pour la France. Je n'ai pratiquement pas eu de lettre d'elle pendant toute cette période qui est tout juste égale au séjour qu'elle fit en France l'an dernier. La dernière lettre que je lui ai écrite est du 6 avril. L'absence de réponse m'a lassé. J'ai cependant toujours été à son égard dans les meilleures dispositions d'esprit, abstraction faite de quelques mouvements d'humeur causés d'ailleurs par les inégalités de son intelligence. L'un des reproches qu'elle me faisait était le suivant :

« Vous êtes à la fois trop tendre et pas assez tendre. »

Daguy était pudibonde. Un jour je lui avais écrit des petits vers qui contenaient quelque chose dans ce goût :

« Je découvrirai ton sein nu. Pour lui prodiguer des caresses. » C'était aussi peu méchant et audacieux que possible, cependant elle m'en avait fait la remarque en me disant :

« J'aime le mystère. »

Moi aussi je l'aime. Je lui avais cependant cité Ronsard qui écrivait à une belle dans un exquis petit poème :

« Ah! permettre que ma main s'ébatte un peu dans ton sein. Et plus bas si bon te semble... »

Quoi de moins répréhensible, quoi de plus naturel et de plus attendu, quoi de plus fréquent, enfin? Cette pudibonderie des choses de l'amour est ridicule. Ecrire ou dire à une femme qu'on l'aime est bien et insuffisant. Ecrire : « Je t'aime » sur quatre pages c'est un peu plat. On peut fort bien entrer dans le détail avec tact et délicatesse. Ceci dit tout doit et peut être admis. Dans une lettre que je ne lui ai jamais envoyée, je faisais allusion à une promenade que nous aurions faite ensemble, si elle eût été là. Une promenade un soir d'été. Deux amoureux font cette promenade, ils n'ont à se dire que des tendresses. Mais s'ils sont séparés, si l'un rêve à ce délice et s'il veut faire goûter à son amant, qu'il peut et qu'il sait le lui dire. Quoi de mieux? Nous étions en été, il faisait adorablement chaud :

« Vous seriez à peine vêtue », lui disais-je, et d'ailleurs hormis sa carapace, elle l'était peu en effet.

Elle me le disait : « J'aime être légèrement vêtue. »

Elle portait une robe et une combinaison. D'autres fois une jupe, un petit chandail sans manches, parfois, et la combinaison. Mais pour tout gâter sa gaine, la « carapace » et ce diable de petit cache-sexe. Donc le « à peine vêtue » de la nuit d'été, je le décrivais ainsi :

« Une légère robe de soie suffirait et mes doigts sentiraient votre corps libre sous les plis mouvants de l'étoffe... »

Cette fois plus de « carapace » et de « cache-sexe ». Mais un amoureux qui se promène avec sa belle ainsi accoutrée, une nuit d'été, ne se contente pas de lui parler des étoiles. Et, ma foi, elle en serait je suppose bien fâchée. Daguy plus d'une fois l'a éprouvé et je ne sache pas qu'elle se soit jamais plainte. Et comme juste, puisque l'on est embarqué dans la promenade, il la faut bien suivre. On serre une amoureuse contre soi, l'on prend son bras, le sein est au défaut du coude. Le dos de la main porte sur ce sein. Dès les premiers instants de nos premières promenades au Monte Urgull et ailleurs mes doigts ont ainsi effleuré le sein de Daguy et même ils faisaient chaque jour un peu mieux qu'effleurer, à travers le fameux « lainage » il est vrai. Je lui disais dans cette lettre une chose qu'elle et moi avions éprouvée souvent, pour ne pas dire tous les jours :

« Ma main s'appuie contre votre sein dont votre marche cause l'ébranlement. »

Et sous la laine, trop épaisse assurément, j'avais senti et tâté la pointe de ce sein. De son côté, il avait aussi senti mes doigts et pas une seule fois elle n'avait interposé son sac ou retiré son bras. Bondissons. La campagne est infiniment douce, l'air est tiède, la nuit enivrante et pleine des chaudes senteurs de la nature. L'on a à son bras une femme seulement vêtue d'une robe légère. D'abord on l'embrasse, on cherche ses yeux, sa bouche et on les trouve. On l'embrasse mais l'on ne garde pas pour autant ses mains derrière son dos, ce n'est pas l'usage. Cette femme tendre, on la prend, on l'étreint, on la presse. On serre ses flancs, ses hanches, sa taille, on trouve tout naturellement sous ses doigts ces seins que l'on a effleurés tout à l'heure. On les baise par-dessus l'étoffe pour commencer. Et puis l'on ne s'embrasse pas pendant un quart d'heure et davantage sans être un peu grisés. En étreignant l'amoureuse on a senti, presque malgré soi, sa proche nudité : une simple étoffe la recouvre! On l'a pressée aux flancs, on suit naturellement la cambrure des reins. L'amoureuse se sent plus tendre, l'on se sent plus mâle et avec sa robe légère l'amoureuse s'en aperçoit très vite. Je disais quelquefois, souvent dans les derniers temps, à Daguy toujours pudibonde :

« Ne me tendez pas une hanche hostile. »

Et alors elle s'offrait franchement. Donc mon amant sous les pins de la nuit d'été rencontre les reins de sa belle. Il les franchit. Elle attendait ce franchissement. Il descend des hauteurs. Nouvel et profond émoi, cette fois. Il sent sa croupe qui frémit et qui est libre. Il n'y a plus de carapace. Il la sent cette croupe, il la saisit dans ses doigts puissants. Il la caresse, bientôt il l'explore, il en interroge la rondeur et puis comme je faisais à Daguy quand elle ne me tendait plus sa hanche, je la pressais de bas en haut sous cette croupe ayant tant de force qu'elle criait presque, mais elle fermait les yeux, mais elle me sentait contre elle, la bouche ouverte d'où s'écoulait la salive, elle buvait mes baisers. Alors si l'amante a une robe légère, s'il fait grand-nuit dans la campagne chaude, que fait-on, qu'arrive-t-il plutôt? La lettre le disait :

« J'avais osé relever jusqu'aux épaules votre robe légère, seule voile qui vous couvrît. »

C'est dans l'ordre des choses, de la promenade, de la robe, de l'amour. Et alors? Cette fois l'on recommence les caresses de tout à l'heure, mais les flancs sont nus, mais la croupe aussi est nue, les jambes sont nues, le ventre l'est et les seins! Et l'amoureuse est de plus en plus ravie. Cette fois les caresses courent sur la chair elle-même. La croupe frémit et reçoit les doigts qui l'animent. Ces doigts eux-mêmes suivent le sillon qui y est tracé tout exprès. Et ce sillon même sous des ombrages. Daguy chérie nous l'avons éprouvé, mais que la carapace était odieuse. L'amoureuse attend ces caresses, elle les appelle et quand elles arrivent là au cœur, au confluent de tout son être, elle tressaille, elle frissonne, elle est heureuse. Oh! ces doigts sur sa chair nue, mais plus encore dans son être profond et ces baisers sur ses seins, et ces caresses sur son ventre et bientôt dessous « sous l'auvent » disais-je à Daguy en désignant l'obstacle de la carapace.

« Et plus bas si bon te semble » avait dit le poète de l'amour.

Oui plus bas au cœur. Les doigts étaient là qui butinaient, qui écartaient tendrement sa chair. Et alors l'amante pensait : et lui! Et lui! Oui lui! Ah! lui, n'a pas une robe légère hélas! Elle l'attend! Va-t-il venir. Serait-ce possible qu'en cet instant il dit : « Il est l'heure de rentrer! » Elle ne le peut croire. Ce serait affreux. Elle attend : Ah! quelque chose rampe vers son ventre. Oh! non ce n'est pas un doigt. Elle trépigne, elle bondit de joie, elle déborde de bonheur. D'abord elle n'ose, sa main hésite, puis elle s'enhardit, se décide. Dans ses doigts ce membre puissant, quelle force, elle l'étreint, le presse sur sa chair intime, l'aide à cheminer et bientôt elle le veut en elle. O ivresse, ô volupté, ô jouissance infinie de mon être. Et j'achevais cette lettre toute naturelle et toute amoureuse ainsi :

« Et vous m'avez gardé en vous longtemps, longuement, jusqu'à ce que perdant enfin ses formes rigides mon phallus glissât de lui-même hors de votre petit sanctuaire épanoui, débordant, répandu comme un fruit ouvert, et tout encore gorgé de la liqueur sublime qu'il ne peut tout entière retenir. »

Je suis persuadé que la chère Daguy eût trouvé cette lettre délicieuse et qu'elle l'eût lue avec tendresse et volupté.

Vendredi 26 mai.

J'ai écrit aujourd'hui une lettre au sergent Arnux que j'ai connu au début de ma venue en Espagne. Il était attaché au commandant Ruis Ojeda et il nous a grandement aidé au cours de toutes nos opérations ici. Je suis en termes les meilleurs avec lui. Comme son père est un important banquier de Barcelone, je lui demande s'il n'aurait pas une situation pour moi. Je lui énumère mes titres. De la sorte je pourrai si de ce côté-là quelque chose va bien, être indépendant de Filliol et, si de sa part il a quelque chose à proposer, poser mes conditions. Il est temps d'en finir avec cette vie misérable et recluse que nous menons. Et pour ma part il est plus que temps que je songe à m'établir. Malheureusement les circonstances sont aussi défavorables que possible. C'est un problème auquel, je peux le dire, je pense jour et nuit.

Samedi 27 mai.

Jeudi, tout à fait par hasard, j'ai acheté *Candide*. Il y a fort longtemps que nous en avons abandonné la lecture mais, je ne sais pourquoi, un titre de la première page m'attira. Mais c'était une annonce de la dernière page que je devais lire d'abord négligemment, qui retint tout à fait cette attention. Voici comment elle est libellée :

« Fleur d'automne, meilleur monde, grande, souple, bien faite, racée. Très intelligente, cœur bien féminin, belle fortune, recherche vue mariage compagnon affectueux, sérieux, très bien physiquement, intelligent, belle santé, honorabilité parfaite, aimant parfois danser. Recherche sans doute l'impossible? »

J'ai fait un projet de réponse à « Fleur d'automne ». Il commence ainsi :

« Fleur d'automne, j'ai médité sur votre séduisant message. Mais j'ignore s'il est bien sage que mon cœur s'y soit arrêté. »

Il y a en tout neuf strophes. Si une correspondance s'établit entre « Fleur d'automne » et moi il lui sera loisible de pousser jusqu'à Saint-Sébastien. Nous pourrons ainsi avoir un contact qui permettra la mise au point nécessaire. Il y aura évidemment la question de l'âge de « Fleur d'automne ». Il semble impossible, *a priori,* de lui accorder moins de 38 ans et il est vraisemblable qu'elle n'a pas plus de 45 ans. L'âge moyen possible serait donc de 40 ou 42. C'est beaucoup mais cela dépend des circonstances. Je voudrais avoir des enfants. Assurément je ne me prends pas de bonne heure. Il faudrait que je me marie avec une femme qui aurait de 28 à 32 ans. Si je ne veux pas d'enfants, l'âge de « Fleur d'automne » est presque indifférent pourvu toutefois qu'elle n'ait pas 45 ans, l'âge de Lucienne. Dans ce madrigal, je ne crains pas justement de lui demander en ces termes si elle peut encore avoir des enfants :

Déesse, souple comme un lis,
Mais pauvre mortel, oserai-je?
Dites-moi cependant, pourrai-je,
De vous attendre encore un fils?

Il restera les extrêmes difficultés de correspondance. Espérons que, si elle daigne répondre, nous les surmonterons. Après ces difficultés, il y en aura d'autres incomparablement plus graves : la situation à trouver et aussi mon cas assurément paradoxal et qui peut être un vice rédhibitoire. Enfin lundi mon message partira pour *Candide* et je donnerai Mérino comme boîte aux lettres.

Il se peut à ce propos que nous allions habiter à la villa Maxima plus haut. Elle est à louer 5000 pesetas pour la saison avec possibilités de louer par mois je pense.

Dimanche de la Pentecôte, 23 mai, 23 h 35.

Filliol est rentré vers la fin de l'après-midi. Il a parlé en général de ce qu'il avait fait à Madrid et il a publiquement annoncé qu'il y avait gagné 20000 pesetas. Je l'ai engagé à nous donner la recette. Il s'en gardera bien. Toutefois, il a dit qu'il s'occuperait de nous et tâcherait de nous trouver là-bas quelque chose. Mais il convient de reprendre un peu ceci en détail. C'est ainsi qu'il se trouve ou va se trouver dans une affaire d'urbanisation et d'achats de terrains à Madrid où il y aura, a-t-il dit, des millions à gagner. Je ne dis pas c'est vrai, ce n'est pas vrai, c'est magnifique, c'est absurde, je me contente présentement de rapporter ce qu'il dit, dans l'avenir je vérifierai. De grands travaux vont être entrepris dans tous les domaines et il en est actuellement prévu pour sept cents millions de pesetas. Il est clair qu'il y a là des fortunes à édifier. Il assure qu'il est admirablement bien placé pour réussir et se tailler sa part. Eventuellement, il nous prendrait comme secrétaires ou adjoints. Mais moi je veux gagner de l'argent, je ne veux pas faire le gratte-papier pour celui-ci ou celui-là. Je saurai le dire le moment venu. Il a donc avoué un profit de 20000 pesetas mais sans dire de quelle manière il l'avait fait. Je l'ai dit en termes nets à Pierre et à Raymond :

« Ça nous fait plus de plaisir que de bien! »

Maintenant je ne vais pas piquer des rages grandiloquentes et vaines. Quelles que soient mes répugnances si je peux gagner de l'argent par lui je n'aurai pas d'hésitation. Et je n'ai pas besoin d'écrire là-dessus toute ma pensée.

Mardi 30 mai.

Filliol est rentré fort tard et m'a tenu plus de trois quarts d'heure. Je m'étais cependant fort bien habitué à ma tranquillité de fin de soirée. Heureusement il va repartir sous peu. J'avais omis de rapporter hier ce qu'il m'avait dit. Il compte réaliser une affaire qui rapportera *un million* de pesetas, c'est fabuleux. Avec la plus parfaite goujaterie, il ne manque pas non plus d'étaler les dépenses qu'il fait. Il a acheté du tissu magnifique pour faire deux chemises de soie. Coût : 120 pesetas. Il faudra y ajouter 30 pesetas de façon, ce qui met la chemise à 75 pesetas. Il a acheté cravates, gants, chaussures. Il fume des cigares de millionnaire, il envoie costumes, robe de chambre, vêtements à nettoyer chez le meilleur teinturier, sans parler de toutes les dépenses qui échappent à mon contrôle. Il m'a raconté qu'il avait dû, c'est naturel, inviter de Gerès à dîner. Coût d'un dîner à Madrid : 250 pesetas. Un cadeau à une femme d'un de ces messieurs, 100 pesetas, etc. Tout cela est étalé avec une écœurante impudeur. Mais je veux moi en garder le souvenir, je veux pouvoir un jour le rappeler avec d'irréfutables précisions. Jacques Corrèze aussi, sur lequel je n'ai pas la moindre illusion, avait parlé de faire des affaires, mais on les ferait *ensemble.* Chacun aurait son rôle, mais aussi sa part.

Mercredi 31 mai, 23 h 50.

Théoriquement, nous avons fini notre temps à « Brisas del Mar » que nous devrions quitter demain. Mais nous n'avons rien trouvé. Vouloir louer au mois à cette époque de l'année est assurément vouloir l'impossible. D'autre part, il est également impossible de louer pour quatre ou cinq mois si l'on doit partir dans deux ou avant. Pour ma part, j'ai quelque doute sur la rapidité relative et la proximité de ce départ. Hier j'ai oublié de noter que Filliol avait demandé qu'on lui achetât d'urgence une voiture à Paris et que, aussitôt achetée, on la lui expédiât. Il est, certainement, tout à fait nécessaire d'avoir une voiture pour circuler dans ce pays. Les trains sont parfaitement impossibles.

Il y a à Logrono un millier de voitures italiennes en excellent état et même pratiquement neuves. Il ne faut plus que les acheter au taux de 5000 pesetas, seulement la pièce. Filliol a les fonds. Ce sont des voitures que l'on revendra le mieux du monde 10 ou 12000 pesetas. L'on voit d'ici le profit. Il n'est absolument pas possible que, de façon ou d'autre, nous ne soyons associés à d'aussi brillantes et rapides affaires. Avant que de me coucher, je veux parfaire mon portrait de Raymond et le jeu qu'il mène. Il continue de faire le valet de Françoise. Il est à ses petits soins, il la couve. Et cependant naguère encore il la vilipendait : « Si j'avais une femme comme ça, je la foutrais à la porte », disait-il volontiers. Il continue de ne la pouvoir souffrir mais il a reniflé l'argent. Raymond est un caractère vil. Quant à l'autre, elle fait sa coquette et non sans l'arrière-pensée de taquiner Filliol et d'avoir ainsi sur lui plus de prise. De la sorte elle se fait payer ses complaisances.

Vendredi 2 juin, minuit vingt.

Filliol a reçu une lettre de Paris datée du 25 mai. Il l'a laissée sur la table ou oubliée. Je l'ai lue. C'est une lettre du patron où il est surtout question d'affaires. Il insiste pour que les démarches en cours et dont Filliol ne m'a pas dit le premier mot soient faites le plus vite possible.

« J'y attache, écrit Eugène, je te le répète, une grande importance, je tiens à savoir ce qu'on t'a répondu... »

Je pense, à la réflexion, qu'il doit s'agir des affaires de Bilbao dont j'ai très vaguement entendu parler quand Boissière est venu. Plus loin le patron parle d'une chose qui m'est encore plus inconnue, à première vue au moins. Voici ce qu'il dit :

« En l'absence de Boissière, j'avais reçu une lettre au sujet d'une opération que tu essayais de monter et qui, *a priori,* m'avait semblé pour le moins curieuse. Boissière m'a donné un supplément d'informations et je dois te dire que je suis, pour de nombreuses raisons, opposé à de pareilles opérations qui me paraissent dangereuses à tous les points de vue, d'un résultat très hypothétique et du reste presque impossibles à réaliser. J'ai donc demandé que l'on ne travaille plus dans ce sens et compte sur toi pour ne pas essayer de poursuivre sur ce terrain. »

S'agit-il des opérations de change auxquelles Filliol m'a fait allusion? Je ne saurais dire. Mais le patron insiste. Il revient sur la question et dit, ce qui prouve à quel point son information est faussée :

« ... j'ai l'air de t'empêcher d'améliorer l'ordinaire, c'est dans votre intérêt à tous, tu dois donc m'obéir même si tu n'es pas de mon avis. »

Le « améliorer l'ordinaire » est pour le moins piquant. En fait d'amélioration de l'ordinaire, il n'y a que le sien, à Filliol, qui ait fait de forts sensibles progrès... à nos dépens. Le patron annonce un envoi de fonds, consécutif à l'annonce de notre prochain déménagement. Il demande que tout le monde soit casé. Il envoie des amitiés à tous. Je verrai si Filliol me parle de cette lettre que certainement sa négligence a oubliée sur le bureau. Je ferai celui qui ne l'a ni vue ni lue, bien entendu. Puisque je suis sur ce chapitre, voici une nouvelle anecdote qui illustre fort bien l'esprit et les manières d'agir de Filliol. Il est sur le point d'acheter une voiture d'excellente marque, une Alfa-Romeo italienne. Cette voiture d'un modèle récent, 1936, est en très bon état et en très bonnes conditions de fonctionnement. On lui demande 8500 pesetas à ce qu'il dit. Elle en vaut bien plus mais cependant il la trouve trop chère pour sa bourse actuelle. Il va néanmoins l'acheter avec le dessein de la garder un mois ou deux et de la revendre, au bout de ce temps, 14 ou 15000 pesetas. Ce qu'elle vaut réellement, au dire de Bardane qui l'a examinée. L'affaire de Filliol a fait hier un nouveau progrès. Il espère bien avoir la voiture à meilleur compte. Voici comment : il a appris que la voiture appartenait à un Français, le comte de X...; ce monsieur se trouve actuellement en Espagne dans une situation difficile. Quoique bien pourvu en France il n'a plus d'argent ici et se trouve fort empêché d'en faire venir. Peu à peu il a vendu presque toutes ses affaires. Il est sur le point de vendre, à son tour, sa voiture. Il attend néanmoins avec une impatience grandissante son sauf-conduit pour rentrer en France où il serait sauvé. Aussi hésite-t-il, et espère-t-il tenir et il essaye de conserver sa voiture. Mais est sur la liste le millième et quelques. Et avec la lenteur naturelle des choses ici, il court risque d'attendre encore plusieurs semaines.

« Dans quelques jours il n'aura plus de sous du tout », dit Filliol qui a appris ces précieuses informations par un intermédiaire, sans doute Espagnol.

Filliol a aussitôt conçu le projet de tirer le meilleur

parti, pour lui, de cette situation fâcheuse. Il va attendre, il va faire le difficile, l'hésitant. L'autre, de plus en plus pressé d'argent au fur et à mesure que passent les jours, sera forcé de vendre. Car Filliol sait bien tout le temps qu'il faut pour obtenir le passeport. Il compte, de la sorte, avoir la voiture pour 7000 pesetas. Il a promis 500 pesetas à son précieux informateur. Ce sont là des mœurs de fripon et d'aigrefin. Les Juifs ne font pas autre chose.

Dimanche 4 juin, 23 h 40.

Filliol vient de passer. Nous avons eu un entretien cordial sur les affaires en cours. Il m'a dit qu'il avait de nouvelles opérations en vue : 1) achat de pièces détachées de voitures; 2) achat de pneumatiques; 3) achat de ferraille (ferraille comprenant des moteurs et des appareils divers). Il sera introduit demain auprès des personnes convenables. Il m'a aussi parlé de la lettre de Paris dont il m'a lu les principaux passages. Le plus important, celui relatif à « l'opération » se référait bien, comme je le pensais, au virement de fonds. A ce sujet je lui ai fait remarquer à quel point le patron était léger de s'exprimer ainsi dans une lettre qui est lue par la censure et même qui le sera deux fois attendu que Boissière, comme il l'annonce, a eu le bon esprit de l'envoyer en double.

Dimanche 11 juin, 23 h 25.

Nous avons eu aujourd'hui un nouveau et excellent témoignage de l'impudeur et de la goujaterie de Filliol. Nous l'avons vu venir à table à déjeuner, c'est-à-dire à deux heures quinze environ car il n'est jamais là à l'heure, avec un magnifique costume tout neuf, gris très clair, très beau drap, bonne coupe relative. Bref, tout ce que l'on peut faire de mieux. C'est assez insulter à notre insuffisance générale. Il n'y a guère plus de six semaines qu'il en avait inauguré un autre dont la façon avait été payée avec le bien commun. Donc « l'amélioration de l'ordinaire » continue et fort bien. Car le costume n'est qu'une chose. Il y en a vingt autres, de belles paires de chaussures, du linge et du meilleur, des cravates, des pochettes et tout ce que nous ne voyons pas.

Jeudi 19 juin, 10 heures (transcrit).

Cruelle attente et cruel émoi. Mérino vient de me téléphoner qu'il avait quelque chose pour moi. Est-ce une réponse de « Fleur d'automne » ou est-ce, ô dérision, l'envoi d'échantillons de papiers d'Amsterdam? Quelle déception dans le dernier cas. Quelle plénitude dans l'autre. Je n'ose espérer tant je redoute d'être déçu. J'y vais dans quelques instants.

C'était la réponse tant attendue et à la date limite assignée. Je me suis rendu sans hâte chez Mérino et jusqu'au tout dernier instant, jusqu'à ce qu'il eût longuement fouillé dans ses papiers, l'incertitude a demeuré. Enfin j'ai vu le timbre de France et j'ai connu une grande joie dont je n'ai rien laissé paraître. Avant-hier c'est curieux, j'ai coupé un jeu de cartes qui traînait sur la table, la carte ainsi révélée était le dix de cœur.

« Qu'est-ce que ça veut dire? » ai-je demandé à maman :

« Grande joie », me répondit-elle.

La lettre de « Fleur d'automne » est de vendredi. Elle n'a donc pas mis une semaine pour venir. Mais quelle lettre curieuse, vivante, presque enflammée. Point de titre et après un rapide remerciement pour l'« envoi charmant », elle poursuit :

« Je cherche l'impossible? Pourtant j'ai aimé de toute ma chair, de toute mon âme et avec tout mon cerveau clairvoyant un être que la mort a pu seule m'arracher. »

Que de force et d'ardeur dans ces mots. Et elle continue :

« Je ne puis donner mon cœur sans me donner physiquement et je suis difficile comme toutes les sensuelles qui appartiennent totalement mais ne peuvent pas se prêter. »

Je lui ai répondu qu'un tel langage je l'approuvais de

toute ma force. Elle conclut en disant qu'il était nécessaire que l'on se voie pour savoir si les atomes s'accrochent. Je lui ai répondu très longuement. Comme il est plus de trois heures, je ne vais pas m'y attarder. Je lui ai marqué avec quel esprit j'entrais dans cette danse. J'ai dit aussi un mot de ma crainte d'être déçu : « Etes-vous la femme que je cherche depuis plus de quinze années? » Le curieux c'est que cette très vive ardeur qu'elle manifeste m'effraie un peu. Mais je serai vite ressaisi. Enfin et très malheureusement, il y a la terrible question d'argent qui va se poser avec une horrible acuité.

Samedi 17 juin, 23 h 45.

J'ai l'esprit plein de « Fleur d'automne » et certainement une « Fleur d'automne » tout à fait différente de celle que je me plaisais à imaginer avant jeudi. Avant ce jour, « Fleur d'automne » était une femme encore jeune, distinguée, intelligente, elle l'a dit, et j'ajoutais pour ma part : vive, enjouée, bref une femme moderne et désirable. Mais aujourd'hui c'est bien autre chose. Certes elle est encore tout cela, mais elle est désormais beaucoup plus. Celle qui sait écrire, dans sa première lettre : « J'ai aimé de toute ma chair, de toute mon âme avec tout mon cerveau clairvoyant un être que la mort a pu seule *m'arracher.* » Cette femme-là est digne de tous les bonheurs et de tous les amours. C'est moi qui ai souligné « m'arracher ». Mais quelle force dans cette expression car il y en avait d'autres en dehors des banalités comme m'ôter, m'enlever, etc. Il y avait me ravir. Mais arracher a, là, une vigueur, une violence même qui éclate et qui domine. Et l'on sent que ce mot est venu là sans recherche, il est issu, il a surgi des profondeurs de l'être. C'est pourquoi je me demande, par instants, avec une véritable angoisse, si cet être qui semble si bien correspondre à celui vers lequel j'aspire, si cet être ne me décevra pas, c'est-à-dire s'il ne m'échappera pas. Si j'en crois mon intuition profonde, je suis déjà plus rassuré et rassuré *depuis longtemps,* depuis bien avant que « Fleur d'automne » eût inséré son miraculeux appel dans *Candide :* tout au long de l'année dernière tandis que je fleuretais avec Daguy, j'avais comme une voix qui me rappelait :

« Non ce n'est pas cela, ce n'est pas elle. Retiens-toi. Ses caprices et ses rebuffades sont des bienfaits. Attends, prends patience! »

Et plus tard la voix semblait dire encore lorsque Daguy fut d'abord partie pour la France, en janvier et plus tard quand elle ne répondait pas aux lettres :

« Tant mieux, tant mieux, ce n'est pas la bonne voie. Ces échecs te ménagent une merveilleuse revanche, ils en sont la condition même. »

Il est certain que si Daguy avait été ici et que j'eusse été son amant, jamais je n'aurais écrit à « Fleur d'automne ». Il y a longtemps que je voulais inconsciemment noter tout cela. Mais je n'ai malheureusement jamais le temps de parler de moi-même dans ces notes qui sont cependant destinées à recevoir ces confidences. Il est vrai que ce qui me paraît être le beau fruit n'est pas encore cueilli, que les difficultés les plus grandes, pour ne rien dire de la situation extérieure si menaçante, vont se présenter si même tout va bien d'autre part. Car je n'ai absolument pas d'argent ni pas de situation et les espoirs que nous caressons brillent plus par l'idée que nous nous en faisons que par la virtualité qu'ils représentent. C'est pourquoi je suis traversé d'angoisses et ballotté sur une mer d'incertitudes plus agitée que jamais. Je me suis promené ce soir comme d'habitude, par un temps splendide. Toutes mes pensées tournées vers cet avenir qui devrait être si proche et qui devrait m'être enfin un peu plus souriant que le passé d'hier ou de jadis.

Mardi 27 juin.

« Fleur d'automne » est morte. Elle est désormais remplacée par Christiane Raspail, « Ninon dans l'intimité ». Mais cette Christiane-Ninon est fort différente de la « Fleur d'automne » à qui, depuis tout juste un mois, j'avais donné vie. J'ai reçu, ce soir, chez Mérino, une lettre qui y était vraisemblablement depuis hier. Lettre datée du 19 et lettre assez extravagante à laquelle était jointe une photographie. Mais si cette Ninon amoureuse et bonne d'ailleurs pouvait être ma maîtresse demain, si elle passait dans cette ville, je ne me l'imagine vraiment pas comme ma femme. En vérité la « Fleur d'automne » que j'avais déjà rêvée dans mon cœur est bien morte. Mais il reste Ninon à qui déjà je répondrai comme à une amoureuse avec une chaude audace. La photographie représente une jeune femme de trente à trente-deux ans qui n'est pas sans analogie quant au visage avec la belle Haendel. La bouche rentrée n'est pas très belle mais le cou est beau et le décolleté assez poussé fort engageant. C'est une photographie très vulgaire, format carte postale. Ce serait d'après Ninon fait d'après une autre photo, « très bonne » et qui daterait de trois ans. Mais, par la coiffure, il faut doubler ce chiffre et l'on continuera à être au-dessous de la vérité. Il s'ensuit donc que Ninon a 37 ou 38 ans, comme je l'avais imaginé. Il n'y aurait donc pas de ce côté d'objection absolue. Après l'entrée en matière sur ma lettre du 16, très brève, où elle élude une question générale sur la raison qui l'avait incitée à me répondre : « Mystère! » écrit-elle et les quelques indications qu'elle donne sur sa photo, elle entre non sans complaisance ni hélas! sans vulgarité, dans une brève description de soi :

« Je suis grande, écrit-elle, 1,70 mètre, longues jambes, minces de hanches (l's de mince paraît supprimé, ce qui aurait plus de sens) et un buste très plein! »

Résumons : buste très féminin, « à partir de la taille très fine bâtie comme un jeune éphèbe! ce qui me vaut une très jolie ligne! » On sent qu'elle aurait voulu parler davantage de ce buste et je l'y inciterai. D'autre part, l'on peut se demander ce qu'elle entend exactement par cette phrase qui répond évidemment à ce que je disais de cette femme dont je faisais la quête depuis de longues années.

« Combien je vous approuve de chercher celle qui doit être pour vous non une femme, mais *votre femme*. Je n'entends pas par cela le mariage! »

C'est assez énigmatique; d'ailleurs la pensée est désordonnée et décousue. Puis de là jusqu'à la fin il n'est question que de l'amour non sans qu'elle eût un peu parlé d'elle-même « fille d'un homme connu et riche ». Elle avait « une splendide voix de mezzo que j'ai d'ailleurs travaillée avec les meilleurs maîtres... » Mais son père ne veut pas qu'elle se produise. Puis nous en venons à sa vie sentimentale qui paraît singulièrement agitée. On la marie à dix-sept ans. Mauvais résultat :

« J'ai eu l'horreur physique d'un mari pourtant joli garçon mais qui ravalait l'amour à un geste banal! » Elle le quitte bientôt :

« Un jour j'ai rencontré l'amour et j'ai divorcé pour l'épouser. »

Ce nouveau mari est mort il y a quatre ans. Il était, à ce qu'elle dit, ce qui ne laisse pas de paraître fort surprenant, « chef d'état-major de Lyautey », mais enfin je ne commente pas, j'analyse et j'enregistre. Elle est catholique, ce qui est tant mieux, « mais un peu païenne en raison de son « culte de l'amour ». Et ce culte est assurément très réel :

« Je désire, écrit-elle, parce que le cerveau, le cœur et la chair sont à l'unisson, se fondre l'un en l'autre, dans cette fusion totale de la chair! C'est magnifique! »

Je ne contredirai pas. Et elle évoque ensuite l'après-étreinte :

« ... demeurer liés l'un à l'autre dans ce repos divin qu'on goûte après le spasme de la volupté, avec le sentiment que se séparer est un déchirement! »

Elle ne mâche pas ses mots. Puis vient une tirade sur son « amant-mari » qui l'a engagée « en mourant » à continuer à aimer. Il lui aurait dit :

« Si les morts ont un pouvoir, je mettrai sur ta route Celui qui, pour toi, rallumera le Flambeau de l'amour. »

Il semble qu'il en ait mis plusieurs. Elle avoue qu'elle a eu deux amants. En quatre ans de solitude amoureuse, ce doit être un minimum et puisqu'elle en avoue deux, on peut sans doute compter quatre mais enfin, je ne veux pas faire d'extrapolation. Suivons le texte :

« J'ai tenté deux expériences avec des hommes de premier plan (l'un quoique très beau) m'a sensuellement et intellectuellement déplu. Il n'était pas de la race des amants! Le deuxième, avocat célèbre conférencier, était l'homme de tout le monde. J'ai rompu de suite (sic) car je conçois l'amour comme un acte définitif... »

Elle cherche un dernier amour :

« Vivre sans aimer c'est une demi-mort. »

Ici non plus il n'y aura pas de contradiction. Tout cela ne va pas sans prétention un peu vaine et l'on se demande si la personne qui s'est dite « très intelligente » n'a pas oublié qu'elle l'était pour écrire ceci :

« Depuis mon veuvage, j'ai eu tant de demandes en mariage et tant d'hommes qui m'ont offert une belle partie de sensualité que je passe pour la femme qui ne trouve rien à son goût. »

Mais le fonds de cette passionnée paraît bon car elle écrit :

« Mais à côté de l'amoureuse il y a celle qui veut être l'amie, le copain, l'associée et la maman parfois de celui qu'elle aime. En sa maîtresse l'homme doit trouver toutes les femmes! Passionnée à certaines heures, elle doit en d'autres deviner la fatigue physique ou intellectuelle de son amant. C'est l'heure alors de la calme et reposante tendresse. »

Cela paraît très bien senti et digne de beaucoup de considération. Enfin un dernier point. Elle est dans les affaires, elle s'occupe d'une importante firme coloniale qui appartenait à son père. Elle termine en disant :

« Faire la chaîne à deux, se soutenir mutuellement, se sentir aussi bien unis dans la joie que dans la peine et *croire éperdument l'un en l'autre* (souligné dans le texte) en ce monde où tant de choses sont menteuses, laides, viles, intéressées, tout partage des avantages matériels! Etre deux et n'être qu'un! »

Tout cela, comme dirait le fabuliste, « part d'un bon naturel ». En somme, cette lettre parfois gauche et souvent désordonnée révèle une nature, une personne qui n'est pas du tout antipathique. Elle dénote une simplicité naturelle et une spontanéité qui n'est pas sans charme. Et cette femme est une grande amoureuse. Qu'elle ait eu des amants on ne saurait lui en faire un reproche. Qu'elle en ait même eu plus qu'elle n'en dit, rien n'est plus certain. Ce long examen du reste, me fait un peu revenir sur l'impression assez défavorable du début. Je répondrai à Christiane comme il convient. Enfin, si elle est dans une importante affaire et si les choses suivent un cours favorable, il sera sans doute possible de voir ce qu'on pourra y faire.

Mercredi 28 juin.

J'ai écrit cet après-midi à Christiane, mais je répondrai plus précisément à sa lettre d'hier, car aujourd'hui, je n'ai guère repris que ses thèmes sur l'amour et la volupté ce qui, au bout de si peu de temps, est assez audacieux. J'ai vu les épreuves de mes photographies et elles sont bien. Il faut dire que l'insupportable Sacha Guitry a été élu à l'Académie Goncourt.

Vendredi 30 juin, 23 h 45.

Voici donc écoulée la première moitié de cette année 1939 aussi fertile que les autres en événements sensationnels et en catastrophes. Au moins, pour la première fois depuis un temps quasiment immémorial, m'a-t-elle apporté un commencement de joie : la rencontre avec Christiane. Il reste encore à la conquérir. Je lui ai écrit longuement aujourd'hui pour achever la réponse à sa lettre. Je la convie à venir passer ses vacances ici ou au moins à faire un crochet de huit jours ou quinze. Si vous avez une voiture, lui dis-je, c'est chose très facile. Je verrai ce qu'elle répondra. Il se peut que déjà son programme d'été soit arrêté et puis elle est dans les affaires, ce qui, en quelque mesure, restreint sa liberté.

Samedi 1er juillet, minuit quarante-cinq.

Il est vraiment incroyable que j'aie d'abord porté un jugement teinté d'une certaine méfiance sur la dernière lettre de Christiane, ou plus exactement que l'idée que je me faisais d'elle ait été radicalement changée par cette lettre, mais changée dans un sens défavorable. Mais heureusement l'analyse et la réflexion me font très rapidement revenir sur ce faux point de vue et plus je la relis plus je trouve, au contraire, chez elle, une foule de précieuses qualités que je n'avais pas su y voir dès l'abord.

Jeudi 6 juillet, 23 h 55.

L'A.F. nous apporte, ce soir, des nouvelles nous concernant. Elle publie une partie des réquisitions du parquet dans notre affaire. Il y a en tout cent quatre inculpés sur lesquels trente-trois obtiennent un non-lieu. Parmi les principaux de ceux-ci, il faut retenir Pozzo, Joseph Darnand, Crespin, de Douville-Maillefeu et Pélissier. Il ne faut pas oublier Mlle Mauler. Le « patron » et « l'archevêque » bénéficient d'un non-lieu quant à l'inculpation d'association de malfaiteurs, mais ils sont retenus pour complot contre la sûreté intérieure de l'Etat et complicité de détention d'armes de guerre. L'inculpation d'association de malfaiteurs est retenue seulement contre les accusés de l'affaire Rosselli et ceux impliqués dans celle des attentats de l'Etoile. Les premiers sont Bouvyer, Fauran, Puireux, Terraille (qui n'y était pas), Jakubiez et Filliol. Les seconds sont Corrèze, Locuty, Méténier, Moreau de La Meuse, Vogel, Vauclard, Filliol et Léon. Il est naturel que je ne sois mentionné sous aucun de ces chefs d'accusation. Toutefois il faut noter que *l'Action Française* fait remarquer que « c'est avec peine que certaines parties du réquisitoire ont pu être connues ». Il est donc vraisemblable que de nouvelles informations sur ce sujet paraîtront. On ne donne guère qu'une douzaine de noms sur les trente-trois qui bénéficient d'un non-lieu. Il n'est fait non plus aucune mention des affaires Jean-Baptiste et Juif auxquelles, évidemment, je suis étranger. Mon nom avait été prononcé à propos des affaires de l'Etoile, mais ce fut par le fou de Locuty. Sans doute serai-je gratifié d'une vague complicité dans l'inculpation du complot. On ne peut rien relever de précis contre moi. Reste à savoir ce qu'a pu raconter l'imbécile de Royer-Collard.

De même le toubib, André (Huguet), Gabès, Roida n'ont pas encore les honneurs de la justice. Il est toutefois curieux qu'André n'ait point figuré dans la liste de Rosselli. Mais encore une fois il y aura une seconde bordée. Attendons. De toute façon il n'est que naturel que le deuxième bureau ne figure pas au premier plan. Si l'on avait un peu mieux suivi ses instructions, il n'y aurait même pas de premier plan du tout. Il n'est non plus aucunement question de Grosset. Quant à Filliol, c'est à ses innombrables imprudences qu'il doit d'être en si bonne place et c'est même, et pour ainsi dire exclusivement grâce à elles, que l'on doit l'affaire Rosselli.

Dans un autre domaine, il y en a beaucoup, le ridicule des gens de ce pays se donne carrière : c'est à la plage. L'autre jour, on avait voulu m'imposer, c'est-à-dire me louer un absurde caleçon de grosse toile bleue par-dessus mon costume de bain. J'ai refusé. Aujourd'hui à la plage, j'ai vu que les concessionnaires étaient parvenus à l'imposer à tous les hommes, je ne me suis pas baigné. La religion et une mesquine pruderie qui ont déjà fait tant de tort à ce pays continuent de sévir. Les plages sont faites pour les harmonieuses nudités comme les oiseaux pour voler dans les airs. Je suis païen. Ninon l'est aussi et c'est un de ses attraits.

Vendredi 7 juillet, minuit trente.

L'événement du jour ce n'est pas la signature du pacte moscovite, ni l'envahissement de la ville libre par les hordes d'Hitler, ni la conversion de Mussolini à l'antifascisme, ni même, hélas! trois fois hélas! l'arrivée d'une lettre de Christiane. Non! L'événement c'est la réception de la voiture. Enfin! Cette arrivée du reste ne m'intéresse que dans la mesure où elle va enfin permettre à maman de passer en France pour y régler ses affaires. En principe, je réveille tout le monde à deux heures et demie et une heure plus tard, maman, le Gros et Filliol partent pour Barcelone, via Pampelune et Huesca. Filliol compte qu'ils y arriveront vers quatorze heures ou quinze heures demain. Il est possible que le soir même maman puisse passer en France. Elle obtiendrait dimanche ou lundi ses papiers et pourrait partir lundi soir pour Paris. De la sorte, elle devrait être, toujours théoriquement, de retour pour la fin de la prochaine semaine.

Des précisions obtenues par *Le Journal,* sur les réquisitions d'hier, montrent que je suis inculpé dans deux affaires : celle de l'Etoile et celle du complot contre la sûreté de l'Etat. La première est évidemment une indignité dont il sera fait aisément justice. Quant à la seconde, elle ne peut guère me valoir que quelques mois de prison attendu que ma participation, connue, à toutes ces affaires, est fort vague. Il est enfin probable que, soit le sursis soit l'amnistie me tireront de ce pas fâcheux. Le grand malheur serait que Christiane s'effarouchât de cet état de choses. C'est cependant plus honorable qu'avilissant d'avoir voulu défendre sa patrie contre ses pires ennemis de l'intérieur et Joseph Darnand, qui vient de bénéficier d'un non-lieu, sera très fâché de cette tournure que les événements prennent pour lui. « Je vais avoir l'air d'un couillon! » a-t-il déjà dit.

Samedi 8 juillet, minuit trente-cinq.

J'ai enfin reçu ce matin une lettre de Christiane, mais une lettre toute récente puisqu'elle est datée du 3. Comme dans cette lettre, il n'est fait aucune allusion à d'autres lettres qu'à celle à laquelle elle répond, il s'ensuit que du 19 juin, date de son avant-dernière lettre reçue, au 3, se placent une ou deux lettres que la censure a trouvé bon de garder. Cette lettre de ce matin est vive et charmante, directe aussi elle répond à celle du 28 qui, de ma part, ne laissait pas d'être un peu audacieuse, oh! modérément. Christiane répond qu'elle n'est point fâchée « n'étant ni puritaine ni hypocrite » et elle ajoute ceci qui contient une nuance de reproche :

« Si j'aime la sensualité et la tendresse, je ne suis ni une vicieuse ni une excitée cérébrale! »

Elle reviendra du reste là-dessus. Toute sa lettre est, au demeurant, pleine de discrètes leçons. Elle se refuse à rien imaginer en amour et voici avec quelle vigueur et quelle netteté elle s'exprime. Vigueur et netteté, certes, mais ce n'est pas encore assez dire; il y a dans son expression un accent et une saveur qui sont véritablement étonnants. Ayant écrit :

« Je cherche l'homme dont la peau et les sentiments me plairont et qui sera *lui* mon *désir!* » elle poursuit : « Mais tant que je ne connaîtrai ni le goût de sa bouche ni l'électrification (ce mot est une erreur d'écriture) de sa peau contre la mienne et sans savoir si l'odeur de sa chair agira sur moi comme un aphrodisiaque, je ne pourrai rien imaginer. »

Toute sa lettre est de ce ton et de cette puissance. Je lui avais dit, je crois, mais seulement comme une boutade :

« Vous verrez que nous arriverons à faire l'amour par correspondance. »

A cela elle répond en parlant de la « communion charnelle », excellente expression soit dit en passant, à l'état de « souvenir » qu'elle souligne deux fois, et elle poursuit :

« Oui monsieur mon ami, je vous appartiendrai même à distance. Mais si avant (de vous avoir appartenu charnellement) je vous disais oui, je serai(s) une détraquée hystérique... »

Elle a des expressions d'une force et d'une justesse peu communes. A la fin de sa lettre elle écrit ceci au sujet de l'amour :

« On ne cherche plus rien que Lui ou Elle en tout et *cela remplit la vie*[1]. » Cette fois, c'est moi qui souligne, parole admirable que je n'ai pas manqué de relever tout de suite dans mes premières lignes de réponse aujourd'hui. Elle termine en me demandant :

« Quand sortirez-vous de Saint-Sébastien, faudra-t-il aller vous y chercher? »

Il est étonnant que dans ma lettre du 30, qu'elle ne pouvait encore avoir reçue, je la conviais à venir passer ses vacances ici. A cela je lui réponds par un petit poème dans le style virgilien :

« Ducite ab urbe donnum mea carmina ducite Daphuin » : « Accourez aux sons de ma flûte amie, accourez demain. »

Enfin elle termine sur cette salutation absolument délicieuse :

« Je vous tends ma nuque pour un baiser. »

Eh! comment ne serait-on pas furieusement tenté en baisant cette nuque que la photographie que j'ai me montre fort engageante? Et elle-même Ninon, ardente

1. Phrase dont je ne chanterai jamais assez le sublime et qui me donne chaque jour davantage la plus indicible émotion.

et voluptueuse et sensible, que dirait-elle si le baiser sur la nuque administré, le donneur s'écriait : « Maintenant, c'est fini! » Et d'ailleurs Ninon qui écrit :

« Dans un amour vibrant tout se fait tout se dit. La flamme est pure, le feu purifie tout. »

Ninon sait pour l'avoir d'innombrables fois éprouvé, qu'un baiser sur la nuque ne se donne pas sans que le donneur n'étreigne, d'une main au moins, les deux seins de la récipiendaire. Et puis ensuite, de la nuque, par une pente naturelle, où ne glisse-t-on pas? La tendre Ninon le sait bien et elle serait la dernière à s'opposer à cette glissade. Je lui répondrai :

« Je vous demande votre bouche pour un baiser. »

C'est à trois heures vingt, ce matin, que maman et ses deux compagnons sont partis pour Barcelone. Saint-Sébastien est entré dans ses fêtes. La ville arbore son pavois. Franco y vient au début de la semaine et le comte Diano y arrivera le 12.

Lundi 10 juillet.

Franco est venu aujourd'hui à Saint-Sébastien. A cette occasion il s'est montré bon Espagnol : il est, en effet, arrivé avec plus de cinquante minutes de retard sur l'horaire prévu. La ville était magnifiquement décorée et pavoisée. L'avenida, la Concha, le vieux Saint-Sébastien où cependant, peut-être à cause de cela, tous les cœurs ne vibrent pas à l'unisson, la place de l'hôtel de ville dont tous les tapis étaient aux fenêtres faisaient un bel ensemble. La garde maure à cheval qui escortait la voiture du généralissimo était resplendissante et nombreuse, la valeur au moins d'un escadron. Burnous blancs, vestes bleues à brandebourgs blancs, les sabots des chevaux peints en bleu de roi tandis que ceux des chevaux de chefs l'étaient en argent. Il y avait aussi du reste d'autres cavaliers de cette garde qui semblaient avoir une tenue différente. Mais je n'ai pas eu grand temps de détailler. Après donc une longue attente, une musique a entamé l'hymne national au pied de l'arc de triomphe et le cortège est apparu. La foule était très nombreuse et au cri cent fois répété de « Fran-co » elle a salué le régénérateur de l'Espagne nouvelle. Celui-ci était coiffé de la « boïna » rouge des requetés. Il se rendait à la vieille église Santa-Maria dans le vieux Saint-Sébastien où l'on chantait un « Te Deum » après quoi, diverses cérémonies devaient avoir lieu auxquelles, d'ailleurs, je ne me suis pas attardé.

Mercredi 12 juillet.

Le comte Ciano est arrivé ce soir à dix-neuf heures, dans une atmosphère de fête. Les couleurs italiennes étaient partout mêlées aux espagnoles. Le temps était très beau quoique un peu couvert par moments. La garde maure, en partie au moins, et les autorités municipales et militaires, étaient allées attendre le ministre italien à l'entrée d'Ondarretta et dès quatre heures les troupes avaient occupé leurs positions dans les rues que devait suivre le cortège. Le service d'ordre était bien fait quoique inintelligent, puisque à cinq heures et même avant il était déjà interdit de traverser les rues bordées de troupes, ce qui équivalait à interdire à peu près toute la circulation en ville. Il eût été vraiment facile de ménager des passages ici et là. Tous les magasins d'ailleurs étaient fermés. J'avais donné rendez-vous à Françoise en ville, mais dès cinq heures moins le quart le service des trams était interrompu. L'attente cette fois fut normale car je crois que l'arrivée était prévue pour sept heures. Nous étions près de l'arc de triomphe, le meilleur des endroits. Précédée de la caracolante garde maure, la voiture du ministre (une Hispano s'il vous plaît), est apparue débouchant dans le haut de l'avenida. Le jeune premier était dedans et saluait avec entrain. Il était vêtu d'une veste blanche et de décorations. Il portait une casquette avec de nombreux galons. Il est vraiment sympathique, le visage est ouvert et le sourire franc. Il n'avait point, heureusement, cet air théâtral et poseur qu'on lui voit sur trop de photographies. Il a été vivement applaudi par une foule cependant étirée sur un long parcours et il semblait en être satisfait. A minuit trente-cinq, soit avec une heure cinq de retard, on a tiré sur la baie en l'honneur du ministre italien, un magnifique feu d'artifice. Disposés en arc de cercle tout autour de la baie, les points de lancement faisaient converger au ciel les fusées. C'était du plus bel effet. De surcroît, les monts voisins, les bords de mer étaient illuminés et des nuées de soldats allumèrent, du haut en bas des monts, d'aveuglants feux de bengale. Ce magnifique spectacle sur l'eau calme et majestueuse eut un effet inattendu : les fusées mirent le feu à l'île et je le crains aussi sur les pentes du Monte Urgull couvertes de beaux bois de pins. L'île devint bientôt presque un brasier et l'on entendait le crépitement des branches et des plantes qui brûlaient. Le feu continue toujours, naturellement, puisqu'il n'est guère possible de l'éteindre. L'on peut espérer que la maison du gardien de phare aura été épargnée. Et pendant ce temps-là, il y a une lettre de Christiane qui m'attend chez Mérino, et que je n'ai pu aller chercher.

Jeudi 13 juillet, 23 h 50.

La lettre qui m'attendait chez Mérino m'a littéralement jeté dans le désespoir. Je l'ai lue d'un trait et j'ai eu « l'impression atroce » d'une rupture; ainsi me suis-je exprimé dans la lettre que je répondis à Christiane. Je garderai longtemps le souvenir de la promenade que j'ai faite encore que je me sois transporté sans m'en être aperçu des jardins de la Concha à la plate-forme de l'Aquarium. Ma mémoire pendant ce trajet n'a rien retenu, ni mes yeux n'ont rien vu. Tous les efforts que j'ai faits, une heure après cependant, pour me rappeler cet itinéraire sont demeurés vains. Mais cette heure et demie passée sur la corniche comme d'ailleurs les heures qui ont suivi m'ont paru infiniment cruelles et tristes. En substance, la lettre de Christiane disait ceci : « Il faut que j'aille en Amérique et aux Antilles pour notre affaire. Je ne puis donc aller à Saint-Sébastien. Quand je reviendrai, si vous en avez l'envie, vous pourrez reprendre votre plume. » Le tout coupé de « mais » et de « peut-être ». Telle m'apparut cette lettre à première lecture. J'en conclus à une aimable sans doute mais féminine mise en congé. J'en cherchais les raisons et naturellement j'en trouvai. On trouve toujours des raisons. Je l'avais invitée précipitamment à venir me voir ici, je lui avais parlé d'affaires, sans doute l'avais-je effarouchée. Je suis demeuré longtemps sous l'effet de cette interprétation. J'ai même balancé un instant pour savoir si je ne passerais pas en France ce soir même pour être à Paris demain et la voir. C'était me heurter à une impossibilité fondamentale : le passage. J'ai pensé que Ungria pouvait être ici à cause de la présence de Franco à Saint-Sébastien. J'ai pensé à l'aller voir à lui demander ce passage. Puis, heureusement, la réflexion est intervenue. J'ai très longuement répondu à Christiane sous le coup de cette interprétation désolante. Je lui ai dit que j'avais lu sa lettre avec une infinie tristesse dont je voudrais, j'eusse voulu plutôt, vous faire le témoin. Je lui ai dit que je croyais qu'il y avait entre nous « un obscur » malentendu. Je lui ai parlé du contraste qu'il y avait entre cette lettre et la dernière qu'elle m'avait envoyée, encore que quatre jours seulement les séparassent l'une de l'autre. J'ai profité pour lui dire ceci :

« Si j'avais pu vous dire à la suite de quel désintéressement et de quels sacrifices personnels immenses je suis ici depuis vingt et un mois *en exil,* vous auriez plus justement aperçu les causes de cette apparente précipitation. »

La précipitation à la faire venir ici. Et puis comme elle avait écrit, certainement au courant de la plume cette considération : « Je suis une amoureuse fantaisiste... » je me suis écrié et je lui ai rappelé quelques-uns de ses aphorismes qui m'ont si frappé par la richesse du cœur qui les a émis; et je lui ai dit, afin que fût précisée ma pensée : « Je vous aurais aimée profondément *pour vous seule...* » J'ai ensuite longuement terminé en lui disant : « Vous cherchiez un dernier amour, chère âme, vous l'auriez trouvé en moi. » Je lui ai parlé des roses cueillies pour elles et qui sont fanées. Mais je n'ai pu cependant terminer sur cette symphonie de tristesse, j'ai écrit :

« Mais s'il n'y a pas de malentendu, si tout est bien, si le ciel continue d'être limpide et resplendissant, si c'est seulement une saison qui passe, alors... Alors? Je ne peux consentir à vous dire : adieu! »

Telle est cette réponse où j'avais regretté amèrement

nos premiers pas ensemble depuis un mois : « Car la route était belle que nous suivions... »

Je suis parti de bonne heure, vers quatre heures. Quelques instants avant que de mettre ma lettre à la poste, j'ai senti que mon interprétation de sa lettre était fausse. Elle avait dit qu'elle partait « aux Antilles et en Amérique » parce qu'elle partait en effet pour ces régions et que ce n'était point un prétexte pour me congédier. J'ai un moment pensé ajouter un mot rapide puis j'ai laissé partir la lettre ainsi et je me la suis remémorée et je l'ai relue au retour. Il n'y a pas, en réalité, ni un mot ni une phrase qui autorise la version pessimiste et désespérée que j'avais cru en tirer. Après avoir annoncé le voyage que j'ai dit, elle écrit :

« Lorsque je reviendrai, vous ne serez sans doute plus dans l'impossibilité de venir me voir et si après nous être vus, reconnus peut-être, notre roman peut continuer, nous le reprendrons. »

Ensuite ceci : « Je garde de vous un délicieux souvenir de rêve, mais on ne peut vivre un rêve sans l'alimenter par une *rencontre.* »

Cette phrase particulièrement à cause de ses premiers mots et de sa disjonctive, ce « mais », m'a paru être le point final que l'on met à un récit. Mais rien n'autorise cette manière de voir. Elle continue en disant :

« Je suis une amoureuse fantaisiste mais il y a en moi une femme avertie et équilibrée ayant des responsabilités morales et pécuniaires. »

Et voici la fin : « Je pars pour deux mois et demi, en octobre vous pourrez, si vous en avez encore l'envie, me récrire. A ce moment je pourrai aller à vous ou vous pourriez venir vers moi. Avant de vous quitter, je vous envoie un long baiser porte-bonheur de celle qui demeure votre amie. »

Telle est la lettre dans son entier. Il n'y a pas un seul point ni une seule allusion à une rupture, on pourrait même dire tout au contraire : je suis obligée de partir en voyage pour mes affaires (« affaire de rhum connue » dit-elle dans son dernier paragraphe). Quand je reviendrai nous pourrons sans doute nous voir et reprendre notre roman, etc. C'est vraiment un encouragement au bien sinon au mieux. Il n'en reste pas moins que pendant soixante-quinze jours au moins ce fil, ce lien, va être entièrement relâché. Et à la réflexion approfondie, Christiane ne pouvait guère tenir un autre langage. Réserve nécessaire, réserve obligatoire. Nous ne nous sommes pas vus! Et même elle n'avait pas encore reçu ma photo quand elle écrivit ces lignes.

Quand je compare ces lignes chétives à ce que fut réellement le bouillonnement de mes pensées, la force de mes émotions, la si vive réaction de ma sensibilité par moments suraiguë, je trouve que je suis un bien mauvais rapporteur. Une remarque encore. La cause de cette très vive surexcitation est certainement due au fait que je vis extrêmement par l'esprit et aussi l'imagination. C'est pourquoi les lettres de Christiane font que je la sens réellement là, que je l'entends parler, que je m'entretiens avec elle et qu'elle va me quitter pour deux mois et plus. C'est pourquoi je suis déjà et peut-être si malheureusement attaché à elle. Je n'ai pas tout à fait besoin que les gens soient là pour les sentir et les voir. Au moins, bien entendu dans le cas de Christiane. D'où ces violentes réactions. Car j'ai pleuré comme si je l'avais perdue, même *perdue morte.* C'est insensé, mais c'est vrai. Et puis encore je l'ai vue sur *Normandie* ou sur *Ile-de-France* en soirée de bal, dansant de l'un à l'autre alors que je suis si loin d'elle et j'en ai réellement souffert comme si j'avais été jaloux. Je pourrais multiplier ces images à l'infini. Peut-être si elle n'est pas encore partie, répondra-t-elle à ma lettre. Elle a dû recevoir aujourd'hui mon petit poème : « Accourez demain! » Il tombait vraiment bien.

Avec cet événement personnel si grand, je n'ai pas beaucoup pris garde aux autres événements du jour. Y en eut-il seulement? Peu je crois. Les hautes personnalités anglaises invitées à la revue de demain sont arrivées : ministre de la Guerre, Lord de l'Amirauté, maréchal de l'Air, chef d'état-major de l'armée britannique, etc. Ici les rues ont continué à être barrées. Ciano parti ce matin à deux heures par l'*Almirante Cervera* est rentré ce soir à sept heures. Il s'est rendu à Santander. Il y a demain grande fête et grand dîner à Igueldo. Nous n'avons pas fini de voir des barrages. Je me couche, un peu rasséréné.

Vendredi 14 juillet, minuit cinquante-cinq.

Quoique atténuée, la réaction continue toujours vive. Dire que l'idée de Christiane ne me quitte pas l'esprit, ce ne serait plus qu'exprimer un plat truisme. Elle l'occupe tout entier et c'est tout au contraire l'idée que je pourrais la perdre que je ne puis supporter. Iahvé disait : « Avant qu'ils fussent nés j'ai aimé Jacob et j'ai eu Esaü en aversion. » Je pourrais dire de même de Christiane : avant que de l'avoir vue, je me suis senti pour elle, et tout de suite, un penchant irrésistible. Je ne vois de comparable que cet attrait que j'avais eu pour Mlle Haendel il y a dix-huit ans et qui fut de même rapide et immédiat. Naturellement j'ai encore relu sa lettre d'hier et j'en ai pleuré. Mais pleuré cette fois de l'absence. Deux mois et demi que c'est long et en quels événements ne pouvons-nous pas être précipités entre-temps. J'en tremble. Cependant au fond de moi-même, je sens une grande confiance et une grande sérénité qui se retrouvent après la terrible bourrasque d'hier. Non Christiane n'est pas perdue, mais il faut que je la mérite.

Samedi 15 juillet.

Il est plus d'une heure et demie. J'ai flâné jusqu'à cette heure en proie à une indicible nostalgie. Le regret de la perte, provisoire, de Christiane, prend comme Protée toutes les formes, tous les aspects. Il y a un mois aujourd'hui, *un seul* mois que je recevais sa réponse. Un mois exaltant. Un mois pendant lequel toutes les aspirations à l'amour, à la tendresse, à l'abandon depuis si longtemps amassées et je dirais refoulées si je voulais parler le langage des psychologues à la mode, mais à coup sûr inexprimées et inemployées depuis tant d'années, un mois pendant lequel cet immense besoin d'épanchement a senti, a tout d'un coup découvert qu'il allait pouvoir se manifester. C'est ainsi que se rue la vapeur vers une fissure, point de moindre résistance, ainsi aussi que toutes les forces d'un être se détendent irrésistiblement sous l'effet de quelque facteur mystérieux. Fleur d'automne d'abord, Christiane ensuite a joué ce rôle de catalyseur. Sa présence figurée, éthérée, irréelle mais possible, non palpable mais certaine, a surgi dans la profondeur de mon être et a, d'un seul coup, comme condensé sur elle-même ces aspirations, condensé ou mieux peut-être cristallisé. Je ne nie pas qu'il y ait dans ce phénomène une part d'auto-suggestion. Certes! Mais tout de même c'est la pensée de Christiane, sa manière d'être si grandement inattendue qui a précipité cette solution. Car c'est bien d'une sorte de précipité chimique qu'il s'agit. Ni une Lucienne, trop évidemment, ni une Daguy, ni une Courtois même n'ont jamais produit tel effet et dans quelle mesure j'ai pressenti Christiane un passage de ces notes du 8 juin, le dit assez, je la vois venir en rêve :

« Enchanteresse, délicieuse et presque déjà amoureuse. »

Enfin, je pense aussi, naturellement, à ses affaires, cette « maison de rhum connue ». Qui est cette « importante firme coloniale » dont elle me parlait dès sa seconde lettre? Quel rôle pourrais-je être appelé à y jouer avec mes connaissances économiques et financières au cas où notre rêve, notre « roman » comme elle dit, prendrait corps? Ce n'est pas sans intérêt, mais je considère cependant que c'est un point secondaire. Il s'agit que nos cœurs s'accordent. Le reste s'en déduira comme de soi.

Mercredi 19 juillet, 22 h 40.

A treize heures trente, un nouveau coup de téléphone de Barcelone m'apprend le retour de tout le monde pour ce soir. Ils ne seront pas là avant minuit ou une heure du matin au mieux. Et puis ce soir, fort inopinément, Bardane nous a amené des voyageurs : les Mouraille de Marseille, père, fils et brue, amis de Raymond et membres de l'organisation. Ils avaient hébergé Filliol lors de son passage à Marseille. Comme nous n'avions rien, nous n'avons pu les retenir à dîner, mais ils coucheront à la villa et ils vont être sous peu de retour. Il est à présumer que l'on restera bavarder fort avant dans la nuit.

Jeudi 20 juillet, 2 h 25.

Un coup de téléphone de Saragosse nous a appris que les voyageurs y étaient en panne, l'électricité de la voiture étant défectueuse. Dans ces conditions l'arrivée n'était plus prévue que pour cinq heures du matin. Les Mouraille sont rentrés après onze heures. Lui a opéré en Espagne rouge au profit des nationaux auxquels il a rendu les plus signalés services au péril de sa vie. Il a ainsi accompli les missions les plus périlleuses en conduisant d'énormes camions d'essence. Il est de Marseille, il est vrai, et il se peut très bien qu'il en rajoute ou qu'il groupe sous le même chef des faits arrivés en divers temps et aux mêmes lieux ou réciproquement. Envoi aux rouges de munitions truquées ou d'un calibre ne correspondant pas aux armes (tel à la prise de Lérida par les nationaux où ce stratagème a fait perdre la ville aux rouges, les munitions étant inefficaces), indications des points de bombardement aux avions nationaux, messages, informations, coups de mains préparés, aventures dangereuses. Bref, toute la gamme des opérations de deuxième bureau. C'est un petit homme mince et sec, d'une trentaine d'années au plus, avec un fort accent de Marseille, il dit : mouisse par exemple.

Samedi 29 juillet, 23 h 10.

Christiane n'est pas encore partie en Amérique et, comme elle m'invite à lui répondre, c'est que ce départ pour l'Amérique n'aura pas lieu. Et alors l'intuition du 13 juillet, intuition foudroyante que j'ai eue (et que j'ai même négligé de noter) en lisant les premières lignes de sa lettre : ce départ pour l'Amérique est un prétexte, on ne va pas aux Antilles en plein été, cette intuition donc est confirmée. Il faut renoncer à comprendre l'état d'esprit des femmes. Pourquoi a-t-elle dit qu'elle partait? Evidemment pour me donner un congé. Un congé de trois mois. Pour la raison que j'ai dite? Une épreuve? En ce cas l'incohérence prévalant, elle oublie son plan et écrit au bout de huit jours en négligeant ou en dédaignant d'expliquer[1]. Aussi je ne puis pas dire que sa lettre m'ait causé une joie franche et sans réserve. C'est une joie relative, une joie précaire plus exactement. Sa lettre, d'ailleurs, est une demande d'explications. Dans ma réponse à sa lettre du 7, j'avais dit que j'étais ici en exil depuis vingt et un mois. Elle en a été troublée. Son imagination, et ceci est fort compréhensible, a été alertée. Elle se donne libre cours.

« Ami inconnu et trop mystérieux, votre cri de détresse m'émeut et je vous réponds! Qui êtes-vous? »

Elle rappelle ensuite que « Fleur d'automne » avait réclamé « de belles qualités parmi lesquelles *honorabilité prouvable* », ainsi souligné.

Sa situation et ses charges, explique-t-elle, l'obligent à être très stricte dans ses relations et le choix de ses amis. Rien n'est plus légitime, ni plus naturel. Elle fait ensuite part de son inquiétude :

« Et j'avoue avoir peur de la vie bizarre (que vous menez — oublié dans le texte, il arrive très souvent à Christiane de ne point achever ses phrases) et que vous n'avouez pas! Probablement êtes-vous *obligatoirement* exilé. En ce cas, il est inutile de poursuivre. Si je me trompe, écrit-elle, écrivez-le moi. Si je ne me trompe pas à quoi bon continuer avec le *double très beau* que vous êtes un roman que l'autre vous-même m'empêcherait de vivre. »

Mais la fin rachète merveilleusement toute cette suspicion, du reste, hautement légitime. Voici comme elle termine :

« Quoi qu'il en soit, tout homme possédant le don d'amour que vous avez, peut se racheter[2] noblement et sur place vous trouverez une femme heureuse de se

1. Ce n'est peut-être pas si sûr. Cette vue est superficielle. On peut supposer plutôt qu'elle a écrit *malgré* la résolution qu'elle avait prise de suspendre toute correspondance pendant quelques semaines, résolution à laquelle elle a donné ce prétexte : son départ pour les Antilles. Il semble donc bien que cette lettre du 13 juillet l'ait incitée à m'écrire à cause d'une inquiétude vraie, qui était née dans son cœur et qu'elle voulait dissiper. S'il n'en avait pas été ainsi, rien ne l'obligeait ni même ne l'engageait, sa position étant prise, à rompre le silence (5 août).

2. A cela j'ai répondu dans ma lettre du 1er août : « Que vous ayez pu supposer, un seul instant, ma pauvre amie, que je pusse être un malfaiteur, voilà qui passe l'entendement. J'en aurais pleuré. »

faire aimer de vous. Je vous le souhaite avec tendresse. »

Je transcris ces dernières lignes avec une intense émotion. Comme j'ai la conscience claire et pure et tranquille, je me sens fort rassuré. J'ai aussitôt et longuement répondu. Il a bien fallu que je lui explique à mots le plus couverts possible et que je lui donne les raisons de cet exil. Je lui ai donc parlé d'une affaire retentissante dans laquelle un duc et un général, héros de la guerre, avaient été impliqués. Je suis, n'est-ce pas? en assez bonne compagnie, ai-je ajouté. Je lui dis aussi que cette entreprise a été faite par nous avec le plus grand désintéressement. Nous n'avons eu en vue que le salut de notre patrie. Je suis intimement persuadé, poursuivis-je, qu'une femme de cœur comme elle l'est ne saurait me récuser pour ce motif. Cette affaire, d'ailleurs, est l'honneur de ma vie. Je n'ai aucunement à me racheter, tout au contraire. Et l'idée m'est venue, maman m'en avait déjà parlé, de l'envoyer voir Duvivier. J'ai fait un petit mot d'introduction pour celui-ci en lui demandant de vouloir bien mettre Mme Raspail succinctement au courant de mes affaires privées et des raisons qui me tiennent éloigné de Paris. Ainsi Christiane recevra les apaisements les plus étendus. Si, après cela, elle me repoussait, elle serait vraiment indigne. Je termine en parlant du « double ». Il n'y en a point, dis-je : « Je le regrette pour le « double très beau », et flatteur, dont vous me gratifiez. Mais je me réjouis pour l'autre visage que je n'ai pas. » J'ai terminé sur un petit commentaire de son souhait de fin de lettre : « ... Vous trouverez femme heureuse de se faire aimer de vous. » Peut-être, compléterai-je demain cette lettre, puisqu'il semble que notre correspondance puisse reprendre. A ce propos, j'ai parlé à son sujet d'incohérence. Après tout, il peut bien y avoir, dans cette conduite, plus de logique qu'il n'y paraît tout d'abord. En effet, par le pseudo-départ en Amérique, elle voulait éprouver mon sentiment, mais par ma lettre du 13, elle avait du même coup, et sans attendre, la confirmation de ce qu'elle voulait savoir. Pourquoi, dès lors, poursuivre une fiction désormais inutile. Ainsi donc cette entreprise amoureuse commencée il y a juste deux mois est déjà toute pleine de péripéties.

Mais elle paraît se consolider tous les jours. Je ne doute pas en effet que Christiane ne me récuse à cause de notre affaire qui est tout le contraire d'une chose infamante. C'est un titre de gloire. Christiane pourra, peut-être, avoir un peu plus tard, un salon cagoulard où se rencontreront les personnalités du mouvement. J'y ai déjà pensé. Je lui ai demandé de m'écrire même si je devais être empêché de lui répondre. Mais je crois deviner que Christiane n'est pas une amie des grandes correspondances. Je présume qu'elle a reçu ma photo mais elle n'en dit mot. Je le lui demande.

Dimanche 30 juillet.

J'ai passé une des journées les plus tristes, pour ne pas dire plus, et qui n'est comparable qu'à celle du 13. A la réflexion, je ne devrais pas me laisser aller à de tels accès de pessimisme et de découragement. Quels que puissent être les mérites de Christiane, même si son abandon devait être, cet incident ne devrait pas susciter chez moi de tels accès de désespoir. Car enfin, je ne la connais guère que par quelques lettres, à la vérité suggestives, mais là se borne, malgré tout, la science que j'en ai. Cet attachement, si complet à elle, en si peu de temps et sur des données, il faut bien le dire, d'abord succinctes et ensuite incontrôlées, semble avoir un caractère un peu morbide. Il est certain que l'état de claustration et d'isolement dans lequel je suis ici ne manque pas de contribuer à ces curieux effets. D'autre part, la perspective de l'avenir et de l'âge qui passe irrémédiablement, ne sont pas des facteurs apaisants. Enfin, d'ailleurs, et le fait est là, j'ai passé une journée affreuse. La raison en est la découverte que j'ai faite d'une mauvaise lecture de la lettre de Christiane d'hier. Elle écrivait en matière de conclusion : tout homme peut se racheter noblement et, ajoutait-elle :

« Sur place vous trouverez une femme heureuse de se faire aimer de vous. Je vous le souhaite avec tendresse. »

J'avais cru que ceci se rapportait à elle et même je le lui avais dit dans ma lettre : il était vraiment admirable qu'elle me souhaitât qu'elle fût heureuse de se faire aimer de moi. Il n'y avait là rien de tel et cette femme n'était point du tout elle, mais une femme *quelconque,* une *autre* femme[1]. En sorte que ce que j'avais d'abord pris pour un facteur favorable devenait tout au contraire plus que l'annonce d'un détachement prochain. Ce fut l'origine de tout le drame. J'ai d'abord pensé le lui écrire et lui dire que ce transfert d'affection était une affreuse profanation. C'est elle qui était en cause et sur une quelconque personne un pareil report est une manière d'injure. Cependant, ce n'est point la lettre que j'ai faite, puisqu'il faut toujours que j'écrive. C'en est une autre toute différente quant à la teneur. Il vaut mieux plutôt que de la résumer que je la transcrive rapidement. La voici :

« Quand vous connaîtrez la raison de ma disgrâce, de cette disgrâce qui fut, ô ironie, la cause première de notre conjonction, le premier mouvement de votre cœur sera l'ennui et la perplexité. Votre second mouvement sera de vous dégager le plus rapidement possible de ce dangereux sillage. Vous vous direz : ce Claude était bien gentil, il aurait sans doute fait un bon mari, affectueux, tendre, peut-être même meilleur qu'un autre, mais tant pis : il y a cela! Les maris, d'ailleurs, manquent moins qu'on ne le croit[2]. » Ainsi la solution sera, dès le principe, acquise, il ne faudra plus que l'entériner. Et vous ne manquerez pas de raisons pour la justifier, et vous justifier tout ensemble : après tout, direz-vous, je ne le connais guère, je ne l'ai point vu, j'ignore le son de sa voix et, selon ma formule, je ne sais pas le goût de sa bouche, ni ce qu'est l'électrisation de sa peau contre la mienne. Enfin, et surtout, il n'y a pas eu, entre nous, cette fusion suprême, cette étreinte, qui lie plus que cent mille discours. Je disais qu'il ferait un bon mari, après tout ce n'est là qu'une pure hypothèse. Le certain, en revanche, c'est que je ne saurais avoir le souci, dans mes affaires, d'un risque supplémentaire. Ce n'est pas une chose que l'on accepte de gaieté de cœur. Et, qu'allait-il faire dans cette galère? C'est stupide! En quoi l'action de ces gens-là a-t-elle été

1. Le « sur place » qui m'avait un instant intrigué était cependant clair comme le jour et signifiait, trop évidemment : là où vous êtes.

2. « Je le sais assez bien pour ma part », cette phrase qui figurait dans une première rédaction a été supprimée.

utile? La France s'est parfaitement redressée sans eux, sinon malgré eux. Ils étaient des trouble-fête, ou au moins des importuns. Ils étaient des nigauds, de surcroît : vouloir changer quelque chose en France? Quelle candeur! Enfin rien de cela n'importe, au demeurant. Je suis forcée, moi, en femme positive et chargée de responsabilités, de voir les choses comme elles sont, en écartant d'abord tout risque de mon entreprise. Or, Claude est-il un risque? Sans aucun doute. Son honorabilité, comme je l'ai craint, n'est pas en cause assurément, mais cette affaire où il est engagé ne peut que lui être préjudiciable, même en mettant les choses au mieux. Si je m'alliais à lui j'épouserais, du même coup, ses disgrâces. La cause est entendue : Hands off! Et puis, enfin, il faut bien le dire. Cette rupture ne peut lui causer grand-peine malgré tout. Il ne me connaît pas. Certes il s'est attaché à moi, semble-t-il. Je lui plais, nous nous plaisons même. Il y a entre nous, sur les choses de l'amour, une identité de vues, une entente qui paraissent certaines et jamais vues. Cette grave incertitude subsiste. Il se peut tout de même que, dans nos rapports réels, l'électrisation n'ait pas lieu, que le courant ne passe pas. Non! un abandon aujourd'hui ne saurait lui causer qu'une peine superficielle et passagère. Je le regrette. Ce roman avait bien commencé, tout de même. Mais il ne convient pas de s'attendrir. Il faut arrêter cela. Telle est l'évidente nécessité. Il ne me reste plus qu'à trouver les termes propres à blesser le moins possible, à fermer définitivement la porte à l'espoir avec dextérité et délicatesse, et quelques fleurs. Allons-y!...

Voilà, ma trop chère amie, comme vous raisonnerez. Mais si, contre toute vraisemblance, vous teniez un langage tout contraire, vous seriez alors la femme la plus admirable et digne de tous les amours. »

Voilà la lettre que j'avais l'intention d'envoyer demain. Peut-être cependant en différerai-je le départ. Elle devrait émouvoir Christiane, à moins qu'elle ne soit déjà, les absents ont toujours tort, dans les bras d'un autre amant. Je mènerai cependant la lutte jusqu'au bout et je ferai l'impossible pour la conquérir et la garder.

Lundi 31 juillet.

L'atmosphère de mon cœur a été plus légère qu'hier. Cependant, j'ai écrit une nouvelle et longue lettre à Christiane. Je ne peux mieux faire que de la transcrire cette nouvelle lettre qui met exactement les choses au point. Après lui avoir rappelé la phrase et son souhait étonnant, je poursuis :

« Dans mon incoercible candeur, je n'avais pas un seul instant imaginé que cette femme pouvait être autre que vous. Même votre souhait final et insolite, je vous l'ai signalé, n'avait pas effleuré ma foi. Mais une seconde lecture, ou une tierce je ne sais, a éveillé mon attention et il m'a bien fallu admettre que cette femme heureuse de se faire aimer de moi était une *autre* que vous, une femme *quelconque.* D'où votre souhait que je ne sais comment qualifier. Je ne saurais non plus vous dire l'infinie tristesse que j'ai éprouvée à cette découverte. Comment, ma chère amie, pouvez-vous admettre que sinon l'amour, ce serait sans doute prématuré, au moins le grand attachement que j'ai pour vous puisse être ainsi transférable? Cette idée que vous avez pu avoir me plonge dans un abîme d'étonnement. Ainsi l'être à qui l'on donne son affection et son amour peut, selon vous, être tout bonnement changé pour un autre. Il suffit de déplacer l'étiquette. J'espère que vous ne me faites pas l'injure de croire que l'affection et l'amour que je pourrais avoir pour vous ait ce caractère de désespérante fragilité. L'attachement que je vous porte, et qui est, peut-être en effet, conditionné par ce « don d'amour » que vous avez cru discerner en moi, attachement qui est en voie de se transformer en amour, ne saurait s'appliquer à personne d'autre. Vous pourrez le repousser ou le détruire, mais vous ne pourrez pas faire un bordereau : transmis à Geneviève. Non! Il y a une Christiane qui, dans certaines circonstances, m'a écrit des choses précises, nettes, captivantes, puisées dans son propre fonds, choses que je n'ai certes point dictées, vous en conviendrez, et qui ont si admirablement répondu à cet idéal que je me faisais de la femme que je pourrais aimer, que je m'en suis tout de suite, instantanément pour ainsi dire, épris. La cristallisation, si vous voulez, de cette puissance d'amour à l'état de nébuleuse s'est faite sur l'entité Christiane. Je ne dis pas qu'il n'existe pas quelque part, dans l'univers, une autre femme, une autre entité sur laquelle cette cristallisation aurait pu se faire aussi. Mais une fois faite, où elle s'est faite, aucun transfert ne peut plus avoir lieu. Il faudra briser le cadre et les cristaux avec lui mais je ne pourrai opérer un virement. Nous pourrons constater que notre union est impossible. Vous pourrez, unilatéralement la repousser. Mais, ma chère amie, une fois de plus il sera vain, quelle que soit la tendresse de vos souhaits, d'essayer de transposer cet amour. Ha! si au lieu de confier ces plaintes à un indolent papier je vous les eusse proférées avec l'accent de brûlante tendresse que mon cœur aurait su leur donner, je ne doute pas un instant que vous ne les eussiez du même coup entendues. Mais vous les entendrez cependant en vous interrogeant vous-même. Vous avez aimé. Vous souhaitez d'aimer encore, il vous suffira de regarder en vous-même et vous connaîtrez la vérité de mes paroles. Seulement je ne saurais vous dire à quel point j'aimerais que vous effaciez cette impression de tristesse persistante où votre souhait m'a plongé... »

Je termine en lui disant que cet attachement lui est propre et qu'il n'appartient qu'à elle.

« Je sais tellement, lui dis-je pour finir, que mon infortune dans tout cela est d'être si loin de vous! »

Vendredi 4 août, minuit cinquante.

L'inévitable est arrivé. La voiture a été réduite en miettes, ce matin, à onze heures, un peu avant Villafranco. Voilà un inévitable que j'avais prédit et cette prédiction n'était pas difficile à faire. Par une chance incroyable, les deux voyageurs Bossy et Filliol s'en sont tirés avec des contusions multiples selon l'expression consacrée, ils sont arrivés ici vers trois heures. Voici le récit sommaire de l'accident.

Au sortir d'un virage, notre voiture occupant, selon la bonne méthode de Jean Filliol la bonne moitié de la route a rencontré une autre voiture venant en sens inverse et qui, malgré le brusque coup de volant donné par Filliol, n'a pu l'éviter. Le choc fut d'une extrême violence. La carrosserie de la voiture a été entièrement détruite. C'est par une chance insensée que Filliol n'a pas été tué sur le coup, le moteur de l'autre voiture ayant pénétré à très peu au-delà de l'endroit où il se trouvait. Ils se sont tirés de là, et surtout Bossy, littéralement anéantis. L'autre voiture était une voiture militaire qui a aussi beaucoup souffert. Je n'ai pas besoin de dire que la voiture n'était pas assurée. Aussi Filliol pensait-il rentrer dans ses fonds au moyen de l'expédient suivant. On irait voir le sous-lieutenant qui, avec un soldat, montait la voiture militaire et comme la chose n'a pour lui aucun intérêt, il se *déclarerait entièrement responsable* de l'accident moyennant une commission à lui payée. Pour qu'on lui demande de dire qu'il est dans son tort, c'est donc qu'il ne l'est pas, sans quoi, de toute évidence, il n'y aurait pas lieu de le lui demander.

Dimanche 6 août.

Laborieusement, péniblement, diligemment, en bon écolier borné, Raymond a rédigé, après plusieurs essais infructueux, un papier pour le sous-lieutenant tamponneur. Après quoi, tout comme s'il était académicien, il a mis son bel habit vert[1] qu'il réserve aux grandes circonstances. Il ne se lasse jamais de s'admirer mais quand il a ce mirifique complet vert, il se pâme et il essaye de faire se pâmer aussi ceux qui le voient. Il est donc allé voir l'officier. Mais il y est allé trop tôt, à onze heures et demie il dormait encore. Il est retourné cet après-midi à quatre heures. Fier de son papier il prétendait le lui faire signer. Mais le sous-lieutenant ne l'a point du tout entendu de cette oreille. Il s'est refusé tout net à signer un papier qui engageât le moins du monde une responsabilité qu'il décline et qu'il n'a du reste pas. Si Raymond eût été moins sot, je lui aurais fait comprendre l'inutilité, pour ne pas dire plus, de cette démarche. Mais il était si intensément

1. Quand Raymond porte ce costume, il n'ose plus s'asseoir, selon une judicieuse remarque de maman.

pénétré de la toute-puissance de sa rédaction que toute tentative de ce genre eût été vouée à un parfait échec. Donc, le sous-lieutenant n'a pas marché. Qu'eût-ce été si on lui avait proposé un pourboire selon la délicate méthode de Filliol! Si cet officier s'est de la sorte récusé, c'est qu'il a pour cela de bonnes raisons. Tous les torts sont du côté de Filliol, je n'en avais, pour ma part, jamais douté. Mais il y a mieux. Ces torts il les a reconnus devant le sous-lieutenant lui-même *qui a des témoins* que Filliol n'a pas.

Mardi 8 août, minuit quinze.

C'est avec une très vive appréhension que je me suis rendu ce soir vers sept heures trente, chez Mérino, pour y aller chercher la lettre de Christiane qu'il venait de m'annoncer.

Christiane est triste du « désenchantement » qu'elle va me causer. Elle n'a pas eu besoin d'aller voir Duvivier, ce que je lui ai dit lui ayant suffi « pleinement » et à ce sujet elle dit :

« Je ne vous cache pas que j'estime les partis extrémistes néfastes en France. »

Je n'entreprendrai pas ce soir de discuter ce point de vue. Elle part dans peu de jours pour deux mois, elle m'avisera de son retour. Mais il ne faut pas que je me fasse d'illusion. Tout se passe en effet comme si l'entreprise que nous avions commencée avec tant d'espoir était finie, bien finie; elle en donne les raisons. Elle a beaucoup de soucis en ce moment, nous ne pouvons nous voir et ceci semble vraiment être son objectif principal (qui en masque peut-être d'ailleurs d'autres plus profonds et plus délicats à avouer) car elle y revient :

« J'aime écrire à un être que j'aime; mais, je vous l'ai dit dès le début, je ne puis vous aimer sans réalisation matérielle de mon Idéal! »

Ceci dit cependant, ni aucune porte n'est fermée, ni aucun pont n'est coupé. Certes elle s'est attachée avec précision à ne laisser aucun espoir quant à l'ultime conclusion de notre aventure mais :

« Lorsque vous reviendrez, écrit-elle, ou si l'hiver

prochain je puis aller vers vous, nous nous verrons et deviendrons de vrais amis si tous vos flambeaux sont éteints pour un autre sentiment. »

Cela peut fort bien impliquer un espoir que ces flambeaux ne seront pas éteints. Sa lettre s'achève avec une tendresse retenue. La retenue d'une personne qui ne peut « vivre de chimères » mais qui semble bien se raidir et ne point se laisser aller à un sentiment qu'un avenir, hélas! par trop incertain, aurait pu contrarier ou détruire. Elle écrit donc :

« Je vous serre bien affectueusement les deux mains en vous disant :

« A un jour de notre vie » et notre amitié sera une reconnaissance pour notre belle Illusion. »

Il est certain qu'une chaude présence, une incommensurable tendresse peuvent admirablement, s'il leur est donné de s'exercer, redresser cette situation. Que, aujourd'hui, Christiane ait le souci, devant l'incertitude de son avenir, et de réserver sa liberté et de ne point prolonger une espérance qu'il n'est pas bon d'entretenir, c'est chose qui s'explique. Et il faut encore considérer son tempérament qui répugne certainement à entretenir une correspondance qui peut « desinare in piscem » selon une formule célèbre. Et quelle que soit ma très grande tristesse devant cette fin de rêve, je ne puis m'empêcher d'être frappé du fait que tout cela je me l'étais annoncé à moi-même. Je m'étais dit : ce sera comme si tout était fini, mais tout renaîtra de ses propres cendres. Je m'étais prophétisé des épreuves et je les avais senties venir comme l'orage qui monte. Dans leur réalité, les choses ont été plus compliquées, c'est dans l'ordre, que je ne l'avais prévu. Elles m'ont aussi paru plus dures. Il faudra que je gagne Christiane. Mais il faut cependant pour cela deux conditions : que je rentre en France et qu'elle soit encore libre. Si cette seconde condition est remplie quand s'accomplira la première, tous les espoirs pourront de nouveau être autorisés. Cela aussi, je me l'étais prédit à moi-même. Je n'en ai pas moins pleuré « comme à vingt ans » comme chantait une vieille romance, je n'en suis pas moins infiniment triste. Il y a juste un mois je recevais une autre lettre qui s'achevait ainsi :

« Je vous tends ma nuque pour un baiser. »

Depuis ce jour quelque chose s'est brisé[1]. Il faudra une infinie patience et rien de moins qu'un véritable amour pour que s'efface cette brisure. Sa lettre signée « Ninon » puis « Christiane » est tendrement parfumée au « Mitsouko », je crois. Pauvre Christiane, est-il bien vrai que ce tendre roman ainsi ébauché s'achève ainsi? Est-ce possible, est-ce croyable? Dans un post-scriptum elle écrit :

« Je vous rendrai photo et lettres plus tard, si vous le souhaitez, dans deux mois. »

Il y a là un regret, peut-être une prière. Mais il y a aussi chez elle un côté femme d'affaires qui nuit certainement à l'amoureuse à preuve cette phrase qui confirme ce qu'elle avait écrit antérieurement :

« Alors si en moi une femme amoureuse demande à la vie parfois l'Impossible! Une femme équilibrée ayant de grosses responsabilités morales se doit à ses *Devoirs* » (souligné dans le texte).

J'ai sans doute pour moi l'amoureuse, mais la femme d'affaires est intervenue pour empêcher que l'aventure fût hasardeuse ou compromît si peu que ce fût l'entreprise dont elle avait la charge. De toute façon, me voici ramené à la solution ou plutôt à la situation du 13 juillet. De toute façon aussi je savais qu'il fallait attendre. Je savais que rien ne se pourrait faire tant que la distance restait entre nous. Dans deux mois j'aurai sans doute de nouveau de ses nouvelles. Je vais vivre avec son souvenir blessé. Je vais essayer de le guérir et, si j'ai le bonheur de pouvoir rentrer en France à la fin de l'an, j'entreprendrai de reconquérir Christiane. Est-ce là un vain espoir, une insaisissable chimère? Christiane est-elle perdue pour jamais et cette lettre n'est-elle qu'un baume destiné à une blessure qu'on n'a pas voulue trop vive[2]. Je confronterai avec ce témoignage écrit les pages futures de ces chroniques. Encore un mot cependant. Depuis le temps de la belle Haendel, il y a de cela environ dix-sept années, je n'avais tant souffert dans mon cœur. Je me croyais ingénument et désormais à l'abri de ces maux. Il a fallu que Christiane

1. Tout notre drame est dans cet effrayant « quelque chose ». Quel est-il ?

2. Comme le prévoyait cette lettre du 30 juillet que je ne lui ai pas envoyée.

rouvrît en moi leur source, et il y a apparence qu'ils n'aient fini de sévir. La lutte pour Christiane commence. Après cela, Dantzig, Moscou, Tien-Tsin, Tokyo, Françoise l'acariâtre et Raymond le rédacteur en costume vert ont passé au dernier plan de mes attentions.

Jeudi 10 août, 23 h 40.

Nous avons eu ce matin la visite d'un policier espagnol. Il venait faire une enquête sur Filliol. Il nous posa une série interminable de questions sur lui : date de sa venue en Espagne, d'où venait-il, pourquoi était-il ici, que faisait-il à Saint-Sébastien, ses fréquentations, ses sorties. Quels cafés, quels lieux publics, quels bals fréquentait-il? Quels gens connaissait-il, où était-il actuellement? A Madrid, qu'y faisait-il? Voyageait-il souvent? Bref, pour en finir, toutes les questions imaginables et bien d'autres que nous avons certes éludées de notre mieux, mais auxquelles il ne nous aurait pas été possible de répondre, attendu que nous ne savons à peu près rien de la vie extérieure de Filliol. Naturellement, le flic parti, nous nous sommes littéralement abîmés en conjectures. Quel était le but de cette enquête si approfondie? Etait-ce une dénonciation d'ici? Le nom de Hubert a été, en effet, prononcé par le policier. En était-ce une de France? Est-ce bien plutôt la vie déréglée de Filliol? Sont-ce des propos suspects tenus dans des cafés? Sont-ce d'autres histoires plus obscures? Des gains illicites? La fréquentation des maisons de jeu ou de paris? Sont-ce les femmes? Nous n'avons pu répondre ni à ces questions ni à toutes les autres que nous nous sommes posées. Il y a sûrement une chose assez grave, c'est la seule certitude que nous ayons. Certes, personnellement je ne suis pas dans l'affaire, ni du reste personne d'autre, mais par ricochet il peut y avoir des surprises désagréables car on est vite emprisonné ici et pour peu de chose.

Dimanche 13 août, minuit dix.

Ce soir inopinément sont arrivés peu avant huit heures Boissière, Joseph et un ami de ce dernier. Un coup de téléphone aux environs de six heures quarante nous avait avertis qu'un monsieur « d'une cinquantaine d'années », venant de France, était parti d'Irun pour Saint-Sébastien et pour nous venir voir. Le champ des conjectures était ouvert. L'on songea à Crespin et la névrosée Françoise imagina que ce pouvait bien être Eugène. Elle n'est pas à une absurdité près. Comme ils étaient passés chez Bardane, ils ont appris les enquêtes dont Filliol était l'objet. Mais Françoise qui a accaparé le Gros, lui a dit péremptoirement que Mme Bardane déraisonnait et qu'elle savait bien que ce n'était rien de sérieux. Ils ne nous ont apporté que peu de nouvelles de France. Le procès n'aurait pas lieu avant décembre ou janvier. La perspective s'allonge. Il est impossible de dire ce qu'il en sortira. Les débats, évidemment, en commanderont l'issue. En somme, le Gros, qui a cependant lu ou parcouru l'acte d'accusation (huit cent cinquante pages il est vrai), ne nous apprend pas grand-chose. Il sait seulement que personne ne sera libéré avant le procès. Et nous sommes, quant à nous, invités à nous tenir cois. Nous n'avions pas, hélas! d'autre dessein. Ils comptent partir demain pour Madrid où ils iront rejoindre Filliol. Auront-ils à leur tour la police à leurs trousses? Je n'ai rien dit ni aux uns ni aux autres. Qu'ils se débrouillent. Pour tous les aveugles, Filliol est un phénix. Eh bien! qu'il les entraîne une fois de plus dans son guêpier. L'on est venu à parler ce soir du docteur Blondin-Walter dont la situation de très brillante qu'elle était, est à présent entièrement ruinée. Il était un des plus éminents chirurgiens de Paris et assistant du professeur Gosset. Son inculpation dans notre affaire l'a presque réduit à rien. Il a dû quitter son bel appartement du boulevard Saint-Germain, il a perdu toute sa clientèle. Or jamais le docteur Blondin-Walter n'aurait dû être inquiété. Mais c'est à Filliol qu'il doit cette providence. En effet, Blondin a été pris dans la première et funeste affaire du P.N.R. où il était venu voir Filliol et c'est là qu'il faut placer la source de tous nos maux. Mais l'absurde aveuglement d'Eugène n'a rien su discerner de tout cela.

Lundi 14 août.

Va-et-vient. Filliol et Bossy sont rentrés ce matin de Madrid. M. Bossy est parti ce soir pour la France. Un docteur de Bayonne, ami du Gros, est arrivé ce soir. Enfin je pars demain matin avec Jo et son ami René pour Barcelone. J'y resterai jusqu'à vendredi soir. J'y vais chercher notre ami Roidot qui vient d'Italie où il ne peut rester plus longtemps. Nous tâcherons de le loger à quelque distance de Saint-Sébastien. J'ai eu ce soir avec M. Bossy une assez longue conversation sur l'organisation et je lui ai dit quelques utiles vérités qu'il ignorait. De son côté, il croit que notre procès n'aura jamais lieu.

Dimanche 27 août, minuit cinquante.

Les nouvelles que rapporte Mouraille qui était encore en France hier soir, à sept heures, sont fort pessimistes. La catastrophe y est considérée comme à peu près inévitable. Les précautions les plus extrêmes sont prises dans le sud-est. Toutes les villes frontières et dix autres sont entièrement évacuées et placées sous l'autorité militaire. La frontière, les Alpes sont garnies de troupes. Des troupes coloniales : Sénégalais, Marocains. Marcel, qui ne faisait que revenir d'Italie, disait que du côté italien où les villes sont également évacuées, il n'y a que des *troupes allemandes.* L'état-major allemand n'a aucune confiance dans les troupes italiennes. Il paraît, mais ceci ne peut-être accueilli qu'avec réserves, que les désertions sont nombreuses dans les rangs de celles-ci qui ne veulent pas combattre avec les Allemands. Il y aurait environ quatre cent mille hommes de troupes allemandes dans ce secteur. D'autre part, il paraît encore que, en cas d'agression contre Dantzig, le seul moyen de soutenir la Pologne serait de mener une vigoureuse offensive sur les Alpes, de se frayer un chemin à travers la plaine du Pô, d'atteindre le Tyrol et de prendre ainsi à revers l'Allemagne du sud où il n'y a point de fortifications. Ce serait une réédition de la campagne d'Italie de 1797. Le chemin, à vrai dire, est bien connu des Français. Il est inutile de répéter que le versant des Alpes nous est particulièrement favorable. Espérons que nous ne serons pas réduits à cette douloureuse extrémité. L'on assure que l'inquiétude italienne est très grande. Du reste, le thème des récentes manœuvres de l'armée du Piémont était précisément d'arrêter une armée victorieuse qui, ayant franchi les Alpes, descendait vers le Pô. Cette manœuvre a causé un très gros émoi au public italien et il fallut la camoufler. Mouraille me disait encore que le gouvernement avait pris de très importantes mesures à l'endroit des étrangers résidant en France. Ils seront mobilisés et tenus à se présenter et à accomplir tel ou tel service. Le gouvernement a interdit indéfiniment *l'Humanité* et *Ce Soir,* le journal bolchevique. Il ne faut pas seulement que cette fermeté dure mais qu'elle s'accentue. Enfin, si l'affreux malheur se déclenche, mon parti est pris : je rentrerai en France. Auparavant je tâcherai de voir l'ambassadeur de France et d'obtenir une espèce de sauf-conduit signé de lui. Je lui exposerai mon cas et les raisons de mes réticences. Je veux bien faire mon devoir, mais je ne veux pas rentrer en France pour aller en prison, pour les beaux yeux des francs-maçons et des Juifs.

Vendredi 1er septembre, minuit dix.

De quelle effroyable croix sanglante ne faudra-t-il marquer ce jour? 2 août 1914-2 septembre 1939! Voilà dix minutes qu'ont commencé à courir à Paris les délais de la mobilisation générale. Les hostilités entre l'Allemagne et la Pologne ont commencé ce matin à l'aube.

Samedi 2 septembre, minuit cinq.

Les journaux cent pour cent et stupidement pro-Allemands de ce pays, n'annoncent pas ce soir ce qui se passe par des titres ronflants. On ne parle presque pas de la nouvelle guerre. *El Noticiero Universal,* le seul journal du soir de Barcelone, se contente de noter que les Allemands et les Polonais combattent aux frontières de Silésie, de Poméranie et de Prusse orientale, ce qui laisserait à entendre que l'envahissement du territoire polonais est à peine entamé. L'on peut croire que si les Allemands avaient avancé beaucoup, on n'aurait pas, dans ces colonnes, attendu longtemps pour le manifester.

Dimanche 3 septembre, 14 h 30.

C'est fini! L'irréparable est fait. J'ai appris vers deux heures que la France et l'Angleterre avaient déclaré la guerre à l'Allemagne. La mesure m'a-t-on confirmé, prendra effet ce soir à cinq heures. J'en ai pleuré. Au-devant de quelles catastrophes n'allons-nous pas? Etait-ce évitable? Ne l'était-ce point? A quoi bon discuter. Hier l'Angleterre et la France avaient envoyé un ultimatum à l'Allemagne, aux termes duquel celle-ci eût à évacuer le territoire polonais dans les douze heures. Le délai prenait fin à midi. Certes, on ne pouvait pas ne pas soutenir la Pologne à qui l'on avait donné sa parole d'une part et de l'autre sans doute notre carence eût été pour l'Allemagne un prodigieux encouragement. Je pense à Christiane qui doit certainement penser à moi. A cause d'elle, je voudrais bien rentrer en France. J'ai conclu un arrangement avec Roger : s'il conclut, de son côté un arrangement avec le grand B.B., je le suis. Il doit m'avertir, dans dix jours au plus tard. Sans avis de sa part, je commence, expiré ce délai, mes démarches pour rentrer en France immédiatement. Mais il faut que je m'évade de cette ville au plus tôt et le misérable Filliol ne me donne toujours pas signe de vie. Cette conduite inqualifiable et imbécile ne pourra certes pas me faire porter contre lui un jugement plus sévère que tous ceux que je ne cesse de porter depuis trois ans et plus. Il ne me fera pas davantage augmenter une méfiance qui a depuis longtemps atteint son maximum, ni passer condamnation depuis le même temps acquise. Mais elle me confirmera, dans cet irréductible état d'esprit, même s'il apparaît qu'il n'a pu plus tôt me tirer de ce pas. Car je répliquerai qu'il suffirait, s'il n'avait pas d'argent, de me laisser rentrer quand j'ai jugé bon que je le fisse. De surcroît, je ne lui pardonnerai pas de m'avoir laissé loin de la France et de ses nouvelles au moment de cette effroyable crise.

Mercredi 6 septembre, minuit trente-cinq.

Une des conséquences de la guerre est l'achat par l'Angleterre d'énormes quantités d'oignons à Valence, plus de quarante-six mille caisses qui, payées en bonnes livres anglaises, vaudront au moins autant que des machines-outils allemandes. Voilà qui n'est point pour nuire à la neutralité espagnole dont chacun ici paraît enchanté.

Vendredi 8 septembre, 23 h 55.

L'avance allemande continue vers Varsovie dont l'occupation, inévitable, ne tardera plus beaucoup. L'Allemagne attaque de toute sa puissance tandis qu'elle semble ménager l'Occident. Les nouvelles sont plutôt brèves.

Samedi 9 septembre.

Je suis toujours à Barcelone et dans une angoisse croissante. Roger qui a liquidé ses camions m'a annoncé qu'il ne pourrait rien faire pour moi. Les sommes qui lui sont ou seront dues lui seront payées en France et en francs, à ce qu'il m'a dit. Je conçois du reste parfaitement qu'il n'ait aucune envie de m'avancer 1500 pesetas dont il ne reverrait plus la couleur. Mais du coup, ma situation devient catastrophique. Où vais-je? Que va-t-il advenir? Comment ce misérable Filliol pourra-t-il trouver 2000 pesetas quand il lui a été impossible d'en trouver 500 et, chaque jour, ma situation s'aggrave. C'est proprement effroyable. Et, d'autre part, pendant ce temps, les délais courent. Je devrais avoir fait des démarches pour rentrer en France où je devrais fournir des explications, alors que je suis en Espagne illégalement. Mais de quoi ce crétin de Filliol a-t-il souci? Il sait avoir l'argent qu'il lui faut pour aller courir les femmes.

D'ailleurs, ces choses de France, en ce qui nous concerne, ont pris un aspect nouveau. Le patron, Corrèze et Jeantet ont été mis en liberté provisoire. C'est le ministère de la Défense nationale qui a provoqué cette démarche. Mais, dans des circonstances pareilles, c'est à une mesure générale et publique qu'on aurait pu s'attendre. Car il ne s'agit là que de deux ou trois inculpés et de ceux qui sont au régime politique encore. Ce qui signifie très clairement que si je commettais l'imprudence ou la légèreté de rentrer en France, on n'aurait pas le moindre scrupule à me jeter incontinent en prison. Il y aurait, et il y aura beaucoup à dire sur l'attitude du patron en cette affaire. Avec ses appuis personnels, il s'en tire et laisse assez bien, ma foi, les autres dans « le bain ».

Dimanche 10 septembre, minuit cinquante.

J'ai enfin reçu des nouvelles de Saint-Sébastien. On a téléphoné ce matin et je n'étais pas là. On a laissé un message qui m'annonçait l'arrivée d'un télégramme et l'on me demandait de rappeler si ce télégramme n'était pas arrivé. Rien n'est venu et j'ai rappelé ce soir. J'ai, ainsi, appris que *mercredi matin,* Filliol m'avait en effet expédié un mandat télégraphique de 2000 pesetas. Je l'attends toujours. Il m'a été adressé à l'hôtel sous mon vrai nom. Je vais entreprendre des démarches à la poste.

Roger part après-demain. Il va régler ma situation et il m'a promis une réponse pour les premiers jours de la semaine prochaine. Il m'a assuré que cette réponse serait favorable. Sans quoi j'aviserai. Mais si je veux bien rentrer en France pour faire mon devoir où l'on voudra me mettre, je n'entends pas rentrer pour aller en prison pour les beaux yeux de la racaille judéo-maçonnique que, dans mes émois patriotiques, je n'oublie ni ne perds de vue. Je le disais l'autre jour avec une grande force à la petite institutrice rencontrée ici, si nous avions triomphé en novembre 1937 il n'y aurait pas la guerre aujourd'hui. Il faudra qu'on le sache.

Nous aurions dans les six semaines conclu un accord durable, sinon définitif, avec l'Italie. Aux premiers signes de l'Anschluss de l'Autriche, les corps d'armée italiens seraient revenus sur le Brenner, ce qui n'aurait point empêché que les nôtres vinssent prendre place le long du Rhin. Et à cette époque, la ligne Siegfried n'existait pas. Pas d'Anschluss, la Tchécoslovaquie demeurait et la Pologne n'aurait pas été comme aujourd'hui le champ d'expansion du germanisme. Tout cela se tient étroitement. C'est l'évidence. La grande famille française a perdu gros à notre échec, mais elle ne le sait pas.

Lundi 11 septembre.

J'ai touché ce matin, après de courtes démarches, les 2000 pesetas de Filliol. C'est avec soulagement que j'ai payé mes dettes.

Saint-Sébastien, 14 septembre.

Me voici donc rentré à Saint-Sébastien depuis vingt-quatre heures. Voyage monotone et sans intérêt. A mon retour, j'ai trouvé la maison dans une sorte d'attente. Pierre était déjà parti. Filliol, lui, était résolu de rentrer à la seule condition qu'il ne fût pas jeté en prison. Raymond suivait mollement.

Vendredi 15 septembre.

Je suis allé à Irun, aujourd'hui, pour régler la question de la voiture d'un Français de Barcelone, ami de Roger. Le hasard, que j'ai naturellement aidé, a fait que j'ai vu Mlle Lafargue qui vient parfois travailler à son ancien bureau d'Hachette. J'ai ainsi appris que le père Armand était en Espagne. D'où le coup de téléphone urgent donné hier à Filliol et les entretiens mystérieux d'où, comme à l'ordinaire, j'ai été soigneusement exclu.

Dimanche 17 septembre, 23 heures.

Le grand événement de la journée c'est l'entrée des troupes soviétiques en Pologne, ce matin, à dix heures, heure locale. A vrai dire on s'attendait à ce coup et il n'a pas été une surprise. Il n'en reste pas moins que la malheureuse Pologne en sera plus sûrement écrasée et que les difficultés vont s'accroître sensiblement en ce qui nous concerne. Toute l'Europe, tout l'univers est en effervescence.

Mardi 19 septembre, 20 heures.

J'étais hier soir, aussi peu disposé que possible à l'écriture. Cependant, j'avais un certain nombre de choses à rapporter. D'abord la longue conversation du matin avec le père Armand. Je l'avais rencontré à dix heures trente comme il était convenu devant le casino. Le temps était beau, nous prîmes par le port et la corniche qui entoure le pied du Monte Urgull. Je pus lui dire longuement ce que je pensais de Filliol et le danger qu'il constituait dans un service comme celui dont il m'avait parlé. A ce propos, le père fit de son côté quelques utiles mises au point; le rôle de Filliol dans cette affaire était destiné à rester modeste. Il n'aurait aucune initiative et il ne disposerait d'aucun argent. Ce serait lui surtout, le père Armand, qui s'occuperait des fidèles eu égard naturellement à sa fonction. J'en fus quelque peu rassuré mais je fis néanmoins part de ma réserve étant donné les promesses que j'avais faites. On ne peut naturellement servir deux maîtres. Pour me tenir dans les limites possibles, je dirai que j'ai exposé au père tous les aspects de Filliol tels qu'ils furent ici maintes fois consignés. Le père était déjà au courant de bien des choses, mais il y fut d'autres choses qui le surprirent et l'éclairèrent. En particulier la question financière, suite d'expédients, qui lui avait été présentée sous un autre jour. Cette question, en particulier, lui a causé un visible souci, il est tombé d'accord qu'il faudrait qu'elle fût résolue. Puis le soir, vers six heures, j'ai vu Filliol qui avait vu le père entre-temps. Il est revenu sur les raisons, assurément fondées, que j'avais d'accepter la collaboration que l'on m'offrait. Il y avait d'une part une certitude et une certitude totale, de l'autre, une offre problématique d'abord et vraisemblablement aussi incomplète. La conversation avec le père le matin avait modifié dans une certaine mesure l'aspect des choses. Je décidai donc de retourner voir le père chez Fernand. J'eus, peu avant huit heures, une nouvelle conversation avec lui. Il est entendu qu'il me comprendra parmi ses vicaires si j'ose dire et que, à son retour, dans une quinzaine, l'accord définitif se fera. Entre-temps, je saurai à quoi m'en tenir en ce qui concerne Roger. Je continuerai dans un moment, c'est l'heure capricieuse du dîner.

Il est près de dix heures et je vais avoir, dans une demi-heure, une nouvelle série d'informations, les suisses celles-là. J'ai donc revu le père hier soir et vraiment le hasard m'a bien servi. Il revenait du consulat. Or, là, on lui avait parlé des Cagoulards. On lui demanda s'il les connaissait et il avoua que en effet, il avait été, et il était encore en rapports avec eux. Il fit, aussi bien, leur éloge disant qu'ils étaient des gens fort bien. Le père s'est ainsi entretenu avec le chancelier et différentes personnalités du consulat. On lui demanda :

« Mais n'ont-ils pas été au service de l'Espagne? »

Il répondit qu'ils avaient certainement aidé l'Espagne mais la bonne, naturellement. Quant à leur attitude envers leur pays elle était parfaite. Ils ne demandaient qu'à servir, mais ils redoutaient de rentrer en France de peur qu'ils ne fussent jetés en prison. A cela quelqu'un répondit qu'une telle éventualité n'était pas à craindre. En temps de guerre, le ministère de la Défense nationale avait le pas sur celui de l'Intérieur et si celui-ci demandait l'incarcération, l'autre, au nom de la défense du pays, demanderait l'incorporation aux armées.

Mardi 19 septembre, minuit quarante.

Donc, troisième reprise de mon propos, le père Armand sortait du consulat lorsqu'il croisa, dans un vestibule, le Maréchal (Pétain) qui le reconnut et qui l'entraîna :

« Tiens! Vous êtes là, vous? Venez donc un peu par ici. »

Après qu'ils eurent bavardé quelques instants, le père demanda au Maréchal s'il connaissait les Cagoulards. Le Maréchal parut surpris et demanda des explications. Le père fit allusion à la visite que Pierre fit au Maréchal, celui-ci en avait gardé le souvenir et, lorsque le père eut précisé qu'il était justement un des réfugiés politiques en question, le Maréchal répliqua :

« Il ne me l'a pas dit. »

Notre protecteur entreprit donc de raconter au Maréchal notre histoire.

« Ils ne demandent pas mieux, dit-il en substance, de rentrer en France pour faire leur devoir mais ils ne veulent pas aller en prison. »

Après un instant de discussion sur ce point, le Maréchal se rangea à l'avis du père. Il fut convenu qu'il dirait un mot de nous au colonel à qui, a-t-il dit, il ne demandait jamais rien.

Mardi 26 septembre, minuit trente.

La nouvelle apparente la plus importante ou la plus intéressante est la dissolution du parti communiste, de toutes ses annexes et de toutes ses filiales. Le décret a été signé ce soir en conseil des ministres et, sans doute, a-t-il été appliqué incontinent. Nous allons en voir les suites et surtout, ce qui est capital, le sérieux avec lequel en sera faite l'application. Car c'est cela qui importe. De toutes parts ce n'était qu'un cri pour la dissolution de ce parti que nous aurions voulu traiter, ou au défaut de nous voir traiter, avec la dernière dureté. Il ne le méritait que trop et cette mesure n'a que trop tardé. En d'autres temps, j'eusse, évidemment, souhaité autre chose, mais nous sommes en guerre et il faut parer au plus pressé. Il est assez piquant, mais aussi assez affligeant, de voir que ce décret est pris par Daladier, l'homme du fameux serment de la Bastille, l'initiateur, en somme, du désordre puis du malheur où nous sommes aujourd'hui. Mais enfin on est convenu qu'il fallait oublier tout cela.

Jeudi 28 septembre, 23 heures.

La madame pimbêche et importante – « la poule du chef » comme dit Raymond dans ses bons moments, c'est-à-dire qu'il la déteste cordialement et qu'il relâche de temps à autre la vile platitude qu'il lui montre – la madame donc s'est fait faire une paire de chaussures sur mesures : 90 pesetas, ce qui représente ici à peu près ce que l'on fait de plus cher. Mais les chaussures n'ont pas plu. Elle les a donc refusées et commandé une autre paire. Les dépenses que fait cette femme sont quotidiennes et abondantes. L'autre jour elle achetait pour 43 pesetas de tissu pour se faire je ne sais quel colifichet. Quant aux frais de toute sorte que cause la venue prochaine de l'héritier, ils sont proprement innombrables. Si seulement ils étaient tous utiles! Et je ne dis rien des friandises qu'elle rapporte à chacune de ses sorties : une livre de petits fours, des bonbons, des chocolats qu'elle monte bien entendu dans sa chambre. Enfin, il y a la légion de fioles, flacons et étuis de toute sorte qui croît de jour en jour. Telles sont les aimables gens avec lesquels, pour le moment encore, il nous faut vivre. Je n'ai rien dit, cependant, de la prochaine naissance prévue pour le 15 novembre. On est allé voir un docteur, puis un autre, le docteur Jaen, puis un spécialiste. Celui-ci a déclaré que l'enfant serait presque certainement une fille. Cette nouvelle a jeté Filliol dans la consternation[1] qui a dit qu'il mettrait la mère et la fille à la porte. Il est plus probable qu'il ne mettra pas sa menace à exécution, mais l'on peut prévoir que le mariage sera, pour le moins, différé. Il reste, enfin, que le docteur a pu se tromper.

Vendredi 29 septembre, minuit quarante-cinq.

C'est hier à Moscou que le nouvel accord germano-

1. Abattu, il s'est écrié : « MOI!... Une fille! »

russe a été signé. Il est superflu de dire qu'il consacre le partage pur et simple de la Pologne. Même la fiction d'un Etat tampon entre les deux compères n'a pas prévalu. *Il n'y a plus de Pologne.* On déclare après cela qu'il ne saurait plus y avoir d'état de guerre entre les alliés et l'Allemagne. Si, dit-on, les bellicistes anglo-français ne veulent pas arrêter la guerre, ils en porteront la responsabilité et dès lors la Russie et l'Allemagne se consulteront pour la conduite à tenir. Le second point de l'accord est relatif à l'organisation des territoires polonais et à la fixation de la nouvelle frontière dont on a donné le tracé.

Lundi 16 octobre, minuit.

Ce sont les tout derniers jours d'Igueldo qui s'écoulent avec une majestueuse tristesse. Je suis allé ce soir promener les chiens le long du chemin de la mer comme je le faisais cet été en rêvant de Christiane. Souvenirs! C'est déjà le passé. Tout est le passé. « Tout ce qui est passé, est passé », a dit Anatole France après d'autres. Igueldo n'en est pas moins désormais peuplé de mes souvenirs et de mes rêves défunts. Hier je suis allé faire une dernière promenade au Monte Urgull où j'ai retrouvé tout frais encore le souvenir de Daguy : la porte de l'Amitié, le banc où nous nous sommes assis bien des fois et d'où l'on voyait le phare à travers les pins et, devant nous, les lumières de la ville s'allumant dans le crépuscule finissant. Il va déjà y avoir deux ans de tout cela. Souvenirs déjà figés, déjà éteints dans le passé. Ils prennent leur forme définitive qui, peu à peu, s'effacera dans la mémoire même pour ne plus laisser subsister que quelques traits évanescents.

Je parlais justement l'autre jour d'Igueldo à Tomas, Tomas le jardinier. Tomas semble avoir toujours vécu à Igueldo et sa tête est pleine de souvenirs. Il a vu inaugurer le funiculaire et la ligne de tram en 1912. Le chemin qui longe la mer alors n'existait pas, non plus que le tennis. La mer venait là presque aux pieds de la villa « Fernandez » qui est en face de la nôtre et qui, d'ailleurs, n'existait pas à cette époque de la préhistoire igueldienne. Il y avait un vague sentier qui longeait la mer et, au bord, deux bicoques qu'on appelait, je crois, l'une la « piedra blanca » et l'autre « la piedra negra ». C'est l'année suivante, en 1913, que fut construite la villa Brisas del Mar qui a dû s'appeler aussi, au cours de sa vie, la villa Esperanza si j'en juge d'après une vieille plaque rencontrée un jour dans le garage. La même année vit naître la villa « Turiaso », notre voisine en montant la côte et sœur de « Brisas » et la villa « Meneses » qui domine, du premier angle du chemin, la baie et la mer et, plus haut, la villa « Pura » si laide dans son pseudo style arabe et la villa « Maxima »[1] que j'oubliais, située un peu plus haut, la voisine de « Turiaso ». Et enfin, en bas, cette fois, la villa « Maria ». Ce n'est qu'en 1917 que fut construite notre voisine d'en face, en contrebas, la villa Fernandez. Le tennis a été édifié aux environs de ce temps. Quant à la promenade qui le longe et pousse jusque dans les roches où elle s'arrête, ce n'est qu'après 1920, ou même plus tard, qu'elle a été tracée.

Mardi 17 octobre.

Raymond part demain matin. Pour moi il faudra que je passe par Valladolid. C'est le chemin sinon évidemment le plus court au moins le plus rapide. Rapide a, en Espagne, une signification singulière. J'ai vu Mérino qui m'a dit le plus grand bien de la région où je vais. C'est le pays des coquilles dites de Saint-Jacques. On y trouve avec abondance tous les produits de la mer et la vie y est fort bon marché.

Mercredi 18 octobre, 23 h 30.

Dernier jour à Saint-Sébastien. Dernièrs instants dans ce bureau où j'ai passé près de sept cents soirées. Je pars demain matin à neuf heures dix. Je n'arriverai pas à destination avant vendredi ou samedi au plus tôt. J'ai reçu une provision assez maigre de 800 pesetas.

1. Actuellement habitée par Fernandez Cuesta, ancien ministre de l'Agriculture et ami du défunt José Antonio.

Quand il s'agit de lui, Filliol est évidemment moins mesuré. Un des grands bienfaits de ce départ sera certainement de recouvrer une divine solitude que j'ai perdue depuis d'assez longues années déjà. Je suis allé faire quelques adieux à Mérino, à qui j'ai confié mes papiers et à Bardane. Chez celui-ci, vers huit heures, j'ai rencontré Bernardet que je n'avais point vu de longtemps. Il est vaguement mobilisé à Bayonne où la guerre ne se fait point sentir. Je vais aller achever mes bagages car je ne voudrais pas me coucher trop tard. Demain je passerai sans doute la nuit à Valladolid pour en repartir vendredi. Le temps est assez chaud et il y a un peu de vent et bien entendu aussi de pluie. Adieu Saint-Sébastien, je m'en vais vers d'autres cieux assez lointains. Maman en conçoit beaucoup de tristesse. Mais je la reverrai dans un mois, je suppose. Cela dépendra de la marche de ses affaires en France.

Vigo, vendredi 20 octobre, minuit.

Parti hier matin de Saint-Sébastien, je suis arrivé d'abord à Léon où j'ai passé hier une soirée assez terne, d'autant qu'il pleuvait. Les sept heures d'arrêt qu'il fallait avaler eussent dû être passées à Venta de Banos, véritable trou comme me l'a dit l'employé du chemin de fer qui me conseilla de pousser jusqu'à Léon où je trouverais deux heures plus tard le train qui va de Madrid à Vigo. Le voyage s'est bien fait, mais les premières elles-mêmes sont lamentables et bien au-dessous, comme promiscuité, des troisièmes de France. J'ai parcouru Léon malheureusement de nuit et j'ai surtout séjourné dans un café d'ailleurs agréable. J'ai mal dormi, sur une banquette heureusement, car j'ai failli n'avoir que le couloir ce qui eût été vraiment insuffisant. Dès ce matin nous avons traversé un admirable paysage fait de hautes montagnes fort tourmentées et coupées de cours d'eau qui semblent descendus du ciel. A Redondela l'on commence à apercevoir l'admirable baie de Vigo que favorisaient un calme et un temps magnifique. En descendant du train je suis allé immédiatement jusqu'au port. J'y ai vu, mouillés dans la baie, de nombreux bateaux allemands empêchés, par la guerre, de naviguer. J'ai vu aussi une partie assez importante de la flotte espagnole. Je compte demeurer ici un ou deux jours puis je me rendrai à Ponte Vedra où je m'installerai sans doute. Il est du reste très facile de venir de Pontevedra à Vigo, des autobus font plusieurs fois par jour le trajet La Corogne-Vigo et desservent toute la côte.

Samedi 21 octobre.

Je vais partout, j'assiste au déchargement des navires allemands sans être aucunement inquiété. J'ai été appelé à la police cet après-midi, mais c'est parce que ma fiche d'hôtel, sous le nom de Meunier, ne portait pas mention de la durée de mon séjour en Espagne. Dès que j'eus montré mon papier, plus aucune explication ne m'a été demandée et quand j'ai néanmoins fait ressortir que, lorsque je voyageais, je faisais état du nom de Meunier pour n'avoir point à montrer mon papier officiel, le fonctionnaire très correct et d'ailleurs chef ou chef adjoint du service des étrangers, m'a répondu : « Naturellement! »

Dimanche 22 octobre.

Je suis allé ce matin m'occuper d'un canot. On me demande neuf puis huit pesetas de l'heure. J'ai compris qu'on ne voulait pas faire affaire. Je suis alors retourné au « Club maritimo » où l'on voudra sans doute de moi comme membre, mais à qui je ne veux point révéler mon identité. Ensuite j'étais encore à temps, car je me suis levé à huit heures pour aller faire une petite excursion à Cangas de l'autre côté de la baie. Cangas est une fort gentille bourgade de pêche au nord-nord-ouest de Vigo. Le temps était admirable. Et la petite traversée « o'er the ferry » comme dit le poète anglais, fut délicieuse. Cangas possède une très vieille et minuscule chapelle, en dehors de son église réglementaire. Une vieille inscription latine gravée sur le linteau est très difficilement lisible. Mais je reviendrai à Cangas avec un peu plus de patience et aussi de temps. Cet après-midi, j'ai fait de nouveau les quais où j'ai fait de nouveau quelques observations intéressantes. Vers huit heures, je suis allé chez « Sauvia », maison de thé bien fréquentée où il y avait beaucoup d'Allemands et même j'y ai vu quelques Allemandes. Demain je me rends, en principe, à Pontevedra. Si ma malle n'y était déjà pas, à m'attendre, je retarderais ce départ de quelques jours. A Pontevedra il conviendra que je m'installe plus à fond. Je ne suis assis ici que sur le bord d'une chaise. A Pontevedra il est vrai, je n'aurai pas plus d'argent que je n'en ai ici. J'ai oublié de dire, en ce qui concerne le canotage, que je pourrais acheter un canot pour 500 pesetas à ce qu'on m'a dit. Cette solution serait de beaucoup la meilleure. J'échapperais par là à tout contrôle.

Pontevedra, lundi 23 octobre, minuit cinquante.

J'ai eu, de nouveau, la visite de la police vers midi et demi à mon hôtel. J'ai dû donner quelques explications sur mes deux identités. Sur quoi ces gens ont constaté que ma situation était irrégulière. Je le crois bien, leur ai-je répondu. Mais cette irrégularité vient de ce que nous avons, mes amis et moi, aidé l'Espagne nationale à une époque où elle avait besoin d'aide. Le colonel Ungria le sait parfaitement. Cependant, bêtement têtus, les deux policiers qui prétendaient être venus tout exprès de Madrid pour me consulter, feignaient de s'en tenir à leurs instructions. Ils allèrent même jusqu'à me menacer et à m'interdire de venir à Pontevedra. Mais j'ai élevé une très vive protestation et ils sont revenus à des sentiments meilleurs. Il est entendu que j'écrirai au capitaine Prieto, secrétaire du colonel Ungria et que je lui demanderai un papier de même teneur que celui de Filliol et des autres. Je lui demande surtout, car la lettre est écrite, de vouloir bien faire la plus extrême diligence car je suis dans une situation ennuyeuse.

Je suis donc parti pour Pontevedra à trois heures vingt-cinq. J'ai eu l'intuition puis la quasi-certitude qu'une bourrique était venue se rendre compte de ce départ et le surveiller. Elle a même pris le train, mais n'a point poussé jusqu'au bout du voyage. Ce voyage – 30 km – a été particulièrement long, près de deux heures. C'est insensé! J'ai été fort déçu à l'arrivée dans cette petite ville plus ou moins cependant capitale de province. Ville pittoresque, certes, avec une belle église que j'ai seulement entr'aperçue car la nuit déjà commençait, mais ville sans aucun intérêt et qui, plus centrale sur la carte, ne présente pas les avantages que je croyais pour mes études. Je suis descendu dans un hôtel du vingtième ordre. Je doute qu'il y en ait d'autres dans la ville. Il n'y a même point d'eau courante, c'est dire qu'il ne faut pas parler d'eau chaude. Il est cependant bien propre, mais la cuisine y est exécrable, beefsteack cuit à l'huile, et il est impossible de mettre les dents dans le vin. Je retournerai sous peu de jours à Vigo, qui est la grande ville de la région.

Mardi 24 octobre, 23 h 30.

J'ai fait, ce matin, une délicieuse promenade dans un petit lieu appelé Marin sur la côte sud de la baie de Pontevedra et au-delà. Le tram m'y a conduit, point trop vite. Là, dépassée la petite ville semblable à toutes celles de la région, j'ai suivi la côte, bois de pins tombant dans la mer, falaises, rochers, adorables petites plages et criques inattendues où l'eau venait mourir en murmurant. Le temps magnifique continuait. Demain je compte aller à Padron rayonner le long de la côte nord de la baie au fond de laquelle se trouve cette ville. Tout cela est, bien entendu, fonction des moyens de transport que je trouverai sur place. Il résulte quelque fatigue de ces courses. C'est ainsi que ce soir, en attendant le dîner qui n'est, hélas! servi qu'à neuf heures et demie, je m'étais étendu sur mon lit. Il n'était pas huit heures. Je me suis réveillé à dix heures trente-cinq. J'ai pu manger tout de même fort rapidement du reste. J'ai pris la décision de rentrer à Vigo samedi, en principe. J'en ai averti Filliol pour qu'il m'écrive à l'hôtel Moderno s'il m'annonce son arrivée.

Mercredi 25 octobre.

C'est une lumière absolument dérisoire qui me guide.

Une petite lampe de vingt-cinq bougies fichée derrière moi au plafond et nourrie par une de ces électricités espagnoles débile, chétive, clignotante, rachitique et malingre du genre de celle qui faisait mes désespoirs à Saint-Sébastien. Au moins celle-ci ne met-elle pas le poste de radio en constant état de crise. Il semble vraiment que tout soit lamentable en cette pauvre Espagne. Les transports sont inouïs et il semble qu'ils se doivent donner le mot pour être désordonnés au maximum et se moquer merveilleusement les uns des autres. Je me suis rendu ce matin à Padron pour aller de là à Santa-Eugenia. J'étais dans cette petite ville à neuf heures, ce qui n'est point tard. Il n'y avait cependant de correspondance, si l'on peut dire, pour Santa-Eugenia que ce soir à cinq heures. Inutile de dire que j'ai renoncé.

Cet après-midi j'ai voulu me rendre à Vigo en passant par Cangas. Il y a 25 kilomètres de Pontevedra à ce petit port de pêche. L'horaire officiel prévoit, et il a vu large on en conviendra, *une heure vingt* pour faire ce trajet. Néanmoins nous avions encore plus d'un quart d'heure de retard sur cet horaire pourtant royal. C'est que les arrêts sont interminables. On y perd un temps vraiment incroyable. Sans doute je me rends bien compte que le « car » fait la poste et dessert tout le long du chemin, au demeurant merveilleux, tout un chapelet de petites localités. Mais là où il faut moins d'une minute, les Espagnols en usent dix. Les voyageurs mettent une heure à descendre de voiture. Ceux qui les remplacent une heure à monter. Ici le temps n'est pas de l'argent. Inutile que je dise que le bateau pour Vigo ne partait que quarante minutes après l'arrivée du car, retard compris.

L'on vient d'instituer une micheline qui va à Saint-Jacques. C'est bien. Cette micheline fort petite d'ailleurs, marche assez bien. Rien de comparable bien entendu avec ce qui se passe en France, ni avec les 120-140 des convois similaires du temps de paix. Non! cette micheline fait un petit soixante et met plus de trois heures à couvrir les 103 km qui séparent Vigo de Santiago. Il y a quelques arrêts prévus à l'horaire dont celui de Pontevedra. J'ai donc voulu prendre la micheline qui, partant à vingt heures douze, me mettait ici à vingt heures quarante-deux. Une demi-heure pour 30,5 km, c'est supportable. J'avais oublié que nous étions en Espagne. La micheline ne prend de voyageurs à l'aller que pour Saint-Jacques. Bon, me dis-je, c'est qu'il doit y avoir une grande affluence de voyageurs quoique, chose singulière pour le retour de Saint-Jacques à Vigo, cette restriction n'ait point lieu. Du train où j'avais pris place j'ai vu la micheline partir : elle n'emportait pas plus de trois ou quatre voyageurs. Or le trajet micheline comporte un supplément, prévu notons-le bien, pour les stations d'arrêt pour lesquelles elle ne prend pas de voyageurs. La compagnie aurait donc à ce qu'il semble, tout intérêt à encourager ce mode de voyage. Elle fait le contraire. C'est une incohérence qu'il vaut mieux ne point essayer d'expliquer. J'ai donc pris d'assez mauvaise humeur le train ordinaire qui, théoriquement, de vingt heures vingt à vingt et une heures dix-huit doit parvenir à avaler les 30 km du trajet. Il lui a fallu néanmoins dix-sept minutes supplémentaires. Enfin, pour être à l'abri de la cohue, j'ai pris un billet de première. Elles furent, ces premières, précisément envahies par cette cohue. Tout cela sent le désordre, une inorganisation invétérée et, semble-t-il, une incommensurable paresse.

Jeudi 26 octobre, 23 h 45.

Le maréchal Pétain, venant de la Corogne, est allé à Vigo. Il est nécessairement passé par ici et comme le *Faro* avait annoncé son arrivée à Vigo pour midi, j'ai présumé qu'il traverserait Pontevedra entre onze heures et onze heures trente. C'est à onze heures vingt-cinq que, entrant dans la ville, sa voiture qu'en précédait une autre, si l'on peut dire de sa suite, s'arrêtait devant le palais provincial. J'étais là naturellement pour voir. Le Maréchal a mis pied à terre quelques instants devant le palais. Quelqu'un est allé prévenir les autorités de la province qui sont accourues et rapidement sur le trottoir, les présentations ont eu lieu et les souhaits ont été échangés. Quelques instants plus tard, le Maréchal remontait en voiture et, suivi cette fois, de la Peugeot, prenait le chemin de Vigo. J'ai dit que quelqu'un était allé quérir les autorités, or ce quelqu'un est précisément un des hôtes de ce très modeste hôtel où je suis descendu. Il y habite avec sa femme, évidemment, qui est d'ailleurs assez agréable. Nous nous saluions déjà, mais je le croyais allemand. Vraisemblablement, je tâcherai de savoir, il avait dû à l'entrée de la ville, c'est-à-dire au pont qui est au bas de la route, aller accueillir le Maréchal. J'en ai conclu qu'il était un fonctionnaire du gouvernement provincial. A trois heures et quart j'avais, à Vigo, déjà fini de déjeuner et j'avais fait un tour sur le port. Je savais que le Maréchal avait reçu à midi les autorités de la ville au « Continental Hôtel » et à une heure, la colonie française. De toute façon, je n'y serais pas allé à cause de ma situation, mais le car que je devais prendre ici à midi et qui me mettait à Vigo à une heure avait trente-cinq minutes de retard. Bien entendu il les a gardées. A trois heures dix, donc, je me trouvais devant l'hôtel quand le Maréchal en sortit. Il y avait dans la voiture une gerbe de fleurs aux couleurs françaises et la femme insipide, qui avait déjà retardé la voiture Peugeot au départ de Pontevedra, était là à faire des salamalecs. Ce n'était d'ailleurs pas une Française, son accent la trahissait. Elle n'en avait pas moins hérité une gerbe de fleurs aux couleurs de France elle aussi. Elle prenait congé du Maréchal.

Je suis rentré de Vigo à la même heure qu'hier. C'est-à-dire que le train a pris encore dix minutes de plus qu'hier. Dans mon tableau des transports hier je n'ai rien dit de l'état de délabrement incroyable des voitures. Les charnières des portières manquent, les phares sont borgnes, les mêmes portières n'ont plus de poignées, les vitres sont brisées, les sièges sont dans un état de défoncement qu'il serait difficile de surpasser, des fils électriques par-dessus la carrosserie alimentent les lanternes. C'est insensé. Quant à la propreté, on peut, en extrapolant, s'en faire une riche idée. Il s'ensuit que la sécurité sur de telles voitures est à l'avenant. Il vaut mieux n'y point penser et il est tard. Demain je me rends à Sangenjo et à Porto Novo. Peut-être pousserai-je jusqu'à la Tosa, petite île qui est dans la grande baie d'Arosa et où se fabrique la célèbre pâte dentifrice qui porte ce nom.

Vendredi 27 octobre, 23 h 25.

A sept heures quarante, le coche, c'est le mot espagnol qui est aussi français, me laissait à Sangenjo, petit village de pêcheurs et aussi de plaisance dont la côte borde, au nord, la baie de Pontevedra. Ce village possède une plage magnifique au haut de laquelle s'alignent, ma foi, une série de villas dont quelques-unes, exquises et modernes, ne sont même pas encore achevées. De là, en coupant un promontoire, par un dense bois de pins, l'on arrive à une nouvelle plage à peu près aussi belle que l'autre mais plus sauvage, tout à l'extrémité de laquelle se trouve le village assez rude et assez primitif de Porto Novo. Porto Novo vit aussi de la pêche. La route ne va pas plus loin. Cependant l'ébauche de sa prolongation qui formerait une corniche contournant le village juché sur la falaise, attend un hypothétique achèvement. Ce n'est plus qu'un chantier abandonné alors que toute cette magnifique région pourrait être ouverte au tourisme. Les peuplades en sont misérables. Un grand nombre de femmes va nu-pieds comme d'ailleurs partout dans cette partie du pays, sans en excepter Vigo. Elles font de très rudes travaux, cassent des pierres sur les routes, déchargent des navires, portent des paniers de charbon toujours sur la tête bien entendu. J'ai vu cet après-midi à Grovo des petites filles de onze à quatorze ans qui transportaient du quai à l'usine des caisses de magnifiques palourdes.

Après Porto Novo, donc, j'ai suivi la côte, ses hauts et ses bas, ses anses et ses criques, ses plages et ses falaises. J'avais cinq heures devant moi. J'ai marché deux heures et demie dans un sens et à dix heures trente, j'ai rebroussé chemin. Le temps est demeuré beau quoique assez menaçant par moments, si bien que, au retour, j'ai essuyé après Porto Novo une petite ondée mais déjà à l'arrivée à Sangenjo il n'y paraissait plus. A treize heures, je pris avec un peu de retard l'autobus qui devait me mener à la Tosa, petite île que je ne connaissais pas et que je voulais voir. Cette île reliée à terre par un pont est charmante. Elle renferme au milieu de magnifiques bois de pins, une très discrète usine de fabrication de produits de beauté : pâte dentifrice, crème à raser, célèbres dans toute l'Espagne et au-delà. Malheureusement, j'y ai cherché en vain un restaurant. Je ne l'ai trouvé, et fort tardivement, qu'à Grove, gros village de pêcheurs à consonance anglaise, plein de la vie de la mer. J'ai parlé tout à l'heure des superbes palourdes que des canots entiers apportaient à terre. Combien j'ai regretté de n'avoir pas un couteau de poche – j'en avais cherché vainement à Vigo, mais j'ai découvert un endroit où il y en a – pour en déguster une douzaine ou deux. Grove examiné et moi-même moulu, j'ai retrouvé le coche avec délices. Je quitte demain Pontevedra avec soulagement, surtout à cause de cet abominable hôtel. Je n'avais du reste aucune intention d'y demeurer après quelques heures de présence dans ses murs. Le *Faro* rend compte de façon très sympathique du passage du maréchal Pétain. Il donne une photographie en première page et un excellent article en dernière. Il fait sans doute une confusion quand il donne pour la femme du Maréchal, beaucoup trop jeune, la péronnelle dont j'ai parlé hier.

Vigo, samedi 28 octobre.

Nouveau voyage, nouveau et grand trimbalage de malles et de valises. J'ai récupéré enfin mon immense malle de Pontevedra et ma foi ils l'ont gardée huit jours à la gare, et il ne m'en a coûté que 3 pesetas. Ce n'est pas cher. Ils l'avaient, il est vrai, mise sens dessus dessous. Puis il a fallu l'amener à l'hôtel. J'ai horreur de ces transports, aussi ne me suis-je occupé de rien. J'ai donné mon bulletin de consigne au portier, mais ce n'est que trois heures plus tard, il était près de sept heures, que ma malle entrait dans ma chambre : coût 8 pesetas cette fois. Et ce ne fut pas sans peine, l'immense chose n'entrait point dans l'ascenseur mais ouverte, elle y trouva son chemin. Il faut de l'ingéniosité pour voyager et j'en ai si peu! La journée s'est passée en reprise de contact et en réinstallation. J'ai acheté un couteau. Ceci paraît un événement, mais cet instrument commun, et dont du reste je n'avais fait usage depuis un nombre infini d'années, est presque une rareté dans ce grand port de marins et de pêcheurs. Il est pourtant un adage fameux, au moins dans les marines de France, qui qualifie un marin sans couteau : « Marin sans couteau, femme sans c... » C'est un langage vert et expressif. Alors comment mesurer Vigo à cette aune?

J'ai fait une curieuse découverte à l'hôtel. La petite bonne de l'étage, une d'elles car elles sont deux, a passé sept ans à Paris et en France, elle en est revenue il y a quatre mois et elle en a la nostalgie. A mon parler elle a vu que j'étais étranger et soupçonné que j'étais Français. Elle a été ravie de parler de Paris qu'elle aime beaucoup. Elle est très francophile. Elle était placée chez un docteur Quillien, à en juger par la manière dont elle a prononcé son nom, qui habitait rue Saint-François-des-Ternes. Elle connaît bien la chère grand-ville naturellement. Elle en parle avec un vif enthousiasme et la regrette ainsi que ses habitants. On est tellement mieux traité en France qu'ici, dit-elle, où les domestiques ne sont pas plus que des chiens! Elle m'a donné de fort intéressantes précisions sur l'état d'esprit des Viguesiens (je crois) à l'endroit des Allemands. On ne les aime point. On les supporte parce qu'ils ont aidé dans la guerre, mais on voudrait que tous leurs bateaux fussent partis. Elle croit que quelques-uns ont déjà, à une date antérieure, quitté Vigo, sous pavillon espagnol dit-elle. Mais je pense que sur ce point son information est plus que sommaire. Elle m'assure, en tout cas, que cette manière de voir est celle de toute la population. On ne parle pas aux Allemands qui descendent très peu à terre. On en a surtout horreur car ils ne sont pas catholiques. Or il faut expressément noter que c'est comme catholique que le Maréchal a été tout particulièrement honoré ici.

Dimanche 29 octobre, minuit cinq.

Je dois être levé de fort bonne heure pour prendre à sept heures quarante-cinq le train pour Villa Garcia et de là ensuite le bateau pour Santa-Eugenia où je me décide enfin à me rendre. Aujourd'hui je me suis contenté d'une brève course à Moana où il n'y avait rien à voir. La pluie du reste tombait par intermittences et avec beaucoup de violence. Ce qui n'est, malgré tout, jamais fort agréable dans les promenades.

Il n'y a guère de nouvelles de la guerre. Sans doute est-il toujours question de l'anéantissement de l'Angleterre par l'Allemagne. Sur ce point Hitler ne marchande pas ses promesses : trois mille avions y seront employés. A y bien regarder, ce n'est pas trop cher. Il ne reste plus qu'à exécuter ce beau programme. On peut toutefois imaginer que l'Angleterre ne se laissera point avaler si facilement, ni que de notre côté nous ne mettrons pas opposition à ce projet assurément colossal. J'ai vu de près, dans ce petit salon de thé où j'étais allé déjà dimanche dernier, les lourdauds germains qui sont ici. Comme ils ont peu de grâce. Ce sont, il est vrai, des marins du commerce, mais cela ne suffit pas à expliquer leur manière d'être. Un communiqué officiel publié par l'Amirauté allemande annonce que le total des navires coulés par les sous-marins depuis le début de la campagne est de plus de 475000 tonnes, tandis qu'ils n'ont perdu dans cette affaire que trois de leurs submersibles. Ces chiffres manquent incontestablement d'objectivité.

Lundi 30 octobre, minuit cinquante-cinq.

Je suis allé à Villa Garcia, gentil petit port entouré de plages et de bois de sapins. De là j'ai pris un petit bateau d'excursion qui, en faisant escale à l'île d'Orava, mène en une heure et demie à Santa-Eugenia. Il en repart à quatorze heures trente pour ramener à seize heures ses passagers à Villa Garcia. Courte excursion donc pendant laquelle je n'ai eu que le temps d'entr'apercevoir une baie magnifique mais par un temps vraiment froid surtout en mer. La pluie s'est heureusement abstenue et ce n'est ce soir qu'à mon retour à Vigo qu'elle a commencé de sévir. On ne saurait trop la louer de cette discrétion. La mer était d'huile et c'est à peine si un très léger roulis ébranlait le navire. A Santa-Eugenia, qu'une timide publicité dans la cabine même du navire décrivait comme une agréable station balnéaire, il n'y a seulement pas de restaurant digne de ce nom. J'ai fini par trouver une gargote où j'ai mangé mais non pas déjeuné et où j'ai payé presque aussi cher qu'à la « Casa Pepe » de Vigo. Le petit restaurant de Grove, la « Casa Novesa », était bien meilleur et son vin n'était pas sans cachet. Ici rien de pareil. Comme propreté et comme confort, Santa-Eugenia a un long chemin à parcourir avant que de mériter le titre de station balnéaire. Il faut tout de même avoir le sens de la mesure.

Mercredi 1er novembre.

Journée terne, comme il convient, vraie journée de Toussaint dont le caractère a été accentué ou souligné par une pluie diluvienne qui ne semble avoir été interrompue que par une brève éclaircie entre trois heures et demie et cinq heures. Je suis à peine sorti. Justement pendant ces trois demi-heures. Et puis après aussi vers sept heures et demie, je suis allé chez « Suevia » où il y avait peu de monde : c'était un jour hors série. En rentrant des quais peu avant cinq heures, j'ai été interpellé par un Allemand qui me prit pour un des siens. Loin de fuir, j'ai répondu, mais en anglais puisque je ne sais pas l'allemand. J'ai eu avec l'homme une dizaine de minutes de conversation. C'est un deuxième mécanicien sur l'un des navires ancrés dans la baie. Il m'a posé quelques questions sur moi. Au défaut de me voir Allemand il m'a cru Anglais. J'ai démenti. J'ai expliqué que j'avais passé longtemps en Amérique et que j'étais vaguement espagnol. Il faut être prudent. Il m'a appris qu'il était bien payé, 360 marks par mois. Cependant c'est la solde à la mer. Ici il a moins mais il ne m'a pas dit combien. La question est d'ailleurs en litige car leur situation est pendante à cause des circonstances. Ils attendent des ordres de leur gouvernement et il n'est point question que les bateaux partent actuellement. Je tâcherai de le revoir pour en savoir davantage. Il y avait une foule de questions que j'aurais bien voulu poser, mais il ne fallait rien brusquer. Il faut joindre à cela que je suis peu liant de mon naturel. Je songe souvent que si Filliol était ici il connaîtrait déjà la moitié de la ville. Il faut lui rendre cette justice. Seulement cette méthode non plus ne va pas sans inconvénients et graves.

Vendredi 3 novembre, minuit dix.

Journée tendre. Il a fait beau surtout cet après-midi et jusqu'à la nuit il a régné une température d'une exquise douceur. Mais à peine disparu le soleil qu'une fraîcheur extrême parut descendre des hauteurs. D'où qu'elle vînt, elle était, en tout cas, fort sensible. J'ai profité de ce beau temps pour me rendre à Bayona à l'extrémité sud de la baie de Vigo que je voulais voir. C'est absolument charmant encore que je n'aie pu y jeter qu'un coup d'œil trop rapide à cause de l'extravagance des horaires. Une route au-delà de la ville suit la côte en corniche comme celle qui mène à Zumaya dans le pays basque. Ici c'est la mer du grand large qui surgit et plus souvent gronde comme un tonnerre qui ne s'interrompt jamais. Je n'ai fait que deux kilomètres le long de cette route. J'ai vu au loin dans le nord des îles qui semblent masquer la baie de Vigo et j'ai examiné, de loin aussi, la sortie du port vers le nord. Je reviendrai la semaine prochaine voir cela de plus près.

Samedi 4 novembre, minuit vingt-cinq.

J'ai trouvé ce matin en descendant une lettre de maman. C'était assez inattendu, mais ce qui me fut une surprise plus grande encore, ce fut de constater que maman était toujours à Saint-Sébastien, au moins le 30 octobre, car il a fallu ce temps à la lettre pour venir. Elle me dit que le père Armand devait rentrer le jour même qu'elle m'écrit. Dans ces conditions, ce n'est pas encore demain que je le verrai ici. Maman a grand-hâte de me revoir et se trouve fort seule dans la villa devenue si grande maintenant qu'ils n'y sont plus que trois. Au 30, ils n'étaient pas encore déménagés. Filliol ne trouvait pas ce qu'il voulait. Il restera bien encore un mois à Igueldo.

Ce matin, en allant faire ma visite au port, j'ai eu la surprise de voir le cargo italien qui est amarré au quai et le long d'un cargo allemand dont il prend les marchandises et la cargaison. Tout est pavoisé. Je n'ai pas cru que le pavois eût pour cause le remaniement ministériel auquel le Duce vient de se livrer. Mais il n'a pas tardé à me venir à l'esprit que, aujourd'hui 4 novembre, c'était le vingt et unième anniversaire de la victoire de l'Italie, alors à nos côtés, sur les empires centraux. A côté des deux navires allemands, amis de l'axe, ce pavois avait vraiment quelque chose d'indiciblement piquant. J'aurai tout dit quand j'aurai noté que les chambres américaines des représentants viennent de voter la loi de neutralité que le Sénat avait, le 28, approuvée. L'affaire est donc conclue. Il restera maintenant à transporter en France et en Angleterre le matériel qui viendra des U.S. L'on peut prévoir que les sous-marins allemands feront des efforts tout particuliers pour contrarier les arrivages.

Lundi 6 novembre.

Il a fait une journée horrible à Cangas. La rade était sillonnée d'une houle assez forte et nous fûmes assez bien secoués. Je n'ai pas quitté malgré la pluie l'espèce de petit pont-promenade du petit navire. J'en ai vraiment eu pour ma peseta. Au retour, la traversée m'a paru moins rude. Le temps avait peut-être un peu molli. Mais la pluie à Cangas, où je ne suis guère resté qu'une heure et quart, m'a empêché tout mouvement. J'étais de retour à l'hôtel à une heure, tout à fait trempé. La chambre n'est pas chauffée. Cela ne dissipera pas rapidement le coryza qui me gêne.

Mardi 7 novembre.

J'ai trouvé vers la fin de la matinée une lettre de Prieto qui répond à celle que je lui envoyai il y a quinze jours. Il ne peut plus me donner le papier que je lui demande, m'écrit-il, après en avoir référé au colonel. Ces attributions leur ont maintenant échappé. Pour le reste, m'écrit-il, il demeure toujours mon excellent ami. C'est toujours ça. Il est bien certain que maintenant nous ne pouvons guère plus rendre service ni les uns ni les autres. Les temps héroïques de Burgos sont passés. Les jours ne sont plus où un officier d'état-major me téléphonait tous les jours pour obtenir les cartes dont Franco avait le plus pressant besoin. Il faut se faire aux nouvelles situations, je tâcherai de m'en arranger. Aussi pour me changer les idées, suis-je allé au cinéma, un maigre cinéma de quartier où le public est parfaitement insupportable. Mais j'y ai vu un amusant film français qui m'a fait plaisir. Pour le reste, il y a peu de chose à retenir. La guerre se poursuit dans le calme. Cependant notre communiqué d'hier qui est toujours si scrupuleux dans l'annonce de ses victoires aériennes rapporte officiellement que dans un combat aérien, neuf de nos appareils de chasse ont attaqué un groupe de *vingt-neuf* appareils de chasse ennemis, neuf desquels furent abattus et sur ceux-ci sept sont tombés sur notre territoire, tandis que notre patrouille au complet regagnait sa base. C'est admirable. L'on peut ajouter foi à ce compte rendu car c'est toujours avec de grandes précautions que notre communiqué fait état des victoires aériennes remportées. C'est l'honnête *Faro* qui m'instruit de ces faits d'armes. Parmi les innombrables actes d'héroïsme qu'a déjà suscités cette guerre, il en est un vraiment étonnant, parmi tant d'autres classiques. *Le Journal* donnait dans son numéro du 2 une série de citations dont celle-ci :

« Krache, Saïd ben Moussa, matricule 4077, sergent : sous-officier calme et courageux, volontaire pour toutes les missions dangereuses. Ayant pénétré à la tête d'un groupe dans un champ de mines, a réussi, avec une matraque, à en faire sauter plusieurs, permettant ainsi à la section d'atteindre son objectif. A été blessé. »

Il est impossible de lire et de transcrire cela sans une vive émotion. Cela change un peu des canards du début qui nous montraient des troupeaux de moutons marchant à la tête de nos troupes. Ce Krache doit être un tirailleur marocain, quel jeu terrible que de faire ainsi sauter des mines à la matraque! Dans ces citations on voit justement qu'il y a eu beaucoup de blessés graves du fait de ces mines. C'est dire qu'il y eut aussi bien des morts, hélas!

Mercredi 8 novembre, minuit trente.

J'ai eu, ce soir à table, une agréable surprise : on est venu m'annoncer puis, quelques instants après, me payer un mandat télégraphique de 500 pesetas. Cette fois Filliol[1] n'a pas attendu et ma lettre, expédiée samedi, est arrivée sans trop de retard. C'est tout de même un soulagement. Mais il ne conviendrait pas de croire que ces 500 pesetas, ajoutées aux quelque 75 qui me restent, me vont mener au bout du monde. Il s'en faut du tout! Pour ne point laisser accumuler une note interminable, je réglerai samedi mon hôtel. Ce sera déjà 300 pesetas environ. Ensuite il y aura mes frais ordinaires et mes courses. Je serai donc très vite au bout de ce très mince rouleau de billets.

Aujourd'hui le temps s'est amendé. Ce n'est pas qu'il n'ait pas plu, mais il n'a plu que peu. Le soleil s'est même laissé entrevoir. J'en ai profité et je me suis rendu cet après-midi à Panjon. Ce tout petit port suivi d'une assez belle plage forme l'une des extrémités de la baie dont Bayona, où je suis allé l'autre jour, forme l'autre. De Panjon je suis monté sur un haut lieu : haut promontoire tout proche et qui domine de loin tout l'alentour. La pointe de ce promontoire forme le cap Sentoulo. Il est surmonté d'un monument en granit, massif et à distance un peu trapu. C'est une sorte de tour carrée mais dont la hauteur n'est pas à proportion de l'importance de la base. Sur le devant une statue de madone assise fait face à la mer. Sur le monument en haut relief un thème de chapelle surmonté d'une grande croix avec cette inscription taillée dans la pierre en très grandes lettres : *Salve regina marium.*

Dans *l'Action Française* du 4 novembre que j'ai trouvée ce matin, je vois que le toubib a été arrêté. Un petit entrefilet en deuxième page sous le titre : « L'affaire de La Cagoule » explique que :

« Le docteur Félix (c'est une erreur, c'est Henri qu'il faut lire) Martin accusé de complot dans l'affaire du « C.S.A.R. » avait réussi à se soustraire au mandat

1. En réalité, ce ne fut pas lui mais bien maman. Jean était à Madrid, maman est allée voir Fernand et le nécessaire était fait séance tenante.

lancé contre lui par M. Béteille, juge d'instruction. A la mobilisation, il avait rejoint son poste de médecin militaire à l'hôpital de Bicêtre. C'est là qu'il a été mis en état d'arrestation. »

Et l'on n'est point couvert de rouge honte d'avoir accompli cette action. On en est si peu couvert que l'on n'hésite pas à lui donner cette publicité à la presse. Un médecin militaire rentre pour faire son devoir et une pseudo-justice de partisans que l'on aurait pu croire mieux inspirée ou plus judicieuse, arrête encore ce serviteur de la patrie. La République est vraiment incorrigible.

Jeudi 9 novembre, minuit vingt-cinq.

Cette nuit une violente explosion se produisit dans la brasserie de Munich où Hitler venait de prononcer un discours. Le chancelier allemand avait quitté la brasserie quelques instants plus tôt qu'il n'était prévu pour prendre le train qui devait le ramener à Berlin. Et c'est peu après ce départ qu'eut lieu l'explosion. Il y eut six morts et une soixantaine de blessés. On dit, naturellement, que les auteurs de l'attentat sont des étrangers. On n'en offre pas moins 50000 marks allemands à qui les fera découvrir, ce qui tendrait à prouver qu'on ne les connaît pas. De son côté Gœring a fait des déclarations au journal italien *Il Messagero* au sujet de la levée de l'embargo sur les armes. Gœring doute de l'efficacité que cette mesure apportera à l'aide des Etats-Unis aux alliés à cause de la difficulté des transports. De plus, les Etats-Unis ne parviendront pas à produire en un court laps de temps les 8000 appareils qui manquent aux alliés pour égaler – Gœring dixit – la force aérienne allemande. Quant aux trois cents avions déjà construits, tout en reconnaissant que ce soit là une aide importante elle n'en reste pas moins insignifiante en comparaison des nécessités des alliés pour affronter les forces aériennes du Reich.

Vendredi 10 novembre.

De part et d'autre on envoie des félicitations à Hitler

pour avoir échappé à l'attentat. Formules protocolaires. L'Italie est à la tête des envoyeurs. En Allemagne, la prime destinée à récompenser le dénonciateur a fait un bond sensible. C'est 500000 marks que l'on offre et un particulier y ajoute 100000 et d'autres fonds s'y ruent encore. Il y a donc là de quoi devenir riche en peu de temps. A Munich et dans toute l'Allemagne on accuse l'Intelligence Service d'avoir fait ce beau coup manqué. Hitler venait justement de se livrer à une longue et violente diatribe contre l'Angleterre. Mais dans ce dernier pays au contraire, l'on assure qu'il ne s'agit que d'une mise en scène et l'on avance que le coup manqué a été tout simplement monté par le gouvernement allemand lui-même. Une variante de l'incendie du Reichstag. Il est certain que le départ précipité d'Hitler à une heure tout à fait inaccoutumée, le discours abrégé et quelques autres considérations donnent à penser. Le certain c'est que cet attentat vrai ou supposé donne au peuple allemand l'occasion d'acclamer son Führer et montre que l'Allemagne, dans son ensemble, et Hitler, ne font qu'un, que l'hitlérisme c'est l'Allemagne, c'est le pangermanisme, c'est le monstre à détruire.

Ce matin j'ai fait une assez longue excursion en mer et inattendue. J'avais décidé de me rendre à San Adrian que je ne connaissais point encore. Je ne savais exactement où se trouvait ce coin si ce n'est qu'il était à l'intérieur de la baie. Il faut plus d'une heure de bateau, lent à la vérité, pour arriver à ce coin perdu qu'est San Adrian au fond de l'admirable baie de Vigo. On défile devant la plupart des navires allemands immobilisés et qui, comme obéissant à un mot d'ordre, se camouflent et masquent leur nom.

Samedi 11 novembre.

En ce vingt et unième anniversaire de la victoire, nous sommes de nouveau en train de nous efforcer d'en acquérir une autre. Parce que la première, assez mal gagnée, a encore été plus mal conservée et même si mal que vingt ans après pratiquement il n'y en avait plus de traces. Aussi peut-on voir un peu partout maintenant en France et même en Angleterre, essayer de discerner les moyens d'établir une paix qui ne serait plus précaire. Il est à ce sujet fort significatif que la gauche, ce que l'on appelait autrefois ainsi du moins, vient à tenir des propos qui n'avaient jamais été jusqu'ici rencontrés que sous la plume de la droite et mieux même de l'extrême-droite. Ce qui fut longtemps la thèse de Maurras et de Bainville devient peu à peu la manière de penser et d'écrire de l'*Ere Nouvelle* par exemple et d'autres journaux de même farine. C'est bien. Sans doute! Mais c'est bien tard! Il a fallu une autre guerre pour que l'on en arrivât là. Vraiment la République fait payer cher à la France les leçons de l'histoire qui lui étaient cependant données publiquement et gratuitement. Le certain, aujourd'hui, c'est que, si peu de temps après cette victoire incomparable, nous soyons de nouveau en guerre. De nouveau aussi l'on considère une grande offensive allemande comme imminente. A ce sujet il semblerait que la menace sur la Hollande soit tout particulièrement pressante.

Les navires et le consulat allemands ont leur pavillon en berne, sans doute en conséquence de l'attentat de Munich. Il était plaisant de voir aujourd'hui un petit mais robuste cargo anglais venir s'intercaler à quai entre quelques cargos allemands qui déchargeaient dernièrement leurs marchandises. Ce navire à moteur peint en gris comme un navire de guerre, portait un canon à l'arrière que dissimulait, sans feinte d'ailleurs, un étui de toile. Mais était-ce intentionnellement qu'un membre de l'équipage affectait d'entretenir soigneusement la culasse de l'instrument sous la bâche à demi soulevée?

Je vais partir lundi matin pour Tuy et la côte sud. Je compte rester absent deux jours et rentrer mardi soir. J'ai acheté à cet effet une petite valise bon marché. Plus tard, sans doute après la venue de Filliol, j'organiserai une excursion plus longue vers le nord. Je visiterai La Corogne, Saint-Jacques et la côte ouest.

Dimanche 12 novembre 23 h 10.

Ce soir, en rentrant vers six heures d'une rapide

excursion à Candio-Corujo, j'ai trouvé une lettre de maman. Lettre fort inattendue assurément puisque je croyais, enfin, maman en France. Il n'en est donc rien et l'attente continue. Ils ne sont plus à Brisas mais à une autre villa, la villa Elena-Cristina à Ondarreta. Maman m'apprend que dans la nuit du 7 au 8 novembre, un petit garçon est arrivé. Filliol était à Madrid, ce qui montre l'extrême souci qu'il avait de ce qui allait venir. Au moins ses vœux seront-ils comblés. Une fois de plus la corvée à échu à maman. L'affaire s'est passée à domicile. Docteur et infirmière sont arrivés à onze heures du soir et le bébé n'est né qu'à cinq heures du matin. Ç'a donc été plus long que pour « Pépette » (qui en avait cependant eu sept). Maman me parle encore du regret qu'elle eut de quitter « Brisas ». En effet nous y avons vécu tout près de deux ans d'une vie sans doute assez terne, mais tout de même point malheureuse ni même désagréable si l'on passe sur la promiscuité à laquelle je me flatte d'avoir su admirablement me soustraire. J'apprends encore que Léon est venu avec sa femme à la nouvelle villa, mais maman ne me donne pas d'autres détails. Ils étaient venus voir Filliol. Maman a grand regret de notre séparation, elle compte pourtant être de retour bientôt. (Mais elle n'est pas encore partie.)

J'écris à Filliol et à Françoise auxquels je fais les félicitations protocolaires d'usage. A Filliol, je demande qu'il vienne le plus tôt qu'il pourra. Mon projet attend. J'ai oublié de noter que depuis vendredi, ce projet avait un nom. Mais j'aurai l'occasion d'y revenir. Cet après-midi, le temps étant encourageant quoique assez triste et peu lumineux, je suis allé faire une petite excursion à Carrido d'où je suis venu à Corujo, localité voisine. Là j'ai fait l'escalade d'une hauteur voisine d'où l'on domine toute la sortie de Vigo. La sortie sud-ouest c'est un coup d'œil magnifique. Malheureusement le temps était peu clair. J'ai vu néanmoins ce que je voulais voir. Rentré vers six heures à Vigo, je me suis rendu comme à l'ordinaire chez Suevia après que j'eus écrit mes lettres. Aujourd'hui, pas un seul officier allemand ne s'y trouvait. Je me demande si le seul deuil de Munich suffit à expliquer cette carence.

Lundi 13 novembre, 19 h 30.

A table, à déjeuner, il y avait du dessert. Ainsi la pénitence, enfin, est levée. Il était temps vraiment. Depuis la guerre, c'est-à-dire, pour moi, depuis toujours, l'Espagne, comme une enfant qui n'est point sage, était privée de dessert tous les lundis. C'était, avec le plat unique, devenu depuis une institution qui coûte fort cher au malheureux payant, une mesure dont, théoriquement, le produit était destiné à l'amélioration du sort du combattant. Rien de plus naturel pendant la guerre, mais voilà bientôt huit mois ou même neuf qu'elle est terminée. Il était temps que cette manière de brimade prît fin. D'autant que les menus de l'hôtel ne sont variés en aucune façon. Ce dessert se compose uniformément, sans nulle exception de : une pomme et une banane au déjeuner. De : une pomme et une banane au dîner trois ou quatre jours sur sept. Le reste du temps il y a une ou deux pommes cuites et fort mal cuites, ou quelquefois une pâte de coing, bonne d'ailleurs. Quant au reste du menu, on fait le plus souvent appel, on en fait même un usage immodéré, au merlu, le « merlucius merlucius » de Linné, appelé si improprement à Paris : colin. Quant à la viande qui, à vrai dire n'est pas rare, c'est uniquement le jeune bœuf qui en fait les frais et l'« escalope milanaise » prétendue revient à une haute fréquence. Il y a, je dois dire, des exceptions. Une fois, c'était évidemment une erreur, nous eûmes de la perdrix aux choux. Un peu plus souvent du « lapin chasseur ». Ainsi le dit la légende. On aperçoit aussi des œufs sur le plat ou en omelette. Mais pour ne rien omettre et pour être juste, il faut ajouter que, à presque tous les déjeuners, il nous est servi des crevettes, généralement excellentes. La mesure en est bonne. Quelquefois, rarement, d'excellents petits crabes de roches. Mes vœux vont maintenant aller à la suppression de ce plat unique qui serait mieux nommé plat inique.

Tuy, mardi 14 novembre, 23 h 30.

Naturellement, c'est d'une très humble chambre d'hôtel que j'écris ces lignes. La petite ville de Tuy, une douzaine de mille habitants, ne possède qu'un seul hôtel. L'hôtel Moderno, comme à Vigo, qui lui-même n'occupe que le second étage d'une maison d'assez belle apparence extérieure, mais qui n'a, il est à peine besoin de le dire, aucun confort. Tuy est donc une toute petite ville, il vaudrait mieux dire un gros bourg dont il ne faut guère plus d'un quart d'heure pour faire le tour. La campagne est ravissante surtout par cette belle journée d'automne presque tiède. Car j'ai eu un temps splendide et je fais des vœux pour qu'il dure encore au moins trente-six heures. J'ai vu le calme et large Mino qui, depuis quelque cinquante ou soixante kilomètres en amont, sert de frontière à l'Espagne et au Portugal. J'ai vu en face la campagne portugaise, rigoureuse symétrie de celle-ci avec ses petits villages étagés, des vignes, des coteaux et son ciel qui semble commun aux deux pays. Je suis allé jusqu'au grand pont international qui franchit le fleuve à environ deux kilomètres de Tuy. J'aurais voulu le franchir par curiosité mais cela n'a pas été possible. J'ai fait une longue et sinueuse promenade par la petite ville aux rues d'autrefois étroites et en pente raide, dépourvues pour la plupart de trottoirs, mais dallées de grandes pierres de granit dont la région est si riche. Car partout ici du nord au sud et de l'est à l'ouest la belle pierre de taille est à l'honneur. La plus modeste ferme comme le plus noble édifice en sont construits. A Vigo, à Pontevedra, à Villa Garcia, à Padron, partout les tailleurs de pierre sont des artisans qui ne chôment point. On entend, près des maisons en construction, retentir le crépitement des innombrables burins qui heurtent le marteau. Mais si Tuy est petit par l'étendue, il est grand parce qu'il a donné à l'Espagne un de ses plus nobles fils. Tuy, en effet, est la patrie de Calvo Sotelo, comme chacun sait, mais le hasard m'a fait remarquer la maison natale du héros de la monarchie espagnole. Elle porte le n° 39 de la rue principale de la ville qui porte aujourd'hui son nom précisément. C'est une maison toute pareille à ses voisines. Elle ne comprend qu'un seul étage et est aussi construite en pierres de taille. José Calvo Sotelo y est né le 6 mai 1893. Une plaque (inaugurée en août 1929) naïvement ornée l'atteste et une autre témoigne que les Tudésiens ont, le jour du premier anniversaire de sa mort tragique, inauguré le symbole qui fait état de cette gloire. Les maisons ont ici une particularité que je n'ai point encore remarquée ailleurs. Les fenêtres proprement dites sont à l'extérieur et les volets, pleins, à l'intérieur. Il est d'usage général en Espagne d'avoir à l'intérieur ces insupportables volets pleins qui, la plupart du temps, interceptent la lumière. La cuisine de l'hôtel est satisfaisante et bien supérieure, ce qui n'est au reste point du tout difficile, à l'horrible chose de Pontevedra. Mais il n'y a, comme vin, que « du gros qui tache ». Il est âcre et épais et l'on n'est point du tout désaltéré après en avoir bu. Demain midi, je pars pour La Guardia. Il y a une excursion magnifique à faire au haut du mont Santa-Tecla. J'espère que le temps me sera favorable. Il fait ce soir, en dépit d'un ciel pur, une brume épaisse. Qu'il fasse cette nuit tout ce qu'il voudra. Il ne m'importe, pourvu que demain luise le soleil et que la visibilité soit bonne.

Vigo, jeudi 16 novembre, minuit trente.

Je suis horriblement pressé. A peine avais-je fini de dîner que l'on me téléphonait que Fernand était là. Il accompagnait Vannes, il n'était guère plus de dix heures et je les quitte à l'instant. Je suis rentré ce matin, et fort heureusement, de La Guardia. Je n'ai pas besoin de dire à quel point je me félicite de ce retour, mais le temps, qui fut cependant plus clément, était si menaçant que j'ai maintenu ma décision de rentrer. Voyage inconfortable mais qui devait être magnifique. La route, comme d'ailleurs je le pensais, suit constamment la mer de La Guardia à Bayona. Après Bayona on ne l'aperçoit plus que de loin mais elle est toujours présente. Journée ordinaire ici, faite d'allées et venues. J'ai donc eu une longue conversation avec Vannes et Fernand. Ils ont été dîner à la Casa Pepe où je les ai menés. Vannes m'a fait deux petits cadeaux qui m'ont fait bien plaisir. Il m'a aussi remis quelques subsides et une lettre de Filliol qui me demande de m'occuper d'affaires, ce que je ferai bien volontiers. Bien naturellement j'ai mis Vannes au courant de mon projet qu'il trouve séduisant. Malheureusement ils repartent demain matin à six heures et il faut maintenant que je m'occupe de quelques petites choses que j'aurai à lui remettre avant son départ. Je vais aussi répondre à Filliol.

Dimanche 19 novembre, minuit cinq.

Nous sommes à la veille, en Espagne, d'un événement considéré par tout le pays comme d'une importance et d'une signification uniques. C'est, en effet, demain le troisième anniversaire de la mort de José Antonio Primo de Rivera, fondateur ou au moins organisateur de l'ancienne phalange qui, depuis... Pendant deux années, cette mort fut tenue secrète. Personne, bien entendu, ne voulait y croire. Ceux qui savaient de source certaine, entretenaient le mystère et l'on ne parlait de lui qu'en disant l'« absent ». Il n'y avait cependant aucun doute possible. Les détails du procès et de l'exécution avaient été publiés dans les journaux français qui étaient dûment censurés. Donc cette manifestation de demain va être un symbole. Les restes du héros vont être transférés à dos d'hommes d'Alicante à l'Escorial. Il y a là à mon sens un véritable manque de mesure, il vaut mieux dire : il y aurait. Mais la « Falange » actuelle, toute peuplée des anciens amis de ceux qui ont précisément assassiné José-Antonio tient à sa publicité. C'est là son moindre défaut. José Antonio c'est son panneau-réclame. Avec lui elle est sûre de ramener tout le monde. C'est une sorte de héros pur. Il y aura donc ce transfert à dos d'hommes qui prend l'ampleur d'une manifestation inouïe et puérile. Voici par exemple ce qui se passera tous les 10 kilomètres environ à chaque relève de la garde et des porteurs. On procédera à la remise du corps de José Antonio à l'équipe suivante. Cette remise sera faite cérémonieusement par le chef provincial chargé du commandement de l'équipe à l'autre chef provincial. Les armes des milices seront elles aussi transmises afin que ce soit celles-là mêmes avec lesquelles a commencé la marche funèbre car c'en est une, qui arrivent aussi à son terme. De surcroît une stèle sera dressée sur le bord du chemin. Sur cette stèle on gravera la date exacte (dit le texte) de la relève des forces et la dénomination de ces forces. La nuit, la route sera grandement illuminée sur le passage. Enfin un cérémonial fantastique aura lieu à l'Escorial. Il semble que, dans cette grandeur même, il y ait quelque chose de déplacé ou si l'on préfère de disproportionné.

Lundi 20 novembre, minuit vingt.

Le Journal signale qu'un petit navire allemand, le *Leander* a été capturé par les Anglais. Il était, dit-on, sans doute parti de Vigo et naviguait sous pavillon soviétique. C'est sûrement un de ceux que j'ai vus se préparer ici et qui avaient peint sur leur coque, ils étaient deux, des rectangles rouges qu'il a été ensuite facile de compléter en y plaçant la faucille et le marteau. J'en ai fait part, mais naturellement beaucoup trop tard. Ce *Leander* était un navire de 989 tonnes. Il correspondait justement comme taille à l'un de ceux qui sont partis. Mais où est l'autre? Aurait-il réussi à passer?

Mardi 21 novembre, minuit trente-cinq.

Il y a des gens qui parlent d'or. Ils font même mieux que de parler, ils écrivent. Dans sa manchette du 16, *l'Action Française* reproduit le passage d'un article de M. Albert Rivaud paru dans la *Revue des Deux-Mondes,* de l'heureuse mémoire :

« L'Allemagne sera vaincue, écrit-il. Elle doit l'être à fond. Aucun calcul politique ne doit aller contre le sentiment des millions d'Anglais et de Français qui montent au combat, avec la volonté d'en finir. Pas d'armistice avant une victoire totale, avant que Berlin soit occupé. Pas de préliminaires de paix avant l'exécution entière de l'armistice. Ni armistice ni préliminaires avant que les nazis soient hors de cause et que tous leurs chefs aient été livrés, morts ou vifs, aux vainqueurs. Pas de paix si la Pologne n'est pas restaurée, agrandie de la Prusse orientale vidée de ses habitants allemands, si une bande de territoire allemand de la mer du Nord à la Suisse n'est pas neutralisée, remise à l'administration franco-britannique, si le Reich n'est pas divisé en Etats souverains qui traiteront séparément, si l'Autriche-Hongrie n'est pas reconstituée et agrandie. »

On ne saurait évidemment mieux modérer. Il restera à poursuivre l'application de ces belles vues. Il ne faut pas oublier que Bainville dont on vient de rééditer les articles qu'il écrivit de 1911 à 1918, avait dit alors des choses identiques quant au fond. On sait assez le compte qu'en ont tenu les politiciens, Clemenceau comme les autres.

Vendredi 24 novembre, 17 h 10.

Le temps affreux qui sévit depuis ce matin, et même depuis cette nuit, m'a confiné dans ma chambre. Je n'en suis pas moins sorti cependant pour une visite rapide au port où le vent et la pluie se faisaient concurrence sur le pauvre passant tourmenté par les rafales de l'un et les gifles de l'autre. Cette petite tempête dura quelques heures mais il semble que le vent ait été porter ailleurs sa tumultueuse agitation.

Je n'ai pas dit qu'hier j'avais téléphoné à Saint-Sébastien à Fernand. Il n'était pas là, par chance. C'est sa femme qui m'a pris au téléphone et qui a plus ou moins bien compris mon message. J'avais appris que quelques-uns de nos amis fridolins allaient s'embarquer le 29, ici même, sur le paquebot hollandais *Bloemfonteine.* Je tenais à le faire savoir afin de faciliter leur voyage. Sans doute il n'est peut-être pas très indiqué d'user du téléphone à cette fin, mais je n'ai malheureusement aucun moyen à ma disposition.

Même jour, 24 novembre.

Je rentre donc de voir un très beau film en effet. Il m'a tout d'abord permis de préciser les limites de ma connaissance verbale de l'espagnol. Il est bien certain que je devrais aller plus souvent au cinéma, entendre parler et aussi converser davantage, ce que je fais peu en dépit de l'évidente facilité d'une part et de ma solitude de l'autre qui devrait m'inciter à me mêler davantage aux uns et aux autres. Je ne puis m'expliquer cette inaptitude fâcheuse, désastreuse, à entrer en rapport avec les gens. Ce n'est pas timidité, ce qui me manque, quelque paradoxale que la chose paraisse, c'est *une raison.* Je n'ai pas, je ne trouve pas de raison de parler à celui-ci ou à celle-là, si j'excepte le domestique à qui je dis quelques mots pour les besoins ordinaires. Cette inaptitude je la déplore immensément et je n'arrive pas à la surmonter. L'accrochage ne se fait pas, il n'y a pas de point où il se puisse faire, il n'y a pas d'aspérité. Je me trouve comme devant une surface lisse, lisse indéfiniment. La bonne volonté, le goût, l'allant même, ni l'assurance ne me manquent, c'est l'impulsion première qui me fait affreusement défaut. Il y a fort longtemps que j'ai analysé cette faiblesse et je n'y ai trouvé aucun remède. Une fois de plus ce manque de motif me paraît un mur infranchissable, une interdiction. A la vérité, le mal est plus profond encore, mais il est fort tard et je n'ai point le loisir, ni peut-être le désir, d'aller au-delà. Je dirai cependant qu'il est des cas où la raison pour agir a été trouvée et cependant il n'y eut pas d'action. Ceci ouvre une porte sur un autre couloir secret. Refermons-la pour ce soir.

Les petites bonniches m'ont enlevé mon *Faro,* en sorte que je n'ai les nouvelles que par ce que ma mémoire m'en a conservé. Le temps a été mauvais sur le front en général, il y eut cependant une très grande activité aérienne et plusieurs avions allemands, sept ou huit, ont été abattus ces deux derniers jours. On signale des mouvements de troupes allemandes vers la Suisse. La guerre de mines sous-marines continue, et l'on signale de nouveaux navires perdus. Cependant notre marine vient de couler deux sous-marins et le dieu tout-puissant, le hasard, a fait que ce soit le même torpilleur[1] qui ait, à deux jours d'intervalle, coulé les

1. Il devait en couler un troisième, en liaison avec l'aviso *La Railleuse* le 18 ou le 19 décembre, la date n'en a pas été donnée avec précision.

deux pirates allemands. Le premier lui avait été signalé par un avion. Le sous-marin aperçut le torpilleur et plongea en toute hâte. Notre navire arriva sur le lieu de la plongée et lâcha ses bombes sous-marines. Puis il attendit. Après un peu de temps, le sous-marin, sûrement touché, essaya de faire surface et son kiosque émergea en partie. Il fut alors de nouveau attaqué par notre navire et disparut définitivement. Le surlendemain ou lendemain, je ne sais, le même torpilleur attaqua et coula au canon un autre sous-marin rencontré sur sa route. Et, chose inouïe, on a révélé le nom de ce fabuleux navire qui va certainement le perdre et ne s'appellera plus désormais que le *Verni.* Ce torpilleur heureux, « chançard » que toute la marine regardera avec envie c'est le *Sirocco.*

Samedi 25 novembre, minuit vingt-cinq.

L'amiral Guépratte est mort. Il était âgé de quatre-vingt-trois ans. Il est mort à Brest. Je peux dire que je l'ai toujours connu. Quand j'allais au lycée déjà, il y a de cela bien longtemps, nous le saluions. Tout le monde d'ailleurs le saluait. C'était un homme admirable. A cette époque, capitaine de vaisseau, il avait commandé le deuxième dépôt des équipages de la flotte et pris le commandement du croiseur *Edgar-Quinet* alors en achèvement à flot. C'était un marin de premier ordre, manœuvrier hors classe et l'homme le meilleur qui fût. Sa grande popularité chez les équipages lui avait valu quelque ombrage de la part de la rue Royale où l'esprit de Pelletan continuait de fleurir. Il est probable que son rôle à la bataille des Dardanelles aurait été décisif si on l'eût laissé faire. Mais la perte, assurément douloureuse, du *Bouvet,* effraya et il reçut l'ordre de se retirer, ordre qu'il exécuta la mort dans l'âme : « Il va me couler tous mes bateaux! » s'était écrié Boué de Lapeyrère, commandant en chef de l'armée navale. Nul doute que toute la ville, et avec elle toute la marine, le pleureront. Ma pensée émue accompagne, après coup, son cortège funèbre auquel j'eusse pris part si je m'étais trouvé dans ma bonne ville.

Dimanche 26 novembre, 20 h 55.

Il ne convient pas toujours de se trop presser à consigner au jour le jour les événements. Ainsi, je m'étais proposé de dire deux mots de la suite donnée en Allemagne à l'affaire de Munich. Personne ne pouvait douter que la police diligente ne manquerait pas de trouver un nouveau Van der Luk qui fût, bon gré mal gré, disposé à être l'Azazel du nazisme. Assurément, c'est un Azazel d'un autre genre, mais il en a malgré tout les aspects. Il y a quelques jours que la nouvelle, à la vérité éclatante, en a été publiée urbi et orbi. Mais c'est seulement dans le *Faro* de ce matin, l'inimitable *Faro,* qu'une longue dépêche de Berlin signée non pas D.N.B. mais « Transsocean », ça fait plus riche, donne des détails définitifs sur cette retentissante affaire. Elle traînait un peu en longueur à vrai dire et les mauvaises langues, animées par de mauvais esprits, ne manquaient point à se gausser de l'embarras où se trouvait le nazisme avec son pseudo-crime sur les bras. Le temps de rire est fini et comme dit la dépêche :

« Le travail d'investigation si rapide comme si consciencieux de la police mérite le plus grand éloge. »

Je crois bien! Il me semble avoir déjà entendu pareille formule quelque part! Nous voici donc rassurés et l'assassin, en puissance, du conducteur germain est en prison. La dépêche commence par réfuter : « Je repousse du pied... » aurait dit Daudet, avec le plus grand soin les fables qui ont couru dans les journaux alliés. Ces fables avaient été inventées par ces affreux propagandistes dans leur « haine infernale » de l'Allemagne. *Veritas nunc lucet!* et avec une telle certitude et une telle abondance de détails que personne « n'ose » (sic) plus douter : « que ya nadie se atreve a dudar ». Voilà ce qu'il fallait qu'on sût pour l'honneur du monde. Le détenu a bien vite avoué et confessé qu'il était l'auteur matériel du fait répugnant mené à bonne fin avec un si grand raffinement et une si diabolique habileté qu'il faut le compter parmi les attentats des mieux préparés de l'histoire, y compris celui de l'Etoile. Donc ceci ayant été bien établi et bien avoué, le nouveau Locuty a lui aussi dénoncé ses complices et l'homme qui l'avait chargé de mener à bonne fin son abomination. C'est à croire qu'il n'y avait en Allemagne ni police, ni S.S., ni S.A. qui ne pussent déjouer ou deviner une telle machination. Cependant l'instigateur n'est autre qu'Otto Strasser, émigré allemand, ancien nazi de la première heure, chassé du parti et qui a fui son pays. Suit un long et laborieux exposé de la vie et de l'activité de Strasser à Prague puis après 1938 ailleurs, qui n'a qu'un rapport de convention avec le crime. Et l'on passe à la conclusion. Elle emporte très évidemment la conviction. Les « indices » (sic) sont si clairs que tout juge rendra un verdict de culpabilité. Je pense bien! Et c'est là-dessus que l'on greffe sans transition l'intervention de l'Intelligence Service. On dit en propres termes : « C'est le motif pour lequel la presse allemande et celle de nombreux pays neutres ont accusé l'Intelligence Service britannique d'être intervenu. » Les investigations continuent, poursuit-on, sans désemparer, et « probablement » (re-sic) ce point pourra s'éclairer ou s'éclaircir lui aussi. Il est toujours bon de compter sur la providence, même quand on est nazi, sans compter, ajoute-t-on encore, afin que l'on soit bien persuadé que cette organisation bien connue dont se sert constamment l'Angleterre a essayé de fomenter une rébellion armée en Allemagne même. L'affreuse chose! Rébellion qui avait pour but rien de moins que le renversement du régime hitlérien. On sait d'ailleurs que deux agents de cet organisme ont été pris. Mais heureusement on s'est convaincu à présent de l'inanité de ces ambitions et l'on a mesuré son erreur, à voir l'horreur et la « terrible indignation » que l'attentat a causées à tout le peuple allemand. Attentat d'où le Führer idolâtré est sorti indemne à la grande joie de l'univers. On ne souhaite plus maintenant que la venue du jour où l'on pourra juger aussi les auteurs moraux de ce crime. Il ne saurait beaucoup tarder.

Même jour, tard.

Je suis monté au sommet du Monte de la Guia. Le

temps était magnifique et la vue splendide malgré quelques brumes. J'ai pris quelques photos de ce beau panorama. Cet après-midi courses sur les quais.

Vendredi 1er décembre, 17 h 05.

Les nouvelles de ce matin sont aussi mauvaises que le laissaient prévoir celles d'hier. Les Soviets ont, en effet, envahi la Finlande par plusieurs endroits à la fois tout comme avaient fait les Allemands de la Pologne. Ils se sont prétendus menacés. Ils ont aussitôt commencé de bombarder les villes ouvertes aussi bien que les Allemands, et y ont semé la mort : déjà cinquante victimes civiles ont péri et il y a cent trente blessés. Et ce n'est que le tout commencement. Le reste de l'univers est indigné et scandalisé comme il convient, mais personne ne bouge. Pourtant si. Les Etats-Unis, dit-on, seraient disposés à rompre les négociations diplomatiques avec les Soviets. Voilà, certes, qui les va gêner beaucoup! Mais l'on doute que l'écrasement de la Finlande soit, de ce chef, suspendu.

Samedi 2 décembre, minuit quinze.

C'est une véritable explosion d'indignation mondiale qui accueille l'inqualifiable agression de l'U.R.S.S. Il est déplorable que l'indignation n'abatte pas les avions soviétiques qui sèment le carnage et la mort sur les malheureuses populations sans défense. Le Japon, la Suisse, l'Italie, les Etats scandinaves, les puissances occidentales, bien entendu les Etats-Unis y étant tout naturellement inclus, condamnent avec une haute véhémence l'acte de sauvagerie bolchevique. La position de l'Allemagne dans ce nouveau drame est d'une fausseté criante. Elle ne peut guère donner raison aux Soviets et il lui est encore plus impossible de leur donner tort. Elle essaye de s'expliquer auprès des neutres au moyen d'une longue note, filandreuse et terriblement embarrassée que transmet à Madrid l'agence « Efe » à Berlin. Après avoir dit deux mots de la guerre que « poursuit implacablement l'Allemagne contre la marine anglaise », la note dit textuellement « tout le monde se préoccupe du sort des trois millions six cent mille Finlandais et pour la cause de la civilisation qu'ils défendent si vaillamment contre les Soviets. » Voilà, pour le moins, une manière de constat assez inattendu. Mais la presse allemande elle-même ne publie encore aucun commentaire sur la situation finlandaise. La dépêche ajoute que, en dépit de tous les efforts des journalistes étrangers, il n'a été possible de rien obtenir à Berlin qui permît de savoir quel était le point de vue officiel du Reich à ce sujet. La presse et la radio gardent un silence rigoureux sur tous les événements finlandais, tandis que cependant on excuse la passivité du Reich devant le sort malheureux qui attend le peuple finlandais si sympathique au peuple allemand. Je le répète, ceci est obscur et filandreux au possible et même j'éclaircis plus que je ne traduis.

Lundi 4 décembre, minuit cinquante.

Tout à l'heure, entendant des cris et du bruit, je me suis mis à la fenêtre. C'est une troupe d'Allemands qui sortaient de je ne sais quel café. Ils se rangèrent sur la place en colonne par deux, firent un « à gauche » et sous la conduite d'un ou deux des leurs, tendirent le bras à trois reprises en criant : « Heil! » Après quoi ils sont descendus vers le port en chantant.

Mardi 5 décembre, minuit vingt.

Ce matin, enfin, j'ai trouvé vers onze heures en rentrant une lettre de maman. Cette lettre vient de Paris et est datée du 25 novembre. Naturellement, ma pauvre mère a dû courir après tante Louise qui n'était pas à Paris. Une vieille lettre laissée chez la concierge indiquait qu'elle était à Bayeux. Course à Bayeux, personne. Une chance cependant dans ces tribulations, on retrouve son adresse à Saint-Lô. Départ pour Saint-Lô où, fort heureusement, à la gare même, la tante Louise attendait. Pas maman bien sûr, mais son fils Louis qui arrivait par le même train. A Saint-Lô, ils sont très petitement logés, aussi maman n'y reste que vingt-quatre heures et retourne à Paris, dans l'appartement de la rue Dalou. Elle est contente, relativement tout au moins, de se retrouver à Paris, un Paris de guerre où tous, ou plutôt la moitié des magasins sont fermés, où il fait nuit de bonne heure et une nuit noire. Il y eut une alerte l'autre nuit, ce doit être vers le 22 ou le 23. Maman eut une petite émotion. La police continue ses investigations contre nous. C'est ainsi qu'elle est allée voir A. Nabat en août à Lorient et tante Louise à Bayeux. Ils feraient bien mieux de s'occuper des salopards, de ceux qui veulent la subversion et la destruction du pays. Quand on voit tant de nationaux faire gloire à ce Daladier d'avoir maté les communistes! Mais il ne les a matés qu'après que leur politique, et la sienne, eurent amené la catastrophe. Enfin dans des conditions que je ne sais pas, la police a aussi vu maman. Elle lui a dit qu'elle tenait à savoir où elle allait. Je sais bien ce que j'aurais répondu. Maman me recommande une fois de plus de me méfier de Filliol. Ce sont des conseils dont je tiendrai compte, encore qu'ils soient superflus. Je connais mon homme. Je n'ai qu'un regret, c'est d'avoir besoin de lui pour mon projet. D'ailleurs plus j'y pense et plus je vois qu'il ne voudra pas s'associer à ce projet auquel il n'aura pas la part qu'il voudrait. Il se dérobera, il refusera l'aide indispensable qu'il faut et certes je regrette plus que je ne saurais dire, d'avoir à l'y mêler. Mais dans l'état actuel des choses, je ne peux faire autrement. Je verrai d'ailleurs ce qu'en dira Vannes. J'ai déjà songé à me passer de lui, je vais y réfléchir plus profondément. Si, assurément, j'avais Roger sous la main, le tour serait vite joué. Mais où est Roger? Il me paraît bien inutile d'écrire à Carmen qui ne doit plus être à Barcelone. Je mettrai de l'ordre dans mes idées. Maman me demande de ne plus écrire. Je lui ai cependant répondu rue Dalou où sans doute elle doit être pour quelque temps encore. Elle a pu toucher sa pension comme je le pense. Enfin elle est bien, et c'est l'essentiel. Me voilà rassuré, pour un temps.

Vendredi 8 décembre, 14 h 25.

Le 26 novembre, je notais la laborieuse tentative allemande pour faire croire que l'attentat de Munich était d'origine anglaise. Dans cet effort, on mettait en évidence le fait que deux sujets anglais agents prétendus de l'« Intelligence Service », avaient été arrêtés. Les journaux, depuis, m'ont apporté des précisions sur cette affaire, je voudrais les résumer. C'est un incident de frontière qui s'est produit, voilà juste un mois, le 9 novembre, à Veulo, petite localité du Limbourg, située à la frontière allemande. Les deux prétendus agents anglais furent attirés dans un guet-apens. Le journal hollandais le *Telegraaf* dit : « Ce n'était pas un incident (de frontière), mais une agression organisée de huit Allemands (de la Gestapo) armés de revolvers et de carabines contre une auto hollandaise, en territoire hollandais, et contre un certain nombre de civils et de douaniers qui ont dû tenir les bras levés sous la menace des carabines. C'était une attaque allemande avec violation flagrante de notre territoire. » Il s'agit d'abord d'un certain M. S. Payne Best, Anglais installé en Hollande où, depuis 1916, il habite La Haye. Il est marié à une Hollandaise et représente deux importantes maisons de produits chimiques. Il est très honorablement connu. Il a servi pendant la grande guerre avec éclat. Il avait comme ami le capitaine Stevens qui a été emmené avec lui. En outre, un lieutenant hollandais, Klop qui, à ce qu'il semble, aurait été tué par la suite et le chauffeur hollandais aussi, M. Lammers, établi garagiste à La Haye faisaient aussi partie de la charrette. Ces Anglais ont été surtout victimes de leur inaltérable naïveté. Que les Allemands aient eu besoin de coupables dans leur scénario de Munich, c'est évident. Ils ont choisi ceux qui étaient les plus susceptibles de se laisser prendre. Des agents allemands bien camouflés ont fait croire à nos benêts le 8 novembre au soir, au café Backer, à Veulo, que des émissaires de leur pays, dûment mandatés, sont disposés à leur communiquer des offres. Bien entendu les nigauds, toujours prêts (cf. lord Halifax) à essayer des moyens romantiques et conciliants pour amener la bonne Allemagne à de meilleurs sentiments, marchent à fond. Mais comme ils ont des scrupules de tous les bords et, dit le texte, « soucieux de ne rien faire, en une manière aussi délicate, sans que les autorités hollandaises en soient informées, ils les mettent au courant de leur rendez-vous et les prient de les faire accompagner par un officier du service des renseignements de l'armée néerlandaise ». Bref, nos deux gogos se précipitent dans le piège. Ils vont au café farci d'agents allemands, en effet, mais des hommes de coups de main. Pendant qu'on les assaille et qu'on les matraque, le reste de la bande tient en respect les douaniers et passants qui ne peuvent intervenir et comme la frontière allemande est à 30 mètres, la voiture, volée par-dessus le marché, est emmenée avec ses quatre hommes et le tour est joué. Naturellement l'on s'indigne, après coup. La Hollande fait des démarches à la Wilhelmstrasse pour conférer et protester sur cette affaire. C'est fort inutile. L'Allemagne assure et clame qu'elle détient deux des agents anglais de l'Intelligence Service qui ont préparé le coup de Munich et elle ne dit pas qu'elle les a enlevés en Hollande. Ils ont, à l'entendre, dévoilé le complot aux émissaires allemands qui s'étaient donnés comme des conjurés. Personne assurément n'est dupe, mais les quatre hommes sont néanmoins prisonniers en Allemagne et ils seront jugés avec l'auteur de l'attentat lui-même. La *Liberté de Fribourg* a beau écrire : « Or, les deux agents anglais ont été arrêtés, dès le lendemain de l'attentat. Il faudrait donc que la Gestapo ait été au courant du complot avant son exécution, et elle n'aurait rien fait pour l'empêcher! (ce qui s'explique admirablement si ledit complot a été préparé par elle). N'est-il pas étrange, au surplus, que ces deux agents aient décidé de se rendre en Allemagne justement le lendemain de l'attentat raté auquel ils auraient coopéré? Et quel fâcheux certificat se décerne la police qui avoue n'avoir rien su des allées et venues d'un criminel qui venait installer sa machine infernale... » Tous ces arguments ne changent rien à l'affaire. Il ne fallait pas se fier à des paroles d'Allemands. Ces Anglais ont été victimes, en petit, de la même tromperie qui, en vingt ans, a mené l'Angleterre et la France à la guerre de 1939. On a envie de dire : « C'est tant pis pour eux! »

Dimanche 10 décembre, minuit cinquante-cinq.

Ma journée a été assez remplie en allées et venues. Je suis monté au Castillo de Castra où je devais aller depuis longtemps déjà et d'où l'on a une vue merveilleuse sur le port, la rade, la ville et les environs. J'en prendrai des photographies. Ce soir, retour à « Suevia » déserté depuis quatre semaines. Il y avait beaucoup d'entrain dans cette petite salle de restaurant élégant avec son bar surélevé au fond. Il y avait beaucoup d'entrain mais vraiment peu de place pour danser, un petit cercle au centre, à peine plus grand qu'un dessus de table. Ce n'est pas la salle du « Circulo Mercantil ». Les officiers allemands y étaient nombreux et près de moi une grosse Espagnole, un peu catin je crois, parlait un fort mauvais français à un jeune homme qui, au contraire, semblait le bien parler. A dessein, je me suis arrangé pour sortir en même temps que lui. Deux cents mètres plus loin il rencontrait un ami avec qui il parlait le plus pur allemand. Il va sans dire que, à aucun moment, je ne suis intervenu dans la conversation.

Lundi 11 décembre, minuit cinquante-cinq.

J'ai reçu aujourd'hui, coup sur coup, deux lettres de maman, une ce matin, une autre ce soir. Je n'ai pas besoin de dire tout le plaisir que m'ont fait ces lettres, encore que la seconde soit assez empreinte de mélancolie. Il y avait aussi dans ces lettres des coupures de journaux au dos de l'une d'elles, un entrefilet sur notre affaire par lequel j'apprends, quoique maman n'ait point songé à attirer là-dessus mon attention, que Roidot a été arrêté en même temps que le toubib et qu'un supplément d'information a été ordonné. Ce communiqué ajoute que, quoique mobilisés, Martin et Roidot sont maintenus en état d'arrestation. D'autre part, dans sa première lettre qui est des 28 et 29 novembre, maman fait des allusions peu claires. Elle me dit qu'elle m'avait envoyé un mot dans une lettre à Françoise. Ce mot, bien entendu, ne m'a jamais été envoyé. Elle m'y donnait, dit-elle, « sans plus tarder, des nouvelles de la maison de campagne du grand-père (et me disait) qu'on était dans l'obligation de garder l'homme du moulin (le « meunier »?) car en temps pénibles et durs comme en ce moment, on ne pouvait à aucun prix l'abandonner. Tu comprends cela comme nous », ajoute-t-elle. Hélas! non. « Je te disais aussi, poursuit-elle, qu'on recherchait le frère de Claudia disparu dans un accident d'aviation. »

Claudia? Qui est-ce? Il y a bien la jeune Mme Deloncle dont le frère cependant n'a guère que quinze ans. Mme Deloncle s'appelle Claude. Cette interprétation est peu probable. Autre hypothèse : Claudia, féminin de Claude, peut signifier Lucienne dont le frère était, en effet, aviateur. Mais comment maman l'aurait-elle su au bout de deux jours de séjour à Paris? Et puis l'intérêt pour moi est vraiment par trop secondaire. Mais la maison de campagne est plus obscure encore même si je suppose que cette maison de campagne c'est la Santé. Tant pis! J'aurai la solution du rébus plus tard.

Mercredi 13 décembre, 20 h 50.

Je n'ai pas trouvé le temps hier soir de jeter un coup d'œil sur l'article de Roland Dorgelès consacré au général Clément Grancourt qu'il appelle « le soldat étoilé ». Chacun savait que ce général de brigade, breveté d'état-major, ancien gouverneur *démissionnaire* du djebel s'était engagé comme simple soldat dès le premier mois de la guerre. Inutile de dire aussi qu'il est un écrivain militaire réputé et qu'il a été instructeur d'armées étrangères. Dorgelès raconte donc cette aventure qui est certainement piquante par certains aspects. Bien entendu personne ne sait qui il est. Il est simplement engagé volontaire pour la durée de la guerre. Cependant, son air, son allure, ses gestes et enfin son âge :

« La recrue (...) avait certainement franchi le cap de la soixantaine. Sa forte moustache blanche, son visage griffé de rides, sa taille alourdie, tout dénonçait son âge et la petite mouche à la Carobert qu'il portait au menton ne contribuait pas à la rajeunir... »

Tout cela donc mettait le cantonnement dans l'embarras. Les questions qu'il élude ou auxquelles il répond de deux mots brefs n'osent guère se poser. Mais il paye à boire à la section pour y fêter sa bienvenue. Même cette aubaine, « en temps ordinaire, ils auraient braillé de joie », écrit Dorgelès, les trouve sur la réserve tant le nouveau venu leur en « imposait ». Bref, en tous points il se comporte comme les soldats. Il fait les corvées, boit le jus, se lève naturellement de bonne heure comme tout le monde, fait le terrassier et couche sur la paille. A son arrivée, le caporal-chef est allé rendre compte au lieutenant commandant la compagnie de l'événement. Celui-ci juge bon de venir voir le vieil engagé. Il s'informe :

« — Connaissez-vous le nouvel armement? Le fusil mitrailleur par exemple?

— De quel modèle, mon lieutenant? 1915 transformé? 1924? 1924 simplifié? 1924 M 29 pour munition modèle C? »

Le lieutenant abasourdi prend congé sans insister. Bientôt une sorte d'équilibre s'établit et d'un commun accord, toute la section l'appelle « le père Clément ». Mais un beau jour une nouvelle inouïe, insensée parvient au cantonnement :

« Un camarade qui s'était rendu chez le vaguemestre pour toucher un mandat revint au triple galop de ses godillots ferrés, tellement bouleversé par ce qu'il venait d'apprendre, qu'il avait oublié de réclamer son argent.

« — Eh! les copains, annonça-t-il à bout de souffle. Savez-vous ce qui arrive?... Le père Clément... Tous l'avaient entouré d'un cercle haletant.

— Eh bien! dis vite... Qu'est-ce qu'il y a? »

Le messager en tremblait encore et roulait des yeux effarés :

« — Le père Clément est général... »

Malgré la consigne sévère, en l'absence de Mme Clément Grancourt, le concierge du général lui renvoyant une lettre s'était contenté de barrer son titre pour écrire par-dessus « soldat ».

Bien entendu, cette surcharge grossière sauta aux yeux du vaguemestre qui, trop ému, ne put tenir sa langue et, une heure plus tard, tout le cantonnement était sens dessus dessous. Des roulantes aux bureaux et de l'infirmerie au poste de garde, on ne s'entretenait plus d'autre chose... Mais, ajoute plus loin Dorgelès, si les petits bonshommes avaient été secoués, leurs officiers l'étaient encore bien plus et un vent de panique souffla ce soir-là sur toutes les popotes. Voilà l'histoire. J'en tirerai ma conclusion. Mais il faut que j'aille dîner car je vais ensuite, pour me distraire, écouter un film en anglais.

Même jour, 13 décembre, minuit vingt.

Ainsi donc, pour regarder objectivement les choses, telles qu'elles se présentent à un esprit non prévenu, que voyons-nous? Un général breveté de l'école de guerre, écrivain militaire réputé et de surcroît soldat de premier ordre, sert en temps de guerre comme simple soldat. Il fait d'absurdes corvées indignes de son rang et de son âge, passons encore sur ce fait, mais surtout ses qualités de chef et de stratège sont délaissées. Dans un pays si riche, je suppose que l'on peut aisément gaspiller ainsi les qualités, fussent-elles de grande classe! Et encore si le général Clément Grancourt, n'est pas divisionnaire ou plus encore, on sait bien à quoi il le doit. C'est un général d'Action Française. Peut-être n'était-il pas toujours souple. Mais les grands chefs sont-ils des « lopettes »? On peut donc assurer que ce fait brutal que je viens d'exposer marque un vice profond. Comme disent les Américains : There's something wrong in the picture. Ce n'est pas douteux. Cela ne tourne pas rond. Je sais que, administrativement, réglementairement même on l'explique. Je n'ai que faire d'aussi piètres explications. Il y a là une indignité qui ne se devrait point voir dans un grand pays comme la France[1]. (Je fais naturellement et délibérément abstraction de toutes les fariboles

1. Précisément dans son numéro du 22 décembre, *Le Temps* au sujet d'un cas différent, confirme cette manière de voir. Il cite le cas d'un vieil officier de quarante-six ans, père de neuf enfants et qui est au front : « Il a le droit de rentrer dans ses foyers mais il lui faut pour cela revenir dégradé, comme homme de troupe. Ces galons gagnés au feu il y a vingt ans, il lui faudrait les découdre pour retrouver sa famille! » N'y a-t-il pas dans ce fait quelque chose de « révoltant » pour l'esprit et donc pour le cœur? Mais un régime républicain a-t-il justement de l'esprit et du cœur?

sentimentales : beauté du geste, grandeur d'âme, etc.) Il ne s'agit que de voir l'intérêt supérieur de la nation.

Il y a quelques semaines l'on passait en revue un régiment de chasseurs à cheval qui, le premier, avait été cité à l'ordre de l'armée pour son héroïsme et ses sacrifices. La cérémonie fut simple et belle, après la revue le régiment défila et la chronique poursuit :

« Après le défilé, les officiers mirent pied à terre. Ils formaient un groupe d'une trentaine de jeunes hommes. Et ce fut alors que l'on vit la chose la plus émouvante. Le général s'approcha de ces hommes et leur demanda au nom de l'intérêt supérieur de notre pays, de ne pas s'exposer inutilement (...).

« Les cadres en effet, sont trop précieux pour qu'on les expose à des surprises incessantes... Jamais les chefs n'ont eu plus de raison de peser minutieusement leurs responsabilités et les grands devoirs de leurs charges... »

Les nouvelles d'hier sont presque toutes consacrées aux affaires de la Société des Nations. Celle-ci, en effet, avait envoyé à la Russie une note la priant, sinon l'enjoignant, de se présenter à Genève pour répondre de sa conduite. Un délai de vingt-quatre heures était accordé. L'U.R.S.S. a répondu comme tout le monde s'y attendait du reste, par la négative. Par la bouche ou par la plume de Molotov, elle fit mieux. Elle dit qu'elle considérait la démarche de la S.D.N. comme une provocation : « Il ne convenait pas, en effet, de prendre en considération l'appel de la Finlande. » Que va-t-il se passer? Les puissances occidentales vont-elles rompre effectivement et avec éclat leurs relations avec les Soviets? Elles feraient bien, mais on n'est pas peu surpris de voir que Léon Blum dans son journal sans doute, dit que l'Angleterre, la France et les Etats scandinaves devraient?

Mardi 19 décembre, 23 h 10.

J'ai accompli aujourd'hui ma quarante-quatrième année. Je suis chaque fois effrayé de cette fuite irréparable du temps comme disait je ne sais plus quel poète latin. Parce que le temps passe et ma lamentable situation ne change pas. Point de femmes, pas d'enfants, pas de maison pas d'argent, voilà un beau quatuor de négations. Arriver à cet âge avec ce beau résultat n'est pas la preuve d'une magnifique réussite. Et si, en quarante-quatre années on est arrivé à zéro, la règle de trois ne sera pas difficile qui établira à quel point l'on sera arrivé à quatre-vingts ans, si l'on va jusque-là. C'est pourquoi j'écrirai ces jours-ci un petit mot sans enthousiasme et sans conviction, à Christiane dont je n'ai plus entendu parler. Sans doute la guerre aura-t-elle été un excellent prétexte, à supposer même qu'elle en eût besoin d'un.

Samedi 23 décembre, minuit trente.

J'ai reçu ce soir, à dix heures, pendant le dîner, un mandat télégraphique de Filliol. Son montant n'était que de 400 pesetas. Je répondrai demain de cette manière :

« Je te remercie de ton acompte, reçu hier soir à dix heures. Il m'a permis de régler quelques assez désagréables urgences, de l'ordre de la moitié, tout juste, de sa grandeur... »

C'est le 8 novembre qu'il m'avait envoyé les derniers subsides. C'est assez dire que ses envois ne risquent point de se chevaucher. J'avais justement écrit à Bardane ce matin même pour lui faire mes doléances. Car d'ici huit ou dix jours au plus, il me faudra payer ma note d'hôtel. Il n'y aura pas à tergiverser et mes fonds privés eux-mêmes n'y suffiraient pas. D'autant que je vais avoir certaines dépenses d'une absolue nécessité : un pantalon par exemple. Le vieux que je mettais encore sous mon cuir, par mauvais temps, est à toute extrémité. Mais je dirai au père, avec une grande netteté, ma façon de voir. C'est Filliol, et non point moi, qui a pris l'absurde responsabilité de notre entretien, alors qu'il fallait agir d'une manière toute différente. Ce n'est pas le lieu d'entrer dans ces détails techniques, mais je commence à être singulièrement las de supporter les sottises de ce garçon.

Dimanche 24 décembre, 18 heures.

Je prends mes mesures car je compte aller à la messe de minuit si, du moins, les églises sont accessibles. La journée a été extrêmement morose. Il n'a guère cessé de pleuvoir, ce qui n'est pas ici un événement, mais de surcroît, le ciel a été bas tout le jour, un ciel de pénitence. Je n'ai pas beaucoup d'entrain, il faut le dire. J'ai vu les magasins pleins de gens qui achetaient des monceaux de choses à des prix qui ne sont certes pas de faveur. Un gâteau 30 pesetas! A la vérité magnifique et bien dans le goût espagnol, avec de belles fleurs en sucre et des fioritures. Moi qui aime beaucoup les friandises, j'en eusse volontiers pris ma part. Les magasins ont fait leur effort, le plus souvent bien naïf. J'en vois encore un dans la grande rue de Vigo qui, au milieu de ses layettes et vêtements d'enfants, n'a pas redouté de rehausser son exposition de dessins qui semblaient faits par une petite fille et qui représentaient un gilet, un poulet prêt à rôtir, des colombes, je crois, dont les couleurs beaucoup plus que gauches, n'étaient dignes que d'un vingtième prix de classe enfantine. On nous a demandé de venir dîner à neuf heures. Mais l'on dînerait volontiers tous les jours à cette heure-là et même avant.

Même jour, tard.

Il est, à peu près, deux heures et je rentre de la messe de minuit. J'y suis allé par raccroc. Il fallait des cartes. J'ai dit :

« – Je suis étranger.

– Catholique? m'a-t-on demandé.

– Français! » ai-je répondu.

J'aurais voulu dire : fils de la Fille aînée de l'Eglise, ce qui est un titre je suppose.

Sur ce titre, en effet, je suis rentré. Mais dans cette ville, encore assez grande, il n'y avait que deux églises qui célébrassent la messe. Et encore celle où je fus était-elle petite au point que toute l'allée centrale était remplie de femmes, sur trois rangs. Mais je fus déçu par la cérémonie qui n'eut aucun caractère solennel et dont l'ampleur ni la pompe ne paraissent avoir répondu à la circonstance. Il n'y avait qu'un seul desservant et un enfant de chœur[1]. Des nonnes invisibles ont chanté, il est vrai, mais combien on était loin des splendides fêtes parisiennes. Il y eut un très grand nombre de communiants. A peine quelques hommes mais la presque totalité des femmes. Ensuite de quoi, et c'est ici vraiment que la religion est saupoudrée de fétichisme, le prêtre alla chercher dans une sorte de berceau placé dans le chœur un enfant. Jésus, en biscuit ou en plâtre, et après qu'il l'eut fait baiser par le guichet aux religieuses à qui il avait donné le saint sacrement, le public fut autorisé à le baiser lui aussi. Cette fois tout le monde y passa, ou peu s'en fallut, hommes et femmes. Or déjà la fable de l'enfant Jésus n'a aucune espèce de caractère authentique. C'est à peine le folklore de l'Eglise. C'est une tradition populaire dont on connaît bien la filiation qui vient des Evangiles, de l'Evangile de Jacobi, et de nombreux Evangiles de l'enfance dont aucun ne figure au canon. Ce fut la fin de la cérémonie et chacun se retira le cœur rempli d'allégresse et de grâce. Ainsi se termine, sous les auspices de notre très sainte religion, cette vieille fête solaire du solstice, vieille de plusieurs millénaires et à laquelle le christianisme a donné un renouveau qui n'a point encore épuisé sa puissance.

Ce soir, l'hôtel nous a offert un plantureux dîner de « Noche buena », avec des plats extraordinaires, de nombreux desserts, des vins, du champagne même, du café avec 80 % de chicorée il est vrai, et des liqueurs. Au sortir de table, on se sentait vraiment bien à son aise.

Lundi Noël, 25 décembre, minuit vingt.

Le vice-amiral Marschall aurait été nommé par Hitler amiral de la flotte. L'amirauté allemande aurait

1. A propos de chœur, je noterai que la statue de la Vierge, élevée sur un haut piédestal, est française : elle porte en auréole l'inscription traditionnelle : « Je suis l'Immaculée Conception. »

d'autre part ordonné que les navires de commerce allemands immobilisés dans les ports neutres rejoignissent coûte que coûte les ports du Reich. Il va sans dire qu'ils ne rejoindront rien du tout. La tentative sera un parfait échec soit que les navires soient pris ou qu'ils se fassent couler. Il y a ici, à Vigo, pour le moment vingt et un navires allemands dont trois pétroliers et quelques petits paquebots.

Jeudi 28 décembre, minuit quarante-cinq.

Dimanche soir, Daladier a prononcé à la radio une allocution destinée « au pays et à ses défenseurs ». On ne peut nier qu'elle ne soit profondément sentie et aussi profondément humaine. Elle commence ainsi :

« Ce n'est pas le chef du gouvernement qui s'adresse à vous. C'est un ami qui partage toutes vos épreuves et qui comprend vos espérances. »

Je n'ai pas le temps, il est si tard, d'analyser ce morceau très émouvant dans presque toutes ses parties et qui, comme à l'ordinaire, m'a extrêmement remué. Je m'arrêterai seulement aux principaux passages. Il y a deux mots, après le préambule, sur le « livre jaune » où est terriblement inscrite la culpabilité allemande (il va sans dire qu'il y manque la carence et l'imbécillité républicaines de ces vingt dernières années qui comptent tout de même un peu dans cette catastrophe. Mais enfin on ne peut pas trop demander). Puis il y a un mot très touchant à l'adresse des parents des morts. Il faut le citer :

« Nous n'avons à déplorer jusqu'à ce jour que de faibles pertes. Et pourtant la guerre a déjà détruit bien des foyers (...). Aux parents qui pleurent un fils, aux femmes qui pleurent un mari, aux enfants qui pleurent un père, je ne peux dire autre chose que notre douloureuse émotion. »

Hélas! oui. C'est maintenant que se payent et que n'ont pas fini de se payer les erreurs de vingt années. Daladier s'adresse ensuite aux pauvres Alsaciens et aux pauvres Lorrains évacués par centaines de mille au Midi et à l'Ouest. Il leur dit que, malgré tout, l'on prend soin de leurs demeures et de leurs champs :

« J'ai vu moi-même, le long du Rhin, à quelques centaines de mètres de l'ennemi, des soldats labourer vos champs, la main sur la charrue et le fusil sur le dos. »

Il passe ensuite aux raisons et aux motifs de cette guerre. Ils sont connus. Il rappelle les atroces souffrances des Tchèques et des Polonais sous la botte allemande, et il s'écrie dans un beau et pathétique mouvement :

« Depuis des siècles (c'est d'ailleurs beaucoup dire), l'Europe n'avait pas revu un pareil cataclysme. Il a suffi de quelques hommes (ici on n'en dit plus assez) pour ouvrir la porte à ce déchaînement de la misère, du désespoir et de la mort. Le martyre des innocents crie vengeance du fond de cette nuit de Noël. »

Fort bien! Mais il ne faudra pas que cette vengeance soit un simple thème à allocutions, quelles pathétiques qu'on les sache faire. Cette vengeance devra être effective, tangible, sensible, complète, ardente. Il faudra vider la Prusse orientale de ses Prussiens et Dantzig de ses Allemands. Il ne faudra pas y aller par quatre chemins, ni prendre des gants, ni s'arrêter à des questions d'humanité ou de générosité, ou d'imbécillité. Cela devra être fait à la lettre et fait par ceux qui ont souffert, non par des commissions administratives, interalliées ou parlementaires. L'Allemagne tue, détruit, assassine, pille, vole, incendie, massacre en Pologne depuis trois mois. Sur leur territoire polonais, les Soviets ne font pas moins. Toute vengeance verbale, toute représaille de tribune doivent être brutalement écartées. Point de Genève, point de comités des quatre, des dix ou des cinq cents. Des vengeurs armés, la haine et le souvenir au cœur, se payer sur la bête, durement, inexorablement, sans la plus faible retenue, de la pitié ou de la commisération. Il faudra que les Allemands et les hordes russes le sentent passer. Sans quoi tout sera perdu.

Mais revenons à notre propos et achevons ce rapide examen. Hélas! Daladier après ce cri, retombe bien vite dans sa faiblesse et dans sa puissance d'illusion. Parlant de l'inquiétude de l'Allemagne, il dit :

« Chaque Allemand doit se rendre compte que les malheurs qui s'abattent sur le monde ont leur source dans les entreprises de son chef. Il doit penser aux retours foudroyants de la justice. »

Candeur ou alibi? Comme si lui, Daladier, se rendait compte, ou tout au moins confessait, qu'il a créé, couvé, mené, guidé, protégé, nourri le Front Populaire et avant lui toutes les turpitudes de la démocratie qui, pour ne pas remonter plus haut, du dimanche noir de 1924 à juin 1936 et à ses suites, par le trait d'union du 6 février, nous a menés à Munich et au 3 septembre 1939. Le général Duval mettait dernièrement, peut-être sans s'en rendre compte, le doigt sur la plaie :

« Ne devrait-il (Hitler) ses premiers succès qu'à nous-mêmes, Français et Anglais, à l'incroyable sottise de notre politique pendant vingt années? » et il aurait pu dire « de nos institutions ». Elle n'est pas si perdue dans la nuit des temps cette effroyable carence de mars 1936 quand l'armée allemande occupait la Rhénanie. Sarraut était au pouvoir. Il a protesté, toujours verbalement :

« Nous ne tolérerons pas que Strasbourg demeure sous les canons allemands. »

Il s'agita. Il demanda aux généraux ce qu'il fallait faire : rentrer en Rhénanie lui fut-il répondu, mais pour cela décréter la mobilisation générale. « A six semaines des élections? » La question fut immédiatement tranchée. Et l'on sut depuis que ni l'armée allemande ni Hitler n'auraient survécu à notre action. Et aujourd'hui Sarraut est toujours dans les conseils du gouvernement où il trône. Il y aura dans trois mois quatre ans qu'il aurait dû être fusillé. Et ce n'est là ni la seule, ni même la plus grosse de ces sottises auxquelles le général Duval faisait trop timidement allusion. J'en ai fini avec l'allocution de Daladier. Il termine en exaltant le courage et l'espoir de la nation :

« Pour nous, Français, notre détermination est prise. Nous combattrons sans trêve ni répit contre cette effroyable tyrannie pour le salut de la France, pour le salut de toutes les valeurs morales qui élèvent l'homme au-dessus de la brute. »

Il promet que « nous rendrons coup pour coup » et, dans un dernier mot il s'adresse « aux soldats de France » :

« Humbles Français, cultivateurs de nos champs, artisans, ouvriers de nos villages et de nos villes, employés, hommes des professions libérales, tous soldats de la France, c'est à vous que je veux adresser mon salut de Noël. Je voudrais pouvoir dire à chacun de vous que je comprends ses soucis. Je voudrais pouvoir donner à chacun de vous l'assurance que je veille, au poste où je suis placé, sur tout ce qui vous tient à cœur. Chaque jour, nous aiderons davantage les êtres chers que vous avez laissés chez vous. Nous assurerons la vie du pays tandis que vous assurerez sa défense. Et tous ensemble, étroitement unis dans la paix victorieuse, comme vous-mêmes l'êtes aujourd'hui sur le champ de bataille, nous saurons faire de notre France la plus heureuse et la plus humaine des patries. »

C'est bien, en dépit d'un peu de grandiloquence. Mais, mais, il ne faudra pas que le politicien reparaisse, il ne faudra pas que, pour refaire la France, le bulletin de vote et les combines électorales refleurissent. Comment espérer que l'homme politique qui, pendant près de quarante années, aura poussé, grandi, prospéré de ces pratiques auxquelles il doit sa fortune, puisse d'un seul coup s'en abstraire et, après s'en être servi et en avoir magnifiquement profité, sache ou ose les rejeter pour le plus grand bénéfice de la patrie ou plus simplement pour tenir sa promesse.

Dimanche 31 décembre, 19 h 10.

Le dernier soir de l'année est venu. Il était triste, le ciel presque noir roulait d'épais nuages qui, cependant, ne se résolvaient pas encore en pluie. Mais ni les hommes, ni la terre n'eurent longtemps à attendre. Maintenant il pleut. Sans doute va-t-il pleuvoir indéfiniment et l'année finira-t-elle dans l'eau comme certains finissent dans la bouteille. Je suis allé, vers cinq heures, voir la mer du Belvédère du Paseo Alfonso XII. Les grandes îles qui ferment l'extrémité de la rade étaient nettes sous le ciel menaçant. A leurs pieds, brisant sur la longue chaîne de récifs qui courent sous les eaux, je voyais dans la distance franger les hauts panaches d'écume des flots déchaînés. Le seul navire qu'il y eût à Vigo, le *Cabo San Sebastian,* si j'en excepte bien entendu les allemands, prenait la mer. Il allait lentement, à sa vitesse de cargo, à demi chargé, son hélice battant la surface de l'eau laissait une longue trace blanche comme si le sang de la mer était blanc. Et le contraste était violent sur cette mer si sombre. Il était quatre heures et quart. Et seul dans ce jour de fin d'année qui tombait sur les flots, la coque bariolée des couleurs sang et or, jetant vers le ciel des volutes noires qui se mêlaient avec ivresse au noir de tout le ciel, il s'en allait, placide et lent, parcelle de vie, parcelle d'humanité, sur cette immensité sauvage qui paraissait prête à l'engloutir. Il semblait être le fondé de pouvoir de l'année quittant la terre. Ce tableau est assez mélancolique : il est l'image de mon cœur.

Cette année n'a pas été pour moi plus heureuse que les précédentes, mais elle fut riche en émotions patriotiques pour ceux qui, comme moi, sont infiniment réceptifs et vibrants. Mais ce n'est point ce côté, dont je m'occupe d'autre part, qui doit me retenir à présent. J'aurais préféré faire cet examen sommaire à l'ultime minute de l'an. Mais le président du « Circulo Mercantil » que je suis allé voir cet après-midi, à propos de bridge, m'a fait la grâce de m'inviter à la soirée dansante, soirée de « despedida delano » qui se donne à ce cercle à partir d'onze heures. J'ai accepté car les occasions de distraction ne sont point abondantes. Je regrette que je ne sache pas danser. Ce serait un moyen d'entrer en relations avec une jolie fille, félicité dont je suis horriblement privé.

Donc cette année, comme les autres, n'a point vu se rompre cette affreuse monotonie, cet isolement, ce cercle qui m'entoure et m'étreint. A vrai dire un bref rayon a lui, un bref faisceau d'illusions devrais-je dire, sur lequel je me suis jeté avec trop de fougue et trop de faiblesse. Et ce rapide espoir, trop vite fondu, mais qui ne devait point tant être pris à la lettre, ma maladresse l'a étouffé. A peine a-t-il duré quatre courtes semaines. Fut-ce un bien, fut-ce un mal? Par la peine, peut-être absurde, que j'en ai conçue, ce fut certainement un mal. Mais un esprit fort se peut toujours dire, sans preuve et rejoignant ainsi le croyant, par l'infortune future qu'il m'a épargnée, ce fut un bien. C'est le propre de notre être de ne pas savoir, à la vérité, si une chose est ou n'est pas bonne, si ce qui, dans certains cas, nous paraît une désolante disgrâce, n'est pas un heureux bienfait. Il est certain que pour Christiane, je ne peux rien dire et mon engouement, réel et fondé, était cependant sujet à un examen ultérieur. Quoi qu'il en soit, ma chute a été rude et de quelle manière et pour quelle raison que l'on tombe, une chute est toujours douloureuse. Cependant les événements ont quelque peu emporté ma peine. Touché le 13 juillet par sa lettre, j'en recevais une autre le 29 à laquelle je répondis le jour même et une dernière le 8 août. Elle m'y donnait amicalement rendez-vous « à un jour de notre vie ». Et le 15 août, d'une manière inattendue, je partais pour Barcelone. De là, la danse infernale des faits et des jours a fait, sinon tout oublier, au moins dériver l'attention vers d'autres objets et la diviser. L'on ne peut enfin passer sa vie à se désoler surtout pour une idylle aussi fugitive, aussi incertaine et, pour tout dire, aussi chimérique que celle ébauchée avec Christiane. Je ne veux point du tout dire par là qu'elle n'eût point pu réussir, en aucune manière, mais dans l'état où elle était aux premiers jours de l'été, ce n'était qu'une graine précieuse, mais qui n'avait point encore donné de tige, à plus forte raison de fleur ou de fruit. Et nul ne peut prédire ce que celui-ci ou celle-là eussent été. Il est tout de même difficile de regretter une chose qui n'eut jamais d'existence. Pour moi je n'ai, en effet, jamais pleuré que l'idée que je m'en faisais. Mais au cours de cette épreuve, très réelle, jamais non plus ma lucidité ne m'a fait défaut et je me suis fort bien rendu compte de tout ce jeu. Il reste que cette idée, caressée et chérie par moi, ce rêve ne manquaient point de fondement. Ils prenaient racine et force dans le réel, dans les lettres de Christiane où j'ai précisément trouvé ce que je désirais qu'une femme me dît ou m'écrivît. J'avais eu une sorte d'intuition, je l'ai sans doute noté, qu'il y aurait eu rupture dans ce concert, ou plutôt interruption et que les choses reprendraient et s'arrangeraient, mais je n'ai jamais bien pu démêler avec certitude si ce n'était pas plutôt une forme sournoise de mon désir ou peut-être de ma volonté et je suis demeuré sceptique. Sans jamais pouvoir faire aucune preuve, l'avenir, dans quelque mesure, dira si ce fut un bien ou un mal. Je finirai par me faire sur ce point une conviction que je tiendrai pour la vérité. Toutes les vérités sont faites ainsi.

Après sont venus les changements. J'ai, naturellement, quitté « Brisas » avec regret car j'y laissais un peu de moi-même, mais c'est avec soulagement que j'ai accueilli la séparation d'avec ses hôtes. Quant à ma chère mère, j'ai reçu justement d'elle une lettre cet après-midi. Elle va bien et la lettre est relativement récente puisqu'elle est datée du 22. Il semble qu'elle puisse, ou qu'elle croie, pouvoir venir sans trop d'ennuis. Elle me signale que la police continue ses investigations. Faut-il que ces gens aient du temps à perdre.

J'ai aussi oublié Daguy dont je n'ai jamais plus eu de nouvelles. Elle était, au fond, très différente. Je contemple là sous mes yeux, avec une mélancolie un peu apaisée, la suite des douze mois de 1939 et celle de 1940. Ils sont là tous ces jours que nous avons vécus. Un seul et petit chiffre les désigne. Chiffres tous pareils, les dimanches et les fêtes imprimés en rouge : vingt-quatre mois dont la moitié est passée. Je suis ici comme l'oiseau sur la branche. Je m'imagine que je n'y resterai pas très longtemps. Et je regarde cette représentation des douze mois qui sont l'avenir. Que m'apporteront-ils surtout en ces temps si troublés et si gonflés de risques et de deuils? Je ne me sens point de sentiment devant cet abîme, mais le souvenir des jours passés qui furent, avant que d'être remplis, comme de grands feuillets blancs, ne m'incline pas à beaucoup d'optimisme. Je ne vais pas récapituler les sombres pensées qui m'assaillent trop souvent. Je veux, au contraire, au moment de franchir le seuil de cette nouvelle année, faire un véritable effort, tendre la main à cet avenir en quelque sorte, l'apprivoiser, le flatter afin qu'il m'apporte tout de même, avec le temps et avec la patience, un peu plus de bonheur et de félicité que je n'en ai eus jusqu'à ce jour. Il en serait temps car, hélas! les années passent et, mon Dieu, je ne demande pas beaucoup plus, après tout, que ce que je vois tous les autres obtenir à chacun des jours de leur vie.

1940

Lundi 1er janvier 1940, minuit quarante.

Je suis rentré assez tard de ce bal : il était plus de trois heures. Il m'est impossible d'en faire l'éloge. On dit quelquefois en parlant d'une réunion que son public était mélangé. Ici il ne l'était pas : la communauté et la vulgarité y étaient désespérément uniformes et indéfiniment répétées. Comme l'homme du « Bal de l'hôtel de ville », je n'avais pas d'habit et j'en concevais un certain ennui. J'avais revêtu néanmoins mon costume d'après-midi, veston noir et pantalon rayé, que par chance l'année dernière maman m'a rapporté de Paris. J'avais presque l'air d'un prince, pour ne point dire d'un maharadjah. Il y manquait malgré tout les brillants. Mais quelles tenues! Des chemises roses à carreaux, sous des gilets de laine douteux, des costumes de confection de la moindre qualité, avec martingale ou imitation, frippés, usés, débraillés. Il y avait là surtout, à ce qu'il m'a paru, des commis épiciers et des garçons livreurs. De fait la petite marchande de journaux qui me vend le *Temps* tous les jours et qui tient, sans doute avec ses parents, un petit kiosque dans un café de Policarpo y était. Elle est gentillette, elle danse bien et se croyait une reine. Quant aux femmes, ah! les femmes! quelles toilettes! Oh! il y avait bien des tentatives d'élégances, mais c'étaient encore celles qui étaient le pire, au-dessous du pire, plutôt pour reprendre une expression de notre vieux maître Anatole France. Naturellement il y avait dans le nombre, le grand nombre, car il était grand, quelques sociétés. L'entrain était bon. A partir de deux heures l'on commença à boire assidûment au bar du rez-de-chaussée. Les tables de billard tenaient lieu de zinc. Quelques jeunes officiers firent boire les donzelles qui ne tardèrent point à être éméchées. J'en ai vu dans un groupe qui buvaient le champagne, ou ce qui se donnait pour tel, à la bouteille qui passait familièrement de bouche en bouche. Il y avait des cris, des chants, d'innombrables verres cassés, des bouteilles renversées, des robes inondées de vin, de bière, de liqueurs. La gaieté montait vraiment. C'est cependant à cette heure-là que je suis parti. C'était l'heure où il fallait arriver. Le sens de l'à-propos me manque trop souvent. Dans la rue, il n'y avait pas moins de monde, ni moins de cris, ni moins de chants, ni moins de gens et de femmes gais. Jusqu'au jour les rues ont retenti de ces échos.

Le temps de ce premier jour de l'an était aussi morose que celui des derniers jours. A midi je me suis décidé à me rendre à la réception du consul. Un peu plus d'une vingtaine de personnes s'y trouvaient. Le consul est un homme distingué, assez grand, cheveux grisonnants. J'ai eu une conversation avec lui. Il m'a demandé ce que je faisais en Espagne je lui ai dit : des affaires. Ce qui a paru l'intriguer et l'intéresser. Il m'a posé des questions, me répliquant qu'il était pratiquement impossible de faire des affaires d'exportation ici. Il m'a demandé si, dans ce domaine bien entendu, j'avais une mission officielle. J'ai répondu négativement. Puis nous avons parlé de choses et d'autres. J'ai bien senti qu'il aurait bien voulu me poser d'autres questions, mais il n'a pas osé. Il a fait ensuite une petite allocution assez hésitante, il y a naturellement parlé de la guerre et dit là-dessus tout ce que nous savions déjà. A la fin quand il parla de la France et de la victoire, il était visiblement ému. Puis l'on est passé dans les bureaux de l'agence transformés en salon de réception et l'on s'est assis pour une substantielle collation servie par l'hôtel Continental. Le reste de la journée a été morose. J'ai brièvement achevé la lettre pour maman et malgré le mauvais temps je suis allé au Monte de la Guia m'assurer du nombre des navires allemands, l'un d'eux que je croyais subrepticement appareillé est dans le fond de la baie, à ce que je crois. Je m'en assurerai mieux quand le temps sera meilleur.

Mercredi 3 janvier, minuit trente-cinq.

Enfin, j'ai reçu vers midi et demi des nouvelles sous la forme d'un mandat télégraphique de 200 pesetas et d'un avis, dans ce télégramme, me donnant rendez-vous à Santander après-demain vendredi. Je pars donc demain à seize heures cinq mais j'ignore absolument quand j'arriverai car il n'y a pas d'horaire à la gare. Tout ce que l'on a pu me dire c'est que je dois changer de train à Palencia où j'arriverai vendredi matin à six heures vingt, soit après plus de quatorze heures de trajet. De Palencia il y a un train qui me mène directement à Santander. Directement oui! Mais après combien d'heures d'attente et cette attente enfin épuisée, après combien d'heures de route? Il sera, je crois, raisonnable de compter que j'arriverai à Santander pour l'heure du déjeuner. Je dois me rendre à l'hôtel Continental. Sans doute y rencontrerai-je Vannes et Filliol et probablement Fernand. Quant à Raymond, il y sera certainement, puisque c'est son fief. Je pourrai m'expliquer et demander en même temps des explications. Nul doute que Vannes ait choisi ce moyen terme trouvant trop loin de venir jusqu'ici. Mais il n'importe, ne chicanons pas sur les détails. Du coup mon ancien et grand projet renaît dans mon esprit. Il faudra bien en décider.

Vendredi 4 janvier.

Je suis dans la brouette qui va mettre au moins *neuf* heures – elle mettra dix heures quinze – sans compter le retard, pour se rendre de Palencia à Santander. On voyage, en Espagne, dans des conditions scandaleuses. Partis hier à seize heures cinq de Vigo, nous sommes arrivés à Palencia à sept heures quarante-cinq ce matin. Je ne crois pas qu'il y ait d'horaire fixe. Quant aux voyageurs ils étaient divisés. Quels étaient ces voyageurs? Ah! Il vaudrait mieux n'en point parler. Dès Redondela nous étions assaillis. Le train se remplit d'une nuée de soldats crasseux, déguenillés au moins d'apparence et tout naturellement ils choisirent les wagons de première. Déjà il en était monté à Vigo même, mais un contrôle ayant été sommairement fait ils avaient été refoulés en troisième. Il n'y a point de seconde en règle générale dans les trains espagnols. Mais après Redondela seule l'anarchie prévalut. Les couloirs étaient bientôt impraticables, encombrés de femmes avec des enfants, de soldats, de paquets, de bagages. Tout cela ne tarda point du tout, comme il se doit, à agir conformément à sa nature. On mangea, on fuma, on cracha et toutes les sortes de reliefs, la prédominance étant toutefois laissée aux peaux d'orange, furent abondamment répandus sur les parquets. Il n'en allait pas mieux dans mon compartiment. A une station plus lointaine, des gardes civils s'adjoignirent aux soldats. Nous finîmes par en avoir trois avec leur fusil, leur cartouchière, leur cape et leur chapeau en cuir bouilli. En sorte que, sur huit personnes qui composaient ce compartiment, il y en avait deux qui avaient payé leur place en première : une bonne sœur qui se rendait à Madrid et moi-même. Les autres? Trois gardes civils voyagaient sans billet, aux frais de la princesse comme l'on dit. Un soldat qui avait un billet de troisième et deux pignoufs, homme et femme, celui-là vraisemblablement employé de chemin de fer. Je me suis heureusement distrait un instant de cette compagnie en me rendant au wagon-restaurant. Il fut attelé au train, à Monforte, où arrive le second tronçon du rapide venant de La Corogne. Ce fut donc, au travers des couloirs, une expédition pour atteindre l'auberge roulante. Mais ce repas fut un véritable coup de fusil. Par une malchance déjà subie, précisément lors de ma venue à Vigo, c'était encore le jour de la faim. Et, hier, le plat unique n'était pas une formule vide, mais un ventre vide. Il le fut, unique, ce plat sans commentaire et sans potage. On nous servit une milanaise fort sèche et quelques pommes de terre vaguement rissolées. Comme dessert une pomme, une orange. Une demi-bouteille d'un petit vin et un malt baptisé café, le tout *treize* pesetas. C'est horrible! A mon retour, tout mon affreux monde mangeait. On avait sorti des marmites, des casseroles, du pain, des bouteilles. C'était atroce. Atrocement vrai. Mais il fallut bien le supporter. Après quoi, ces bêtes repues dormirent dans toute leur humaine ignominie. Pour moi, je ne l'ai guère fait. J'ai lu un peu, comme j'ai pu. La nuit fut longue surtout dans l'ignorance où j'étais de l'heure de mon arrivée.

A Palencia, petite ville morte et boueuse, il n'y avait, bien entendu, aucun café d'ouvert. J'ai fait une rapide promenade dans une petite ville sans vie où, à huit heures, sous leurs mantilles, les femmes allaient à la messe. J'ai déjeuné avec des biscuits que ma prévoyance m'avait, heureusement, fait acheter hier. Tout à l'heure nous avons passé Pina, 766 mètres d'altitude au-dessus du niveau de la mer Méditerranée à Alicante. Je ne me fusse point cru si haut. Le ciel est gris, la campagne est plate et nue sans arbres.

13 h 15.

Le paysage devient géologique. Au loin déjà, tout à l'heure, j'avais aperçu une chaîne de montagnes avec des sommets resplendissants de neige au soleil et couronnés de nuages. Ils reparaissent sous une autre forme. Mais voici, maintenant, autre chose. Des falaises abruptes, de hautes saillies de roches rouges, comme de la brique, des croupes modelées par l'érosion, un cours d'eau aux berges indécises, grossi d'ailleurs des pluies de l'hiver et qui semble se frayer un chemin dans la campagne. Nous nous arrêtons justement à la petite station de Marc à 872 mètres puis nous montons à 904 et à 971 à Mataporquera. Il va donc falloir que nous descendions beaucoup pour rejoindre la mer. Nous avons monté rudement à quinze heures cinq nous sommes à Pozazal où nous atteignons 985,4 mètres. C'est le point culminant. L'on redescend, à présent. Mais voici que réapparaissent, beaucoup plus proches, les sommets neigeux. De leur côté, le ciel est magnifiquement bleu et le soleil les rend éblouissants. De petits villages lointains, des troupeaux de moutons noirs et blancs dans les vallées ou accrochés aux pentes. Le train va si vite que je puis à peine écrire. Nous arrivons ainsi à Reinosa, assez importante ville industrielle à ce que je vois et qui n'est plus qu'à 851 mètres. L'air est vif sur ces hauteurs mais le soleil luit, et il ne fait pas froid. Après Reinosa, la descente continue rapide. Nous entrons dans la zone des tunnels à la sortie même de la gare, il y en a un assez long. A Lantueno-Santiurde nous ne sommes plus qu'à 658,4 mètres et nous avons parcouru environ 10 kilomètres, soit une pente de 2 %. Le paysage est très beau et rappelle assez la Navarre. A Pesquera nous sommes à 608 mètres. Après une descente vertigineuse et magnifique, coupée de tunnels et de splendides grandeurs nous parvenons à Montabliz 457,2 mètres. Nous venons de franchir notre vingt-troisième tunnel, et à Barcena, au kilomètre 460, nous ne sommes plus qu'à 287,8 mètres. A Santa-Cruz, au kilomètre 465, nous sommes tombés à 201 mètres. C'est la fin : Cierra la Noche. La nuit tombe. A notre tour nous sommes au fond de la vallée, à côté du torrent, encore à 167 mètres cependant et dans notre vingt-cinquième tunnel. Les hautes parois des monts nous surplombent et elles ajoutent à l'obscurité qui grandit. Il est dix-sept heures. Dans une heure, théoriquement, du moins, je devrais être arrivé. Pendant que j'écrivais le torrent, la route et le paysage sont passés à gauche. Les tunnels se succèdent toujours. Au kilomètre 457 et à Corneles de Buelna il ne nous reste plus que 98 mètres à descendre. Nous approchons. La vallée se remplit d'ombre et de brume. L'air fraîchit. Le train n'est pas las de rouler. On voit des feux dans la montagne. On a prévu une voie double par ici, mais ce ne sera pas encore demain qu'elle sera faite.

Santander, vendredi 5 janvier.

J'ai vu Raymond, seul ici. Il avait pour moi des échantillons ainsi que des directives pour nos affaires. Nous avons traité de tout ainsi que de mon projet. Il apparaît, ce qui n'a pas laissé de me surprendre, quelque peu, mais peut-être cependant point tant qu'il aurait pu paraître, il apparaît dis-je, que Vannes ne semble pas avoir pris notre affaire avec le sérieux qu'il convenait. C'est Filliol qui sera directement désormais chargé du travail de directeur commercial. Il est lui négligent, brouillon, irréfléchi, je me demande si ces facteurs nous feront gagner au change. Par Raymond il m'a fait remettre une lettre bien aimable, et ce qui ne vaut pas moins 500 pesetas. Je reprendrai tout cela demain. Il est plus de trois heures et j'ai rendez-vous avec Raymond à huit heures et demie. Santander, que je n'ai vue qu'aux lumières, me paraît une belle ville et certainement plus grande que Vigo. Mais elle n'a plus de gare que les rouges ont trouvé bon de raser à la lettre. Il y a bien plus de deux ans que Santander a été reconquise, mais il n'a point encore été touché à cet état de ruines. Si l'on avait la curiosité d'établir l'équation de la reconstitution de cet édifice, utile à la vie de la cité, on serait étonné de la grandeur prodigieuse à laquelle le coefficient temps atteindrait.

Les Rois, samedi 6 janvier, minuit trente.

J'aurais plus de choses à rapporter que ne le permettra mon état de demi-sommeil. Je serai donc ultra-bref, d'autant que je repars demain matin de bonne heure. Le temps, hier soir, m'a manqué pour que je note combien Raymond était bien installé. Il loge chez des particuliers où il a une belle chambre et un bureau fort bien installé avec service, blanchissage et le reste pour 200 pesetas mensuelles. Il prend ses repas à l'hôtel. Il a su tirer un excellent parti des relations qu'il s'était faites et qu'il a, ici, considérablement étendues. Sa position est déjà presque assise et il continue de la perfectionner tous les jours. Il m'a donné quelques nouvelles au premier rang desquelles est celle-ci : maman est installée à Brest. Il y a déjà plusieurs jours qu'il sait cela. Je pense qu'une lettre a dû arriver à Vigo pour m'annoncer ce changement et ses causes. Les autres nouvelles sont moins sensationnelles. Il paraîtrait, cependant, que le grand imbécile de cuisinier, Baillet, aurait été arrêté. Théoriquement, il n'était pas inculpé dans notre affaire, ni même poursuivi. Pratiquement, il n'en alla plus du tout de même. Ce garçon bavardera. Il voudra d'une part se venger et de Filliol et de Françoise en particulier et d'autre part son extrême et maladive nervosité le mettra à la merci de tout inquisiteur. Cela peut avoir des conséquences fâcheuses. Il faut prévoir que si mon projet réussit et que, si de ce fait, nous rentrons nécessairement en France, nous soyons arrêtés en dépit de l'action que nous aurons accomplie. Raymond m'a fait sommairement visiter la ville qui me paraît très agréable avec ses plages non point aussi belles que celles de Saint-Sébastien, mais cependant fort bien placées. Avec la satisfaction qui lui est coutumière, Raymond m'a aussi fait voir les beaux jardins publics et la promenade dite du « Sardinero ». Nous avons obligatoirement visité le port, pratiquement vide, mais fort long. D'ailleurs, la ville peu profonde est entièrement et paresseusement étendue de tout son port. Elle est animée et certainement plus grande que Vigo. Mais il s'en faut de tout que la baie qui ne paraît être guère qu'un estuaire, soit aussi belle. Il y a enfin des cafés nombreux et agréables.

Vigo, lundi 8 janvier, minuit quarante.

Les événements vont vite et mes voyages ne font point que je les rattrape. Je suis rentré ce matin, c'est-à-dire à treize heures. Le train n'avait guère qu'un retard espagnol puisqu'il devait arriver à dix heures et demie. Ce voyage fut assez peu agréable. D'abord à Léon sous une pluie torrentielle il fallut retrouver la gare et le train. Il n'avait là qu'un léger retard. Mais dans la nuit, sous les torrents d'eau, je me hâtai vers les wagons. Et quels wagons! Il s'agit toujours, bien entendu, de wagons de première. Ils sont plus ignobles qu'il est possible d'imaginer. Nos wagons de troisième en France leur sont incomparablement supérieurs. En premier lieu, ils sont sales, sales définitivement. Ils sont pleins de soldats. D'ailleurs, pour deux cinquièmes au moins et dans bien des cas davantage, les trains sont remplis de soldats. J'ai fait tous les compartiments de cet affreux wagon à peine éclairé – à l'acétylène! – d'un manchon vaguement rougi. Impossible, à cette heure-là – il est une heure moins le quart – de trouver une place. Aucun employé, bien entendu. Ah! les magnifiques trains américains avec leur porteur nègre et complaisant : « Yeh! yah! yeh! boss! » Ici il faut se débrouiller au milieu d'une nuit opaque et de dormeurs hostiles. J'ai fini par dénicher cependant, après m'être plaint, sans effet, au préposé au wagon-lit, un coin très inconfortable et glacé dans un demi-compartiment à l'extrémité du wagon endroit particulièrement détestable (en cas d'accident c'est la mort sans recours). J'y ai dormi tant bien que mal car j'étais fatigué. Plus tard, dans la matinée, j'ai vu que la majorité des occupants était une fois de plus des soldats. Puis il est monté, peu après Orense, une foule de gens portant des sacs, des paniers, des outils de travail (et hier des enfants lamentables et nu-pieds portant des seaux, toujours en première!). Cette fois tout ce monde crasseux et vulgaire l'emporta sensiblement en nombre sur les voyageurs qui avaient leur billet de première. J'ai protesté auprès du contrôleur. Il a levé les bras au ciel et, n'ayant comme réplique que l'impuissance où il se trouvait, s'en alla. Peu après cependant, l'homme est honnêtement venu m'avertir qu'il y avait des compartiments de première entièrement vides en queue. Je m'y rendis et il y avait là, en effet, un demi-wagon fort confortable. C'était l'autre moitié du wagon-lit. Que ne l'avais-je découvert, hélas! douze ou dix heures plus tôt.

En arrivant la *Hoja* m'apprenait une nouvelle qui m'intéressa vivement. Elle annonçait qu'un patrouilleur français s'était échoué dans les environs immédiats de Vigo. Le vapeur *Isla-de-Ténérife,* apprenant ce naufrage, allait au secours de l'équipage qu'il ramenait sain et sauf. Malheureusement, la réalité est moins bonne. Le navire, erreur, mauvais temps, je ne sais, est venu à la côte sur une des îles extérieures. Onceta, une petite île de la baie de Pontevedra. Selon les informations que j'ai recueillies, notre petit patrouilleur s'est brisé, en quatre, m'a-t-on même précisé et une vingtaine d'hommes auraient péri. Eu égard au lieu où s'est produit cet incident de mer funeste, il ne saurait être question que je m'y rende, pour voir ou prendre des photographies. A cette nouvelle, j'ai été traversé par une intuition que j'ai vue se réaliser une heure après. Le consul de France à La Corogne déjeunait avec deux messieurs à l'une des tables les plus voisines de la mienne. Il était accouru à la nouvelle et les deux messieurs étaient certainement des officiers. Le consul m'a certainement reconnu, je l'ai salué à son départ et lui a serré la main au consul d'Angleterre. Je tâcherai d'avoir d'autres précisions sur cette pénible aventure.

Il y a encore ceci que je voulais encore dire. Il est rentré pendant mon absence un pétrolier allemand à Vigo. D'où vient-il? J'ai ouï dire, mais c'est probablement faux, que c'est en le poursuivant que notre patrouilleur s'est perdu.

Jeudi 11 janvier.

Aujourd'hui, tout Vigo pensa mourir de froid. Ce n'est pas qu'il gèle, il s'en faut, mais il souffle, il a soufflé plutôt, un très fort vent de nord-est qui était, ma foi, assez aigre. Mais il faisait, en compensation, un temps magnifique et le soleil d'Espagne en décembre et en janvier se fait sentir aussitôt qu'il luit. L'autre jour l'on se fût cru, sans effort, à la fin de mars. La bise d'aujourd'hui avait irrité la baie qui se couvrit de courtes vagues et de moutons blancs. Les vagues se creusèrent, les moutons s'enflèrent dans l'après-midi. Les navires, et les embarcations, furent copieusement agités par cette fausse tempête qui ne venait point du large. Ils n'en eurent pas moins à s'inquiéter. Certains navires allemands pensèrent chasser sur leurs ancres. Ils en mouillèrent deux pour croître leur sûreté. Le pétrolier nouvellement arrivé dut faire quelques manœuvres pour ne point perdre pied et à l'instar des énormes vagues de Saint-Sébastien, les vaguelettes de la baie de Vigo s'essayaient, non sans succès car la mer était haute, à donner l'assaut aux digues étonnées. Tout paraît rentré dans le calme, le silence succède au tumulte de l'air. Le vent est tombé, à la mer sans doute. L'on dirait que celle-ci, furieuse d'être dérangée dans ses travaux de marée, l'a goulûment avalé.

Demain, je vais commencer mes tournées de vente d'accessoires automobiles dont Raymond m'a donné des échantillons. La vente en est, paraît-il, facile, attendu qu'ils manquent ici complètement. Je veux bien le croire.

Vendredi 12 janvier, minuit cinquante.

J'ai appris aujourd'hui par un quidam, mais point un quidam de hasard, que les sous-marins allemands venaient tout simplement se ravitailler dans la baie même de Vigo. Ils y arrivaient de nuit, naturellement, s'amarraient le long d'un des pétroliers qui s'y trouvent immobilisés et leur plein fait ils repartaient au petit jour. Tout cela est bel et bien, mais est-ce vrai? Ce me fut dit avec une grande assurance et sans l'ombre de forfanterie. Il me reste à l'établir d'une façon certaine.

Samedi 13 janvier.

Hier et aujourd'hui je me suis livré, avec une répugnance presque insurmontable, au travail de commis voyageur. J'ai visité quelques garages et magasins de pièces pour voitures. Partout l'on m'a fait la même objection : c'est trop cher, infiniment trop cher, « carisimo ». Ce fut le cri unanime. Une maison m'a dit qu'elle me commanderait près de quatre mille pièces si mes prix étaient raisonnables. Je vais en faire part à Filliol dès demain. Je suis prêt à voir ma commission réduite de 0,50 par pièce, à condition que tous les autres fassent les mêmes sacrifices. Car je suis persuadé que chacun « se sucre » et Filliol, qui ne fait que recevoir les ordres à Saint-Sébastien, n'est pas celui qui gagne le moins. Malgré cela, j'ai obtenu pour 1286 pesetas de commandes hier et aujourd'hui qui doivent me laisser, quand la marchandise sera livrée et payée, 175 pesetas de commission. Ce n'est pas si mal pour une chose qu'il m'a tant coûté de faire.

Dimanche 14 janvier, minuit cinquante.

Je suis allé cet après-midi faire une promenade, une promenade de vérification, au Monte de la Guia. Je constatais, en effet, ce matin, la disparition d'un petit vapeur allemand, l'*Albert-Janus.* J'eus beau compter et recompter les navires, il m'en manquait un. Il y avait eu, hier, de nombreux suspects et inutiles changements de mouillage. C'est presque toujours un signe. Du Monte de la Guia, on domine toute la rade et l'arrière-rade de Vigo. J'eus vite fait de constater qu'il n'y avait plus que vingt et un navires, mouillés, l'*Albert-Janus* était bien parti. Il faut espérer que notre flotte qui veille, aura soin de l'intercepter. Cependant, je n'ai lu nulle part que le *Rio de Janeiro* qui s'était échappé vers le 20 décembre, ait jamais été arrêté ou coulé. Il a donc réussi, vraisemblablement, à passer entre les mailles du filet.

Mardi 16 janvier.

Enfin, j'ai eu des nouvelles. Des nouvelles doubles et anciennes. J'ai reçu, en effet, ce soir, deux lettres de maman et... une lettre de Christiane. Je suis donc comblé. Maman a bien reçu mes friandises. Elle m'écrit presque à chaque heure de cette dernière journée de l'an. Elle n'est pas sortie. Il fait froid. Il a abondamment neigé sur Paris. Elle m'envoie ses vœux de paix pour 1940. A minuit elle écrit ses dernières pensées de l'an qui meurt et les premières de celui qui naît.

Et maintenant l'excellente lettre de Christiane datée du 28 décembre (elle porte même le cachet de la poste du 27, dix-huit heures). Elle a donc répondu immédiatement puisque ma lettre a été mise ici le 21 au soir. Elle avait bien reçu ma lettre de Barcelone et elle y avait répondu chez Mérino. Je n'ai jamais reçu cette lettre. Elle reste à Paris où elle a un travail surhumain. Elle dirige les établissements S... Ce n'est pas rien. Son administrateur délégué, colonel dans un état-major d'aviation, est naturellement aux armées. Elle le remplace et se rend une fois par semaine dans la zone des armées travailler avec lui. Elle fait partie, me dit-elle, de tous les comités de spiritueux et de répartition. Elle travaille avec acharnement les questions d'exportation. Elle prévoit « la difficile et terrible après-guerre ». Elle cherche de nouveaux débouchés. Mais ce n'est pas tout :

« J'ai aussi, me dit-elle, une affaire en Vendée d'abattoirs modèle genre Chicago, et vente de viandes fraîches, de viandes congelées et fabriquant des conserves de tout genre! Nous travaillons pour l'intendance à façon, et je dois y aller deux fois par mois... »

Elle peut ajouter après cela : « Ma vie est loin d'être oisive... »

En effet. Elle me demande ce que je deviens. Elle pensait que je rentrerais en France « puisque toutes les sanctions étaient amnistiées », écrit-elle en montrant qu'elle ne connaît pas le régime républicain. Elle me demande de l'aller voir à mon retour, elle m'envoie ses vœux « très affectueux » et conclut :

« J'espère que 1940 fera de nous des amis... ou... », suit un long point de suspension qui pourrait paraître à un optimiste lourd de promesses.

Je lui répondrai demain. Il se peut, en effet, que le roman renaisse : cette longue cure de silence aura été bienfaisante. Tout cela me donne tout de même un peu de joie dans mon immense solitude. Je vais demander à maman qu'elle aille voir Christiane et qu'elle lui explique ce que je ne peux confier à une lettre.

Jeudi 18 janvier.

Une fois de plus, et ceci depuis deux jours déjà, la ville est privée de pain. Il est également impossible de trouver le moindre biscuit en ville. La stupidité des doctrines économiques en honneur dans ce pays dépasse de beaucoup l'idée que l'imagination s'en pourrait faire. On ne veut pas emprunter à l'extérieur pour n'être point, dit-on, à la merci des bailleurs de fonds. Comme si un grand Etat n'avait pas les moyens de conserver son indépendance tout en empruntant! Imagine-t-on un commerçant qui refuserait systématiquement le concours des banques pour ne point nuire à ses affaires? Il paraît que les Hollandais ont offert un emprunt récemment. On l'a refusé avec hauteur car leurs conditions, et il ne s'agit pas ici des conditions uniquement financières, étaient inacceptables. Comme c'est vraisemblable! L'on préfère maintenir les industries dans le marasme et avoir un chômage tenace. Du chômage dans ce pays, couvert de ruines du haut en bas! Un pays qui vient d'avoir plus d'un million de morts et qui, de surcroît, a perdu pour le moins cent cinquante mille ouvriers, dont beaucoup étaient irrécupérables. Et je ne dis rien des dizaines – ou des centaines – de mille qui sont dans les camps de concentration ou dans les prisons et dont le travail n'est certainement pas en rapport avec les conditions économiques du pays. Il n'est point étonnant que l'on manque de presque tout. Car bien entendu, l'alimentation est, entre tout ce qui fait défaut, la chose la plus voyante et la plus sensible immédiatement. Mais tout le reste est à l'avenant. On imite ici étroitement, servilement, la politique d'autarcie fasciste. On ne semble pas se préoccuper si d'abord elle est au-delà des Alpes une réussite et si, ensuite, elle est susceptible de s'appliquer à l'Espagne dont l'économie est sensiblement différente de celle de la péninsule italique. On voit dans celle-ci un pays surpeuplé, au sol pauvre et dont la superficie est réduite. En Espagne, au contraire, la population, moins de vingt-trois millions d'habitants aujourd'hui, est relativement clairsemée, le pays a une superficie qui est le tiers au moins plus grande que celle de l'Italie et ici le sous-sol est extrêmement riche. Inutile d'en faire l'énumération, mais le charbon, le cuivre, le mercure y abondent. Quant au sol lui-même, il permet toutes les cultures, y compris le riz et la canne à sucre. Il faut voir les réalités et ne point se complaire dans d'absurdes vues doctrinales. Il va tout à fait sans dire, au demeurant, que les Espagnols sont parfaitement libres d'agir selon leur guise. Ce n'est pas moi qui irai les dépersuader. Je sais qu'il y a un bon nombre d'entre eux qui pensent comme moi. Mais ceux-là, ni leurs amis, ne sont en place.

CHRONIQUES INQUIÈTES

1940

Vendredi 19 janvier, minuit cinquante.

Voilà trois jours que Christiane est rentrée dans le circuit. Depuis mardi, l'univers est changé. J'ai repris mon rêve, ou plutôt c'est lui qui m'a repris avec une force invincible. Si je ne me freinais pas, je me remettrais à lui écrire de tendres choses. A vrai dire, elles seraient bien plus justifiées aujourd'hui qu'il y a six mois. Car, depuis, il y eut l'épreuve. L'épreuve et ma prophétie : interruption à l'allure de rupture puis, tout ayant été considéré comme perdu définitivement, reprise! l'amour retrouvé pour de bon cette fois? Le ton de sa lettre et sa promesse et même simplement son retour encouragent toutes les espérances. Il ne faut plus maintenant que les élever et les faire grandir comme une plante infiniment précieuse.

Mardi 23 janvier, minuit cinquante-cinq.

Il y a huit jours que je recevais la lettre de Christiane. J'avais passé une rayonnante fin de soirée. Depuis, point à point, comme on construit une épure, j'ai commencé à recréer l'atmosphère des premiers jours du dernier été à retrouver Christiane et l'ambiance de ses premières lettres. Petit à petit, j'y parviens, comme l'archéologue découvre des pans entiers d'édifices ensevelis.

Vendredi 26 janvier.

Le communiqué français publié par les journaux rend compte que notre croisière a arrêté en mer l'*Albert-Janus,* vapeur de 36000 tonnes qui s'est malheureusement fait couler. Ce vapeur allemand était parti de Vigo dans la nuit du 13 au 14 et avant son départ il s'était copieusement chargé. J'en avais fait part.

Dimanche 28 janvier, minuit quarante.

Il est bien superflu de dire que je suis sans nulle nouvelle de mes fripons. J'avais très vivement insisté auprès de Raymond le 6 au matin, avant qu'il ne s'en allât. Je lui avais dit, redit et répété qu'il me fallait de l'argent pour le 15 au plus tard, et nous voilà le 29 et je n'ai rien eu, ni un sou, ni un mot. Il m'avait, de surcroît, assuré que je ne resterais pas isolé, que régulièrement désormais il y aurait liaison entre nous, que les affaires ne resteraient pas en suspens, que les commandes seraient promptement exécutées et le reste. Tout cela c'est autant de paroles en l'air et grâce au malheur qui veut que ce soit ce crétin de Filliol qui soit chargé de tout ici. Il fallait être insensé ou ignorant pour confier à ce malheureux garçon la moindre affaire. J'avais dûment mis le père Armand en garde et de toutes les manières, il a été averti par moi à temps. Mais à l'usage il ne semble pas que le père lui-même ait offert toutes les garanties de sérieux souhaitables. Depuis deux mois et demi je ne l'ai pas revu une seule fois. Il ne suffit pas de dire que c'est lamentable. Dans de pareilles conditions rien ne peut marcher et il vaudrait mieux que l'on fermât boutique.

Mercredi 31 janvier, minuit cinquante-cinq.

Voilà donc ce premier mois de l'année qui a pris fin. Les grands froids exceptés, l'on ne peut dire qu'il ait été traversé d'événements notables. Le désastre rouge s'est poursuivi en Finlande et des chiffres publiés aujourd'hui et les derniers jours marquent que les Soviétiques ont perdu dans leur campagne au moins cent vingt mille hommes. Et ce chiffre serait un minimum d'après les comptes qui ont été donnés. Mais des nouvelles venues de Leningrad par Talliun annoncent que la guerre de Finlande devient de plus en plus impopulaire. Il y aurait eu des mutineries dans les troupes russes qui ne veulent pas remonter au front. Les hôpitaux de la ville débordent de blessés et ce spectacle n'est pas encourageant pour les suivants.

Jeudi 1er février, minuit cinquante-cinq.

Je suis toujours sans nouvelles et sans réponse. C'est un scandale intolérable. Que fait ce misérable Filliol, car je suis certain que sa glapissante harpie et lui ne manquent de rien. Et je n'ai personne à qui m'adresser, à l'exception peut-être de cet agent consulaire qui, d'ailleurs, ne fera et ne peut rien faire pour moi. C'est une situation désastreuse. J'ai justement reçu ma note d'hôtel aujourd'hui. Elle est un peu diminuée, mais je n'en vais pas moins avoir à débourser près de 600 pesetas que je n'ai pas. Et ils savent les uns et les autres que ma note du mois dernier n'est – théoriquement – pas payée. Et je n'ai, d'autre part, pas la moindre nouvelle du père qui ne semble pas avoir plus de souci de moi que d'une guigne. C'est proprement insensé. Il devait le savoir plus que quiconque. Il ne me servirait de rien de remplir ces pages d'invectives ou de colères angoissées. Il me servirait du moins à en marquer le souvenir et à en retenir les alarmes. Mais comment, comment peut-on se servir d'un Filliol? Voilà qui passe mon entendement.

Samedi 3 février.

L'avis a fini par venir. J'ai reçu ce soir le télégramme me convoquant et les 200 pesetas du voyage. Je pars donc demain à seize heures dix pour Santander.

Santander, lundi 5 février.

A Santander, j'ai trouvé Filliol avec Raymond. Nous avons longuement parlé de nos affaires et de la livraison des marchandises commandées qui ne souffrent que trop de retards. Evidemment, l'on m'a donné d'excellentes raisons. Les raisons comme les excuses sont des choses qui n'ont jamais fait défaut, mais elles ne tiennent pas lieu de livraisons. Quant à la question argent, elle a été partiellement résolue. Là aussi on m'a abondamment fourni de raisons. Je reconnais d'ailleurs aux explications données que les choses ne vont pas sans difficultés et que Filliol, lui-même, contrairement à ce que j'imaginais, est assez dépourvu. Il a obtenu de l'argent de ses parents.

Vigo, jeudi 8 février.

Je suis arrivé à Léon vers dix-huit heures. L'idée m'est alors venue de vendre au prix fort, c'est-à-dire 6 pesetas au lieu de 5, les vis platinées que Filliol m'avait données pour livrer à mon client de Vigo. Je vis deux magasins et le second m'acheta ma marchandise sans discuter. Je recueillis ainsi 210 pesetas et 35 pesetas de plus de bénéfice que ce que j'avais prévu. Mais il y a mieux. J'ai trouvé dans ce magasin d'accessoires un futur client et excellent, et parlant bien français au surplus. Il achètera, m'a-t-il dit, en grandes quantités, toute sorte d'accessoires de voitures. Il s'agit seulement de pièces de moteurs bien entendu. Il a ajouté qu'il ne regardera pas au prix mais à la qualité. Le premier que j'avais vu m'a également demandé des pièces. J'irai leur en présenter quand je repasserai à Léon à la fin du mois. Curieuses conséquences d'une légère inadvertance. Qui sait si je me fusse avisé de courir hier soir sous la pluie les garagistes si je n'avais eu le stimulant de quelque argent à rattraper?

Vendredi 9 février.

J'ai reçu ce matin une lettre de maman. Elle me rend compte de la visite qu'elle a faite le samedi 27 à Christiane. Mais ce compte rendu est d'une excessive brièveté. Il tient en quelques lignes si j'excepte quelques autres lignes de commentaires. Christiane a un appartement splendide. Bien! Elle a paru contente de voir maman. Evidemment! Très aimable, sympathique. Sans doute : ce sont des expressions d'une cruelle banalité.

Elle viendrait prochainement en Espagne pour ses affaires. Une appréciation flatteuse sur son correspondant. C'est dans l'ordre. Enfin, elle n'a rien décidé, elle veut juger par elle-même. Bien entendu! Christiane a ses raisons que je connais et qu'elle n'avait pas le désir d'exposer à ma mère :

« Tant que je ne connaîtrai ni le goût de sa bouche, ni l'électrification de sa peau contre la mienne (tant que je ne saurai pas) si l'odeur de sa chair agira sur moi comme un aphrodisiaque... »

Passage célèbre dix fois commenté, évidemment, elle n'allait pas en faire état. Mais déjà d'elle à moi nous savons ce que parler veut dire. Quoi qu'il en soit c'est là tout ce que maman me rapporte de cette entrevue. Elle fait un commentaire énigmatique : « C'est un grand défaut, parfois, d'être trop riche. » Qu'est-ce à dire? C'en est également un de ne l'être pas. Mais je veux faire abstraction de ce défaut-là. Il y a des défauts partout. Mais il est une foule de choses que maman ne me dit point. A-t-elle expliqué à Christiane ce que je voulais qu'elle lui dît? Je le suppose, mais enfin c'est une conjecture que je fais. Mais maman ne me dit pas davantage mille choses que j'aurais cependant aimé savoir. Ses cheveux, ses yeux, sa voix, sa grâce, son charme. Elle. Elle! Rien! Il est vrai que le 30 elle revient brièvement sur cette visite, mais ce n'est qu'une incidence et secondaire. L'année dernière, Christiane a été escroquée, comme l'on dit fort mal, de 15000 francs par un certain monsieur qui lui avait fait la cour. Or, quand Christiane eut prononcé le nom du sire, maman s'est écriée : « Nous le connaissons! » Elle me dit :

« Tu seras bien étonné quand je te dirai qui a fait la cour à Christiane et lui a extorqué 15000 francs... »

J'ai cherché qui pouvait bien être cet individu :

« Moi, dit encore maman, je ne le connais que de nom, mais toi tu le connais bien. »

J'ai éliminé l'un après l'autre les amis immédiats : Corrèze, Gabès, etc. pour d'évidentes raisons. J'ai pensé davantage à de Blottefière toujours à court d'argent et peut-être aussi de scrupules. Mais maman le connaît car il est venu jouer au bridge à la maison. J'ai ensuite pensé à Jehan de Castellane. C'est peut-être lui faire un peu injure. Et puis il est marié ce qui n'est pas, il est vrai, un motif absolu. Et puis je me suis lassé de cette quête. J'ai ainsi appris incidemment que Christiane avait en main cinq affaires. Ce qui fait dire à maman que avec une grosse fortune et de grandes affaires « on est exposé à être aux prises avec des exploiteurs ». Aussi elle se méfie. C'est évidemment au lendemain, ou au surlendemain de cette aventure, qu'elle a publié l'annonce qui est à l'origine de notre rencontre. Elle m'avait dit qu'elle était excédée ou dégoûtée des gens qu'elle avait vus autour d'elle. Combien, en effet n'ont pas dû la fréquenter pour son argent! Il ne faut pas dire : c'est odieux, mais : c'est dans l'ordre. Je m'expliquerai de vive voix là-dessus avec Christiane et je lui dirai avec la plus grande netteté ma manière de voir. Je lui ai justement écrit une longue lettre déjà préparée, cet après-midi, sans faire aucune allusion à la visite de maman. J'y reviendrai. Mais je lui dis mon grand attachement en reprenant à mon compte l'admirable vers racinien :

« Le ciel n'est pas plus pur que le fond de mon cœur. »

Je peux bien me rendre ce témoignage qu'il en est bien ainsi. Je lui avais déjà dit que je ne l'aimerais que pour elle. Maintenant qu'elle ait une telle fortune, tant mieux, les choses en seront facilitées d'autant. De même que si, du temps de la Cagoule, ayant à faire une opération difficile, nous avions disposé d'une belle et rapide voiture au lieu d'une charrette à bœufs, l'affaire n'en eût été que mieux et plus sûrement menée. Je ne voudrais à aucun prix, et je le lui dirai, vivre à ses crochets. Mais il sera naturel que je travaille avec elle à ses affaires, que j'y travaille autant qu'il sera nécessaire, partageant ses soucis et ses difficultés comme aussi ses joies et ses réussites. Je ne suis pas un Blottefière justement ni un des nombreux Castellane, noceurs effrénés ou joueurs impénitents, gens qui ont englouti des fortunes de la façon la plus insensée et qui vivent à présent d'expédients. Ce sera là, tout de même, une solide et positive assurance que j'apporterai à Christiane. J'ai donc écrit tantôt très longuement à Christiane. Je lui ai fait part des échos de mon attente et des reflets de mon espoir. Je lui demande aussi quel est le jour de sa fête car sainte Christiane ne figure point dans le calendrier.

Dimanche 11 février.

Hier soir à vingt-trois heures, six navires ont pris la mer. Ce sont l'*Arucas,* le *Morea,* l'*Orizaba,* le *Rostock* qui avaient ces jours-ci complété leur chargement et les paquebots *Wahehe* et *Wangoni* qui, déjà chargés, n'avaient point donné d'indices de leur fugue prochaine. J'ai bon espoir que leur escapade ne durera pas longtemps et que si les services fonctionnent bien à l'heure qu'il est, déjà ces navires sont ou pris ou coulés. J'ai donné avant cinq heures un coup de fil à Filliol.

Lundi 12 février.

Il est tard. La journée a été morose et sans événements comme sans pluie. Le fantôme de Christiane m'a accompagné. Il est inévitable et parfois importun, mais il n'y a que Christiane elle-même qui puisse m'en exorciser. Ce soir, au café, la chronique christianienne a consisté en un petit poème de vingt-quatre vers de cinq pieds sur son silence.

L'écho ne répond
A ma plainte lasse
Qui court et s'espace
Dans la nuit sans fond.

. . . .

Sa lasse faiblesse,
Cherchant ton accueil,
Vient jusqu'à ton seuil
Et meurt, ô déesse!

Ce volume de la « chronologie admirable » sera dominé par ce fantôme christianien. Il baignera dans l'incertitude de cette félicité entrevue, presque saisie, mais point encore atteinte et qui pourrait, ô horreur, définitivement se dérober. Elles mériteront par excellence, ces chroniques, le nom d'inquiètes que je me propose de leur donner. Elles seront du reste inquiètes à un double titre, car il y a aussi la guerre avec ses cruelles alternatives d'espoir et de crainte. Cependant, nous n'en sommes encore qu'à la période cinétique pour emprunter à la mécanique rationnelle sa terminologie.

Jeudi 15 février, minuit cinquante-cinq.

Je vois dans le communiqué français d'hier soir que nos forces navales ont capturé un navire de commerce allemand et qu'elles l'ont amené dans un de nos ports. Il doit s'agir presque certainement d'un des navires qui ont quitté Vigo samedi soir.

Vendredi 16 février.

J'ai eu l'idée aujourd'hui de composer un petit livre, qui sera manuscrit, de ce que j'aurai de meilleur à lui dire : vers et prose. Avec un sonnet, quelques autres menues strophes, j'ai préparé deux feuilles de ces nouvelles chroniques « christianiennes ». Ce sera un message d'où la calligraphie sera exclue. Ce n'est point mon fort. Dans quelque temps je soumettrai à Christiane ces avant-projets en lui demandant de me désigner celui qu'elle préférera. Je lui dirai alors qu'elle m'envoie du beau papier, sans doute du Montoul, et qu'elle en fasse composer un livre relié en parchemin chez mon relieur, après quoi, je le remplirai. Ce sera un beau petit livre et peut-être aussi un des plus beaux cadeaux qui se puissent faire à une femme. Il contiendra mes angoisses et mes espoirs, il contiendra aussi le trésor longtemps accumulé de tendresse et de soif d'amour que je lui réserverai, que je lui réserve même déjà. Je lui ai écrit justement ce soir une page sur ce que sera notre première rencontre, minute terrible où tout le rêve longtemps et amoureusement élaboré s'écroulera d'un seul coup pour que paraisse à sa place la réalité vivante. Minute d'angoisse que j'attends et que j'appelle mais que je redoute aussi presque avec terreur. Cette page aura, naturellement, sa place dans les « chroniques christianiennes ».

Samedi 17 février.

Ce qui est le plus en évidence aujourd'hui c'est le refus officiellement notifié et publié de la Suède d'aider la Finlande. Il y a déjà quelques jours que cette décision avait été prise, mais elle avait été tenue secrète. Elle a été, hier, rendue publique. Depuis plusieurs jours la Finlande, assaillie par des forces infiniment supérieures, avait lancé un appel à l'aide. C'est à cet appel que la Suède a répondu par un refus. Il ne faut jamais se jeter dans les délires de l'indignation, mais il faut constater ce qui est. La Suède ne peut douter un seul instant du sort qui lui sera réservé quand la Finlande sera battue.

Le Reich vient en effet de décréter, tout comme il y a un quart de siècle, la guerre sous-marine à outrance. L'amiral Raeder, chef de la flotte allemande, a donné ordre à ses sous-marins de couler sans avertissement tout navire qui touchera un port allié. Le torpillage des navires norvégiens, suédois, danois et hollandais n'est qu'un prélude. Hitler veut établir le blocus continental pour réduire l'Angleterre. A la vérité, il s'agit là pour une bonne part d'un chantage. Car l'on peut croire que jusqu'ici les sous-marins allemands ont toujours coulé tout ce qu'ils ont pu et qu'il y a peu de chance, en dehors d'heureux hasards, pour qu'ils parviennent à couler davantage qu'ils ne coulent actuellement.

Mardi 20 février, minuit cinquante-cinq.

J'ai reçu aujourd'hui un mot de maman qui se plaint amèrement de n'avoir point de lettre. C'est en partie de ma faute, écrit-elle. Il faut rectifier et écrire : c'est tout à fait ma faute. A chaque lettre elle me disait : n'écris plus! Entre-temps elle aura reçu ma lettre du 9 écrite du reste en dépit de ses consignes. Cette lettre est récente puisqu'elle est timbrée du 13. Il n'en arrive pas *une* seule qui ne soit ouverte par la censure espagnole. C'est tout de même exaspérant de sentir que tout son courrier est ainsi défloré et lu par d'infâmes bureaux. Une lettre récente avait été censurée à Gijon. Bientôt on les enverra se faire viser à Malaga ou à Alicante. Je n'ai rien de Christiane, ce qui ne me...

ICI PRENNENT FIN LES « CARNETS SECRETS » DE DAGORE... ARISTIDE CORRE.

TABLE DES MATIÈRES

Presses Pocket
8 rue Garancière
75006 Paris
tél. 329 12 80

« Composition réalisée en ordinateur par IOTA »

IMPRIMÉ EN FRANCE PAR BRODARD ET TAUPIN
7, bd Romain-Rolland – Montrouge.
Usine de La Flèche, le 20-11-1979.
6533-5 – N° d'Editeur 1564, 4e trimestre 1979.